기독교문서선교회(Christian Literature Center: 약칭 CLC)는 1941년 영국 콜체스터에서 켄 아담스에 의해 시작되었으며 국제 본부는 미국 필라델피아에 있습니다.

국제 CLC는 59개 나라에서 180개의 본부를 두고, 약 650여 명의 선교사들이 이동 도서차량 40대를 이용하여 문서 보급에 힘쓰고 있으며 이메일 주문을 통해 130여 국으로 책을 공급하고 있습니다. 한국 CLC는 청교도적 복음주의 신학과 신앙 서적을 출판하는 문서선교기관으로서, 한 영혼이라도 구원되길 소망하면서 주님이 오시는 그날까지 최선을 다할 것입니다.

공예배 대표기도문 365선

기도의 보물섬

The Treasure Island of Prayers
Written by Hyeokyun Shin
All rights reserved.
Korean Edition Copyright ⓒ 2024 by Christian Literature Center, Seoul, Korea.

공예배 대표기도문 365선
기도의 보물섬

2024년 06월 29일 초판 발행

지 은 이 | 신효균

편　　　집 | 정희연
디 자 인 | 서민정
펴 낸 곳 | (사)기독교문서선교회
등　　　록 | 제16-25호(1980. 1. 18.)
주　　　소 | 서울특별시 동대문구 천호대로71길 39
전　　　화 | 02-586-8761~3(본사) 031-942-8761(영업부)
팩　　　스 | 02-523-0131(본사) 031-942-8763(영업부)
이 메 일 | clckor@gmail.com
홈페이지 | www.clcbook.com
송금계좌 | 기업은행 073-000308-04-020 (사)기독교문서선교회
일련번호 | 2024-71

ISBN 978-89-341-2706-2 (03230)

이 책의 출판권은 (사)기독교문서선교회가 소유합니다.
신저작권법에 의하여 한국 내에서 보호받는 저작물이므로 무단 전재와 무단 복제를 금합니다.

공예배 대표기도문 365선

신효균 장로
前 뉴스앵커

기도의 보물섬

The Treasure Island of Prayers

 현장감 넘치는 생생한 주제별 기도서
크리스천 글쓰기 상황별 모범 교본

CLC

서문: 힘과 노래와 구원의 하나님!

> 우리의 힘이시며 노래시며 구원이신 여호와 하나님![1]
> 우리의 뿌리는 물이 넉넉한 시냇가로 뻗어나가게 하시고,
> 농사를 돕는 이슬이 우리의 나뭇가지에서 밤을 지내고 가게 하소서.[2]

여호와 하나님께 영광을 돌립니다. 제 영혼의 소망과 마음의 소원을 기도문으로 엮어 주께 오롯이 바치고 싶다는 오랜 서원을 이루어 주신 하나님께 감사드립니다.

크리스천이 누리는 가장 큰 특권은 무엇일까요? 다양한 대답이 있을 수 있지만 저는 기도라고 생각합니다. 그러나 공예배 대표기도를 맡게 된 성도들은 이를 준비하는 과정에서 염려하고 당황스러웠던 경험을 지니고 있을 것입니다.
기도는 호흡처럼 자연스럽고 편안하게 하면 된다고 하지만 말처럼 쉬운 게 아닙니다. 기도책을 펼쳐보거나 포털 웹 사이트에서 검색해보면 판에 박힌 듯한 기도문이 대부분이어서, 자신만의 특색 있는 기도를 드리고 싶다는 갈망을 충족시키지 못할 때가 많습니다. 바로 이러한 점을 염두에 두고 20여 년간 실제 예배시간에 드렸던 대표기도문을 모태로 해서 한 권의 책으로 묶었습니다.

수시로 공예배기도를 담당하게 되면서 마주해야 했던 고민은 동일한 주제로 하더라도 될 수 있는 한 달리 표현해야 한다는 점이었습니다. 주기적으로 찾아오는 교회절기나 국가기념일은 물론 각종 재해 또는 대형 사건·사고처럼 장기간 기도의 테마가 이어지게 될 때, 같은 단어나 구절 또는 문장을 되도록 피하고 싶었기 때문이었습니다.

해마다 비슷한 시기에 되풀이해서 써야 하는 날씨스케치나 명절의 거리 표정, 똑같은 삶의 현장 기사를 매번 겹치지 않도록 작성해야 한다는 것은 기자에게 숙명적인 과제가 아닐 수 없습니다. 커다란 재난·재해나 이벤트의 경우 한 주제를 놓고 오랜 기간 각각 색다르게 방송 리포트를 써야 할 때도 있었습니다. 새로운 기사거리가 없을 때는 신선한 관점과 내용, 기법으로 달리 접근해야 했습니다.

기도가 갖고 있는 일정한 틀과 공예배라는 특성 때문에 중복을 피하고자 했던 각오가 저의 뜻대로 이뤄진 것은 아니지만, 그래도 이러한 마음가짐으로 임해 왔기 때문에 다양하게 기도문을 준비하고자 하는 성도들에게 적으나마 도움이 되리라 생각됩니다.

개인기도와 달리 대중기도는 격식에 더 치중해야 할 수도 있습니다. 출고 직전까지 기사를 매만지고 다듬는 일선기자의 마음으로 기도에 품격과 세련미를 더해보고자 했던 의지가 얼마나 반영되었는지는 두렵고 떨리는 마음으로 다만 독자의 판단에 맡길 수밖에 없습니다.

더불어 예배시간에 실제로 드리는 기도문이기에 임장감도 포기할 수는 없었습니다. 자연스럽게 딱딱한 문체 대신에 구어체를 많이 선택하였습니다. 회중기도는 읽고 쓰기보다는 말하고 듣는 형식이 주가 되기 때문에, 산문이면서도 때로 찬송시처럼 경쾌한 느낌이 들 수 있도록 최대한 운율에 신경을 썼습니다. 하나님께서 눈앞에 계시는 것처럼 생동감 있는 대화의 언어를 고르려고 하였으며, 신이면서도 인간의 성정을 지닌 부모로서 하나님의 심경을 역지사지하여 표현하였습니다. 이때 문학적인 상상력이 다소 가미되기도 하였습니다.

찬송과 기도는 성도로서 멈출 수 없는 성스러운 일입니다. 기도문 작성자의 입장에 머물지 않고, 이 기도집을 활용하여 하나님께 영광 돌리고자 하는 분들을 위한 기도문이 되었으면 좋겠습니다.

기도뿐만 아니라 설교나 간증, 전도와 선교를 할 때도 한 구절, 한 문장이 그대로 감동을 받아 전해질 수 있기를 희망합니다. 또한 각종 공적 예배에서 드리는 대표기도는 물론이고, 개인적으로 시련의 한복판에 서 있거나 허물로 몸부림 칠 때, 하나님의 인도와 위로가 필요할 때, 각 기도별로 필요한 소제목을 찾아 읽으시면서 심신이 위로 받고 치유되기를 간구합니다.

감히 바라기는 영감을 바탕으로 작성한 기도문의 한 구절 한 구절이 주님의 은총을 사모하며 기도를 드리거나 성경말씀을 전할 때 하나의 모티브가 되고 해결의 실마리를 찾아가는 은혜의 체험을 할 수 있는 계기가 되기를 기도드립니다. 감사합니다.

화산골방에서 저자 씀

출판사의 글

이 기도집은 저자의 신앙과 각종 사회생활 과정에서 두루 체화한 경험을 활용해 그 결실을 차곡차곡 쌓아온 '영성과 지성의 신앙고백' 입니다. 장로시무 20년과 방송 및 대학 강단 40년의 복합적인 체험을 토대로 한 직관력과 세계관이 각각의 기도문에 고스란히 담겨 있습니다.

기도문과 뉴스기사의 공통요소는 계절과 자연의 변화, 시류의 변천, 나라와 세계의 이슈 등을 아울러 터치할 수 있다는 점이 아닐까요? 고교재학시절부터 교회학교 초·중·고등부 교사로서 헌신하였고, 언론계와 학계, 사회봉사단체와 문화·예술·산업계 등 다양한 분야에서 활동하며 사물과 사안을 바라보는 안목을 기르면서도 끊임없이 갈고 다듬은 문장력을 토대로 쓰인 이 책은, 현장감 넘치는 생생한 주제별 기도서이자 크리스천 글쓰기의 상황별 모범 교본이라 할 수 있습니다.

저자는 방송기자와 TV뉴스앵커로 시작하여, 해외에서 언론 및 미디어융합 분야를 연구하고 국내에서 행정학 박사 학위를 취득한 후, 보도책임자와 방송사 사장을 역임하였으며, 현재 신문사의 대표이사(발행인 겸 편집인)를 맡고 있습니다. 더불어 오랜 기간 신문방송학과 겸임교수와 인문대학 미디어문화학과 석좌교수로 재직하면서, 기사를 직접 작성하고 첨삭하는 한편 문장의 이해와 표현 관련 과목을 집중적으로 지도해 왔습니다. 존경 받는 언론인이자 교회지도자로서 오랜 기간 묵상하며 준비해온 기도문을 책으로 펴낼 수 있게 된 데 대해 크리스천 출판인의 한 사람으로서 기쁜 마음을 금할 수 없습니다.

이 기도책에는 일반적인 대중기도문처럼 기도의 영역이 성도의 간구와 교회의 현실과 미래를 넘어, 사회와 국가의 발전, 환경과 재난, 세계평화와 인류의 공영 등 국제적 현안에 이르기까지 수많은 내용이 폭넓게 펼쳐져 있습니다. 그때그때 핫 이슈가 되는 싱싱한 현실을 담고 있기 때문에, 사회적 논평을 쓰거나 관련된 주제의 좌담이나 토론에서도 활용이 가능하리라고 생각됩니다. 시대적인 상황에 대해서는 저널리스트적인 관점에서 기도를 했기 때문에, 훗날 역사적 측면에서도 참고가 될 것으로 보입니다. 시종 하나님의 백성으로서 크리스천의 입장을 견지한 채 세계와 세상을 인식하고 해석하며 해법을 모색하면서도, 과학자나 철학자처럼 사물을 객관적이고 중립적으로 바라보고자 하는 언론인의 직업적인 관점이 매우 흥미롭습니다.

아무리 뛰어난 문장가라고 하더라도 은혜로운 기도문을 작성하는 것은 결코 쉬운 일이라고 할 수는 없습니다. 반면에 정말 유창한 기도도 이를 막상 활자로 옮겨놓고 보았을 때 스스로 마음에 들지 않을 때가 많습니다. 불신자 가정에서도 유년시절부터 믿음을 지녀온 신실한 영성을 바탕으로 저널리스트와 대학교수로서 축적한 풍부한 지성을 접목해 써내려온 기도문을 적극 권해드리면서 이 즐거움을 많은 분과 공유하며 공감하고 싶습니다.

'공예배 대표기도문 365선, 기도의 보물섬'을 통해 굳건한 신심의 바탕 위에서 연조를 더해가며 더욱 풍성해지는 인생관과 생활철학 속에 스며들어 있는 기독언론인의 깊고 넓은 안목과 신선한 문체, 따뜻한 배려의 시각과 마음을 느끼시면서 확연히 다른 감동을 누리시기를 기도 드리겠습니다.

기독교문서선교회 대표 박 영 호

이 책의 특징

1. 모든 기도문을 12개 대주제로 분류·배열하였습니다.
공예배 기도는 특성상 정해진 형식에 여러 가지 주제를 포함시켜야 하지만, 기도를 준비하거나 참고하려고 하는 독자로서는 각각의 특정 주제에 관심이 더 클 수 있기 때문입니다. 단일주제가 아니라 상황과 절기에 맞게 종합기도문에서 강조했던 여러 내용을 단락이나 핵심단어 위주로 구별해서 정리한 점이 특색입니다.

2. 3~7개의 키워드를 제목에 제시해 동일주제를 놓고 더욱 풍성한 예문을 활용해 다양한 시각과 관점으로 접할 수 있게 하였습니다.
예컨대 '추수감사절 기도'는 해당 부분의 13편 외에 다른 항목에도 따로 30여 편이 풍부하게 실려 있습니다. 특정주제에 관한 대표기도일 경우 해당 제목을 모두 찾아 일부 단락이나 문장만 참조하든지 한 주제에 관해 별도로 작성한 여러 기도문들을 잇거나 정리해서 기도문을 작성하는 데 유용합니다. 자신과 가족과 이웃과 사회와 나라와 세계를 위해 조용히 개인기도하고 싶을 때도 필요한 주제를 집중적으로 골라 읽을 수 있도록 하였습니다.

3. 한 기도문의 세부 항목 가운데 대표성이 가장 강한 주제를 제목의 맨 앞에 배치하되, 내용의 비중이 덜한 후순위 주제어라고 하더라도 다양성 차원에서 첫머리에 배정하기도 했습니다.
예를 들어 '5월의 기도'의 경우, 하나의 기도에서 가정의 달에 관한 내용이 대부분을 차지한다고 하더라도, 주제별로 균형을 맞추기 위해 '민주화'를 제1주제어로 해서 분류하기도 하였습니다. '사계절과 월별 기도' 역시 시기별로 적합한 머리기도로 삼기 위해 따로 구분해서 배열하였습니다.

4. 큰 주제별로는 다음과 같은 점을 고려하였습니다.

- '찬양과 감사'는 모든 기도의 필수요소이므로 별도의 장으로 나누지 않았습니다.
- '회심과 구원'은 특별히 강조하거나 큰 비중을 둔 경우로 한정해 따로 주제어로 설정하였습니다.
- 교회를 위한 기도는 교회의 회개, 화합과 일치, 안정, 부흥 등을 합하여 교회가 나아가야 할 길이라는 뜻에서 '교회의 미래'로 엮었습니다.
- 건강과 경제, 자녀문제 등으로 위로와 평안이 필요한 성도나 이웃을 위한 도고는 대부분 '은혜와 평강'란에 모았습니다.
- '봉헌기도' 역시 내용상 중복을 최소화하고, 절기 등 특별한 날에 드리는 기도의 경우 괄호 안에 추가로 이를 표기하였습니다.

5. 본기도에 충실하되 때로는 계절의 변모를 문학적으로 표현하면서 기도문을 열기도 하였습니다.

각 기도의 첫 부분에 계절의 변화나 시기별로 특정한 이슈를 제시함으로써 좀 더 생동감 있는 기도가 되도록 하였습니다. 서문은 사회적인 행사의 인사말이나 개인적인 서신의 머리말로 써도 적합할 만큼 철따라 또는 이벤트에 맞춰 달리 시작하고 있습니다.

6. 기도일자를 각각의 기도문 말미에 밝혔습니다.

날짜순의 편집이 아닌 만큼 실제 기도를 드린 날을 기재함으로써, 각각의 기도의 배경과 선후 맥락을 파악하면서 정치적·경제적·사회적 상황과 국내외 정세 등을 살필 수 있게 하였습니다.

주석

1 이사야 12:2
2 욥기 29:19

차 례

서문: 힘과 노래와 구원의 하나님!	v
출판사의 글	viii
이 책의 특징	x

1. 회심과 구원	**1**
• 참회와 용서	2
• 회개와 인도	10
2. 은혜와 평강	**21**
• 긍휼과 사랑	22
• 성령임재	38
• 성례(세례와 성찬)	48
• 신유의 은사	54
• 수험생과 학부모	72
3. 믿음의 승리	**77**
• 영적각성	78
• 구원의 확신	84
• 믿음의 진보	88
• 믿음의 성숙	98
• 온전한 믿음	102

4. 교회의 미래　　　　　　　　　　　115
- 믿음과 사랑의 공동체　　　　　　116
- 헌신과 봉사　　　　　　　　　　130
- 교회창립주일　　　　　　　　　　138
- 성전신축　　　　　　　　　　　　142
- 강단교류　　　　　　　　　　　　150
- 전교인신앙수련회　　　　　　　　152
- 학생수련회(종합)　　　　　　　　154
- 여름성경학교(유치부·유년부·초등부)　158
- 성도의 교제(전교인체육대회)　　　162
- 장로선출　　　　　　　　　　　　164

5. 전도와 선교　　　　　　　　　　169
- 복음전파　　　　　　　　　　　　170
- 이웃사랑　　　　　　　　　　　　178
- 선교주일　　　　　　　　　　　　186
- 도시·농어촌선교　　　　　　　　　188
- 세계선교　　　　　　　　　　　　190
- 순교자 추모　　　　　　　　　　　196
- 총동원주일　　　　　　　　　　　198
- 나눔축제　　　　　　　　　　　　204
- 태신자·새신자　　　　　　　　　　208

6. 인권과 평화　　　　　　　　　　211
- 생명존중　　　　　　　　　　　　212

- 장애인인권   218
- 여성인권   221
- 세계평화   222
- 인류애   226
- 자연재해   230
- 사회재난   236

7. 교회절기   243
- 신년감사   244
- 사순절   272
- 종려주일   288
- 고난주간(새벽기도)   298
- 부활절   310
- 씨뿌림주일   316
- 성령강림절   318
- 맥추감사주일   326
- 종교개혁주일   332
- 창조절   340
- 추수감사주일   342
- 대림절   362
- 성탄절   363
- 송구영신(세모)   372
- 송구영신(심야)   379

8. 나라와 민족　　　　　　　　　　　387
- 3·1절　　　　　　　　　　　　　　388
- 4.19　　　　　　　　　　　　　　 394
- 호국보훈의 달　　　　　　　　　　396
- 6.25　　　　　　　　　　　　　　 400
- 남북통일　　　　　　　　　　　　 404
- 제헌절　　　　　　　　　　　　　 414
- 경술국치일　　　　　　　　　　　 416
- 광복절　　　　　　　　　　　　　 419
- 개천절　　　　　　　　　　　　　 426
- 민주주의 수호　　　　　　　　　　429
- 국가의 정립　　　　　　　　　　　438
- 사회구원　　　　　　　　　　　　 441
- 국제스포츠대회　　　　　　　　　 444

9. 사랑과 보은　　　　　　　　　　　449
- 가정의 달　　　　　　　　　　　　 450
- 어린이주일　　　　　　　　　　　 458
- 어버이주일　　　　　　　　　　　 466
- 부부의 날　　　　　　　　　　　　 475
- 스승의 날　　　　　　　　　　　　 476

10. 계절과 명절　　　　　　　　　　 481
- 봄　　　　　　　　　　　　　　　 482
- 여름　　　　　　　　　　　　　　 498

- 가을　　　　　　　　　　　　　　508
- 겨울　　　　　　　　　　　　　　514

- 1월　　　　　　　　　　　　　　518
- 2월　　　　　　　　　　　　　　522
- 3월　　　　　　　　　　　　　　524
- 4월　　　　　　　　　　　　　　528
- 5월　　　　　　　　　　　　　　532
- 6월　　　　　　　　　　　　　　536
- 7월　　　　　　　　　　　　　　540
- 8월　　　　　　　　　　　　　　544
- 9월　　　　　　　　　　　　　　548
- 10월　　　　　　　　　　　　　 554
- 11월　　　　　　　　　　　　　 558
- 12월　　　　　　　　　　　　　 562

- 설　　　　　　　　　　　　　　 566
- 추석　　　　　　　　　　　　　 572

11. 봉헌기도　　　　　　　　　　　579
- 참회와 용서　　　　　　　　　　580
- 회개와 인도　　　　　　　　　　584
- 은혜와 평강　　　　　　　　　　586
- 축복의 열매　　　　　　　　　　590
- 보호와 인도　　　　　　　　　　592

- 성령임재 593
- 말씀중심교회 594
- 세례와 성찬 595
- 구원의 확신 596
- 온전한 믿음 597
- 굳건한 믿음 603
- 헌신과 봉사 604
- 전도와 선교 608
- 총동원주일 610
- 직장선교 611
- 사순절 612
- 고난주간 613
- 부활절 614
- 3·1절 616
- 사회구원 617
- 추석 618

[부록Ⅰ] 행사와 회의 621
- 축하음악예배(성탄전야) 622
- 찬양대회 623
- 여름성경학교(유치부·유년부·초등부) 624
- 공동의회 625
- 장로임직 626
- 신도총회 629
- 교사격려회 630

[부록II] 애경사 기도   633

감사와 축복

- 백일   634
- 돌   636
- 결혼   640
- 회갑   642

애도와 추모

- 장례   644

[부록III] 권면과 격려   649

- 임직장로 권면   650
- 입시 격려   654
- 배필기도   656
- 결혼축하 편지   658

마무리 인사   670

1
회심과 구원

- 참회와 용서 2
- 회개와 인도 10

1. 참회와 용서, 긍휼과 사랑, 성령임재, 헌신과 봉사, 전도와 선교

찬양과 감사

저희들을 사랑과 은혜로 보살펴 주시고 이끌어 주시는 하나님 아버지! 주께 무릎 꿇고 산제사를 드릴 수 있게 하여 주셔서 감사합니다. 저희가 영과 진리로 예배하오니[3] 기쁘게 받아 주소서.

참회와 용서

하나님! 저희들은 지난 한 주일도 세상에서 휘둘리고 비틀거리며 많은 죄를 졌습니다. 속사람이 하루가 다르게 낡아지면서 파멸의 길로 줄달음질치는 줄도 모르고, 기한이 되면 걷혀야 할 육신의 장막을 치장하기에 바빴습니다. 심지어 저희 자신이 하나님의 자녀라는 것마저 잊고 살 때도 있었습니다. 환난과 시험 가운데 있었을 때, 하나님께 엎드리지 않고 인간적인 방식으로 해결하려고 하였습니다. 하나님! 저희들은 이 같은 죄와 허물 때문에 오늘도 예배에 참여하는데 많은 망설임이 있었습니다. 다만 주님의 보혈의 공로만을 의지하고 이 자리에 엎드려 간절한 마음으로 회개하오니, 저희들의 잘못을 다 용서하여 주소서.

위로와 인도

침상을 눈물로 적시며 온밤을 밝힐 때 함께하신 하나님! 홀로 괴롭고 아프고 외로울 때, 비관하고 낙담할 때, 등을 다독여주신 아버지! 사방이 절벽으로 가로막혀 앞으로 나갈 수도 그렇다고 뒤로 물러설 수도 없을 때 붙들어 주시고 인도해 주신 아버지! 우리의 모든 희망이 다 끝났을 때 낙심하지 않게 하시고, 그 절망의 낭떠러지에서 하나님의 능력을 만나게 하소서. 주님의 부드러운 음성을 듣게 하소서. 성령의 도움의 손길을 체감하게 하소서.

벌을 내리시기 위해 저희를 세우신 게 아니라 우리 주 예수 그리스도의 은혜로 참된 구원을 얻게 하시기 위해 저희를 일으켜주신 선하신 하나님! 삼가 믿음과 사랑의 이름표를 가슴에 달고, 머리에는 구원과 소망의 모자를 쓰게 하소서.

성령으로 저희들을 거듭나게 하여 주소서. 아무것도 가리지 않고 거리낌 없이 주님의 복음을 전하게 하여 주시고, 누구에 대한 것이든지 미움과 분노의 싹을 말끔히 제하게 하여 주소서.

긍휼과 사랑

저희들의 걸음을 정하시고 그 길을 기뻐하시는 의로우신 하나님! 늘 넘어지지만 아주 엎드러지지 않는 것은, 아버지께서 강한 손으로 붙드시기 때문인 줄 믿습니다. 구원의 하나님! 저희들의 소원을 어서 이뤄주소서. 근심을 거둬주소서. 신음소리가 그치게 하소서.[4] 병석을 박차고 일어나게 하소서. 이제는 가난을 떨쳐버리게 하소서. 속히 저희를 도우소서. 하나님! 저희들을 멀리하지 마소서. 붙들어 주소서. 더 가깝게 하여 주소서. 늘 주님만 바라보게 하소서. 주님과 더불어 호흡하게 하소서.

마무리기도

하나님! 단위에 세우신 목사님을 성령의 강한 팔로 붙들어 주소서. 아버지의 말씀을 담대히 증거할 수 있게 하셔서, 전하고 들을 때 피차 큰 은혜 받게 하소서. 이름 없이 빛도 없이 주님을 위해 헌신·봉사하는 모든 직분자에게 갑절의 은혜를 내려주소서. 예수님 이름 받들어 기도드리옵나이다. 아멘.

2006. 09. 24.

2. 참회와 용서, 긍휼과 사랑, 창조와 회복, 말씀의 은혜, 기도의 응답

찬양과 감사

자비로우신 하나님! 거룩한 주일아침 신령한 이 시간에, 우리를 지으시고 다스리시고 회복시켜주시는 영원하신 우리 아버지 하나님께 영광을 돌리며 찬송을 드립니다. 저희들은 세상 속에서 살 때 휘어지고 넘어지며 갈팡질팡할 때가 많지만, 저희들을 한시도 홀로 두지 아니하시고 지키시고 인도하여 주시는 하나님께 무한한 감사를 드립니다.

참회와 용서

아버지 하나님! 저희들은 생각이 어리고 영육이 너무 연약해서, 아버지께 큰 죄를 짓고도 그것이 죄인 줄 몰랐습니다. 하나님께 용서함을 받고도 똑같은 잘못을 반복해서 저지르는 어리석은 자들입니다. 아버지께서 주신 은혜를 다 잊고, 조금만 괴롭고 힘들어도 아버지를 원망하는 배은망덕한 사람들입니다. 이 모든 잘못을 아버지께 고백하고 회개하오니, 저희들의 죄와 허물을 다시 한번 용서하여 주소서. 정결한 심령으로 이 시간 예배에 참여하게 하여 주소서.

긍휼과 사랑

사랑의 하나님! 저희들을 구원하여 주소서. 하나님의 성호를 소리 높여 부를 때 저희들을 돌아보셔서 응답하소서.[5] 질병이 저희를 감쌀지라도, 가난이 몰려와도, 일자리를 잃었어도, 사람들이 저희를 힘들게 하고 특히 가까운 사람들로 인해 고통 받을지라도 근심하지 않게 하소서. 도리어 시련의 시간에 더욱 가깝게, 한층 더 뜨겁게 임하는 아버지의 넘치는 사랑에 감사하게 하시고, 이전에 숱하게 그러셨던 것처럼 마침내 해결해 주시고 더 크게 베풀어 주시는 아버지의 은혜만을 사모하게 하소서.

마무리기도

 하나님! 오늘도 사랑하시는 목사님을 통해 아버지의 귀한 말씀 받게 하여 주셔서 감사합니다. 저희들의 심령이 옥토가 될 수 있도록 저희들을 붙들어 주소서. 말씀을 통해 저희가 먼저 변화되고, 그래서 교회가 발전하고, 사회가 개선되게 하여 주소서. 말씀을 전하시는 목사님에게 영감이 샘솟듯 하게 하여 주시고 신령한 에너지가 넘치게 하셔서 주님 주신 사명 감당할 때 조금도 피곤치 않게 하소서.

 교회학교 어린이부로부터 장년부에 이르기까지 교회 안의 모든 기관과 단체를 보살펴 주옵시고, 힘에 겹도록 주님을 위해 수고하는 성도들에게 복을 내려주시길 원하오며, 예수님의 이름으로 기도드립니다. 아멘.

2010. 07. 11.

3. 참회와 용서, 위로와 인도, 신앙의 절개, 온전한 믿음, 지혜와 결단

찬양과 감사

　은혜로우신 아버지 하나님! 거룩한 성일아침 귀한 성전에 나와 성삼위 하나님께 영광 돌리고 찬양드릴 수 있게 하여 주셔서 감사합니다. 저희들이 국가권력의 눈치를 살피지 않고도 하나님을 마음껏 믿을 수 있는 시대와 나라에서 태어나 살게 하시고, 이 시간에도 세상의 잡다한 일에서 놓임 받게 하셔서, 주일을 성수하게 하시니 더욱 감사합니다.

참회와 용서

　이처럼 하나님께서는 늘 사랑으로 지켜주시고 인도해 주시는 데도 저희들은 오늘도 죄와 허물보따리만을 가득 안고 이 자리에 나왔습니다. 저희 믿음의 선조들은 비록 물질은 부족했어도 철저한 믿음으로 무장돼 있었기 때문에, 어떠한 어려움이라도 능히 극복하고 온갖 박해는 물론이요 순교까지 감내해가면서 신앙의 절개를 지켰건만, 저희들은 믿음을 위해 목숨을 내놓지는 못할지언정 부스러기 재물과 남는 시간을 주님께 드리는 데도 몹시도 인색하게 굴었던 몹쓸 죄인들입니다.

　하나님! 이웃을 내 몸처럼 사랑하기는커녕 자기를 낳아서 정성껏 길러준 부모, 핏줄을 나눈 형제, 기쁨도 슬픔도 함께 해야 할 배우자마저 온전히 사랑하지 못했습니다. 올바른 삶을 통해 세상 사람들을 주님께 인도하지 못하고, 오히려 절제되지 못한 언행으로 믿음의 형제자매들마저 실족케 한 날이 많았던 저희들이었습니다. 자신의 목숨까지도 죄인들을 위해 희생하신 주님의 가르침을 잊어버리고, 탐심과 과욕에 눈이 어두워 양심을 버려야 했던 저희들이었습니다. 온유하신 하나님! 저희들이 알고 지었거나 모르고 범한 모든 죄와 잘못을 자복하고 회개하오니, 주님의 보혈의 공로로 일그러진 심령을 바로잡아 주소서.

위로와 인도

애통하는 자는 복이 있다[6]고 하신 아버지 하나님! 즐거워하면서 하나님을 저버리고 모른 체 하기보다는, 차라리 괴롭고 슬프고 고달프더라도 주님의 사랑 안에 영원히 거할 수 있게 하여 주소서. 저희들의 눈물을 씻어 주시며 늘 정답게 위로하시는 주님의 사랑의 손길을 일생동안 간직할 수 있게 도와주소서.

하나님 아버지! 우선 보기 좋고 번성할 것 같았지만 끝내 영원히 멸망한 소돔과 고모라를 선택하지 않도록 도와주소서. 근본을 알 수 없는 세태를 아무 생각 없이 본받고 뒤따라가다가, 함께 뿌리 뽑혀 내동댕이쳐지는 비극을 맞지 않게 도와주소서. 좁은 길을 가라고 하신 의로우신 하나님! 저희들에게 넓고 화려하게 보이는 길속에 도사리고 있는 파국의 위험을 분명히 내다볼 수 있는 지혜를 허락하여 주옵시고, 비록 가파르고 비좁지만 올바른길을 가게 도와주소서.

마무리기도

하나님! 이 시간 말씀을 전하시는 주의 사자 목사님과 듣는 저희 모두에게 한가지로 은혜 베풀어 주셔서, 꼭 있어야 할 말씀을 허락하시고, 주신 말씀을 가슴 깊이 새겨 하나님의 백성으로서 도리를 다할 수 있게 하여 주소서. 이 모든 말씀을 예수님의 이름으로 기도드립니다. 아멘.

2000. 02. 20.

4. 참회와 용서, 각성과 결단, 하나님의 섭리, 말씀의 은혜, 가을

찬양과 감사

저희들에게 사계절을 주시고 대자연의 변화 속에서 인생을 되돌아보게 하시는 하나님! 산과 들, 도시의 한복판에서 가을이 점점 깊어가고 있습니다. 시절과 상황에 관계없이 저희들을 한결같이 사랑하시는 영원하신 아버지 하나님께 영광과 찬양을 돌리며, 크신 은혜에 머리 숙여 감사드립니다.

참회와 용서

아버지 하나님! 저희들은 하나님께서 저희들에게 얼마나 많은 것을 베풀어 주셨고, 예수님을 통해 저희들의 삶의 모습이 어떻게 달라졌으며, 늘 저희와 함께하시는 성령님이 저희를 어찌 보호하시고 이끌어 오셨는지를 곰곰이 생각하지도 않았고, 그러니 감사는 더더욱 없었습니다. 저희들 아버지께 회개하며 새로운 삶을 살고자 하오니 용서하여 주옵시고, 저희를 죄 가운데서 들어올려 주셔서 다시는 허탄한 길로 빠지지 않게 하시고 이제부터라도 오직 주님의 말씀대로만 살아가게 하소서.

마무리기도

하나님! 이러한 마음가짐으로, 주께서 이 시간 단 위에 세우신 목사님을 통해 달고 오묘한 하나님의 말씀[7]을 공급해 주실 때, 큰 깨달음과 결단이 있게 하소서. 저희들 각자의 기도 또한 들어 응답해 주소서. 예수님의 이름으로 기도드리옵나이다. 아멘.

2009. 11. 15.

5. 참회와 용서, 사순절, 신앙회복, 말씀의 은혜, 치유의 은사, 봄

찬양과 감사

추운 날씨가 이어질 때면 따뜻하게 내리쬐는 햇볕의 고마움을 알게 하시고, 힘든 일이 생길 때마다 더욱 열심히 기도하게 하셔서 위로를 얻고 해결 받게 하여 주시는 아버지 하나님! 우리가 하나님의 자녀여서 정말 행복합니다. 우리의 영원한 아버지가 되시는 하나님께 영광을 돌리며 주일 아침 예배를 드립니다.

참회와 용서

아버지 하나님! 하나님께 감사드릴 일이 정말 많아서 이루 다 셀 수조차 없지만 우리는 불평과 불만과 원망을 일삼았습니다. 하나님의 백성이라고 자임하면서도 실제로는 죄에게 종노릇을 하며[8] 살아왔습니다. 어떤 때는 세상 사람들보다 더욱 세상적으로 살았습니다. 따라서 우리가 비난과 조롱을 받는 것은 당연하거니와 하나님의 거룩한 이름을 욕되게 하였습니다.

무엇보다도 요즘 사순절을 그저 사순절로만 생각하고, 주님의 희생과 헌신을 가슴으로 느끼지 못한 채 살아가고 있습니다. 아버지! 우리의 잘못을 반성하며 회개하오니 용서하여 주소서.

마무리기도

사랑의 하나님! 오늘도 찬송하고 기도드리면서, 목사님이 전해 주시는 말씀을 들으면서, 그릇된 신앙이 바로잡히고 병든 심령이 낫게 하시며 우리를 가로막고 있는 모든 장애물이 다 허물어지게 하소서. 예수님의 이름으로 기도드립니다. 아멘.

2013. 03. 10.

6. 회개와 인도, 기도의 응답, 성령임재, 영적 각성, 지혜와 결단

찬양과 감사

사람의 외모가 아니라 그 중심을 보시는 하나님[9]! 하나님께서 우리를 자녀 삼아주셨다는 것 말고는 아무것도 자랑할 게 없는 죄 많은 인생들이 아버지 앞에 나와서 예배를 드릴 수 있도록 하여 주시니 감사합니다. 우리를 구원해 주신 하나님의 큰 은혜에 감사드리며 찬양과 경배를 올리오니 예배를 기쁘게 받아 주소서.

회개와 인도

아버지! 주님의 십자가 보혈의 공로에 의지하여 저희들의 잘못을 엎드려 회개하오니 용서하여 주소서. 영안이 활짝 열려 아버지께서 기뻐하시는 일만 골라 행하게 하시고, 육신이 새 힘을 얻어 주님 주신 사명 잘 감당하게 하소서. 두 손 모아 간구하오니 저희 소망의 기도를 들어주소서. 자비로우신 하나님! 응답해 주소서. 지혜를 주시고 결단력을 주셔서 죄에 빠지거나 물들지 않게 하소서.

마무리기도

하나님! 말씀을 통해 이러한 은혜를 받게 하여 주소서. 말씀을 전하는 거룩한 사명을 부여받은 목사님에게 먼저 성령이 비둘기처럼 임하게 하셔서 은혜와 진리의 말씀이 폭포수처럼 쏟아져 내리게 하시고, 우리 모두 그 말씀에 흠뻑 취해 상쾌한 마음으로, 경쾌한 발걸음으로 세상에 나가 주님의 사랑의 복음을 전하게 하소서. 예수님의 이름으로 기도하옵나이다. 아멘.

2011. 03. 20.

7. 회개와 인도, 기도의 응답, 각성과 결단, 성령임재, 비전과 순종

찬양과 감사

  권능으로 땅을 지으시고, 지혜로 세계를 세우시며, 명철로 하늘을 펴신 여호와 하나님,[10] 살아계신 우리의 하나님 아버지! 무궁토록 우리가 드리는 찬송을 받으소서. 전능하신 하나님 아버지! 그동안 우리의 기도에 응답하여 주셔서 감사합니다. 우리의 능력이 아니요, 우리의 수고도 아니요, 다만 아버지의 크신 사랑과 은혜로 지금까지 많은 것을 이루게 하여 주시니 감사합니다.

회개와 인도

  하나님 아버지! 이처럼 감사한 마음을 평생 잊지 않고 살아가게 하소서. 세상에서 죄의 자녀로 살지 않게 하시고, 어떤 일을 만나든지 오직 성령께서 인도하시는 대로 따르게 하소서. 오늘도 죄악으로 가득찬 우리들 마음속의 생각을 주께 다 털어놓고 용서 받게 하여 주소서. 순결한 심령으로 예배드리게 하소서.

마무리기도

  목사님이 전해 주시는 하나님의 말씀을 들으며 깊은 깨달음이 있게 하시고, 큰 비전을 갖게 하셔서, 즐거운 마음으로 주님 가신 길을 따르게 하소서. 예수님의 이름으로 기도드립니다. 아멘.

2018. 03. 18.

8. 회개와 인도, 기도의 응답, 굳건한 믿음, 성령임재, 감사와 정성

찬양과 감사

아버지 하나님! 오늘도 아버지의 품이 그리워 성전에 올라왔습니다. 영광과 찬송을 기쁘게 받아 주소서. 우리들이 올리는 감사와 정성을 받아 주소서. 감사가 서투르고 정성이 미흡하더라도 우리를 어여삐 보셔서 용납해 주소서.

회개와 인도

사랑이 풍성하신 아버지 하나님! 우리에게 은혜를 베풀어 주소서. 주께 범죄 하였사오니 우리를 고쳐 주소서.[11] 여호와를 기다리고 기다렸사오니 귀를 기울이셔서 우리의 부르짖음을 들어주소서.[12] 기가 막힐 웅덩이와 수렁에서 끌어올리시고 우리의 발을 반석 위에 두셔서 우리의 걸음을 견고하게 해 주소서.[13]

마무리기도

오늘도 아버지의 말씀이 우리의 가슴을 송두리째 뒤흔들 수 있도록, 목사님께서 그 내용을 전달하실 때 성령께서 먼저 우리들의 마음을 뜨겁게 감동시켜 주소서. 목사님의 건강을 하루 빨리 회복시켜 주셔서 주님의 사역을 감당하는 데 어려움 없게 하여 주소서. 예수님의 이름으로 기도드리옵나이다. 아멘.

2012. 07. 22.

9. 회개와 인도, 성령충만, 긍휼과 사랑, 담대한 믿음, 말씀의 은혜

찬양과 감사

　우리 주님을 이 땅에 보내주신 아버지 하나님! 그리하여 우리가 긍휼하심을 받고 때를 따라 돕는 은혜를 얻기 위해, 은혜의 보좌 앞에 담대히 나아갈 수 있도록 도와주신 하나님께 영광과 찬송을 돌리옵나이다.[14] 하나님 아버지! 한 점의 죄도 없으신 주님이 모든 일에 우리와 똑같이 시험을 받아 고난을 당하심으로, 우리가 시험을 받을 때에도 능히 도우셔서 우리의 연약함을 동정하게 하여 주시니 감사합니다.[15]

회개와 인도

　하나님! 오늘도 아버지의 은혜와 주님의 보혈의 공로를 의지하여 죄 많고 허물 가득한 인생이 성전에 나왔사오니 저희들을 받아 주소서.

마무리기도

　이 시간 아버지 하나님의 말씀을 듣고, 깨닫고, 가슴에 깊이 새겨서, 우리 모두 천금보다 더 귀한 하나님의 자녀로서 이 땅에서 당당하고 용기 있게 살아가게 하소서. 아버지께서 귀히 쓰시는 목사님이 이 시간 말씀을 선포하고, 증거하고, 전달하실 때 성령이 주시는 뜨거운 감동의 물결이 이 전에 가득하게 하소서. 주실 말씀을 간절히 사모하면서 예수님의 이름으로 기도합니다. 아멘.

2012. 11. 04.

10. 회개와 인도, 성령임재, 임마누엘, 전도와 선교, 위로와 평안

찬양과 감사

어린 나이에 부모 곁을 떠나 정든 고향을 등지고 만리타향으로, 낯선 외국 땅으로 떠나야만 했던 야곱의 하나님, 요셉의 하나님! 영적으로 천애고아였던 우리를 거둬주시고, 인생의 캄캄한 밤 비바람이 거세게 몰아치던 들판에서, 앞날을 예측할 수 없었던 이방의 감옥에서 늘 함께 해 주신 아버지, 우리 하나님! 감사와 영광과 찬송을 받아 주소서.

회개와 인도

하나님! 그러나 우리는 그 크고 놀라운 은혜를 다 저버리고, 잊어버리고 오늘 이렇게 추하고 나약한 모습으로 아버지 앞에 섰습니다. 주께서 가라고 명령하신 방향을, 마땅히 가야할 길을 외면한 채 요나처럼, 바울이 되기 전의 사울처럼 자꾸만 애먼 데로 발길을 재촉하면서 살고 있습니다.

크고 두려운 하나님! 주를 사랑하고 주의 계명을 지키는 사람들을 위하여 언약을 이행하시고 인자를 베풀어 주소서.[16] 죄를 짓고 악을 행하여, 주의 법을 떠난 우리를 용서하소서. 회개함으로써 옥문이 활짝 열리게 하셔서, 죄악의 감방에서 우리를 건져 주시고, 대신 그 자리에 우리들 마음속의 나쁜 생각과 거친 말과 도에 지나친 행동들을 가둬주소서. 그리스도의 고난이 우리에게 넘친 것같이, 우리의 위로도 그리스도로 말미암아 넘치게 하소서.[17]

마무리기도

아버지! 이 시간 목사님으로부터 하나님의 말씀을 전해들을 때 우리가 잘못 생각하고 있는 것을 뉘우쳐 고치게 하시고, 상한 심령이 위로 받게 하시며, 굳은 마음이 누그러지게 하소서. 오직 성령만이 그렇게 하실 수 있사오니, 우리의 가슴을 성령으로 가득 채워주소서. 우리 모두 이 좁은 교회의 울타리를 벗어나 세상을 향해 주의 밝은 빛을 전하게 하소서. 예수님의 이름으로 기도드립니다.

2018. 11. 04.

11. 회개와 인도, 성결한 삶, 주님의 보혈, 온전한 믿음, 말씀의 은혜

찬양과 감사

아버지 하나님! 죄 사함을 받고, 주님의 품에 안겨 편히 쉬려고 주 앞에 나온 우리를 받아 주소서. 본래대로는 너무 악하고 추해서 하나님을 감히 아버지라고 부를 수조차 없는 우리에게 예수님을 보내셔서, 우리 죄인의 죄를 대신 지게 하시고, 그럼으로 우리가 값도 없이 의롭게 여김을 받게 하신 하나님! 우리의 모든 것을 다 드려도 주님의 은혜의 만분의 일도 갚지 못할 줄 알지만, 그런데도 우리를 간절히 부르시는 주님의 음성[18]을 생각하면서 이곳에 엎드렸사오니, 가진 것도 내세울 것도 없이 빈손으로 왔사오나 우리가 주께 드리는 찬양을 받아 주소서.

회개와 인도

하나님! 세상 생각으로 가득한 머리, 온갖 근심과 걱정이 꽉 들어찬 가슴을 비우고 성결하게 하셔서, 우리의 머리와 가슴이 주의 말씀과 사랑으로 가득 차게 하소서. 뽑아도 뽑아도 다시 돋아나 무성하게 우거지는 잡초와 같은 우리의 마음을 다시 한번 말끔히 정리하게 하여 주셔서, 우리의 마음자리가 그리스도의 소유라는 걸 모두가 알게 하소서. 오늘 찬송드리며, 기도드리며, 말씀을 전하고 전해 들으며, 우리의 심령을 깨끗이 청소하게 하시고, 정결한 마음으로 주님을 섬기며 따르게 하소서.

아버지께서 사랑하시는 목사님을 통해 전해 듣는 말씀으로 고쳐지고, 회복되고, 용기를 얻게 하셔서, 주께 크게 영광 돌리게 하소서. 예수님의 이름으로 기도드립니다. 아멘.

2016. 11. 06.

12. 회개와 인도, 믿음의 성숙, 헌신과 봉사, 말씀의 은혜, 1월

찬양과 감사

　사랑으로, 죄 가운데 빠져 있던 우리에게 주님을 보내주시고, 우리가 주님을 알기 전부터 우리를 사랑으로 자녀 삼아주신 아버지 하나님! 그토록 크고 거룩한 아버지의 사랑을 우리는 다 헤아릴 수 없지만, 오늘도 우리를 귀한 성전으로 인도해 주셔서 함께 부르는 찬송과, 더불어 마음을 모아 드리는 기도와, 달고 오묘한 아버지의 말씀을 통해 은혜를 듬뿍 주시려는 아버지를 찬양하오니, 우리가 드리는 이 예배를 기쁨으로 받아 주소서.

회개와 인도

　아버지! 우리가 갖고 있는 생각과 우리가 그동안 해왔던 언행으로 볼 때 이 자리에 앉아있을 수 없다는 것을 잘 알고 있습니다. 하나님의 무한광대한 사랑만을 바라보고 나왔사오니 우리의 모든 죄를 다 용서하여 주소서. 우리의 신앙이 형식적이고 반복적인 겉치레에서 벗어나게 하시고, 믿음의 연조도 이제 1년이 더 깊어졌으니 거기에 걸맞게 더욱 성숙해지게 도와주소서. 주의 일을 하는데 의심이나 싫증이 나지 않게 하시고, 형제의 잘못을 뚫어져라 바라보기 전에 먼저 내 허물을 찬찬히 둘러보게 하소서.

　오늘도 주시는 말씀이 우리의 갈급함을 채우고도 남음이 있도록 우리 영혼에 충만케 하시고, 우리에게 들을 귀와 함께 실천할 용기도 주셔서, 듣고만 흘려버리지 않게 하소서. 주께서는 우리의 사정을 다 아실 줄 믿습니다. 우리의 기도를 이루어 주시기를 간절히 빌고 원하오며 예수님의 이름으로 기도드립니다. 아멘.

2017. 01. 15.

13. 회개와 인도, 온전한 믿음, 성결한 삶, 사람의 본분, 성령임재

찬양과 감사

저희들을 지으시고 길러주신 하나님! 영원한 아버지가 되시는 하나님께 영광을 돌립니다. 아버지! 궂은 날씨를 통해 햇볕의 고마움을 알게 하시고, 인생의 시련과 고난 속에서 하나님께 더욱더 가깝게 다가설 수 있게 하여 주셔서 감사합니다.

회개와 인도

의로우신 하나님 아버지! 전도자는 "하나님을 경외하고 하나님의 명령들을 지켜라. 이것이 모든 사람의 본분"이라[19]고 말했습니다. 또한 청년의 때, 곧 곤고한 날이 이르기 전, 기력이 쇠하기 전에 창조주 하나님을 기억하고[20] 모든 헛된 것에서 돌이키라고 하였습니다. 그러나 저희들은 지난 한 주일 동안도 근심이 마음에서 떠나지 않고 악이 몸에서 물러가지 않는[21] 비신앙적인 삶을 살았습니다. 이제 세상으로 향했던 몸을 오직 아버지께로 돌이키게 하소서. 저희 눈이 언제나 주님만 바라보게 하소서.

마무리기도

사랑의 하나님! 성령이 함께하셔서, 우리 모두 말씀을 통해 자신을 되돌아보며 믿음의 자세를 가다듬게 하시고, 세상 속에서 주님께서 기뻐하시는 일만 골라서 하게 하소서. 말씀을 전하실 목사님께 영력과 체력을 더해 주시고, 이 말씀을 듣는 모든 사람이 큰 은혜 받게 하여 주소서. 저희들을 죄악에서 구원해 주시고 저희들이 드리는 모든 기도의 중심이 되시는 예수 그리스도의 이름으로 기도드리옵나이다. 아멘.

2011. 11. 06.

1. 회심과 구원 주석

3   요한복음 4:23-24
4   시편 22:1
5   시편 20:9
6   마태복음 5:4
7   찬송가 200장
8   로마서 6:6
9   사무엘상 16:7;
     사도행전10:34-35;
     로마서 2:11
10 예레미야 12:1
11 시편 41:4
12 시편 40:1
13 시편 40:2
14 히브리서 4:16
15 히브리서 2:17, 4:15
16 다니엘 9:4-5
17 고린도후서 1:5
18 찬송가 528장
19 전도서 12:13
20 전도서 12:1
21 전도서 11:10

2

은혜와 평강

- 긍휼과 사랑 22
- 성령임재 38
- 성례(세례와 성찬) 48
- 신유의 은사 54
- 수험생과 학부모 72

14. 긍휼과 사랑, 참회와 용서, 위로와 인도, 기도의 응답, 전도와 선교

찬양과 감사

은혜의 하나님, 구원의 하나님, 저희의 기도에 응답하시고, 환난 날에 피난처가 되신 하나님! 앞으로도 저희를 안전하게 보호하여 주시고, 마침내 저희들을 천국으로 인도하여 주실 줄 굳게 믿사옵고, 아버지 하나님께 감사드리며 찬양과 경배를 드립니다.

참회와 용서

여호와 하나님을 신뢰하기만 하면, 오직 그 하나만으로도 어떠한 고난 가운데서도 견고하게 설 수 있다고 하신 아버지! 그런데도 저희들은 그렇게도 수월한 길을 버리고 재물이면 다 될 줄 알고, 힘이 있는 사람과 손을 잡기만 해도 일이 술술 풀릴 줄 알고, 학식만 있으면 만사가 형통할 줄 알고, 돈과 권력과 지식을 쫓고 그것에 의지해 살았습니다.

아버지! 하나님의 말씀 속에 길이 있고 진리가 있고 생명이 있다는 것을 잘 알면서도, 말씀을 읽고 깨달아 단지 믿기만 하면 아버지께서 갈 길을 밝히 보여 주시고 파멸의 위험을 다 제거해 주시고 마침내 선한 뜻을 반드시 이루어 주실 텐데, 상식에 의존하고 우연으로 얼룩진 지난날의 경험만을 내세우며 한사코 비신앙의 길로 줄달음질쳤던 저희들의 죄와 허물을 용서하여 주소서.

하나님 아버지! 이제부터라도 저희들의 과오를 철저히 깨닫고 더 이상 무의미한 삶에 골몰하지 않게 하소서. 다만 하나님 기뻐하시는 생을 살게 하소서. 하나님을 믿고, 하나님이 하라고 하신 대로만 하면 얼마나 큰 복을 받는지를 이제는 저희들도 많은 사람에게 여실히 보여 줄 수 있도록 크신 은총을 베풀어 주소서.

위로와 인도

　위로의 하나님! 그 동안 저희들의 삶은 대부분 자갈밭, 가시밭처럼 황폐하고 걷잡을 수 없이 힘든 날의 연속이었습니다. 이제는 고난의 자리에서 저희를 일으켜주소서. 저희를 에워싸고 있는 이 모든 고통을 씻은 듯이 다 제하여 주소서. 아버지! 적어도 저희들이 지금까지 괴로움을 겪었던 날수만큼은, 아버지! 저희가 화를 당했던 햇수 이상은 저희들이 기뻐하며 살아가게 하소서.[22] 어떠한 지경에서도 저희를 주 앞에서 쫓아내지 마시며 주의 성령을 저희에게서 거두지 마소서.[23]

긍휼과 사랑

　자비로우신 하나님 아버지! 각종 기상재해로, 끔찍한 테러로, 경기불황으로 사랑하는 가족과 재산과 직장을 잃고 비탄에 잠겨 있는 형제자매들을 위로하여 주시고 포근히 감싸 안아주소서. 그들이 세계 어느 나라에 있든지 어떠한 처지에 놓여 있든지 똑같은 은혜로 돌보아 주시고 오직 주님을 믿어 환난에서 벗어날 힘을 얻게 하소서.

마무리기도

　하나님! 목사님을 통해 주시는 말씀을 듣고, 저희 메마른 영혼에 윤기가 넘쳐흐르게 하시며, 주님께서 살아가라고 하시는 방식대로 살기로 다짐하게 하시고, 이 땅에 사는 동안 하나님께 영광 돌리고 감사드리며, 모든 사람이 주님을 영접하고 사모하고 온전히 따르는 그날까지, 그리스도의 복음과 함께 저희들이 주님으로부터 받은 은혜와 은총을 널리널리 전하는 일을 결단코 멈추지 않게 하소서. 예수님의 이름으로 기도드리옵나이다. 아멘.

2011. 08. 21.

15. 긍휼과 사랑, 참회와 용서, 위로와 인도, 신유의 은사, 성령임재

찬양과 감사

  우리의 반석이시요, 영원한 구속자이신 여호와 하나님! 오직 하나님께 영광 돌리고 하나님을 찬양하는 것을 저희 삶의 최고의 가치와 목표로 삼고 살 수 있도록 도와주셔서 감사합니다. 주께서 우리 입의 말과 마음의 묵상을 열납하여 주시기를 원하오며[24] 고개를 숙였습니다. 아버지! 저희 심령을 받아 주소서.

참회와 용서

  의로우신 하나님! 저희들은 하나님께 감사하는 마음을 갖고 있으면서도 믿음이 연약하여서, 성정이 거칠고 교만하여서, 그동안 셀 수 없이 많은 죄를 졌습니다. 아버지께서는 너희는 악한 길, 악한 행위를 떠나서 돌아오라고 말씀하셨지만 저희는 그 말씀을 듣지 않았습니다. 아버지의 말씀에 귀를 기울이지 않았습니다.[25] 말씀을 듣기 싫어하여 거칠게 등을 돌렸고, 말씀을 듣지 않으려고 한사코 귀를 막았습니다.[26] 아버지! 저희 죄를 용서하소서. 이후로는 저희들이 고의로 죄를 짓지 않게 하셔서 그 죄가 저희를 주장하지 못하게 하소서.[27] 주께서 핏값으로 사신 저희들이 마귀의 종노릇을 하지 않게 하소서. 그리하여 늘 깨끗한 몸과 마음과 영혼으로 참된 예배를 드리게 하소서.

긍휼과 사랑

  아버지 하나님! 이 시간 주께서 내려주실 복과 은혜를 갈망하는 주의 백성들을 돌아보소서. 질병에 사로잡혀 애통해 하는 육신을 굽어보소서. 가난의 덫에 갇혀서 헤어 나오지 못하는 서글픈 마음을 살펴주소서. 잡다한 인간사에 얽매여 성령의 위로를 유일한 낙으로 삼고 살아가고 있는 불쌍한 영혼이 이제는 고통에서 놓임을 받게 하소서.

위로와 인도

하나님 아버지! 절망의 순간에, 분노의 때에, 고뇌의 시간에 주님의 십자가를 튼튼히 붙들고, 아버지의 극진하신 사랑을 생각하며, 성령의 도우심을 받아 넘어지거나 쓰러지지 않게 하여 주시고, 낙담과 좌절에서 벗어나 구원의 소망을 품게 하소서. 나의 요새로 돌아오라. 내가 네게 갑절이나 갚을 것[28]이라고 하신 아버지 하나님! 저희 인생이 고난의 바다를 지나갈 때에 바다물결을 쳐서 깊은 곳을 다 마르게 하겠다[29]고 하신 말씀에 의지하여, 험한 파도가 넘실대던 바다의 바닥이 완전히 드러나서 마음 놓고 건널 수 있도록 도와주실 줄 믿고 기도하오니 저희를 일으켜 세워주소서.

마무리기도

치유의 하나님! 목사님께서 하나님의 말씀을 전하실 때 성령께서 내내 함께하셔서, 보호하시고 인도하셔서, 모두가 회개하고 나음을 받게 하소서. 육신의 아픔과 심령의 고통을 말끔히 고쳐 주셔서 새로운 희망을 갖게 하소서. 기뻐 뛰며 하나님을 찬양하게 하소서. 아버지께 영광 돌릴 수 있는 삶을 살게 하소서. 아버지께서 선히 여기시거든 이 시간 저희들이 드리는 각각의 기도를 빠짐없이 다 들어주시옵기를 간절히 빌고 원하오며 예수님의 이름으로 기도합니다. 아멘.

2012. 05. 27.

16. 긍휼과 사랑(세모), 참회와 용서, 말씀의 은혜, 직분자 축복

찬양과 감사

아버지 하나님! 죄악 가운데 영영 죽을 수밖에 없는 저희들을 버리지 아니하시고, 오늘도 이렇게 하나님께 영광 돌릴 수 있는 은혜 베풀어 주셔서 감사합니다. 세상의 온갖 유혹을 뿌리치고 이 자리에 나올 수 있는 믿음 허락하여 주셔서 감사합니다. 저희들을 크고 작은 세상일에서 놓임 받게 하여 주셔서 성수주일하게 하여 주시니 감사합니다.

참회와 용서

아버지 하나님! 하지만 저희들은 지난 한 주일도 또다시 내내 주님의 손과 발에 못을 박고, 머리에 가시면류관을 씌우고, 주님의 마음을 아프게 하며 보냈습니다. 그리스도의 향기를 내뿜지 못하고 인간의 악취만 풍기며 살았습니다. 어디 불빛이 없는가 하고 찾는 사람들이 많은데도 저희들은 하나님의 진리의 등대가 되지 못했습니다. 세상 사람들에게 작은 불빛조차 나눠주지 못했습니다. 용서하여 주소서.

긍휼과 사랑

하나님! 저희들은 오늘도 가눌 수 없는 슬픔을 안고 왔습니다. 견딜 수 없는 아픔을 어떻게 하지 못하고 이 자리에 엎드렸습니다. 끝이 보이지 않는 절망 속을 헤매다 이렇게 나왔습니다. 하나님! 위로하여 주소서, 일으켜 주소서, 고쳐 주소서. 아버지 하나님! 이제 이 해도 한 달밖에 남지 않았습니다. 그러나 그저 아무런 뜻 없이 흐르는 날들을 아쉬워 할 것이 아니라 주님의 일을 멀리한 채 세월을 허송하는 것을 안타까워하게 하여 주소서.

말씀의 은혜

　아버지 하나님! 오늘도 갈급한 저희들의 심령 위에 흡족한 은혜의 단비를 내려 주소서. 말씀을 통해 기적을 체험하게 하시고, 치유함 받게 하여 주소서.

마무리기도

　하나님! 말씀을 전하는 목사님을 붙들어 주소서. 성가대와 관현악단과 선교단을 기억하여 주소서. 교회의 각 기관과 부서에서 애쓰고 수고하는 믿음의 아들딸들에게 넘치도록 복을 내려주소서. 우리 구주 예수님의 이름으로 기도 드립니다. 아멘.

2000. 12. 3.

17. 긍휼과 사랑, 참회와 용서, 신유의 은사, 성령임재, 기도의 응답

찬양과 감사

저희를 지으신 하나님, 저희에게 생기를 불어넣어 주시고, 걷고 뛰게 하신 하나님! 오늘 거룩한 주일, 아버지 하나님께 영광 돌릴 수 있는 은혜 베풀어 주셔서 감사합니다. 저희들이 아버지의 말씀을 따르든지 어기든지, 아버지를 기쁘게 하든지 슬프게 하든지 늘 저희를 변함없이 사랑해 주셔서 감사합니다.

참회와 용서

용서의 하나님! 이 시간에도 죄와 허물만 가득 지고 이 자리에 나왔사오니, 저희들의 잘못을 다 뉘우치게 하시고, 저희들이 전심으로 회개할 때 저희들을 용서하여 주소서.

긍휼과 사랑

은혜로우신 하나님 아버지! 원치 않는 병마로 고생하는 성도들을 일으켜 주시고 붙들어 주셔서 기쁨으로 하나님을 섬기게 하소서. 또한 여러 가지 제목을 놓고 기도하는 형제자매들의 서원을 들어 응답하여 주소서.

마무리기도

하나님! 주님의 말씀을 사모하여 이 자리에 나왔습니다. 성령께서 강권적으로 저희들의 심령에 임하셔서 큰 은혜 받는 이 시간 되게 하여 주소서. 말씀을 증거하시는 목사님에게 갑절의 영감을 허락해 주셔서 모두가 큰 은혜 받고 돌아가게 하소서. 예수님의 이름으로 기도드리옵나이다. 아멘.

2009. 07. 13.

18. 긍휼과 사랑, 참회와 용서, 치유와 강건, 전도와 선교, 성령임재

찬양과 감사

창조의 주 우리 하나님! 저희들의 정성을 모아 감사 찬양을 드립니다. 부름 받은 자녀들이 주의 전에 함께 모여 찬송하고 기도하며 몸과 마음을 모아 주께 예배드리오니 기쁘게 받으소서.[30] 주께서 이 자리에 친히 임하셔서 모든 영광을 다 받으소서.

참회와 용서

하나님! 예배를 드리는 동안 감사와 기쁨과 신앙의 열정이 샘솟게 하여 주시고, 그러한 복을 모든 이웃과 함께 나누며 이 땅에 하나님의 나라가 속히 임하기를 기도하게 하소서. 말씀을 통해 저희의 허물을 속속들이 깨닫고 회개하게 하시며, 지금까지 그리하셨던 것처럼 가득차고도 넘치는 사랑으로 저의 죄를 용서하소서. 저희의 영육이 말끔히 치유돼 강건케 하소서.

마무리기도

아버지의 말씀을 대언하시는 목사님을 굳세게 붙들어 주셔서 강단으로부터 솟구치는 성령의 강력한 기운이 우리의 심령을 변화시키고 우리의 삶의 자세를 바르게 고칠 수 있도록 도와주소서. 예수님의 이름으로 기도드리옵나이다. 아멘.

2012. 03. 11.

19. 긍휼과 사랑, 참회와 용서, 기념과 다짐, 건강·자녀축복, 5월

찬양과 감사

견딜 수 없는 아픔과 가눌 길 없는 슬픔의 세월 속에서 저희들의 손을 잡아 주시고 등을 다독이면서 여기까지 이끌어 주신 아버지 하나님! 그 무한한 은혜와 사랑에 감사하면서 오직 아버지께만 영광과 찬송을 돌리옵나이다.

참회와 용서

선하신 하나님 아버지! 지난 한 주 동안도 아버지께서 베풀어 주신 귀한 사랑과 주님의 보혈의 공로를 잊은 채 죄악의 어두운 골짜기를 헤맸던 저희들을 용서하여 주소서. 심지어 '하나님이 계시기는 하는가?' 하고 의심하고 원망하면서 불경한 마음을 품기까지 했던 저희들의 죄과를 깨끗이 씻어 주소서.

하나님! 저희에게 큰 고통을 더하신 것은 저희에게 참 평안을 주려 하심인 줄 믿습니다. 저희의 영혼을 사랑하셔서 멸망의 구렁텅이에서 건져주셨사오니 저희 모든 죄를 주의 등 뒤에 던져주소서.[31] 그리하여 오직 믿음의 푯대를 향하여, 그리스도 예수 안에서 하나님이 위에서 부르신 부름의 상을 위하여 좇아가게 하소서.[32]

기념과 다짐

하나님! 베풀어야 할 것도, 되새겨야 할 날도 많은 5월의 한 가운데를 지나고 있습니다. 어린이날, 어버이날, 부부의 날, 스승의 날, 성년의 날; 5.16, 5.17, 5.18, ……. 잊지 않고 감사하게 하시며, 망각하여서 또다시 같은 일들을 거푸 당하지 않게 하소서.

긍휼과 사랑

저희 교회와 성도들 한 사람 한 사람의 힘겹고 고단한 삶의 무게를 누구보다 잘 아시며, 함께 괴로워하시고 슬퍼하시는 아버지 하나님! 저희들을 위로하여 주시고 북돋워 주셔서 오직 천국의 기쁨을 사모하며 앞으로 나아가게 하소서.

나이 들고, 병들고, 직장을 잃어 몸과 마음이 아픈 저희들입니다. 아이들이 취직도 못하고, 혼기가 지나도 결혼하지 못해 자꾸 어깨가 뒤쳐지는 날들을 보내고 있습니다. 아버지 하나님! 믿사오니 회복시켜 주시고, 저희들의 생의 걸림돌들을 크신 사랑으로 다 거둬내 주소서.

마무리기도

하나님! 이 시대와 이 교회를 위해서 예비하신 주의 사자를 통해 아버지의 말씀을 듣는 중에 저희에게 큰 은혜가 임하게 하여 주소서. 성가대와 관현악단을 비롯해 예배를 돕는 모든 손길들, 예배에 참여한 저희 모두에게 성령이 강력하게 임하시옵기를 바라오며, 예수님의 이름으로 기도드리옵나이다. 아멘.

2009. 05. 17.

20. 긍휼과 사랑, 회개와 인도, 여름수련회, 기도의 응답, 용기와 결단

찬양과 감사

하늘에 계시는 아버지! 눈을 들어 주께 향하면서[33] 두 손을 높이 들어 하나님을 찬양하오니, 우리가 드리는 예배를 받아 주소서. 환난을 당해 부르짖었을 때 우리에게 응답하셨던 하나님![34] 우리의 도움이 어디서 올까 하고 사방을 두리번거릴 때마다 우리에게 은혜를 베푸시고 또 은혜를 베푸셔서 우리를 도와주신 아버지, 천지를 지으신 여호와 하나님![35] 우리의 영혼을 살리셔서 주를 찬송하게 하시니 감사합니다.[36]

회개와 인도

거룩하신 하나님 아버지! 주께 순결하게 드려야 할 심령을 세상에 내다 바친 우리의 죄를 용서하소서. 우리는 주를 찬송해야 할 입술로 다른 사람을 비방하였고, 거룩한 땅을 딛어야 할 발을, 주께 경배하고 주의 사랑을 실천하는 데 써야 할 팔을 제멋대로 사용하였습니다.

아버지! 주를 멀리 떠났던 우리 영혼이 주께로 돌아서게 하소서. 주께서 우리의 지난 일생에 펼쳐보이셨던 은혜와 은총과 기적과 이사(異事)를 되새기며, 다른 것은 신경 쓰지 말고 바라보지 말고 그저 주의 말씀대로 살아가게 하소서.

긍휼과 사랑

하나님! 우리의 기도를 들어주소서. 우리의 날이 기울어지는 그림자 같고, 들의 풀과 같이 우리의 몸이 점점 시들어 갈지라도[37] 주께서 영원히 계심을 믿게 하시고 주에 대한 기억이 대대에 이르게 하소서.[38] 아버지! 우리를 긍휼히 여기소서. 우리가 진 짐이 너무 무거워서, 너무 힘들어서, 모든 것을 다 내려놓고 싶을 때 우리의 몸과 마음을 붙들어 주소서.

여름수련회

아버지 하나님! 여름성경학교가 은혜와 기쁨이 충만한 축제가 되게 하소서. 어린이들에게는 잔치가 되게 하시고, 어른들에게는 옛 추억을 떠올리며 신앙을 가다듬는 계기가 되게 하소서. 땀 흘려 일하는 주님의 일꾼들에게 큰 복을 내려주소서.

마무리기도

하나님! 사랑하시는 목사님을 통해 들려주실 말씀 속에서 겸손하게 우리의 신앙을 되돌아보고, 진리를 깨닫게 하시며, 주께서 밤낮으로 심중에 명령하시는 대로 따를 수 있는 용기와 결단력을 허락해 주소서. 예수님의 이름으로 기도드립니다. 아멘.

2017. 07. 30.

21. 긍휼과 사랑, 회개와 인도, 여름수련회, 신유의 은사, 성령임재

찬양과 감사

　천지만물을 지으신 하나님! 저희들의 몸과 마음과 영혼을 주관하시는 하나님! 세세무궁토록 홀로 영광 받으소서. 저희들을 불러주셔서 아버지께 경배와 찬양을 드리게 하여 주시니 감사합니다. 볼품없고, 내세울 것은 더더욱 없는 저희들을 자녀로 삼아주시고 험한 세상 살아갈 때 사랑과 은혜로 돌보시고 이끌어 주시는 하나님! 이 예배를 기쁘게 받아 주소서.

회개와 인도

　아버지! 저희들의 잘못을 용서하여 주소서. 다시는 저희들의 죄 때문에 주님이 상하지 않게 하시고, 저희들의 허물 때문에 더 이상 주님이 찔림을 받지 않게 하소서. 끝없이 이어지는 저희들의 불신앙과 죄악 때문에 독생자를 이 땅에 보내신 아버지의 숭고한 뜻이 훼손되지 않게 하시고, 하나밖에 없는 목숨을 아낌없이 내어 주신 주님의 거룩한 희생이 결코 헛되지 않게 하소서.

　아버지 하나님! 세상에서 입술로, 또 행동으로 주님의 사랑을 실행·실천하며 널리 전파하지는 못할지언정, 하나님의 영광을 가리는 일만은 하지 않게 하소서. 저희들은 그리스도 예수 안에 있는 구속으로 말미암아 하나님의 은혜로 값없이 의롭다 하심을 얻었으면서도, 시시때때로 의롭게 살려고 하는 형제자매를 불의하다고 정죄하였습니다. 스스로 목을 곧게 하고 마음을 높이며 생활했습니다. 정함이 없는 재물에 큰 소망을 두고 살았습니다. 사탄이 저희들을 손짓해 부르며 유혹할 때 눈과 귀를 막지 못했습니다. 과감히 뿌리치지 못했습니다.

전능하신 하나님! 우리 주님께서는 무릇 사람이 할 수 없는 것을 하나님은 하실 수 있느니라고 하셨거늘,[39] 저희들은 하나님을 믿는다고 하면서도, 환난 당할 때 지레 포기하고 낙담하면서 그 자리에 주저앉고 말았습니다. 하나님께 엎드려 기도하지 아니하고 모든 일을 사람의 방식대로 해결하려고 하였습니다.

긍휼과 사랑

상한 마음과 통회하는 심령을 뒤돌아보시고 위로해 주시는 아버지! 병든 몸, 상처 난 육신을 고쳐주시고 싸매주시는 하나님! 사면을 둘러봐도 실낱같은 희망조차 엿보이지 않는 바로 그 순간에도 하나님으로부터 긍휼하심을 받고 때를 따라 돕는 은혜를 얻기 위하여 은혜의 보좌 앞에 담대히 나아가게 하소서.

여름수련회

아버지 하나님! 저희들이 여러 가지로 여름행사를 준비하고 있습니다. 성령이 각 사람에게 뜨겁게 임하셔서 하나님의 은혜 가운데 풍성한 성과를 거두게 하소서. 서로 힘과 뜻을 모아 하나님을 기쁘시게 할 수 있도록 도와주소서. 아버지! 저희 ◎◎교회도 이제는 연륜에 걸맞게 날로 성숙해가게 하여 주옵시고, 모두가 자기 본분을 성실하게 감당케 하여 주소서.

마무리기도

주님의 말씀을 전하고 듣는 이 시간 성령의 은혜로 저희 모두 큰 깨달음을 얻게 하여 주소서. 예수님의 이름으로 기도드립니다. 아멘.

2003. 07. 13.

22. 긍휼과 사랑, 회개와 인도, 전도와 선교, 기도의 응답, 성령임재

찬양과 감사

능력의 옷을 입으시고 권능의 띠를 띠시고 이 세계를 굳게 다스리시는 여호와 하나님![40] 대대에 걸쳐 우리의 거처가 되시는 우리 하나님을 두 손 들어 찬양합니다.[41]

회개와 인도

지식으로 사람을 교훈하시는 하나님! 말씀을 통해 우리를 징벌하소서.[42] 성령의 불로 우리의 순수하지 못한 심령을 깨끗하게 해 주시고, 그리하여 순결해진 마음밭에 주님의 사랑을 심어 주소서. 그리스도의 가르침이 삶의 열매로 맺히게 하시며, 우리에게서 나는 예수의 향기로 인해 많은 사람이 주저 없이 주를 영접하게 하소서.

은혜와 평강

아버지! 슬픈 마음이 들 때 예수 이름 의지하여 영원토록 변함없는 천국의 기쁨을 얻게 하소서.[43] 아침에 꽃이 피어 자라다가 저녁에는 시들어 마르는 풀처럼 우리의 육신은 갈수록 쇠해지지만[44] 주의 인자하심이 우리를 만족하게 하셔서 주 안에서 우리를 일생동안 즐겁고 기쁘게 하소서.[45] 이러한 찬양과 이 같은 바람이 우리의 찬송이 되게 하시고 우리의 기도가 되게 하소서. 밤에 찾아오는 공포와 밝을 때 닥쳐오는 재앙을 두려워하지 않게 하소서.[46] "네가 나를 사랑한즉 내가 너를 건지리라. 네가 내 이름을 안즉 내가 너를 높이리라."고 하신 아버지 하나님![47] 주께 간구하오니, 말씀하신 대로 우리에게 응답하소서. 우리가 환난 당할 때에 우리와 함께하셔서 우리를 건지시고 영화롭게 하소서.[48] 우리를 장수하게 하시며, 하나님의 구원을 우리에게 보여 주소서.[49]

마무리기도

하나님 아버지! 우리의 마음 문을 활짝 열어젖혀 주셔서, 목사님이 전해 주시는 말씀을 달게 받아 똑바로 믿고 올바르게 살아가게 하소서. 예수님의 이름으로 기도드립니다. 아멘.

2016. 06. 12.

23. 성령임재, 참회와 용서, 은혜와 평강, 기도의 응답, 추석

찬양과 감사

한낱 무지렁이에 불과한 우리를 그냥 내치지 아니하시고 곁으로 끌어당기셔서, 주님을 영화롭게 하는 영광의 도구로 삼아주신 아버지 하나님! 오늘도 변함없는 사랑으로 우리를 불러주셔서 주를 찬송하게 하시는 은혜에 감사드립니다. 사람 같으면 설령 자식이라도 미운 때가 있거늘, 죄를 짓고 또 짓고 배신과 변절을 밥 먹듯 하는데도, 우리의 허물을 탓하지 아니하시고 또다시 사랑으로 감싸 안아주시는 아버지 하나님을 영원무궁토록 찬양합니다.

참회와 용서

하나님! 오늘도 우리는 다만 우리 주 예수 그리스도의 십자가 보혈만을 믿고, 과오와 모순덩어리를 가득 안은 채 이 자리에 왔사오니, 우리의 모든 잘못을 다 용서하여 주셔서 온전한 마음으로 아버지께 예배드리게 하소서.

성령임재

하나님! 이 자리에 임하소서. 역사하소서. 그리하여 우리를 변화시켜 주소서. 이제는 우리가 머리가 아니라 가슴으로, 아니 활짝 열린 영의 눈으로 주님을 바라보게 하소서. 주님 가르치신 말씀이 우리 삶의 등대가 되게 하시고, 주님 가신 길이 우리의 이정표가 되게 하시며, 주님께서 명령하신 대로 땅 끝까지 이르러 주님의 증인이 되는 일이 우리가 이 땅에서 사는 최대의 존재이유가 되게 하시고 영생을 추구하는 참된 바탕이 되게 하소서.

은혜와 평강

은혜로우신 아버지 하나님! 태풍이 할퀴고 폭우가 휩쓸고 지나간 폐허에서 명절을 맞는 불쌍한 사람들을 돌아보소서. 주님의 긍휼과 자비가 이재민에게, 또 밀린 임금을 받지 못해 생계가 막막한 노동자와 실업상태에 있는 이들과, 부도의 위기에 몰려있는 기업인들에게 임하셔서, 모두에게 위로와 재생의 용기와 터전을 허락하소서. 또한 명절에 먼 길, 가까운 길을 오고가는 우리 자신과 가족들이 안전하게 왕래할 수 있도록, 아버지! 돌보아 주소서.

마무리기도

하나님! 이 시간 생명의 양식을 얻고자 합니다. 주의 사자를 통해 전해지는 말씀에 귀를 기울이게 하시고 온전히 깨닫게 하여 주셔서, 주님이 우리가 범죄하였기 때문에 돌아가시고 또한 우리를 의롭다 하시기 위하여 살아나셨다고 하는 진리의 말씀을 우리의 마음에 깊이 아로새기게 하소서.[50]

아버지 하나님! 오늘도 주의 자비를 힘입어 해결해야 할 문제를 보따리보따리 싸 짊어지고 찾아온 우리를 그냥 돌려보내지 마소서. 해결해 주소서. 그 실마리를 열어 주소서. 우리는 확실히 믿습니다, 주님의 능력과 권세를. 예수님의 이름으로 기도드립니다. 아멘.

2012. 09. 23.

24. 성령임재, 참회와 용서, 은혜와 사랑, 믿음의 진보, 꿈과 용기

찬양과 감사

  거칠고 메마른 땅에 사는 우리들에게 철따라 생명의 비와 이슬을 내리셔서 영력과 삶의 윤기를 더해 주시는 아버지 하나님! 오늘 거룩한 주일을 맞아 아버지께 영광을 돌리오니 우리 예배를 받아 주소서. 아버지! 몸과 마음이 지쳐 쓰러질 지경에 이를지라도 우리에게 꿈과 용기를 잃지 않게 하여 주셔서 감사합니다.

참회와 용서

  하나님! 지난 한 주도 우리는 많은 죄를 졌습니다. 채찍과 꾸지람이 지혜를 주거늘[51] 우리는 하나님의 말씀을 통해 지혜를 얻으려 하지 않고 달콤한 말과 편안한 삶만을 쫓아다녔습니다. 가난하여도 성실하게 행하는 자는 부유하면서도 굽게 행하는 자보다 나으리라[52]고 하나님께서 분명히 말씀하셨는데도, 부자가 될 수 있다면 어떠한 일도 마다하지 않겠다는 그릇된 마음으로 양심도, 윤리도 아니 때로 신앙까지 다 버리며 살아왔습니다. 하나님이 아니라 지나칠 정도로 맘몬, 즉 부요와 탐욕을 섬기면서, 그것이 모세를 통해 주신 십계명을 어기는 일이며, 따라서 하나님께서 기뻐하시지 않는 일이며, 복이 아니라 벌을 받는 지름길이라는 것을 몰랐습니다.

  자기의 죄를 숨기는 자는 형통하지 못하지만 죄를 자복하고 버리는 자는 불쌍히 여김을 받으리라[53]고 하셨사오니, 아버지 하나님! 오늘 우리의 죄를 통회하게 하시고 그릇된 길에서 속히 벗어나게 하소서.

성령임재

하나님! 함께하소서. 우리 힘만으로는 할 수 없사오니, 우리의 완악한 성정이 성령의 임재와 이끌림으로 부서지고 깨어지게 하소서. 하나님 섬기는 일을 우리 인생의 유일한 목적으로 삼게 하시며, 하나님께서 주신 말씀을 통해 어떻게 하는 것이 하나님을 기쁘시게 하는 것인가를 우리 모두 배우고 깨닫게 하소서.

마무리기도

오늘도 목사님을 통해 전달해 주실 생명의 양식과 음료를 달게 섭취하고 잘 소화시켜서, 우리의 신앙이 그리스도의 장성한 분량에까지 이르도록 진보하고 성장하게 하여 주소서. 예수 그리스도의 이름으로 기도드리옵나이다. 아멘.

2013. 08. 04.

25. 성령임재, 참회와 용서, 생명의 빛, 믿음의 역군, 기쁨과 용기

찬양과 감사

아버지 하나님! 귀하고 높으신 이름을 찬양합니다. 크고 놀라우신 사랑으로 우리를 죄악의 구렁텅이에서 건져주시고, 파멸로 치닫는 어두운 길목에서 생명의 빛이 되셔서 우리의 갈 길을 밝히 보여 주시는 아버지께 감사드립니다.

참회와 용서

하나님! 신앙적으로는 아무런 물정도 모르는 어린아이와 같아서 이리저리 비틀거리고 흔들리며 갈팡질팡하는 우리 인생을 불쌍히 보셔서, 우리의 죄와 허물을 주님의 보혈로 깨끗이 다 씻어 주소서.

성령임재

아버지 하나님! 성령의 인도하심이 없이는 지뢰밭 같은 이 세상에서 한시도 주님의 백성으로 온전히 살아갈 수 없사오니, 우리 모두 주님 지셨던 십자가를 튼튼히 붙잡고 날마다 싸워 이기는 믿음의 역군이 되게 하여 주소서.

마무리기도

오늘도 말씀을 온전히 받아 우리의 악하고 추한 심령을 정화하여 주옵시고, 찬송으로 새로운 기쁨과 용기를 얻게 하여 주소서. 목사님에게 갑절의 영력을 부어 주셔서 우리 모두 영적으로 승리할 수 있도록 이끌어가게 하여 주소서. 예수님의 이름으로 기도드리옵나이다. 아멘.

2014. 02. 16.

26. 성령임재, 참회와 용서, 한계신앙, 영적 각성, 온전한 믿음

찬양과 감사

우리의 영원한 친구가 되시는 주님을 우리에게 보내주신 아버지 하나님! 걱정과 근심, 무거운 짐을 모두 주님께 맡기고, 주께 피함으로써 구원 얻고 복을 받게 하여 주시니 감사합니다.

참회와 용서

하나님! 그런데도 어떤 것은 주께서 이뤄주실 줄 믿고 어떤 것은 해결해 주시지 못할 것이라고 생각하는, 선택적이고도 한계적인 신앙에 머물러 있는 우리의 죄를 용서해 주소서.

온전한 믿음

아버지 하나님! 진리의 성령이 우리의 눈과 가슴을 열어 주셔서 능치 못할 일이 없다는 믿음을 갖게 하소서. 수많은 신앙의 용사들이 세상과 그리고 불가능과 굳게 싸워 이겼던 믿음을 본받아서, 우리도 강하고 순결한 믿음으로 우리 앞에 가로놓인 문제들을 극복하게 하소서.

마무리기도

하나님! 오늘도 목사님께서 '믿음의 비용 계산'이라는 제목으로 이 시간 우리에게 귀한 말씀 전하실 때 아멘으로 받아들이게 하시고, 그렇게 시인한 대로 살아가게 하소서. 아버지! 오늘 예배를 통해서 영광을 흡족히 받으소서. 예수님의 이름으로 기도드립니다. 아멘.

2018. 09. 16.

27. 성령임재, 회개와 인도, 은혜와 사랑, 위로와 회복, 말씀의 은혜

찬양과 감사

　우리가 삶의 밑바닥까지 내려갔을 때, 희망의 빛이라고는 단 한 줄기도 비치지 않는 것 같았던 그때도, 우리를 긍휼의 눈길로 내려다보시며 두 손을 내밀어 주셨던 아버지 하나님! 바쁘다고 하면서, 또 살만하여지니까 아버지의 은혜를 잊고, 아버지의 가르침을 멀리하려는 날에도 우리를 변치 않고 사랑하시며, 다시 처음 믿음으로 돌아오기를 바라는 아버지의 은혜를 생각하면서 영광과 찬송을 돌립니다.
　자비로우신 하나님! 하나님과 같은 분이 어디 또 있겠습니까! 때로 모든 사람이 우리를 버리고 세상만사가 우리에게는 단지 고통을 안겨줄 뿐인 것 같았던 그 시절에, 하나님께서는 더욱더 우리에게 가까이 계셨던 것을 생각하면서 감사를 드립니다.

은혜와 사랑

　아버지 하나님! 이후로 저희들이 어떠한 처지에 놓이더라도 지금까지와 같이 아니 지금보다도 더욱 사랑하여 주실 줄 우리는 믿습니다. 우리를 죄 가운데 버려두지 마시고, 설혹 우리가 용서받을 수 없는 죄를 짓게 되더라도, 아버지! 주님의 희생으로 우리를 구속하신 그 사랑을 거두지 마소서. 우리의 죄가 더 깊어지기 전에 그 수렁에서 건져 주옵시고, 죄악 가운데 방황할 때에 오히려 더욱 주님의 은혜를 사모하게 하소서.

회개와 인도

　하나님! 오늘도 저희들 하나님 아버지 앞에 엎드렸습니다. 저희의 모든 허물을 사해 주시고 말씀을 통해 우리의 영혼이 새로워지게 하소서. 우리가 흔들릴 때, 낙망할 때, 너무나 견디기 힘들어 모든 것을 내려놓고 싶을 때에도 오직 말씀에 의지해서 헤어나게 하소서.

마무리기도

하나님 아버지! 우리 모두 아버지의 말씀을 사모하면서 예배를 드립니다. 목사님에게 성령의 두루마기를 입혀주셔서 성령의 강한 바람이 이 교회 안에, 여기에 모인 우리 모두의 심령 위에 뜨겁게 임하게 하소서. 우리 모두 간절한 마음으로 하나님을 섬기고, 주님의 가르침을 생활에서 실천하는 믿음의 역군들이 되게 하여 주소서. 우리가 합심하여 또한 개별적으로 간구하는 기도를 하나님께서 들어 응답하여 주실 줄 믿사옵고 예수님의 이름으로 기도드립니다. 아멘.

2014. 02. 09.

28. 성령임재, 회개와 인도, 믿음의 성숙, 부흥회, 눈물과 감사의 회복

찬양과 감사

거룩한 주일 아침 신령한 이 시간에, 우리를 지으시고 다스리시고 회복시켜주시는 영원하신 우리 아버지 하나님께 영광을 돌리며 찬송을 드립니다.

이 험난한 세상 속에서 저희들의 생명을 연장시켜 주시고, 절망 중에 빠져서 갈피를 잡지 못하고 헤맬 때 강한 팔로 이끌어 주시고 따스한 손길로 보살펴 주시는 하나님 아버지! 그 크고 깊은 은혜를 감사드립니다. 더욱이 지난 나흘 동안 하나님께서 크게 사랑하사 전국 방방곡곡에서 높이 들어 쓰시는 능력의 일꾼, ○○○ 목사님을 강사로 모시고 부흥성회로 모일 수 있도록 하여 주셔서 더욱 감사합니다. 충만한 말씀의 은사를 허락하신 귀한 사역자를 통해 크고 놀라운 비밀들을 깨우쳐주셔서 감사합니다.

성령임재

은혜로우신 하나님! 성회의 마지막 시간이 됐습니다. 갈급한 저희들의 심령 위에 흡족한 성령의 단비를 넘치도록 내려 주소서. 잃었던 사랑을 완전히 되찾게 하여 주소서. 말라버린 눈물과 감사의 마음을 회복시켜 주소서. 사랑은 이미 죽어 박제가 되어버린 명사가 아니라, 온몸과 마음을 내던져 실행·실천해야 하는 살아 움직이는 생생한 동사가 되어야 한다는 점을 깨닫게 하소서.

믿음의 성숙

아버지! 그동안 주님의 백성으로 살지 못하고, 나그네 된 세상 속에 파묻혀 주님을 송두리째 외면하면서 살아온 저희들의 육신이 이제는 완전히 깨어지고 철저히 부서지게 하여 주소서. 오직 하나님이 기뻐하시는 일만 하게 하소서. 세상으로 향해 있는 탐욕의 눈길을 주님께로 온전히 돌려 오직 주님만 바라보게 하소서. 주님을 닮게 하소서. 주님만 따르게 하소서. 주님만 의지하게 하소서.

아버지 하나님! 이제 더 이상 사랑의 빚진 자로 살아가지 않게 하소서. 그동안 받을 사랑만 손꼽아 계수해왔던 저희들! 이제 주신 은혜에 감사드리며 예배에 힘쓰고, 선교하고, 구제하고, 가르치는 일에 앞장서는 믿음의 전사가 되게 하여 주소서.

부흥강사를 위한 기도

연일 새벽부터 늦은 밤까지 혼신의 힘을 기울여 하나님의 말씀을 증거해 오신 강사 목사님이 이 시간도 피곤하지 않도록 강한 능력의 팔로 붙들어 주소서. 특별히 그 성대를 지켜 보호하여 주소서. 사랑하시는 ○○○ 목사님이 이제 저희 교회를 떠나 언제 어느 곳에서 하나님의 말씀을 전하더라도, 하나님의 크신 권능이 함께하셔서 놀라운 결실을 이루게 하여 주시고, 사랑이 식어버린 이 시대, 분열과 불화가 만연한 이 불신의 연대에, 가라앉은 교회를 부흥시키고 틈이 갈라진 인간관계를 회복시키는 촉매제가 되는, 진정한 사랑의 메신저가 될 수 있게 도와주소서.

마무리기도

하나님 아버지! 이번 성회기간 동안 마음밭에 뿌려진 사랑의 씨앗들을 한마음 한뜻으로 잘 가꾸고 정성껏 보살펴서 알찬 믿음의 열매를 맺을 수 있도록 늘 깨어서 기도하고 사랑을 실천할 수 있게 하여 주소서. 예수님의 이름으로 기도합니다. 아멘.

2001. 01. 28.

29. 성례(세례와 성찬), 회개와 인도, 은혜와 평강, 믿음회복, 12월

찬양과 감사

세세무궁토록 홀로 영광과 찬양을 받으실 하나님! 한 해가 서서히 저물어가고 있습니다. 올해도 저희들을 사랑과 은혜로 보살펴 주시고 이끌어 주신 하나님께 진심으로 감사드립니다.

회개와 인도

하나님! 저희들은 주님의 뜻대로만 살아도 한없이 아까운 세월을 죄악된 생각과 행실로 온통 허송하고 말았습니다. 맡은 바 사명을 소홀히 한 채 주님을 그저 생활의 방편으로 삼고 살아왔습니다. 주님의 가르침을 철저히 외면한 채 살았습니다. 남은 제대로 대우해 주지 않으면서 자신이 대접받기만 바랐습니다. 주어야 할 사랑은 안중에도 없이 받을 사랑만 셈하고 있었습니다. 형제들의 발을 씻어 주기는커녕 그 앞에 한사코 냄새나는 저희들의 발을 내밀기만 했었습니다.

하나님! 저희들은 예수님처럼 살기 위해서 예수님을 믿은 것이 아니라, 다만 예수님을 사다리 삼아 하늘의 넘치는 복을 얻기 위해서 예수님을 믿었습니다. 예수님과 세상을 동시에 섬겼습니다. 고통의 십자가는 애써 멀리하면서 줄곧 영광의 면류관만을 탐하며 살았습니다. 하나님! 이제는 껍데기뿐인 신앙을 벗어 던지게 하소서. 초심으로 돌아가게 하소서. 지금부터라도 신앙의 바른 이정표를 세우게 하소서. 하나님도 바라보고 세상도 기웃거리다가 하나님으로부터 버림받고 세상에서도 실패하는 일 없게 하시고, 기왕에 하나님을 믿기로 작정하였사오니 믿으려면 철저히 믿게 하소서. 두 마음을 품지 않게 하소서.

은혜와 평강

위로의 하나님! 저희들의 눈물어린 간구에 귀를 기울이소서. 오늘은 저희들의 가슴에 슬픔이 가득 차 있지만 내일은 기쁨이 넘치게 하소서. 저희를 긍휼히 여기소서. 저희를 도와주소서. 저희들의 슬픔이 변하여 춤과 노래가 되게 하시고, 굵은 베옷을 벗어 던지고 기쁨으로 띠를 띠게 하소서. 저희들이 하나님께 간절히 부르짖었더니 하나님께서 저희를 완전히 고쳐 주셨다고 기뻐 뛰며 이를 널리 간증하게 하소서.

성례(세례와 성찬)

아버지 하나님! 오늘 이 곳에 친히 임재하소서. 찬양과 기도와 함께 말씀이 선포되고 성만찬이 베풀어질 때 하늘의 크신 역사가 임하게 하소서. 특별히 오늘 새로 세례를 받는 이들에게 일생동안 주님께 사로잡혀 살기로 결단하고 다짐하는 시간이 되게 하소서. 예수님의 이름으로 기도드립니다. 아멘.

2001. 12. 16.

30. 성례(세례와 성찬), 회개와 인도, 은혜 사모, 전도와 선교, 가을

찬양과 감사

이 가을, 아름다운 계절을 주셔서, 가난한 사람이든 부유한 사람이든, 권세나 명성이 있든 없든 우리 모두가 이 자연을 함께 누리게 하시는 아버지 하나님! 우리에게 믿음을 고이 지켜 소중히 간직하게 하시고 따뜻한 사랑으로 보살펴 주신 하나님께 감사드리며 오늘도 은혜를 받고자 소망 중에 이 자리에 나왔사오니, 오직 크게 기뻐하며 하나님의 성호를 찬양하고 그 말씀을 간절히 사모하게 하소서.

성례(세례와 성찬)

하나님! 특히 성찬예배로 드릴 수 있도록 허락해 주신 것을 감사드리오니, 우리 모두 마음가짐을 새롭게 할 수 있도록 이끌어 주소서. 오늘 사랑의 빵을 함께 떼면서, 우리의 마음을 주님께서 목숨을 버려가면서까지 가깝게 다가서시고자 했던 우리의 형제들에게로 향하게 하소서. 믿음의 포도주를 같이 나누어 마시면서, 세상 구원을 향해 온몸의 피를 아낌없이 다 쏟으신 우리 주님의 헤아릴 수 없이 깊고 높고 넓은 뜻을 곰곰히 되새기게 하소서.

성찬식에 참여하는 우리 모든 성도가 오직 한 분 하나님, 한 분 예수님, 한 분 성령만을 섬기고 있사오니, 우리 모두 한 믿음의 자녀요, 식구요, 동지라는 사실을 늘 잊지 않게 하소서. 하나님! 이러한 생각들이 억지로가 아니라 성령께서 우리를 친히 감동케 하셔서 마음속 깊은 곳에서부터 샘솟듯 우러나게 하소서.

우리의 영안을 열어 주셔서, 그 모진 십자가에 달리실 때 극한의 모멸감과 고통을 동시에 감당하셔야 했던 예수님을 우러러보면서, 우리 모두 각 사람이 서 있는 바로 그곳에서 신명을 다해 예수를 증거하고 전파하게 하소서. 오늘 성찬식이 베풀어지는 동안 비록 짧은 시간이지만 우리 모두 주님의 고난을 가슴 깊이 되새기며, 주께서 주신 지상명령 즉 선교의 사명을 마음판에 확실히 아로새기게 하소서.

회개와 인도

아버지 하나님! 우리의 믿음이 한없이 연약함을 고백합니다. 여호와의 손이 짧아서 우리를 구원하지 못하심도 아니요 귀가 둔하여서 우리의 간구를 듣지 못하심이 아니라는 성경말씀을 제대로 깨닫지 못한 채 살아가고 있사오니, 오직 우리 죄악이 하나님과 우리 사이를 갈라놓았고, 우리 죄가 하나님의 얼굴을 가려서 우리의 호소를 듣지 않으시는 줄[54] 뼈저리게 느끼게 하소서. 그리하여 우리들이 언제든지 통회하며 기도할 때 우리 죄를 사하여 주소서. 주님의 보혈에 의지하여 기도할 때마다 우리를 죄와 사망의 구렁텅이에서 건져주소서.

마무리기도

하나님! 오늘도 목사님을 성령의 전신갑주로 감싸 안아주소서. 엘리야와 엘리사에게 내렸던 능력과 은혜가 나타나게 하소서. 말씀이 우리의 심금을 울리고, 맥박이 고동치게 하시며, 폐부를 깊이 찌르게 하소서. 우리의 생각이 그리스도의 마음으로 바뀌고, 행실을 올바르게 가다듬게 하셔서, 세상 모두에게 우리가 '예수 믿는 사람'이라는 것을 똑똑히 알게 하소서. 모든 기도의 초점이 주님을 닮아가는 사람이 되기를 원하는 마음으로 모아지기를 원하오며, 예수님의 이름으로 기도드립니다. 아멘.

2011. 10. 09.

31. 성례(세례와 성찬), 회개와 축복, 헌신과 봉사, 감사와 보은

찬양과 감사

영원하신 아버지 하나님! 영생토록 영광 받으소서. 우리를 거둬주셔서 영적인 고아 상태를 면하게 하여 주셔서 감사합니다.

회개와 축복

아브라함의 하나님! 대대로 마음의 포피를 베어 아버지와 맺은 언약을 지키게 하소서. 이스라엘의 하나님! 우리의 잘못된 성정을 쳐서 주 앞에 바로 서게 하소서. 세상을 향한 눈은 희미해질지라도, 사울을 변화시켜 바울로 만들어주소서. 우리 눈의 비늘을 벗기셔서, 영안이 활짝 열리게 하소서. 특별히 오늘 세례를 받는 주의 자녀들에게 이 같은 축복을 내려주소서. 평생토록 주님의 품 안에서 살게 하소서.

헌신과 봉사

하나님 아버지! ◎◎교회를 굽어 살피소서. 날로 헤싱헤싱해져가는 빈자리를 바라보면서 가슴을 치며 회개하게 하소서. 뻥 뚫린 우리의 마음을 헤아려주소서. 사랑에 굶주리고, 사람으로 해서 상처난 아픈 마음을 성령께서 어루만져주소서.

아버지! 더하여 우리의 신앙이 더욱 튼튼해지도록 직분자들에게 더 큰 사명감과 열정을 갖게 하소서. 억지로가 아니라 불타는 가슴으로 주께 헌신하게 하소서. 주를 향한 열심이 다시금 활활 타오르게 하소서. 예배 때마다 열과 성을 다해 전해지는 기름진 말씀으로 우리들의 텅 빈 가슴을 채워 주소서. 어서 이 예배당이 가득 차게 하소서.

감사와 보은

하나님! 주님께는 따로 아뢸 필요조차 없이 항상 감사의 마음을 간직해야 하거니와, '물을 마실 때는 그 근원을 생각하고, 우물을 판 사람에게 감사한 마음을 잊어서는 안 된다'[55]는 옛말처럼, 은혜를 베푼 사람에게 고마운 마음을 잊지 않게 하소서.

마무리기도

아버지 하나님! 오늘도 주의 말씀을 주고받으며 반성과 다짐을 새롭게 하는 귀한 시간이 되게 하여 주소서. 예수님의 이름으로 기도드립니다. 아멘.

2018. 05. 20.

32. 신유의 은사(코로나), 참회와 용서, 생명과 평화, 단결과 배려, 봄

찬양과 감사

생명과 평화의 하나님! 우리를 불러 주시고 살려 주시고 이끌어 주시는 하나님! 추위가 물러나게 하시고 새봄의 햇볕과 기운을 허락해 주시니 감사합니다. 이 시간 간절한 마음으로 아버지께 예배드리오니, 하나님! 영광 받아 주소서.

참회와 용서

아버지 하나님! 우리가 한 번도 겪어본 적이 없는 새로운 코로나 바이러스가 전 세계를 강타했습니다. 1억 5천만 명의 귀중한 생명을 앗아간 14세기 중엽의 흑사병과 19세기의 콜레라, 20세기 초반의 스페인 독감에 이어서, 백 년 주기로 인류 앞에 다시 대재앙이 찾아왔습니다. 7천년의 역사를 갖고 있는 결핵과 장티푸스, 홍역, 천연두와 같은 전염병의 기세가 수그러들었지만, 2002년의 사스와 2009년의 신종플루와 2012년의 메르스에 대한 공포가 아직 생생한데, 또다시 엄청난 전염병 앞에 맞서게 되었습니다. 국내에서만 50일도 채 되지 않아서 벌써 44명의 귀중한 목숨을 잃었습니다. 각급 학교의 입학과 개학이 미뤄졌습니다.

하나님의 창조의 질서를 거스르고 인간의 무분별함과 부주의로 생긴 이러한 대규모의 바이러스 감염증 앞에서, 우리 모두 엎드려 회개하게 하여 주소서. 우리는 자연이 보내는 경고음을 들은 체도 않고, 경쟁적으로 생태계를 무너뜨리는데 앞장섰습니다. 의료기술의 향상과 항생제 및 예방백신의 개발만을 믿고 기고만장하였던 우리들의 어리석음을 벗어던지게 하여 주소서. 문명과 과학의 발달이 치명적인 역병을 모두 몰아낼 수 있을 것처럼 의기양양하여 바벨탑을 높이 쌓아왔던 우리의 오만한 생각을 회개하게 하여 주소서. 우리를 용서하여 주시고 이 엄청난 혼란과 불안을 어서 제거하여 주소서.

단결과 배려

질서의 하나님! 앞날을 예측할 수 없는 혼돈이 우리 눈을 가리고 민심이 갈피를 잡지 못한 채 흔들리면서 마스크 대란이 벌어지고 있습니다. 가격이 폭등하면서 마스크를 구하기가 어렵고, 심지어 가장 필요한 의료시설에서도 어쩔 수 없이 재활용을 하고 있습니다. 마스크 5부제 구입이 시행되고 있는 상황에서 매점매석이 이뤄지고, 특정업체에 대한 생산과 납품 특혜시비가 일고 있습니다. 아버지! 우리 모두 이기심을 버리게 하시고, 역사적으로 위기가 닥쳐올수록 더욱 굳게 뭉치고 서로를 먼저 챙겼던 민족성이 되살아나게 하시되, 이 일에 기독교인들이 솔선수범하게 하소서.

마무리기도

오늘도 말씀을 통해 더욱 굳세고 순결한 믿음을 갖게 하소서. 단위에 세우신 목사님에게 사사와 선지자들에게 주셨던 예지와 권능을 허락하셔서 성도들의 삶을 귀하고 복된 길로 이끌게 하소서. 우리 모두 주시는 말씀을 아멘으로 받아 우리를 위해 예비하신 위로와 평강을 얻게 하소서. 만병의 의원되시는 예수 그리스도의 이름 받들어 기도드리옵나이다. 아멘.

2020. 03. 08.

33. 신유의 은사(코로나), 은혜와 평강, 주일성수, 믿음회복, 합심단결

찬양과 감사

전능하신 아버지 하나님! 한없이 크신 능력을 우리 모두의 마음을 모아서 찬송합니다. 하나님! 우리의 영혼을 깨워서 주를 찬양케 하여 주셔서 감사합니다. 우리에게 무궁한 말씀을 마음에 품게 하시고, 영원한 천국을 사모하게 하시니 감사합니다.

참회와 용서

아버지! 코로나가 다섯 달이 넘도록 온 세계를 공포의 도가니로 몰아넣으면서 우리들의 삶이 무너지고, 그렇잖아도 어설펐던 믿음마저 소실되어 가고 있습니다. 위기에 맞서 자신들을 둘러보며 겸손한 마음으로 하나님께 엎드리지 못하고, 인간의 지식으로 일을 해결해 보려고만 했습니다. 저희들의 잘못을 다 용서하여 주소서.

공의로우신 하나님! 일부 무분별한 개신교 지도자와 추종자들이 서울도심집회를 강행하여 수도권은 물론이고 지역사회 감염을 촉발시키고 있습니다. 국가와 사회의 고통을 덜고 어려운 이들의 눈물을 닦아주어야 할 종교가, 특히 우리 기독교가 오히려 해가 되고 조롱거리가 되고 욕받이가 되어서 주님의 영광을 가리지 않게 하소서. 종교가 사회의 아픔을 어루만지고 해소를 위해 앞장서지는 못할지언정 해악이 되지 않게 하소서.

은혜와 평강

하나님! 우리 모두 언제 코로나에 감염될지 몰라 전전긍긍하고 있습니다. 너무 불안합니다. 무엇보다도 언제까지 이렇게 제대로 예배도 드리지 못하게 될 것인지 정말 혼란스럽습니다. 국가권력의 박해와 식민지탄압과 전쟁 중에도 생명처럼 성수되었던 주일예배가 훼손되고 있습니다.

아버지 하나님! '코로나19'에 감염돼 심신이 큰 고통을 받으며 생사의 기로에 있는 사람들이 어서 빨리 온전히 치유되게 하여 주소서. 병원에 있는 가족들과 잘해야 전화나 영상통화로 안부를 확인할 뿐입니다. 코로나 환자의 유족들은 사랑하는 이들과 마지막 인사조차 나누지 못하고 장례를 제대로 치루지 못한 채 하늘나라로 떠나보내고 있습니다. 건강했던 사람들이, 또는 기저질환이 있다 해도 치명적이지는 않았던 사람들이, 코로나에 감염되고 그 후유증으로 이른 시기에 생을 마감하고 있습니다. 그 영혼이 천국에서 안식을 누리게 하시고, 졸지에 가족들을 떠나보내야만 하는 유족들을 붙들어 주소서.

하나님! 간절히 비옵니다. 자신들의 안전마저 제대로 보장되지 않는 환경에서 사투를 벌이고 있는 의료진들과 함께하소서. 몸은 지치더라도 마음을 다잡게 하시고, 이들의 희생과 헌신이 열매 맺게 하셔서 이 땅에서 하루빨리 코로나를 몰아내 주소서.

아버지 하나님! 여야를 막론하고 모든 정치세력들이 힘을 합쳐 이 미증유의 난관을 헤쳐 나가게 하시고, 종교계에서도 서로 뜻을 모아 어서 빨리 이 고난이 넘어가게 하소서. 국가와 국가 간에도 최선의 협력과 공동대응을 할 수 있도록 도와주소서.

마무리기도

오늘도 목사님의 말씀을 듣고 세상에서 해이해졌던 우리의 신앙을 바로잡고 더욱 순전한 마음으로 주를 믿고 따르게 하소서. 예수님의 이름으로 기도드립니다. 아멘.

2020. 08. 23.

34. 신유의 은사(코로나), 은혜와 평강, 전도와 선교, 협력과 단합

찬양과 감사, 참회와 용서

아무리 어려운 날에도 우리와 함께하시며 우리를 변함없이 사랑하시는 하나님! 고달픈 삶속에서도 용기와 희망을 저버리지 않는 믿음을 주신 아버지께 영광을 돌리옵나이다. 우리 육신이 분주한 세상사에서 놓임을 받고 주께 나와 찬양을 드리게 하시니 감사합니다. 주님의 십자가 보혈로 우리 죄를 말끔히 씻어 주소서.

회복과 치유

하나님! 코로나 변이종이 줄을 이으면서 우리를 더욱 불안하게 하고 있습니다. 1년 반이 되도록 우리의 일상을 송두리째 지배하고 있는 코로나감염증의 행진 속에서 델타변이 바이러스가 급속히 번지고 있습니다. 4차 대유행이 시작됐습니다.

치유의 하나님! 이제는 놓임 받게 하소서. 회복시켜 주소서. 이 환난 속에서 속히 우리를 구해 주소서. 확진자들이 하루빨리 병마를 이기게 하소서. 몸과 마음이 온전히 치유되게 하소서. 새로운 감염이 멈추게 하소서. 전파의 고리를 차단시켜 주소서.

전도와 선교

아버지! 비대면예배, 온라인 집회가 주가 되는 이 초유의 사태가 하루라도 빨리 종식되게 하소서. 전도와 선교가 막혀서 주님의 지상명령을 제대로 지킬 수가 없사오니 어찌해야 하겠습니까? 이번 사태가 도리어 많은 사람의 심령이 회개하고 주께로 돌아오는 하나의 계기가 되게 하여 주시고, 전도와 선교의 문이 더욱 넓어지는 전환점이 되게 하여 주소서.

은혜와 평강

　하나님! 코로나가 아니라도 재정적으로 큰 어려움을 겪어왔던 작은 교회들을 더욱 사랑하여 주소서. 이 위기가 옛말처럼 어서 지나가게 하시고, 조금이라도 여유가 있는 교회들이 마음을 합치고 힘을 모아, 모든 주님의 교회가 다 같이 살아남게 하소서. 고난의 시기에 하나님을 섬기며 교회를 이끄시는 목사님과 전도사님들에게 이전보다 더 큰 사랑과 은혜를 베풀어 주소서.

　아버지! 노인부터 시작해서 갓난아기에 이르기까지 모두가 피할 길이 없는 이 난관을 어서 거두어 주소서. 건강문제가 심각한 어르신과 만성질환을 앓고 있는 사람들이 감염에 쉽게 노출돼 너무나 고생하고 있습니다. 직장인이 출근을 하지 못하고 자영업자들의 발이 묶여 있습니다. 우리 모두의 순조로운 일상생활이 침해를 받고 있고, 자녀들이 학교와 병영에서 학습과 군복무를 수행하는 데 차질을 빚고 있습니다.

　학교마다 전면적인 원격수업이 시행되고 있습니다. 학생들은 학교와 선생님과 친구들을 제대로 알지 못한 채 비대면학습을 이어가고 있습니다. 인터넷에 빠져들고, 운동량이 부족해지고, 공부를 게을리 하고, 교우관계도 구멍이 나있습니다. 젊은 부모들은 아이들의 돌봄문제로 발을 동동 구르고 있습니다.

　하나님! 아프리카 해역에 파병 중인 청해부대 문무대왕함에서 전체 승무원 301명 가운데 80%가 넘는 인원이 집단으로 코로나19에 감염됐습니다. 직장인들이나 학생들과 달리 재택근무나 온라인수업과 같은 비대면 복무가 이뤄질 수 없는 군장병들을 돌봐 주소서. 사회적 거리두기가 어려울 뿐만 아니라, 확진자가 나오면 급속하게 확산될 우려가 있사오니 더욱 세심하게 보살펴 주소서.

인도와 위로

하나님! 저희들은 너무도 두렵습니다. '회중예배를 꼭 드리지 않아도 되는구나' 하는 이런 마음이, 연약한 믿음을 가진 이들의 신앙을 떨어뜨릴까 염려됩니다. 그렇지 않아도 신도들이 줄어들고 예배를 소홀히 하는 풍조가 번져가는 상황에서 저희의 아이들이 '이래도 되는가보다' 하고 생각할까 두렵습니다. 무엇보다도 우리 교회들이 다음세대의 신앙교육과 훈련의 단절이라는 추가적인 난관에 봉착하게 되었습니다.

하나님! 바이러스가 들불처럼 전 세계적으로 번져가는 이 시대에, 이제는 우리가 해야 할 일과 해서는 안 될 일을 확실히 깨닫게 하시고, 깨달음대로 실천하게 하소서.

대통령을 비롯해서 정부 책임자와 감염병 예방과 관리 및 치료와 확산 방지업무를 담당하는 모든 사람에게 바르게 판단할 수 있는 지혜와 참된 용기를 주소서. 나라와 나라 간의 교류가 제한되고 무역도 제대로 이뤄지지 못하면서 경제가 더욱 나빠져, 그렇잖아도 어려운 사람들의 가계가 더 힘들어지고 있습니다. 모든 사람이 참으로 고통스러운 이 시기에, 정치인들이 소모적인 정쟁을 일삼지 않게 하소서.

아버지 하나님! 코로나 확진자와 그 가족들이 엄청나게 고생하는 한편으로, 이동제한과 외출자제로 고객이 줄어들어 생계유지가 곤란해진 이웃들을 불쌍히 여겨 주소서. 자영업자와 영세 소상공인들이, 매출과 일감이 줄고 물류유통이 막혀서 가게 문을 닫아걸고 어찌할 바를 모르고 있습니다. 실직한 사람들이 생활고로 신음하고 있습니다. 여러 가지 사유로 해외에 나가 있는 사람들이 귀국하지 못하여 애를 태우고 있습니다.

방역공무원을 위한 기도

아버지! 최일선에서 코로나 역학조사와 방역에 대응하는 공무원들이 잇따라 극단적 선택을 하고 있습니다. K방역이란 그럴싸한 명성의 뒤안길에서, 과중한 업무와 과도한 초과근무가 이어지는데도 한없이 미뤄지고 있는 인력 충원으로 육체적 탈진이 심해지고, 심리적 공허감 속에서 제대로 된 보호조치 없이 고통 받고 있는 공직자들을 돌보아 주소서.

국제협력과 단합

하나님 아버지! 이번 일을 통하여 세계는 하나라는 사실을 분명히 알게 하시고, 코로나뿐만 아니라 지구온난화와, 부와 자원의 편중에 따른 부익부빈익빈 현상과 인권문제들을 놓고 국제적인 협력과 단합이 더욱 긴밀하게 이루어지게 하소서. 자신만 살려고 하다가는, 자신을 포함해 모든 사람이 함께 치명적인 결과를 맞게 될 수도 있다는 사실을 깨닫게 하소서.

마무리기도

아버지 하나님! 이 시간 목사님께서 전해 주시는 말씀을 통해 지친 마음에 평안과 위로를 얻게 하시며, 찬양을 할 때마다 기쁨과 행복감이 넘치게 하소서. 무더위를 잘 이기고 추수할 때 후회하지 않도록, 주님 명령 따라 온전하게 살아가게 하소서. 예수님의 이름으로 기도드리옵나이다.

2021. 07. 25.

35. 신유의 은사(코로나), 구원과 형통, 참회와 용서, 맑은 교회

찬양과 감사

　세상 그 무엇과도 바꿀 수 없는 예수님을 우리에게 보내주신 아버지 하나님! 주님을 통해 우리의 죄를 용서해 주시고, 하나님의 자녀가 될 수 있는 특권을 주셔서 감사합니다. 급변하는 세상 속에서도 저희들을 허망한 세태에 휩쓸리지 않게 하시고 믿음의 순결을 유지할 수 있도록 도와주셔서 감사합니다.
　아버지 하나님! 우리가 주께 돌리는 영광을 세상 끝 날까지 홀로 받으소서. 우리의 일생을 인도해 주시고 우리의 생각을 주관하소서. 언제 어디서든 주의 뜻대로 우리를 다스리소서.

참회와 용서

　아버지 하나님! 델타와 오미크론 변이종이 수그러들었다고는 하지만, 도태종과 세부변이의 결합이 이뤄지는 새로운 형태의 코로나 바이러스가 더 이상 출현하지 않게 하소서.
　하나님! 코로나에 감염된 국내 누적 확진자가 2천만 명을 넘어섰습니다. 아시아에서 2위입니다. 매일 기록을 갈아치우더니 지난 3월 천만 명에서 넉 달 만에 두 배로 늘었습니다. 한 가구에 한 명꼴로 확진자가 발생하고 있습니다. '코로나19'로 어제까지 무려 2만 5,236명의 사망자가 나왔습니다.
　하나님! 더욱 안타까운 것은 코로나로 숨진 10살 미만의 어린 생명이 지난해까지 2년 동안의 3명에서 올해는 7월 한 달 사이에만 4명이나 되는 등 급증하고 있습니다. 아기를 가진 임신부 사망자까지 나왔습니다.

구원과 형통

　자비가 충만하신 아버지 하나님! 언제까지 지켜만 보시겠습니까? 이 고난의 바다에서 속히 우리를 건져주소서. 저희를 구하소서. 엎드려 구하오니 이제 형통하게 하소서.[56] 진실하게 간구하는 사람에게 가까이 하시는 아버지 하나님![57] 오늘도 찢기고 상한 심령을 안고 나왔습니다. 우리의 부르짖음을 들으시고 우리를 구원하소서.[58] 하나님을 사랑하는 우리를 다 보호하소서.[59] 우리의 목자이신 하나님! 우리를 지켜주시고 살진 꼴을 먹여주시며, 좋은 우리에 누워 있게 하소서.[60] 우리에게 복을 주소서.

편안한 쉼터

　하나님! 주께 간구하오니 우리 교회는 가난할지언정 맑은 교회가 되게 하소서. 위험한 전쟁터, 고된 노역장 같은 세상에서 싸우다 육신과 영혼의 안식을 얻고자 찾아온 아버지의 자녀들에게 참으로 편안한 쉼터가 되게 하소서.

마무리기도

　하나님 아버지! 우리에게 주님의 빛과 진리의 말씀, 생명의 말씀을 준비해 전하실 목사님에게 갑절의 영감과 청년의 건강으로 덧입혀 주시고 인도해 주셔서, 우리의 심령이 새 힘을 얻고 힘차게 뛰어오르게 하소서. 예수님의 이름으로 기도드리옵나이다. 아멘.

2022. 08. 07.

36. 신유의 은사(메르스), 전쟁과 질병, 은혜와 평강, 성령임재

찬양과 감사

 우리의 앞길이 아무리 멀고 힘해도 오직 주님만 따르겠다고 하는 믿음을 주신 아버지! 오늘 우리가 예배를 드리는 이곳에 친히 임하소서. 할렐루야 ~ 할렐루야 ~ 하나님께 영광을 돌리오니 이 찬양이 우리의 평생에 끊어지지 않게 하소서. 아버지 하나님! 우리의 영안을 열어 주셔서 육신의 눈으로는 볼 수 없었던 이적과 기사를 사모할 수 있는 믿음을 주셔서 감사합니다.

전쟁과 질병

 하나님! 우리는 약하지만, 한없이 연약하지만, 우리는 주님을 믿사오니 질병과 전쟁의 재앙과 공포로부터 우리를 보호하소서. 한 달 전만 해도 한 번도 들어본 일이 없었던, 그러면서도 온 나라를 혼란에 빠뜨린 메르스가 한시 바삐 소멸되게 하소서. 우리 모두를 각성케 하시고, 이 사태를 슬기롭게 헤쳐 나가게 하소서.

은혜와 평강

 소망의 하나님! 하나님께서 해결해야 주셔야 할 일이 한두 가지가 아닙니다. 하나님이 함께하여 주시지 않으면 세상에 아무런 낙도 희망도 없을 때가 많사오나, 우리를 주님 안에 거하게 하셔서 십자가 밑에 나아가 짐을 부릴 수 있는 은총을 주신 줄 믿사오니, 이후로는 우리에게 딴 근심이 없게 하소서. 이제는 두려움이 변해서 우리의 기도가 되게 하시고, 한숨이 바뀌어서 우리의 찬송이 되게 하소서.

마무리기도

하나님! 말씀에 주리고 목마른 우리의 영혼에 꿀송이 같은 말씀을 내려 주소서. 성령의 단비를 부어 주소서. 목사님이 말씀을 전하실 때 우리의 귀가 활짝 열리게 하셔서, 마음 마음이 뜨겁게 타오르게 하소서. 위로와 평강을 얻게 하소서. 모든 인류의 구원자가 되시고 만병의 의원이 되시는 우리 주 예수 그리스도의 이름으로 기도하옵나이다. 아멘.

2015. 06. 14.

37. 신유의 은사, 참회와 용서, 천국의 소망, 은혜와 평강, 구원의 확신

찬양과 감사

  우리의 심령을 가난하게 하셔서 천국의 소망을 품고 살아가게 하시는 아버지 하나님! 우리에게 넘치도록 풍부한 재물과 권력과 명예보다는 주께서 기뻐하시는 삶을 더 사모하게 하시는 아버지 하나님! 못나고 부족한 우리를 하나님의 친자녀로 삼아주시고, 비록 쭉정이 같은 인생일지라도 우리를 통해 영광 받으시기로 작정하셔서, 오늘도 우리의 찬송을 듣고 계시는 아버지를 찬양합니다.

  사랑의 하나님! 우리가 슬프고 괴로울 때조차, 심히 애통케 하시려고 우리를 그 지경에 머물게 하는 것이 아니라, 상처 입은 마음을 눈물로 씻어 긴 한숨을 아름다운 노래로 바꾸며, 낙심을 희망으로 승화시키고자 하는 주님의 참된 위로를 통해, 우리에게 세상이 줄 수 없는 평강과 즐거움을 주셔서 감사합니다.

참회와 용서

  하나님 아버지! 우리의 마음을 정결케 하여 주소서. 그리하여 아버지를 보게 하소서. 아버지 하나님! 웬만한 어려움에는 아버지에게 간절히 매달리면서도, 더 큰 환난의 시기에는 도를 넘었다고 스스로 재단하고, 눈물조차 메말라 기도를 끊고 믿음마저 헛되이 여겼던 우리의 얕은 신앙을 용서하여 주소서.

믿음의 회복

  인간의 능력이 다한 그 지점에서부터 더욱 눈부시게 활동하시는 우리 하나님! 기도할 기력조차 다 떨어진 바로 그때에 우리를 더욱 더 사랑하여 주시는 줄 우리는 익히 알고 있사오니, 그 믿음을 되찾아 주께서 우리에게 내미는 사랑의 손길을 볼 수 있는 영안을 허락하여 주시고, 반드시 다시 일으켜 주실 것이라는 굳센 신앙에 의지하여서 어서 일어나 걷고 뛰게 하소서. 우리에게 닥쳐오는 큰 위기와 고난이 오히려 우리의 못난 믿음을 송두리째 청산할 수 있는 계기가 되게 하여 주소서.

신유의 은사

  하나님으로부터 남다른 사명을 받아 우리 교회를 앞장서서 이끌어가고 계시는 담임목사님이 이 시간 단상에서 귀하고 복된 하나님의 말씀을 전하실 때, 성령이 든든하게 뒷받침해 주셔서 말씀을 힘있게 증거하게 하시고, 우리의 지치고 병든 몸과 마음과 영혼이 위로 받고 새 힘을 얻게 하셔서, 험한 세상에서 주의 백성으로 실족치 않고 온전히 살아가게 하소서.

  하나님! 평생을 교회를 위해 애쓰고 수고하셨으며 이 자리에 나와 기도하며 찬송하고 싶은 마음이 특심한데도 병상에 계시는 ◇◇◇원로장로님을 긍휼히 여겨주소서. 어서 병석을 박차고 일어나실 수 있도록 일으켜 세워주셔서 하나님께 영광을 돌리고 교회에도 큰 힘이 되게 하여 주소서.

  우리에게 무한한 영광을 받으시고, 우리를 영원토록 사랑하여 주실 예수 그리스도의 이름으로 기도드립니다. 아멘.

2016. 04. 24.

38. 신유의 은사, 참회와 용서, 가정의 달, 환경보호, 봄, 5월

찬양과 감사

　아버지 하나님! 이제 5월도 중순에 접어들었습니다. 신록이 나날이 푸르름을 더해가고 있고 사방은 온갖 꽃들로 가득합니다. 이처럼 아름다운 계절을 허락하시고 봄빛을 마음껏 누릴 수 있게 하여 주신 하나님께 기쁜 마음으로 찬송을 드립니다. 저희들이 주님의 사랑 가운데 편안히 거할 수 있도록 도와주셔서 감사합니다.

참회와 용서

　하나님! 저희들은 지난 한 주일도 또다시 많은 죄를 지으며 살았습니다. 성령이 이끄시는 대로 마음으로는 착하게 살려고 간절히 원하기는 했지만, 저희들의 바람과는 달리 육신의 소욕대로 정처 없이 살았던 한 주였습니다. 용서의 하나님! 이 시간 저희들의 잘못을 용서하여 주소서. 그래서 기쁘고 편안한 마음으로 이 예배를 드리게 하여 주소서.

가정과 가족

　가정의 달 5월을 맞아서 우리의 가정과 가족이 얼마나 소중한지를 다시 한번 생각해 봅니다. 그러나 이처럼 귀중한 가정이 멍들고 깨어지고 부서져가는 모습을 지켜보는 게 너무나 가슴이 아픕니다. 다정하신 하나님! 콩 한 조각이라도 나누어 먹는 것을 미덕으로 여기면서, 없어도 오순도순 즐겁게 살았던 지난 시절이 너무 그립습니다. 과학문명이 눈부시게 발달해서 없는 것이 없고 하고 싶은 것은 무엇이든지 다 할 수 있는 시대가 됐지만, 대신 조상대대로 지켜져 내려온 자연환경은 이제 황폐해질 대로 황폐해졌고 인간관계는 망가질 대로 망가져 버리고 말았습니다. 아름다운 인정이 사라지고,

순수하게 사랑하면 도리어 거추장스러워하고, 대가없이 돕는다는 것이 바보처럼 여겨지는 시대에 저희들은 살고 있습니다. 이제는 연로한 부모마저도 모시지 않는 게 오히려 당연한 세태가 됐고, 아무도 돌볼 사람이 없는 나이 어린 자식들을 남겨놓고 갈라서서 뒤도 안 돌아보는 사람들이 늘어가고 있습니다.

  아버지 하나님! 이 가정의 달이, 해체된 가정이 회복되고 각자가 모든 것을 자기 탓으로 여기며 가족 간의 사랑을 더욱 두텁게 하는, 회개와 다짐의 달이 되게 하여 주소서. 그리하여 가정이 먼저 화목해지고, 그로 인해서 교회가 살고, 지역사회가 풍성해지고, 나라의 기초가 든든히 서게 하소서.

신유의 은사

  하나님! 오늘도 원치 않는 병마에 시달리는 모든 형제자매들을 위로해 주시고 치료해 주소서. 특별히 불의의 사고로 큰 고통을 겪고 있는 목사님 내외분과 두 분 집사님이 하루빨리 완쾌될 수 있도록 은혜 베풀어 주소서. 사랑과 은혜가 충만하신 아버지 하나님! 저희들이 세상에서 지낼 때 몸과 마음과 영혼이 크게 아프거나 다치거나 지치지 않고 잘 지낼 수 있게 도와주소서.

마무리기도

  ○○○ 목사님께서 말씀을 전하실 때 성령이 함께하셔서 피곤치 않게 하여 주소서. 예수님의 이름으로 기도드립니다. 아멘.

2001. 05. 13.

39. 신유의 은사, 회개와 인도, 은혜와 평강, 성령임재, 힘과 용기

찬양과 감사

아버지 하나님! 모든 영광과 찬송을 홀로 받으소서. 하나님! 저희들의 삶을 전폭적으로 붙잡아 주사 이 험한 세상 속에서 몸과 마음을 지탱하며 살아갈 수 있게 하여 주셔서 감사합니다. 하나님을 아버지로 모시고, 예수님을 구주로 모시며, 성령의 인도하심을 따라, 남들이 모르는 기쁨과 만족을 얻게 하신 것 감사합니다. 세상적인 삶은 볼품없고 힘겨워도 주님 주시는 참된 복락 누리며 살게 하신 것 감사드립니다.

회개와 인도

그러나 아버지 하나님! 저희들은 마땅히 해야 할 일은 모조리 내팽개치고, 해서는 안 될 일, 아버지께서 하지 말라고 하신 일만 골라서 했습니다. 이 시간 저희들의 죄악된 생각과 언행을 다 청산하게 하소서. 저희들의 악하고 무른 성정으로는 그렇게 할 수 없사오니, 죄로 물든 저희들의 마음을 성령의 불길로 활활 태워주시고, 성령의 물결로 말끔히 씻어 주소서. 먹보다도 더 검은 저희들의 시커먼 마음을 성령의 힘으로 눈보다 더 희게 하여 주소서. 그렇게 해 주시옵기를 간절히 소망하면서 이 자리에 엎드렸습니다. 아버지! 저희를 가엾게 여겨주셔서 주님의 성품을 빼닮은 아름다운 그리스도인이 되게 하여 주소서.

은혜와 평강

치유의 하나님, 회복의 하나님! 병들어 아프고 지친 몸을 이끌고 이 자리에 나왔습니다. 의사들을 통해서는 완치될 수 없는 병을 안고 살아가고 있습니다. 만병의 의원되신 주님을 통해서 불쌍한 사람들을 치료해 주시고 격려해 주신 아버지 하나님! 오늘 저희들에게도 그러한 은혜를 내려 주소서.

형편이 어려워서, 입시문제로, 대인관계 때문에 몹시 괴로워도 해결하지 못하고 위로 받지도 못한 채 좌절하고 낙담해 할 때가 많습니다. 하나님 아버지! 저희 곁에 더욱 가까이 다가오소서. 아니 저희가 주님 앞으로 한 걸음 더 나아가 모든 것을 주님께 전폭적으로 의뢰하게 하소서.

마무리기도

이 시간도 주님의 사자를 통해 아버지의 말씀을 받을 때 먼저 성령이 저희들의 마음을 열어 주시고 인도하셔서 말씀 가운데 큰 은혜를 받고, 말씀 속에서 힘과 용기를 얻게 하소서. 예수님의 이름으로 기도드립니다. 아멘.

2009. 11. 29.

40. 수험생과 학부모, 회개와 인도, 은혜와 평강, 나눔과 구제

찬양과 감사

 아버지 하나님! 세세무궁토록 홀로 경배와 찬양을 받으소서. 이 시간 오직 하나님께 영광을 돌리옵나이다. 하나님! 지난 한 주도 저희를 은총과 사랑으로 지켜주시고 인도하여 주셔서 감사합니다. 오늘 거룩한 주일을 맞아 아버지께 예배드릴 수 있도록 세상일에서 놓임 받게 하여 주셔서 감사합니다. 사랑하는 형제자매들과 한 자리에 둘러앉아서 신령한 교제를 나눌 수 있게 은혜 베풀어 주셔서 감사합니다.

회개와 인도

 하나님! 둘러보면 모든 것이 다 감사드릴 것뿐이온데, 저희들은 주님이 가르쳐 주신 것과는 정반대되는 길을 걸어왔습니다. 교만하고 이기적인 삶을 살아왔습니다. 나만 옳다고 고집하였습니다. 형제의 아픈 삶은 아랑곳조차 하지 아니하고 도움의 손길을 갈망하는 자매들을 돌아보지 아니하였습니다. 하나님! 주님의 십자가 보혈로 저희들의 죄와 허물을 씻어 주소서. 저희들에게 기쁨과 평안을 허락하셔서 주의 백성으로서 복되게 살아가게 하소서.

은혜와 평강

 하나님 아버지! 지금 세계경제는 바닥을 모르고 곤두박질치고 있습니다. 어려운 삶이 더욱 고달파졌습니다. 이러한 때 교회가 앞장서서 나누고, 짊어지고, 하나가 되게 하셔서, 헐벗고 굶주린 이웃에게 주님의 사랑이 전파될 수 있게 하여 주소서. 성도들 가운데도 많은 사람이 자기 앞가림조차 힘들게 되었사오니, 아버지! 자비와 긍휼을 베풀어 주소서.

수험생과 학부모

　언제나 우리에게 큰 힘이 되어 주시는 하나님! 대학입학 전형과 고입 연합고사를 앞두고 마음 졸이는 저희 아이들에게 용기를 주시고 인내와 끈기를 덧입혀주셔서, 좋은 성적으로 주께 영광 돌리게 하소서. 객지에서 또는 멀리 해외에서 공부하는 자녀들과 취업한파에 시달리는 젊은이들을 붙들어 주셔서, 바라고 기도하는 일들이 흡족하게 이루어질 수 있도록 도와주소서. 군부대에서, 병석에서 고통 받고 외로워하는 성도들과 늘 함께하셔서, 심신이 위로 받게 하시고 어려운 상황을 잘 극복할 수 있도록 믿음과 용기를 북돋워 주소서.

마무리기도

　아버지 하나님! 이 시간 말씀을 듣고 단 위에 서신 목사님을 이전보다 더욱더 사랑해 주소서. 성령의 보살핌으로 영육이 모두 강건케 하셔서 담대하게 주의 말씀을 외칠 수 있게 하여 주소서. 예수님의 이름으로 기도드리옵나이다. 아멘.

2008. 11. 23.

41. 수험생과 학부모, 굳건한 믿음, 인내와 용기, 새로운 소망

찬양과 감사, 회개와 인도

저희에게 귀한 생명을 주시고 영육 간에 강건케 하신 하나님께 영광과 찬송을 드립니다. 저희들이 알고 지은 죄, 모르고 범한 허물에 대하여 진심으로 자복하고 회개하오니 저희들의 모든 잘못을 다 용서하여 주소서. 오늘 예배를 드리면서 과오와 실수가 말끔히 씻음을 받고 새로운 소망이 가슴 가득 차오르게 하여 주소서.

수험생과 학부모

하나님! 이번 달에는 대학수학능력시험이 있습니다. 오랜 시간 준비하면서 몸과 마음이 지쳐있는 아이들에게 인내와 용기를 허락하여 주옵시고, 막바지까지 최선을 다하여서 주님께 영광 돌리게 하소서. 건강관리를 잘하게 하옵시고, 마음을 집중하여서 그동안 준비해 온 실력을 마음껏 발휘할 수 있게 하여 주소서. 또한 마음 졸이며 기도하며 응원하고 있는 학부모들을 위로하여 주셔서, 심신이 평안하게 하소서.

나아가 저희들 세상이 우리에게 주는 시험도 흔들림 없이 잘 이겨내게 하여 주소서. 오직 주님의 가르침에 따라 주님 기뻐하시는 일만 행하게 하여 주소서.

마무리기도

오늘도 목사님이 전해 주시는 귀한 생명의 말씀을 듣고 큰 은혜 받게 하여 주셔서, 이 땅에서 주님의 백성으로 맘껏 기쁨을 누리며 살아가게 하소서. 예수님의 이름으로 기도드립니다. 아멘.

2009. 11. 01.

2. 은혜와 평강 주석

22	시편 90:15	42	시편 94:1
23	시편 51:11	43	찬송가 91장
24	시편 19:14	44	시편 90:6
25	스가랴 1:4	45	시편 90:14
26	스가랴 8:11	46	시편 91:5-6
27	시편 19:13	47	시편 91:14
28	스가랴 9:12	48	시편 91:15
29	스가랴 10:11	49	시편 91:16
30	찬송가 76장	50	로마서 4:25
31	이사야 38:17	51	잠언 29:15
32	빌립보서 3:14	52	잠언 28:6
33	시편 123:1	53	잠언 28:13
34	시편 120:1	54	이사야 59:1-2
35	시편 121:1-2, 123:3	55	http://blog.daum.net/sdkan688/17
36	시편 119:175	56	시편 118:25
37	시편 102:11	57	시편 145:18
38	시편 102:12	58	시편 145:19
39	누가복음 18:27	59	시편 145:20
40	시편 93:1	60	에스겔 34:14-15
41	시편 90:1		

3

믿음의 승리

- 영적 각성 78
- 구원의 확신 84
- 믿음의 진보 88
- 믿음의 성숙 98
- 온전한 믿음 102

42. 영적 각성, 심령부흥회, 교회창립주일, 회개와 인도, 꿈의 성취

찬양과 감사

지금부터 꼭 64년 전! ⦿⦿동의 중심인 바로 이 땅에 ◎◎교회를 세우신 아버지 하나님! 그 동안 세찬 비바람과 모진 눈보라 속에서도 이 믿음의 터전을 굳건히 지켜주시고, 또다시 앞만 바라보며 나아갈 수 있는 소망을 품게 하시며, 이리저리 갈라졌던 저희들의 마음을 하나로 모으게 하여 주신 우리 주 여호와 하나님을 기쁜 마음으로 아버지라 부르며, 온몸과 마음을 다 바쳐 영광과 찬송을 돌리옵나이다.

은혜로우신 하나님! 부흥성회를 열 수 있도록 도와주셔서 감사합니다. 성도들이 초대교회의 정신으로 돌아가, 서로가 서로를 이해하고 북돋워 주는 아름다운 바탕 위에서, 교회의 성장과 발전을 다지기 위해 성스러운 집회를 갖게 하여 주시니 감사합니다. 하나님께서 아끼시고 높이시는 ○○○ 목사님을 우리 교회에 보내주셔서, 시간 시간마다 구원의 생수가 샘솟게 하시고 말씀의 강물이 넘쳐 믿음의 바다로 거침없이 쏟아져 들어가게 하시니 감사합니다.

회개와 인도

아버지 하나님! 간절히 구하옵나니 저희들이 성회에 참석해서 은혜와 은사를 받는 데 조금도 지장이 없도록 추하고 악한 마음을 다 도려내게 하소서. 잘못인 줄 모르고 지었던 죄, 뻔히 알면서도 저지른 과오를 모조리 드러내놓고 회개하게 하여 주소서. 괴로워하면서 마음속 깊은 곳에 숨기지 않게 하시고, 다 털어놓고 죄에서 자유함 얻게 하소서. 그래서 그 빈자리에 아버지의 사랑과 진리의 말씀이 가득 차게 하소서. 저희들 각 사람의 행위가 아니라 하나님께서 거저 주시는 은혜로 말미암아 이 시간 저희들의 문제가 모두 해결되게 하셔서, 가슴마다 기쁨과 즐거움으로 충만하게 하소서.

부흥강사를 위한 기도

하나님! 이 시간 말씀을 전하시는 강사 목사님에게, 모세에게 주셨던 권위와 권능을 주소서. 사무엘에게 주셨던 예언의 능력을 물 붓듯이 부어 주소서. 요셉에게 주셨던, 큰 꿈을 꾸게 하시고 꾸는 꿈마다 이루어 주신 성취의 역사가 이루어지게 하소서.

영적각성과 결단

저희들에게는 말씀을 통해 크게 변화하게 하셔서, 여호수아와 갈렙처럼 생의 긍정적인 면만 보게 하소서. 엘리야의 부름을 받자마자 자신의 소중한 것들을 모두 내려놓고 그 스승을 따르며 시중들었던 엘리사처럼, 저희 모두 오늘 말씀을 통해 일생 동안 흔들리지 않는 영적 각성이 있게 하시고, 앞으로 오직 아버지를 기쁘게 하며 주님의 말씀만 따라 살기로 각오하고 다짐하는 결단의 자리가 되게 하여 주소서.

마무리기도

하나님! 오늘 부흥집회를 기도로 준비하고 몸과 마음을 드려 봉사하는 모든 주의 일꾼들에게 큰 복을 내려주소서. 예수님의 이름으로 기도드리옵나이다. 아멘.

2011. 04. 05.

43. 영적 각성, 온전한 믿음, 회개와 인도, 성령충만, 구원과 후대

찬양과 감사

우리의 음성과 간구에 귀를 기울여주시는 것을 믿으면서 우리를 평생토록 기도하게 하시는 구원의 하나님! 우리의 영혼을 건져주셔서 감사합니다. 은혜로우시고, 의로우시며, 긍휼이 많으신 아버지! 우리의 찬양을 받으소서. 우리의 예배를 통해 영광을 받으소서.

아버지 하나님! 우리는 순전하지 못했습니다. 아버지의 말씀에 귀를 막았고, 아버지의 사랑에 눈을 닫았습니다. 그런데도 우리가 어려울 때 우리를 구원하셨고, 우리의 영혼을 사망에서, 우리의 눈을 눈물에서, 우리의 발을 넘어짐에서 건져주신 아버지 하나님! 다만 우리는 기도하였을 뿐인데, 우리의 영혼을 평안하게 하시고, 우리를 후하게 대해 주셔서 감사합니다.[61]

온전한 믿음

아버지! 우리는 아무리 힘써도 주께서 우리에게 주신 모든 은혜에 보답할 길이 없습니다. 다만 구원의 잔을 들고 여호와의 이름을 부를 뿐이오니, 우리가 주께 아뢴 서원을 다 갚게 하소서.[62] 아버지! 우리는 주께 구속되었사오니 오직 주께서 보시기 좋은 대로 사용하소서. 우리를 부르신 목적대로 우리의 삶을 통제하시고 우리의 발걸음을 인도하소서.

영적 각성

하나님! 이 시간 세우신 주의 사자를 통해 우리에게 전해지는 말씀 안에서 우리에게 이러한 깨우침이 있게 하시고, 우리가 잘못 생각하고 행동했던 것을 바로잡게 하소서.

마무리기도

 오늘도 주의 말씀을 그리워하며 예배에 참여한 우리의 마음이 활짝 열리게 하소서. 이 예배를 성령께서 인도하셔서 은혜가 차고 넘치게 하소서. 오직 주님 말씀을 가슴에 새기며 주님의 가르침대로 살게 하소서. 예수님의 이름으로 기도드립니다. 아멘.

2017. 02. 26.

44. 영적 각성, 나라와 민족, 의로운 믿음, 회복과 평강, 강단교류

찬양과 감사

만군의 여호와 하나님! 세세무궁토록 홀로 영광을 받으소서. 오늘 우리가 주께 드리는 예배를 기쁘게 받으시고, 우리에게 참 기쁨과 평안을 허락하소서.

아버지 하나님! 시대에 뒤떨어지고 세계의 흐름에도 어두웠던 우리 민족에게 그리스도의 복음전파와 함께 세상을 바로 볼 수 있는 눈을 뜨게 하시고, 그리하여 우리 기독교가 앞장서서 일제 치하에서 해방을 이루게 하시며, 그동안 슬기롭게 대응해서 나라가 바로 설 수 있도록 도와주신 은혜에 감사드립니다.

영적 대각성

공의로우신 하나님! 다른 나라 사람들보다 훨씬 더 부지런히 일하고, 열심히 공부하는데도, 경제나 문화예술 지표는 이미 선진국 수준에 도달했는데도, 나쁜 정치가 계속 발목을 잡고 있는 우리나라를 불쌍히 보시고 올바른길을 가게 하소서. 정치 지도자들에게 나라의 현실과 민족의 장래를 똑바로 바라보게 하소서.

특별히 우리 기독교인이 미스바성회를 기억하며 영적인 대각성을 이루게 하셔서, 우리에게 회복의 역사가 일어나게 하시고, 평강을 되찾게 하여 주소서. 새벽을 깨워 눈물로서 호소하는 이 민족을 돌아보소서. 이스라엘이 하나님께 배신과 반역을 일삼았던 것 이상으로 아버지의 은혜를 저버리고 세상과 짝하여 아버지의 가르침과 명령을 외면하기를 일삼는 우리에게, 어떠한 유혹과 핍박에도 오직 주님 기뻐하시는 삶을 살아갈 수 있는 의로운 믿음을 허락하소서.

마무리기도

 사랑의 하나님! 오늘 ◎◎교회의 ○○○ 목사님을 이 강단에 세워 주셔서 우리에게 귀한 생명의 말씀을 전해들을 수 있게 하여 주셔서 감사합니다. 우리 교회가 어려웠을 때, 우리가 바로 설 수 있게 화합과 인내를 바탕으로 화평한 결실을 이룰 수 있도록 인도해 주신 목사님의 헌신과 사랑을 잊지 않게 하시고, 목사님이 섬기시는 ◎◎교회가 큰 복을 받게 하시며, 목사님이 주 안에서 받은 소명을 잘 감당하실 수 있도록 강한 팔로 붙들어 주소서. 우리 모두 말씀을 듣고, 위로 받고 새 힘을 얻게 하소서.

 정치·사회적으로 혼란과 위기를 겪고 있는 우리나라를 세심하게 보살펴 주옵시고, 바른길로 인도해 주시기를 다시금 빌고 원하오며, 예수님의 이름으로 기도드립니다. 아멘.

2016. 11. 13.

45. 구원의 확신, 은혜와 평강, 천국의 소망, 참회와 용서, 성령임재

찬양과 감사

　선하신 하나님! 우리들이 먹고사는 일로 땀을 흘리며 애를 태우고 삶의 무게를 견디다 못해 지쳐 쓰러질 때마다 불쌍히 여기셔서, 주님의 말씀을 통해 위로하시고, 성령의 힘으로 다시 일으켜 세워주셔서 감사합니다. 하나님! "수고하고 무거운 짐 진 사람들아 다 내게로 오라. 어서 오라. 내가 편히 쉬게 하겠다."고 하신 주님의 말씀에 의지하여 이렇게 나왔습니다. 아버지 하나님! 한없는 영광과 찬송을 드립니다.

참회와 용서

　하나님! 우리가 예배하며 회개할 때, 힘들고 어려웠던 순간에 주님께 전폭적으로 매달리지 않았음을 고백하게 하소서. 아버지께서는 주님을 중보자로 삼아 우리에게 모든 것을 허락하셨는데도, 의심하고 망설이며 주께 나와서 고하기를 주저하였던 우리의 허물을 고쳐 주소서. 주님이 함께하시므로 무슨 일이든지 다할 수 있다는 믿음을 갖지 못하였던 잘못을 용서하여 주소서.

구원의 확신

　생명의 하나님! 약한 것으로 심었으나 강한 것으로 다시 살아날 줄 우리는 믿습니다.[63] 우리는 육의 몸으로 심었으나 신령한 몸으로 다시 살아날 줄 믿습니다.[64] 육의 몸이 있으므로 영의 몸도 있는 줄 믿습니다. 주 예수를 다시 살리신 하나님께서 예수님과 함께 우리도 살리셔서 아버지 앞에 주님과 함께 우리도 서게 하실 줄 믿습니다.[65]

　하나님! 그러므로 우리가 낙심하지 않게 하소서. 비록 우리의 겉모습은 하루가 다르게 낡아져 볼품없게 되어가지만, 우리의 속사람은

날로 새로워지기를 기도하게 하소서.[66]

　소망의 하나님! 세상 사람은 보이는 것에 주목하지만, 우리들 하나님의 백성은 당장 보이지 않을지라도 주님의 약속을 더욱 간절히 사모하게 하소서. 보이는 것은 잠깐이요 보이지 않는 것은 영원하다고 하신 말씀이 확실히 믿어지게 하소서.[67] 아버지 하나님! 그렇지 않으면 살기는 세상에서 살면서도 믿기는 하나님을 믿는 우리 자신이 너무 불쌍하지 않습니까?

은혜와 평강

　구원의 하나님! 몸과 마음이 부서지려는 고통 속에서 우리를 건져 주소서. 질병과 궁핍과 여러 가지 남모르는 고민 속에서 벗어나게 하소서. 노인이 되어 자식을 기다리는 그리움과, 형편이 안 돼 효도를 다하지 못하거나 자녀를 마음껏 뒷바라지하지 못해 내쉬는 한숨과 흐르는 눈물을, 우리의 울부짖음을 외면하지 마소서.

마무리기도

　하나님! 주께서 구별하시고 성령의 권위로 인치신 주님의 사자를 통해 주의 사랑의 가르침을 밝게 깨닫게 하시고, 받은 말씀을 온전히 지키고 따르게 하셔서, 우리 모두 이 땅에서 '작은 예수', '그리스도의 분신'으로 떳떳하게 살아가게 하소서. 아버지의 말씀이 모두 다 이루어질 줄 굳게 믿사옵고, 예수님의 이름으로 기도드리옵나이다. 아멘.

2013. 09. 29.

46. 구원의 확신, 천국의 소망, 사랑과 은혜, 기도의 응답, 회개와 인도

찬양과 감사

저희들의 공로나 행실이 아니라 하나님의 사랑과 은혜로 아무런 값없이 천국을 향한 소망을 선물로 주신 하나님! 저희들은 거짓과 탐욕으로 가득한 죄인 중의 괴수의 죄인이지만, 더럽고 악한 모습을 전혀 탓하지 아니하시고, 오직 사랑으로 저희를 있는 그대로 불러주신 하나님께 영광과 찬송을 드리옵나이다.

회개와 인도

온유하신 아버지! 감사합니다. 예정 가운데 구원해 주셔서 감사합니다. 아무리 크고 무거운 죄라도 자백하고 회개하기만 하면 용서해 주시니 감사합니다. 오늘도 이러한 하나님의 은혜를 소망하오며 흠 많고 부족함투성이인 저희들의 심령을 묶어 성스러운 제단 앞에 산 제사로 드리오니 저희를 받아 주소서. 거듭남의 축복을 누리게 하시고, 억지로가 아니라 마르지 않는 샘물처럼 끊임없이 솟아나는 기쁨과 감사함으로 하나님을 찬양하게 하소서.

기도의 응답

너희가 내게 부르짖으며 내게 와서 기도하면 내가 너희들의 기도를 들을 것이요, 너희가 온 마음으로 나를 구하면 나를 찾을 것이요 나를 만나리라[68]고 하신 아버지 하나님! 저희 기도를 들어 응답하실 줄 믿고 감사드립니다.

오늘 받은 말씀을 받들어 일상 가운데 주님의 은혜와 도우심이 차고 넘치기를 간구하오며, 예수님의 이름으로 기도드립니다. 아멘.

2011. 03. 27.

47. 구원의 확신, 굳건한 믿음, 위로와 소망, 충성과 헌신, 12월

찬양과 감사

고독한 인생길에 주님을 우리의 친구로 보내주신 아버지 하나님! 우리가 드리는 영광을 받으소서. 주님을 만난 뒤로 우리의 눈물이 멎게 하시고, 위로 받게 하시며, 우리가 연약하든지 괴롭든지 가슴에 소망을 품고 살아가게 하여 주셔서 감사합니다.[69]

굳건한 믿음

은총의 하나님! 세상에서 믿던 모든 것이 끊어진다고 하더라도 주님의 언약을 굳게 믿으면서 흔들리지 않게 하소서. 주께서 우리의 영원한 반석이시오니, 그 위에 우리가 서게 하소서. 우리 모두가 바라는 천국에 올라가 하나님을 뵈올 때 주님의 의를 힘입어 어엿하게 바로 서게 하소서.[70]

하나님! 날마다 우리의 심령을 치고 다듬어 주께서 원하시는 분량까지 우리의 믿음이 자라게 하소서. 억지로가 아니라 마음속에서 솟구쳐서, 기쁨으로 즐거움으로 주님 가신 길을 따라갈 수 있는 믿음 주소서. 우리의 유익이 아니라, 아버지의 영광, 주님의 영광을 위해서 우리 일생을 바치게 하소서. 이름도 없이 빛도 없이 다만 주께 감사드리면서 주님을 섬기게 하소서.[71]

마무리기도

아버지 하나님! 오늘도 목사님을 통해서 전해 주시는 말씀을 귀담아 듣고 큰 은혜를 얻게 하소서. 한 해를 되돌아보며 집중적으로 회개할 수 있는 12월을 주신 아버지께 감사드리며, 예수님의 이름으로 기도드립니다. 아멘.

2017. 12. 03.

48. 믿음의 진보, 은혜와 평강, 회개와 인도, 지혜와 겸손

찬양과 감사

저희 인생이 고생과 근심 가운데 거하기를 원치 아니하시는 하나님! 하나님의 풍부한 인자하심에 따라 긍휼히 여기심을 받아[72] 이 땅에서 아버지의 백성으로 살게 하여 주셔서 감사합니다. 세상에서 지치고 상한 몸과 마음을 위로하여 주시려고 저희들을 가까이 불러주신 아버지께 경배 드리며 이렇게 옷깃을 여미고 앉았사오니, 죄 사함과 병 고침과 가난에서 벗어나기 위해 몸부림치는 저희들의 처지를 굽어 살피소서.

회개와 인도

전지전능하신 하나님 아버지! 저희들은 속세의 잣대로 하나님의 권능과 사랑을 재려고 하였습니다. 어설픈 초등학문으로 깊고도 오묘한 하나님의 말씀을 따지려고 하였습니다. 세상의 눈으로 교회를 보며, 이적과 기사를 저희와는 아무런 관계가 없는 신비한 일로 치부하고 말았습니다. 중장년이 되고 노년이 되어도 자라날 줄 모르고 오히려 더욱 퇴보해가는 저희 신앙을 바로잡을 수 있도록, 날마다 더 큰 지혜와 겸손한 마음을 함께 허락하소서.

마무리기도

오늘도 목사님을 통해 전해지는 아버지의 말씀에서 큰 깨달음을 얻게 하시고, 그러한 자각이 생활의 변화로 이어지게 하소서. 우리 주 예수님의 이름으로 기도드리옵나이다. 아멘.

2011. 11. 27.

49. 믿음의 진보, 은혜와 평강, 회개와 인도, 선택과 축복, 가을

찬양과 감사

우리를 택하시고 가까이 오게 하셔서 주의 뜰에 살게 하신 아버지 하나님! 우리에게 이런 복을 받게 하여 주셔서 감사합니다.[73] 우리가 드리는 영광을 받으시고, 우리에게 흡족한 은혜를 내려 주소서.

회개와 인도

하나님! 죄 가운데 빠져서 방황하던 우리들이 이렇게 주님 앞에 무릎 꿇었습니다. 우리의 허물을 사하시고, 우리의 죄가 아무리 많다고 하더라도 우리를 곤고하게 하지 마소서.

믿음의 진보

긍휼을 풍성하게 베풀어 주시는 아버지! 우리를 징계하시고 채찍질하실 때 우리를 사랑하시고 우리를 받아들이시는 줄[74] 알게 하소서. 우리에게 선한 양심을 주소서. 그리하여 우리가 모든 일에 선을 행하게 하소서.[75] 꾸짖지 마시고 우리에게 부족한 지혜를 후하게 채워주소서. 오직 믿음으로 구하고 조금도 의심하지 않게 하소서.[76] 아버지! 무더위에 지친 심신을 추스르고 이 가을 새로운 믿음으로 주께 나아오게 하소서.

마무리기도

하나님! 오늘도 말씀을 전하고 들으면서 자신을 되돌아보게 하시고, 오직 주님만 생각하며 제각기 자신의 본분에 충실하게 하소서. 예수님의 이름으로 기도드립니다.

2018. 09. 02.

50. 믿음의 진보, 긍휼과 사랑, 참회와 용서, 담대한 신앙, 성령임재

찬양과 감사

밤낮 쉼 없이 우리의 찬송 중에 계시는 거룩하신 하나님![77] 감사합니다. 전능하신 여호와 앞에 엎드려 비오니 우리의 예배를 받으소서. 우리의 힘이 되셔서 언제나 우리를 도우시는 아버지 하나님! 은혜를 사모할 때 넘치는 사랑을 선물로 주시고, 위로가 필요할 때 긍휼히 여기셔서, 우리를 슬픔과 낙심의 자리에서 일으켜 세워주셨던 지난날들을 돌아보며 아버지께 감사드리오니, 이러한 감사가 우리의 평생 동안 끊이지 않게 하소서.

참회와 용서

아버지 하나님! 위기와 시련에 부닥쳤을 때 주께 바로 기도하지 않았던 우리의 잘못을 용서하여 주소서. 사람의 힘으로 문제를 해결하려고 했던 우리의 어설픈 믿음을 이제는 버리게 하소서.

믿음의 진보

하나님! 어떠한 일로도 주님과 우리 사이가 버성기지 않게 하소서. 무슨 사유로도 주께서 우리를 위하여 목숨을 버리신 것을 잊지 않게 하시고, 이미 예정됐던 대로 당당히 부활하셔서 우리에게 산 소망을 주신 주님의 희생과 헌신과 가르침과 사랑을 가슴 복판에 새기게 하소서.

영원토록 한결같으신 하나님 아버지! 우리에게 인내가 필요한 것은, 우리가 하나님의 뜻을 행한 후에 약속하신 것을 받기 위함이라는 것을 알게 하소서.[78] 이제 우리가 살아도 주를 위해 살고 죽어도 주를 위해 죽는다는 믿음을 갖고 살아갈 때 무슨 걱정과 두려움이 있겠습니까? 살든지 죽든지, 건강할 때든지 병으로 몸져누웠을 때든지, 경제적으로 넉넉할 때든지 너무 힘이 들 때든지, 자만하여 엉뚱한 길로 가지 말고 좌절하지 않게 하소서. 어떠한 환경과 여건 속에서도, 하나님은 우리의 아버지시요 주님은 우리의 구세주라는 것을 기억하면서, 보혜사 성령에 굳게 의지해 담대한 신앙으로 무장하여서, 오직 축복 받는 인생을 살아가게 하소서.

마무리기도

 아버지 하나님! 목사님에게 영육 간의 강건함을 허락하소서. 그리하여 주께서 주신 사명을 버겁지 않게 잘 감당할 수 있게 하시고, 그 사역을 통해 하나님의 나라가 확장되고, 주님이 더 큰 영광을 받으시도록 하는 귀한 사자가 되게 하여 주소서. 오늘도 '참 기쁜 마음으로 자기 십자가를 지라'는 말씀을 통해 우리의 영안이 활짝 열리게 하시며, 우리 모두 들은 대로 행하게 하소서. 예수님의 이름으로 기도드립니다. 아멘.

2016. 02. 21.

51. 믿음의 진보, 은혜와 사랑, 회개와 인도, 기도의 응답, 성령임재

찬양과 감사

　사람들은 왔다가고 세상은 바뀌어도 언제나 우리를 무궁한 은혜로 사랑하시는 아버지 하나님! 지난 한 주 동안 세상에 마음을 빼앗기며 때로 주님의 백성이라는 사실마저 잊은 채 살아왔던 우리를 탓하지 아니하시고 다시 사랑으로 불러주셔서, 예배드리게 하여 주시니 감사합니다. 이 시간도 변함없는 아버지의 사랑과 은혜를 찬양하오며 거룩한 마음으로 예배를 드리오니, 아버지! 찬송받으시고 영광 받으소서.

믿음의 진보

　은혜로우신 아버지 하나님! 세상이 아무리 우리를 힘들게 하더라도 우리는 하나님의 자녀라는 사실을 가슴 깊이 간직하고서 오직 아버지 기뻐하시는 삶을 살 수 있도록, 성령의 보살핌 안에서 믿음의 진보를 이루게 하소서.

마무리기도

　하나님! 주님의 말씀을 듣고 단 위에 서신 목사님에게 갈수록 더욱 큰 영력을 허락하여 주셔서, 우리의 심령을 뒤흔드는 말씀을 전할 수 있게 하여 주옵시고, 그 말씀이 그대로 우리의 마음판에 깊이 아로새겨지게 하소서. 우리가 같은 주제로 함께 드리는 기도와 각각 아픈 심정으로 따로 드리는 간구를, 아버지께서 모두 자비와 긍휼로 들어주시고 이뤄주실 줄 믿사옵고, 예수님의 이름으로 기도드립니다. 아멘.

2015. 05. 24.

52. 믿음의 진보, 은혜와 사랑, 성령충만, 임마누엘, 신유의 은사

찬양과 감사

"네가 어디를 가든지 내가 너와 함께 있어 세상에서 존귀한 자의 이름 같이 네 이름을 존귀하게 만들어주리라"[79]고 하신 다윗의 하나님, 주님의 거룩한 피로 우리에게 아버지의 자녀가 되는 권세를 주신 하나님! 도대체 우리가 무엇이기에, 우리가 주를 위해 무엇을 했기에, 우리에게 이렇게 엄청난 사랑을 베풀어 주시는지요! 주님의 사랑에 감사드리며 영광과 찬송을 드립니다.

믿음의 진보

강성케 하시는 하나님! 우리의 믿음을 굳건히 하여 주셔서, 세상일로 쉽게 넘어지지 않게 하시고 십자가를 붙잡고 날마다 싸워 이기게 하소서. 우리의 피를 맑게 하셔서, 순결한 영안으로 주님의 십자가를 바라보게 하소서. 주님의 십자가가 우리의 십자가요, 주님의 영광이 우리의 영예가 되게 하소서. 하나님! 우리 안에 영원토록 거하시고, 우리 모두 오직 주님 안에서 살게 하소서.

아버지! 우리의 영혼이 쇠약해질 때 우리에게 성령의 기름을 충만하게 채워주소서. 우리의 믿음이 떨어질 때 주님의 고난과 그 큰 사랑을 되새기게 하소서. 육신이 질병으로 시달릴 때 우리의 몸과 마음을 친히 어루만져 주시고 속히, 말끔히 고쳐주소서.

하나님! 오늘도 목사님을 통해 귀한 말씀 듣습니다. 우리는 주님을 믿습니다. 오직 주님만 의지합니다. 이 믿음으로 주께 겸손히 예배하오니 오늘 예배를 통틀어 아버지 홀로 영광 받으소서. 예수님의 이름으로 기도드립니다. 아멘.

2017. 10. 08.

53. 믿음의 진보, 은혜와 사랑, 생명과 빛, 지혜와 권능, 천국의 소망

찬양과 감사

생명과 빛으로 언제나 우리를 지키시는 하나님! 우리의 예배를 받아 주소서. 풍파가 그치지 않는 이 세상에서 우리를 포근하게 감싸 주시고 어루만져주시는 아버지 하나님! 지혜와 권능으로 우리를 영원토록 이끌어주시고 다스려주소서. 우리의 심령이 주께 온전히 사로잡히게 하시고, 오직 주의 영광만을 생각하며 주께서 기뻐하시는 일만 행하게 하소서.

하나님! 언제나 우리에게 넘치도록 채워주시는 은혜에 감사하게 하시고, 그 사랑 어디서나 잊지 않게 하여 주시며, 주님의 가르침대로만 살게 하시고, 천국을 사모하며 이 땅이 어서 빨리 온통 주님의 나라가 되기를 기도하며, 이를 위해 힘을 다하는 우리가 되게 하소서.

회개와 인도

하나님! 우리의 마음속에 도사리고 있는 의심의 안개가 걷히게 하시고, 머뭇거리는 손과 게으른 발을 활력 있게 하시며, 온 그리스도인이 한마음 한뜻이 되게 하소서. 우리 죄를 용서해 주시고, 바른길로 인도해 주소서.

마무리기도

아버지! 오늘도 생명의 말씀, 은혜의 말씀을 우리에게 허락하여 주셔서 감사합니다. 말씀을 준비하여 전하시는 목사님을 강한 팔로 붙들어 주시고, 우리가 듣는 그 말씀이 우리의 생명의 양식이 되게 하여 주소서. 예수님의 이름으로 기도드립니다. 아멘.

2017. 02. 19.

54. 믿음의 진보, 생명과 빛, 천국의 소망, 순종과 헌신, 성령임재

찬양과 감사

생명의 하나님! 우리에게 생을 주시고, 수명을 연장시켜 주셔서 감사합니다. 우리의 영을 살리시고 성령의 은혜를 사모하게 하여 주셔서 감사합니다. 하늘과 온 땅에 가득찬 영광의 빛으로 오신 하나님! 우리를 자녀삼아 주셔서 감사합니다.

믿음의 진보

구원의 하나님! 어떠한 순간에도 우리를 버리시지 않을 줄 믿습니다. 지난날 막다른 골목에서, 천 길 벼랑 끝에서 우리를 건져주신 것처럼, 지금 당하고 있는 이 고난과 딱한 형편도 이윽고 기쁨과 즐거움으로 변화시켜주실 줄 믿습니다.

아버지! 아무리 힘들어도 주저앉지 않게 하소서. 칠흑 같은 어둠이 사방을 둘러칠지라도 한 줄기 밝은 빛을 보게 하소서. 진리의 말씀을 등불삼아 천국에 이르게 하소서.

우리의 육신의 장막이 무너지기 전에 하늘의 놀라운 비밀을 깨닫게 하시고, 그리하여 억지신앙이 아니라 믿음의 복된 맛을 온전히 누리게 하소서.

마무리기도

하나님! 오늘도 귀한 하나님의 말씀을 전해 듣습니다. 주님께 전적인 순종과 자기헌신을 결단하는 시간이 되게 하소서. 주님의 은혜를 사모하면서 예수 그리스도의 이름으로 기도드립니다. 아멘.

2018. 08. 19.

55. 믿음의 진보, 신앙의 순결, 고백과 실천, 한결같은 사랑

찬양과 감사, 간구

하나님 아버지! 평생 주님을 찬송하면서 날마다 주께 가까이 나가기를 원하오니, 우리의 간구를 들어주소서. 주께 감사하며, 주를 찬양하며, 우리의 앞길이 아무리 멀고 힘해도 오직 주만 따르게 하소서.

하나님! 우리의 죄와 허물을 대신 지신 주님께 감사드리며, 걱정과 근심과 무거운 짐을 모두 주님께 맡기고, 낙심하지 말고 끊임없이 기도하게 하여 주소서. 주님께서 이미 우리의 몸과 마음과 영혼을 구해 주셨사오니, 살아도 주를 위해 살고 죽어도 주를 위해 죽겠다는 신앙고백을 하게 하소서. 그리고 고백한 그대로 살아갈 수 있게 하여 주소서.

하나님 아버지! 산천과 초목이 어떻게 바뀌고, 세상 풍조가 아무리 달라져도, 때로 사람과 사람 사이마저 몰라보게 변하더라도, 처음과 끝이 똑같으시며 우리를 한결같이 사랑하시는 주님만을 의지하면서, 일생을 주께서 주신 가르침을 따르게 하소서.

마무리기도

오늘도 하나님의 말씀으로, 그동안 세상으로 향했던 우리의 마음이 주께로 돌아오게 하시고, 인간적으로 생각하고 행동했던 어리석음에서 벗어나, 주께 영광 돌리는 일만 다짐하고 실행하게 하소서. 우리가 드리는 공적인 기도와 함께 우리 각자가 간절한 심정으로 드리는 모든 개별적인 기도를 함께 들어주시고 응답해 주소서. 예수님의 이름으로 기도드립니다. 아멘.

2015. 11. 08.

56. 믿음의 진보, 신앙의 순결, 충성과 헌신, 임마누엘, 위로와 평안

찬양과 감사

영원토록 찬송 받으실 주 여호와 하나님! 성자 예수 그리스도의 이름을 힘입어 성부 하나님께 감사드리오니 우리의 찬양을 받아 주소서.

믿음의 진보

우리가 어두운 세상 속에서도 신앙의 순결을 지킬 수 있도록 지켜 주시고 이끌어 주시는 하나님! 오직 예수님만을 구세주로 삼고 일생동안 주께 순종하게 하소서. 주님의 말씀이 우리 안에 풍성하게 거하시기를 원하시는 하나님! 우리의 삶속에서 시와 찬송과 신령한 노래가 끊어지지 않게 하소서. 우리는 약해서 매일 매시간 넘어지고 쓰러지지만, 우리가 온전하게 되며 위로를 받으며 평안하기를 원하시는 하나님! 날마다 때마다 우리와 함께하소서.

마무리기도

오늘도 목사님께서 전하시는 아버지의 말씀을 들으며 주의 사랑과 평강을 깨닫게 하시고, 이 땅에서 주의 백성으로서 의연하고 담대하게 살아가게 하소서. 세상이 어떻게 변해도 흔들리지 않게 하시고 주께 충성을 다하며 살아가게 하소서. 주의 사랑과 은혜에 감사드리며 예수님의 이름으로 기도드립니다. 아멘.

2015. 08. 30.

57. 믿음의 성숙, 참회와 용서, 위로와 회복, 성령임재, 가을

찬양과 감사

사방을 둘러보아도 의지할 데 하나 없는 막막한 광야와 같은 세상에서 저희 손을 잡아 주시고 눈물을 닦아주시는 아버지! 힘들고 험한 세파를 견디다 못해 저희들이 지쳐 쓰러질 때마다 다시 일으켜 세워주시는 하나님! 위로해 주시고 등 두드리시면서 다시 갈 길을 가게 하시는 아버지 하나님! 이 거룩한 주일에 우리 주 하나님께 경배와 찬양을 드리나이다.

참회와 용서

하나님! 저희들은 지난주 이 시간 이 자리에서 잘못을 엎드려 자복하고 회개하고서도, 또다시 같은 허물로 아니 더 큰 죄를 짓고 이렇게 무릎 꿇고 앉았습니다. 아버지! 이제 저희들의 과오를 사하여 주시도록 비는 것이 더이상 염치가 없사오나 이 시간 다시 한번 저희들의 죄와 허물을 용서하여 주셔서 기쁘고 편안한 마음으로 예배에 임하게 도와주소서.

믿음의 성숙

하나님! 그토록 우리를 힘들게 했던 무더위도 물러가려고 합니다. 알찬 결실을 고대하며 신앙의 열매를 튼튼히 맺어가게 하소서.

마무리기도

이 시간 말씀 전하실 주님의 사자를 온전히 붙들어 주셔서 성령의 힘으로 은혜의 말씀을 강력하게 전파하게 하소서. 예수님의 이름으로 기도드리옵나이다. 아멘.

2008. 08. 31.

58. 믿음의 성숙, 참회와 용서, 생명의 빛, 각성과 결단, 설

찬양과 감사

 생명의 빛 되신 하나님! 우리에게 생을 주시고 아버지께서 창조하신 자연을 통해 삶의 기쁨을 누리게 하시며 아버지께 영광을 올릴 수 있게 하여 주셔서 감사합니다. 오늘도 주께서 주신 목청과 팔을 높여 아버지를 찬양하오니, 우리가 드리는 예배를 받아 주소서.

참회와 용서

 아버지 하나님! 우리의 마음이 아버지께로가 아니라 물욕을 향해 치닫고 우리의 언행이 아버지 기뻐하시는 모습이 아니었음을 고백합니다. 주신 말씀에 비추어 우리의 나날을 성결케 하지 못하고 매일매일 부끄럽게 살아온 우리의 삶을 회개하오니, 우리의 잘못을 용서해 주소서.

믿음의 성숙

 하나님! 우리에게 은혜와 복을 내려주소서. 오늘도 목사님께서 전해 주시는 하나님의 말씀 속에서 큰 깨달음을 얻어, 우리의 심령이 변하고 말이 바뀌며 삶이 변화하게 하소서. 말씀이 주는 위로와 격려가 우리의 지치고 가난한 영혼과 심신을 똑바로 일으켜 세우게 하소서. 우리의 영혼이 평안해지고, 우리의 마음이 주님 주신 기쁨으로 가득차게 하소서. 설 명절이 들어있는 이 한 주도 우리 모두 주께 영광 돌릴 수 있기를 원하오며, 예수님의 이름으로 기도드리옵나이다. 아멘.

2015. 02. 15.

59. 믿음의 성숙, 은혜와 평강, 바른 신앙목표, 의의 열매, 참회와 용서

찬양과 감사

하나님! 오늘도 저희들을 불러주셔서 주께 경배와 찬양을 드리게 하여 주시니 감사합니다.

참회와 용서

하지만 아버지 하나님! 저희들은 지난 한주간도 올바르게 살지 못했습니다. 돌이켜보면 기억나는 것이라고는 죄뿐이고 머리에 떠오르는 것 또한 허물밖에 없습니다. 이 시간 저희들의 모든 잘못을 자복하고 회개하오니 다시금 용서하여 주소서.

믿음의 성숙

회복의 하나님! 저희들의 심령 밭에 이제는 죄악의 싹을 모두 제하여 버리고 의의 씨앗만 가득 심게 하소서. 잎사귀만 무성한 무화과나무의 삶을 버리고 아름답게 꽃피고 알차게 열매 맺는 참된 신앙을 되찾게 하소서.

아버지 하나님! 언제부터인지 저희들의 삶의 목표가 하나님을 온전히 섬기고 하나님의 말씀 따라 또 하나님께서 기뻐하시는 생을 사는 게 아니라, 돈 많이 벌어서 잘 먹고 편히 사는 것이 되고 말았습니다. 또한 저희들 세파에 이리 흔들리고 저리 출렁이며 살아가고 있습니다. 바람 부는 대로 물결 치는 대로 정처 없이 떠밀려가고 있습니다. 하나님의 말씀이 저희 인생의 유일한 지표가 되게 하여 주시고, 주님의 십자가가 저희들의 전체 삶을 지배하는 단 하나의 방향타가 되게 하소서. 저희들에게 소중한 것들이 하나둘 저희 곁을 떠날지라도, 오직 하나님에 대한 신앙만큼은 생의 마지막 순간까지 튼튼히 붙잡고 나아가게 하소서.

은혜와 평강

아버지 하나님! 저희들의 지난날을 되돌아보면 그저 주저앉고 싶을 때가 참 많았습니다. 사람들에게, 또 좀처럼 풀리지 않는 일 때문에 실망했던 적이 적지 않았습니다. 생을 아예 포기하고 싶을 때도 한두 번이 아니었습니다. 그러나 그때마다 생명의 근원되신 하나님께서는 저희들을 외면하지 않으시고 저희들과 함께 해 주셨습니다. 저희들을 포근한 품에 안아주셨고, 따뜻한 손을 내밀어 붙잡아 주셨습니다. 그래서 저희들이 그 어려움과 고통에서 벗어난 줄 뒤늦게나마 이제는 확실히 깨달았습니다. 그러기에 지금 저희들 각 사람이 겪는 환난과 질고 역시 하나님의 인도하심과 보살피심으로 머지않아 완전하게 극복할 수 있을 것으로 확신합니다.

아버지! 병마가 물러날 줄 믿습니다. 지긋지긋한 가난에서 벗어날 줄 믿습니다. 한숨과 눈물로부터 놓임 받을 줄 믿습니다. 벧엘 들판에서부터 시작해서 주께서 허락하신 것을 다 이루기까지 결코 야곱의 곁을 떠나지 않으셨던 하나님! 저희들에게도 이제는 탄식과 원망이 변하여 기쁨과 평강이 넘치게 하소서.

마무리기도

하나님! 이 시간 전해지는 말씀이 저희들의 심금을 울리는 말씀이 되게 하소서. 폐부를 찌르고, 심령의 골수를 쪼개는 말씀이 되게 하소서. 말씀을 통해 상한 영혼들이 위로 받게 하시고, 거친 세상 흐트러짐 없이 꿋꿋이 살아갈 수 있는 힘을 얻게 하소서. 말씀을 전하는 목사님에게 영육 간의 강건함을 허락하여 주소서. 예수님의 이름으로 기도드립니다. 아멘.

2003. 06. 01.

60. 온전한 믿음, 참회와 용서, 교훈과 계명, 충성과 헌신, 여름

찬양과 감사

정직한 교훈으로 마음을 기쁘게 하고 순결한 계명으로 눈을 밝게 하신 여호와 하나님![80] 아버지의 풍성한 사랑을 힘입어 아버지의 집에 들어와 아버지를 경외함으로 예배드리게 하시니 감사합니다.[81] 무더운 여름날 몸과 마음이 지칠 때에도 주님을 향한 사랑이 더욱 깊어질 수 있도록 굳센 믿음을 허락하신 아버지께 감사드리며 모든 영광을 돌립니다.

참회와 용서

자비로우신 하나님! "허물의 사함을 받고 자신의 죄가 가려진 자는 복이 있도다."[82] 하고 읊조렸던 다윗의 기도가 오늘 저희의 신앙고백이 되기를 원하오며, 저희가 지고 있는 온갖 죄와 잘못을 십자가 앞에 모두 내려놓습니다. 저희들의 과오가 너무 크고 무거워 아버지께 용납되지 못할 줄 아오나, 주의 보혈만을 믿고 엎드린 저희를 불쌍히 여기셔서, 회개하는 심령들 위에 용서와 위로의 은혜를 베풀어 주소서.

온전한 믿음

하나님! 말씀을 통해 하나님의 계시를 밝히 알게 하시고, 온전히 깨닫고 실천해서, 신앙의 바른길 가게 하소서. 그래서 참 기쁨을 얻게 하시고, 주님의 사업에 열정적으로 동참하게 하소서.

마무리기도

저희 모두 이렇게 되기를 소망하오며, 열심히 말씀을 전하시는 목사님과, 아버지의 말씀을 한 구절이라도 더 귀담아 들으려고 하는 주의 성도들에게 큰 은혜를 내려주셔서, 이 예배시간이 귀하고 복된 순간이 되게 하소서. 저희가 드리는 모든 선한 기도를 들어주시며 세미한 음성에도 귀 기울여 주시는 아버지의 사랑과 은총을 간구하오며, 예수님의 이름으로 기도드리옵나이다. 아멘.

2011. 07. 24.

61. 온전한 믿음, 회개와 인도, 천국의 소망, 성령임재, 학생수련회

찬양과 감사

아버지 하나님! 한없이 크신 능력을 우리 모두의 마음을 모아서 찬송합니다. 하나님! 우리의 영혼을 깨워서 주를 찬양케 하여 주셔서 감사합니다. 우리에게 무궁한 말씀을 마음에 품게 하시고 영원한 천국을 사모하게 하시니 감사합니다. 우리가 실패할 때도 낙심하는 자리를 박차고 일어나 주님의 위로와 회복케 하여 주심을 믿게 하여 주셔서 감사합니다. 세상 사람들이 볼 수 없는 큰 소망이 넘치게 하여 주셔서 감사합니다.

회개와 인도

하나님! 저희 모두 매일 매시간 감사하는 마음으로 살아가게 하소서. 죄 짓지 않게 하소서. 주께서 금하신 일은 과감히 물리치게 하소서. 피하게 하시고, 돌아가게 하소서. 우리의 헛된 욕심을 다스릴 수 있게 하여 주시고, 하나님께서 기뻐하시는 일을 밝히 알게 하여 주시며, 깨달은 대로 살게 하소서. 있어서 걸리적거리고 남을 언짢게 하는 사람이 아니라, 존재하는 것만으로도 하나님께 영광이 되고 뭇사람에게 덕이 되는 그러한 성도가 되게 하소서.

아버지! 용서와 화해의 성령을 보내주소서. 일찍이 경험치 못했던 놀라운 성령의 바람이 이 교회에 불어닥치게 하셔서 크고 놀라운 역사가 일어나게 하소서.

온전한 믿음

아버지 하나님! 기도드립니다. 우리들이 주님의 사랑, 주님의 구원의 은혜를 자꾸 잊어버리지 않게 하소서. 힘들고 괴로울 때 주저앉아 애만 태우지 않게 하시고, 만복의 근원이시요 만병의 의원되신 주님께 모든 무거운 짐을 다 부려놓고, 그저 주님만 의지하게 하소서. 주께로 발걸음을 향하여 가까이 다가서게 하소서.

하나님! 세상에 살면서 썩을 양식을 위하여 일해 왔던 우리들이 아버지가 하늘로부터 주시는 참 떡을 얻기 위하여 이 자리에 나왔습니다. 우리에게 영생하도록 있는 양식을 위하여 일하게 하소서.[83] 하늘에서 내려온 살아 있는 떡이요[84] 영생의 근원이신 우리 주님을 영원한 구주로 모시게 하소서.

학생수련회

아버지! 여름성경학교와 수련회를 통해서 어린 심령들이, 청년의 마음들이 주님 기뻐하시는 대로 놀랍게 바뀔 수 있도록, 그래서 주님의 나라를 크게 흥왕시키는 커다란 믿음의 재목들로 성장할 수 있도록 은혜를 내려주소서.

마무리기도

오늘도 우리가 목사님을 통하여 전해 듣는 말씀 속에서 참 진리를 깨닫게 하시고, 입술이 아니라 행동으로 실천하는 믿음을 키워가게 하소서. 예수님의 이름으로 기도드립니다. 아멘.

2018. 07. 22.

62. 온전한 믿음, 위로와 사랑, 믿음의 실천, 인내와 용기, 말씀의 은혜

찬양과 감사

애통하는 자의 하나님, 꺾이고 눌린 자의 편이신 아버지! 때로 세상에서 없는 자처럼 여겨질 때조차 우리를 소중하게 생각하시고 천하보다 더 낫게 여기시는 하나님의 은혜를 찬양합니다. 힘없고 괴로울 때 우리 곁에 더욱 가까이 계셔서 우리를 붙들어 주시고 위로해 주시는 주님의 사랑을 기억하며 감사드립니다.

온전한 믿음

아버지! 간절히 원하오니 세상일로 믿음이 떨어지지 않게 하시고, 세상에서 실패했다고 신앙마저 그르치지는 않게 하소서. 오히려 참된 신앙, 주께서 기뻐하시는 그러한 믿음생활을 통해서 난관을 헤쳐 나갈 수 있는 용기가 싹트게 하시고, 실제로 그러한 믿음 안에서 모든 어려움이 말끔히 해결되게 하소서.

문제가 곧바로 해결되지 않는다고 해서 풀죽어 지내지 말게 하시고, 위기에 부닥칠수록 더욱 굳센 믿음을 허락하여 주소서. 주께서 영광 받으시고 찬송받으시기 위해서는 우리가 어떤 마음가짐으로 무엇을 실천해야 하는가를 살피게 하소서. 세상을 정복하여 주의 나라를 이루어야 할 우리들이 세상의 가치에 젖어, 세속적인 일에 사로잡혀서 주의 일을 소홀히 하지 않게 하소서.

목사님께서 전하는 말씀 속에서 우리의 잘못된 신앙관을 회개하게 하시고, 올바른 믿음을 소유하게 하시며, 오직 주님의 말씀 따라 살아가게 하소서. 예수님의 이름으로 기도드립니다. 아멘.

2017. 09. 24.

63. 온전한 믿음, 성령임재, 사랑과 이해, 희망과 인내, 말씀의 은혜

찬양과 감사

하나님! 다른 사람보다 더 착하게 산 것도 아니고 더 멋지게 생긴 것도 아닌데 우리를 택해 주셔서 감사합니다. 그게 아니라 오히려 남보다 더 나쁘고 더욱 볼품없는 삶인데도 우리를 죽음의 구렁텅이에서, 절망의 골짜기에서, 고통의 언덕에서 구해 주시고 살아갈 희망과 인내할 소망을 주셔서, 하나님을 찬양하고 사람을 사랑하고 이해하며 살아갈 수 있도록 변화시켜 주신 하나님께 영광을 돌리오니, 우리가 올려드리는 찬송을 기쁘게 받으소서.

온전한 믿음

하나님! 우리의 예배가 습관적인 예배가 아니요 의무적인 예배가 아니라, 찬송 부르고 기도할 때가 우리의 삶에서 가장 기쁘고 행복한 시간이 되게 하여 주시며, 예배드릴 때마다 성령이 주시는 위로와 평안을 가슴깊이 체험하게 하시고, 그 인도하심을 따라 매일의 삶이 풍족하여지고 활기가 넘치게 하소서. 가진 것이 풍요로워서가 아니요 누리는 것이 많아서가 아니라 믿음의 부요함이 우리의 기쁨이 되고 내면의 자랑이 되게 하소서.

마무리기도

하나님! 오늘도 모든 제약을 물리치고 성전에 나와서 예배를 드릴 수 있게 하여 주셔서 감사합니다. 목사님께 영력을 더해 주셔서 말씀을 전할 때 피곤하지 않게 하여 주시며, 우리 모두 말씀에 더욱 집중하게 하시고 말씀으로 새 힘을 얻게 하소서. 예수님의 이름으로 기도드립니다.

2016. 08. 21.

64. 온전한 믿음, 창조의 질서, 헌신의 열정, 권면과 격려, 성령임재

찬양과 감사

우리들을 위해서 천지만물과 우리의 심령을 선하고 아름답게 지으신 아버지 하나님! 아버지께서 보시고 그렇게 좋아하셨던 창조된 자연과 인간의 본성을 마구 부수고 깨뜨리고 더럽히고 어지럽혔는데도, 온갖 죄를 졌는데도, 버리지 아니하시고 주님을 통해서 죄 씻음 받게 하시고, 성령을 통해서 우리를 인도하여 주셔서 감사합니다. 오늘도 주일을 맞아 거룩하신 삼위일체 하나님의 성호를 찬양하오니, 하나님! 우리가 드리는 예배를 통해서 영광을 받으소서.

참회와 용서

이 시간 먼저 불신앙과 불순종과 교만에서 비롯된 우리들의 죄를 회개합니다. 우리의 잘못을 용서하여 주소서.

온전한 믿음

하나님! 이제부터라도 우리 모두 주의 백성으로서 올바로 살게 하소서. 하나님을 바르게 알게 하소서. 우리의 삶 전체를 바쳐서 하나님을 영화롭게 하는 일에 전념하게 하소서. 영원토록 하나님을 즐거워하게 하소서. 예수 그리스도를 확실히 믿고 주님의 복음 안에서 하나님을 성심껏 섬기며 살아가게 하소서.

자신과 주변사람만을 챙기지 말고 자신에게 이로운 일, 자신을 즐겁게 하는 일, 자신을 드러내는 일에만 골몰하지 말고, 주께서 명령하신 일, 바라시는 일, 기뻐하시는 일에 힘쓰게 하소서.

아버지 하나님! 어쩌면 우리는 지금 역사적으로 가장 어려운 시기에 신앙생활을 하고 있는지도 모릅니다. 목숨을 내놓아야 하거나 가진 것을 송두리째 빼앗겨야 하거나 자존심을 내버리지 않고도 믿음생활을 할 수 있는 환경이면서도, 세상이 과거 어느 때보다도 더 강렬하게 우리를 유혹하고 미혹시키고 혼란스럽게 하면서 신앙에 몰두하는 것을 방해하고 있기 때문입니다.

　거룩하신 하나님! 우리나라 아니 전 세계의 그리스도인들이 칠흑같이 어두운 이 불신앙의 터널을 큰 재앙 없이 통과하게 하소서. 신앙의 지도자들부터 흔들리는 믿음을 굳게 붙들어 매고, 서로를 북돋우고 격려하며 또 권면하면서, 초대교회의 신앙으로 돌아가게 하소서. 우리 모두 자기 믿음을 돌아보고 회개하고 반성하며 서로 어깨동무하면서 신앙의 바른길을 가게 하소서. 승리의 삶을 살게 하소서.

마무리기도

　하나님! 오늘도 은혜를 간절히 사모하며 이 자리에 왔사오니, 목사님을 통해 전해지는 말씀을 듣고 우리의 가슴이 용솟음치고 우리의 심장이 약동하게 하셔서, 주를 위한 헌신의 열정을 더욱 굳게 다지게 하소서. 우리들 각자를 위해서 하나님을 믿는 것이 아니라 하나님을 위해서, 하나님의 영광을 위해서 하나님을 전폭으로 믿고 의지하게 하소서. 예수님의 이름으로 기도합니다. 아멘.

2013. 02. 03.

65. 온전한 믿음, 의로운 생활, 지혜와 명철, 위로와 평강, 전도와 선교

찬양과 감사

아버지! 기도드립니다. 우리 모두 예수 그리스도께서 주시는 의의 열매로 가득차서 하나님께 영광과 찬양을 드리게 하소서.[85] 아버지! 우리는 약하고 악하고 추할지라도 우리의 시민권은 하늘에 있는 줄 믿사오니, 그곳으로부터 우리의 구주로 오실 주 예수 그리스도를 기다리게 하소서.[86]

위로와 평강

아버지! 오직 여호와를 앙망하오니 새 힘을 얻게 하소서. 독수리가 날개 치며 올라감 같게 하소서. 달음박질하여도 지쳐 고단하지 않게 하소서. 걸어가도 피곤하지 않게 하소서.[87]

우리에게 지혜와 명철을 허락하여 주소서.[88] 그리하여 무병장수하게 하시고 부귀를 선물로 주소서.[89] 우리의 길이 즐거운 길이 되게 하시고 우리의 지름길은 다 평강이 되게 하소서.[90]

의로운 생활

아버지 하나님! 의인은 환난에서 구원을 얻지만 악인은 자기의 길로 간다고 하셨사오니[91] 의인이 형통하여 성읍이 즐거워하게 하소서.[92] 우리에게 자기의 재물을 의지하지 않게 하시고 의인이 되어서 푸른 잎사귀같이 번성하게 하소서.[93] 우리에게 지혜를 주셔서 의의 열매를 맺게 하소서, 생명나무를 얻게 하소서.[94] 의인의 빛은 환하게 빛나고 악인의 등불은 꺼진다고 하셨사오니[95] 아버지! 우리 모두 의롭게 살게 하소서.

하나님! 해야 할 일은 제대로 하지 않고 다른 사람들을 은근히 비난하면서 분란을 일으켜놓고, 혼자 거룩한 체 하는 잘못을 용서하여 주소서. 억지논리를 끌어들여 자기 자신을 합리화하지 않게 하시고, 자신만 옳다고 하는 편협하고 옹졸한 마음에서 벗어나게 하소서.

아버지! 웃을 때에도 마음에 슬픔이 있거나 즐거움의 끝에도 근심이 있는[96] 그런 인생이 되지 않게 하소서. 악을 따라 잘못 가지 않게 하시고, 선을 도모하여 우리에게 인자와 진리가 있게 하소서.[97]

하나님! 우리들 선한 데 지혜롭고 악한 데 미련하게 하소서.[98] 평강의 하나님! 속히 사탄을 우리 발아래에서 상하게 하소서.[99] 십자가의 도가 멸망하는 자들에게는 미련한 것이지만, 구원을 받은 우리에게는 하나님의 능력인 줄[100] 우리는 믿습니다.

전도와 선교

하나님 아버지! 우리 모두 땅 끝까지 이르러 주의 증인이 되게 하소서. 우리의 언행에서 주의 모습이 나타나게 하시고, 우리의 성품을 보고 그동안 주를 믿지 않았던 사람들이 주를 믿게 하소서. 당장은 그렇지 못하더라도 날마다 스스로를 채찍질하며 주께서 원하는 그 자리에까지 이르게 하소서.

마무리기도

아버지! 말씀을 통해 감사와 다짐을 새롭게 하소서. 오늘도 목사님이 전해 주시는 하나님 아버지의 말씀에서 영감과 활력을 얻게 하셔서 하나님의 사랑을 듬뿍 받는 아들딸로서, 주님의 귀한 제자로서 올바로 살아가게 하소서. 예수님의 이름으로 기도드립니다. 아멘.

2018. 12. 09.

66. 온전한 믿음, 생의 목표, 주를 위한 성공, 구원의 은혜, 기도의 응답

찬양과 감사

하나님 아버지! 찬양과 경배를 드립니다. 우리의 마음과 정성을 다하여 주께 영광 돌리오니 우리가 드리는 예배를 받아 주소서.

은혜로우신 하나님! 딱히 자랑할 것도 없고 한 일도 별로 없어서 내세울 것이 변변찮은 우리를 자녀로 삼아주시고 우리에게 아버지가 되어 주셔서 감사합니다. 우리가 의로워서가 아니고 우리의 믿음이 온전해서도 아니라, 오직 예수 그리스도의 희생으로 말미암아, 우리를 구원해 주시고 우리의 간구를 들어주시고 기도를 이루어 주셔서 감사합니다.

생의 목표

아버지! 그 은혜에 감사하며 종일 찬송을 드리는 마음으로 평생 주님을 사랑하며 주님을 위하여 살아가겠다는 다짐으로 살아가게 하소서. 더 이상 죄의 유혹에 휘둘리지 말게 하시고, 세상 사람들과 똑같이 부귀영화와 권세를 누리는 것을 생의 제일의 목표로 삼지 않게 하소서. 세상에 발을 딛고 살아가되 이 악한 세상을 본받지 않게 하시고, 세상에서도 성공하게 하시되 나만을 위한 성공이 아니라 주를 위한 성공, 주님의 가르침을 실천하고 주님의 나라를 확장하기 위한 성공이 되게 하소서. 주의 이름을 높이고 주께 더 많은 것을 바칠 수 있는 발판이 되는 성공이 되게 하소서.

전해 듣는 귀한 말씀 따라 서로 사랑하며 세상을 이길 수 있는 믿음과 힘을 주소서. 예수님의 이름으로 기도드립니다. 아멘.

2017. 09. 17.

3. 믿음의 승리 주석

61	시편 116:1-8	81	시편 5:7
62	시편 116:12-15	82	시편 32:1
63	고린도전서 15:43	83	요한복음 6:27, 32
64	고린도전서 15:44	84	요한복음 6:51
65	고린도후서 4:14	85	빌립보서 1:11
66	고린도후서 4:16	86	빌립보서 3:20
67	고린도후서 4:18	87	이사야 40:31
68	예레미야 29:12-13	88	잠언 3:13
69	찬송가 487장	89	잠언 3:16
70	찬송가 488장	90	잠언 3:18
71	찬송가 323장	91	잠언 11:8
72	예레미야애가 3:32-33	92	잠언 11:10
73	시편 65:4	93	잠언 12:28
74	히브리서 12:6	94	잠언 12:30
75	히브리서 13:18	95	잠언 13:9
76	야고보서 1:5-6	96	잠언 14:13
77	시편 22:1-2	97	잠언 14:22
78	히브리서 10:36	98	로마서 16:19
79	사무엘하 7:9	99	로마서 16:20
80	시편 20:8	100	고린도전서 1:18

4

교회의 미래

- 믿음과 사랑의 공동체 116
- 헌신과 봉사 130
- 교회창립주일 138
- 성전신축 142
- 강단교류 150
- 전교인신앙수련회 152
- 학생수련회(종합) 154
- 여름성경학교(유치부·유년부·초등부) 158
- 성도의 교제(전교인체육 대회) 162
- 장로선출 164

67. 믿음과 사랑의 공동체, 참회와 용서, 능력의 체험, 성령임재

찬양과 감사

우리가 고난의 한복판에 서 있을 때, 그때에 함께하셨던 하나님! 절망의 깊은 바다에 빠져 들어갈 때, 생을 이어갈 단 한 줄기의 빛도 비치지 않는 것 같았던 그 순간에도, 우리를 돌아보셔서 건져주시고, 일으켜주시고, 위로해 주셨던 하나님! 우리의 예배를 받아 주소서. 세세무궁토록 존귀와 영광과 모든 권세를 하나님 홀로 다 받으소서.

거친 세파에 쫓기고, 병마에 시달리고, 빈곤에서 허덕일 때 우리의 방패가 되시고, 치유자가 되시고, 희망의 등불이 되어 주시는 하나님 아버지께 감사를 드립니다.

참회와 용서

우리 인생을 통촉하시고 감찰하시는 아버지 하나님! 그러나 우리는 환난과 핍박을 당했을 때 제대로 신앙을 지키지 못했습니다. 견디다 못해서 쓰러질 때가, 그렇지 못할 때보다 훨씬 더 많았습니다. 우리에게 기도하고 간구하며 하나님께 부르짖을 수 있는 특권을 주셨는데도, 하나님께 맡기기만 하면 결국은 모든 것이 다 선한 결말을 이룰 텐데도, 이러한 사실을 잊어버리고 세상적인 생각과 방법으로 대처하고 해결하려고 했던 우리의 작은 믿음과 어리석은 마음을 용서하여 주소서.

능력의 체험

진리의 하나님! 성령께서 우리의 마음을 사로잡아 주셔서 이제 하나님 아버지의 사랑을 바로 알게 하소서. 우리가 힘이 들수록 더욱더 강하게 역사하시는 하나님의 능력을 깨닫게 하시고 체험하게 하소서. 고통과 슬픔의 시간이 길어진다고 해서 하나님을 원망하지 않게 하시고, 포기하지 않게 하시고, 엉뚱한 데로 달아나지 않게 하소서.

믿음과 사랑의 공동체

 아버지 하나님! ◎◎교회를, 아니 이 땅의 모든 교회를 굽어 살피소서. 감사와 전도와 구제가 스러져가는 교회, 편하게, 습관적으로, 더욱이 편협한 신앙생활을 하는 무덤덤하고 무감각하고 무신경한 우리의 잠자는 믿음을 흔들어 깨워 주소서.

마무리기도

 오늘 말씀을 통해, 우리가 정말 순수하고도 가장 열정적으로 아름답게 빛나던 시절의 신앙을 회복할 수 있도록 도와주소서. 단위에 세우신 목사님을 강한 팔로 붙들어 주소서. 성령으로 온전히 둘러 주소서. 전해 주시는 말씀을 통해 우리의 신앙을 새롭게 가다듬게 하소서. 우리를 축복하셔서 은혜를 충만케 하시는 우리 주 예수 그리스도의 이름으로 기도드립니다. 아멘.

2014. 03. 09.

68. 믿음과 사랑의 공동체, 참회와 용서, 치유와 위로, 구원의 소망

찬양과 감사

아버지, 아버지 하나님! 저희들에게 세상에서 전폭적으로 기댈 사람과 재물이 없게 하셔서, 오직 주님만 믿고 의지하게 하시니 감사합니다. 때로 견딜 수 없는 고통과 슬픔을 주셔서, 주님의 위로를 간절히 사모하게 하시니 감사합니다. 현실이 몹시 고달파서, 몸과 마음이 너무 아파서, 주님의 구원의 손길만을 소망하게 하시니 감사합니다.

아버지! 이처럼 주님만 바라보고 주님만 따르게 하시며 주님의 따뜻한 보살핌만을 소망할 수 있도록, 못난 저희들을 자녀로 삼아주시고 보호해 주신 은혜에 감사드리며, 이 시간 저희들 딱히 내세울 것도 없고 바칠 것조차 변변치 못한 가난하고 찢긴 심령으로, 온 땅에 아름다운 이름을 떨치시고 그 영광을 하늘 위에 높이 두신 여호와 하나님께[101] 영광을 돌리며 성호를 찬송 드리오니, 저희 심령을 받아 주소서.

참회와 용서

아버지! 저희들은 지난 한 주간도 세상일로 정신없이 바쁘고 어수선했습니다. 하나님을 기쁘시게 하려고 하기보다는 사람들과 어울려 지내며 노는 것을 더 즐거워했습니다. 심지어 자신들이 하나님의 백성이라고 하는 사실마저 잊은 때도 있었습니다. 거룩한 주님의 사랑의 말씀을 책꽂이나 성경 가방 속에 내팽개친 채, 그 가르침을 실행·실천하기는커녕 주께서 무엇을 원하시는지조차 생각하려 하지 않았습니다. 엎드려 회개하오니, 주님의 보혈로 저희들의 죄와 허물을 용서하여 주소서.

믿음과 사랑의 공동체

영이신 하나님! 올해도 벌써 한 달이 훌쩍 지나갔습니다. 교회가 올해 새롭게 세운 표어를 항상 되새기며 예배마다 영감이 넘치게 하시고, 영성의 불길이 활활 타오르게 하시며, 전도와 사역과 훈련에 전념하게 하시되, 무엇보다 성도 간에 하나가 되는 진실한 교제가 있게 하소서.

마무리기도

하나님! 말씀을 전하시는 목사님을 두 팔로 안아주셔서 영육 간에 강건케 하소서. 주님 주신 사명을 감당하는 데 아무런 어려움이 없도록 온전히 헤아려주시고 지켜주소서.

오늘 주시는 아버지의 말씀을 통해 저희 모두 상한 영혼이 말끔히 치유되게 하시고, 온갖 세상일로 부서지고 멍든 마음이 오롯이 위로 받게 하시며, 질병과 사고로 아픈 몸이 깨끗이 낫게 하소서. 저희들의 간구와 기원이 하나님 보시기에 선하시거든 그대로 다 이루어 주실 줄 의심치 않고 믿사옵나이다.

아버지 하나님! 천수가 다하여 세상을 떠난 육신의 어버이를 생각해도 이렇게 가슴이 미어지고 찢어지거늘,[102] 하물며 삼십을 갓 넘긴 독생자를 십자가에 달려 생을 마감케 하지 않으면 안 되었던 아버지 하나님을 생각하면 눈물이 마를 길 없사오나, 오히려 주님의 위로에 의지하오며 예수님의 이름으로 기도드리옵나이다. 아멘.

2011. 02. 06.

69. 믿음과 사랑의 공동체, 참회와 용서, 청소년, 충성과 헌신

찬양과 감사

만세 전부터 저희들을 택해 주셔서 여호와의 백성으로 삼아주신 아버지 하나님! 존귀와 영광 홀로 다 받으소서. 죄악 가운데 빠져 영영 죽을 수밖에 없는 저희들을 용서하시고 용납하여 주셔서 오늘도 하나님 전에 엎드려 예배드릴 수 있도록 은혜 베풀어 주셔서 감사합니다.

참회와 용서

아버지! 저희들은 지난 한 주일 동안에도 셀 수 없이 많은 죄를 저질렀습니다. 저희들의 죄와 허물을 생각하면 늘 부끄럽고 괴롭고 슬픈 마음뿐입니다.

하나님! 저희들은 아무 까닭 없이 형제를 미워하고 원망하고 핍박하고 실족케 하고 실망시켰습니다. 입술로는 사랑을 외치고 공의를 부르짖으면서 실제로는 세상 사람들과 하나도 다를 바 없는 거짓된 삶을 살았습니다. 주님께 죽도록 충성하지는 않고 영광의 면류관만을 탐했습니다. 아버지 하나님! 오늘 이 예배시간이 저희들의 모든 잘못을 자복하고 회개하고 용서함 받는 시간 되게 하소서.

믿음과 사랑의 공동체

자비로우신 하나님! 저희 ◎◎교회를 일으켜 세워 주소서. 믿음의 반석 위에 굳게 서는 교회되게 하소서. 이 시대에 본보기가 되는 믿음과 사랑의 공동체가 되게 하시고, 선한 역사로 길이 칭찬 받는 서머나 교회가 되게 하소서.

> 청소년

　하나님! 어제 스물여덟 번째 '◎◎의 밤' 행사를 은혜 가운데 훌륭하게 치러 낸 저희 중·고등부 학생들을 이전보다 더욱더 사랑해 주소서. 이들 귀한 믿음의 새싹들이 주 안에서 진실하고 착하고 아름답게 자라서 장차 교회의 대들보가 되게 하시고, 우리 ◎◎교회가 걸출한 신앙의 지도자들을 끊임없이 배출하는 이 땅의 믿음의 산실이 되게 하여 주소서.

　그리고 '◎◎의 밤' 연습과정에서부터 밤낮없이 기도하고 땀 흘려 애쓴 끝에 하나님께 큰 영광을 돌린 ○○○ 목사님과 두 분 지도부장 선생님을 비롯한 모든 중·고등부 선생님들에게 큰 은혜 내려 주소서.

> 마무리기도

　아버지 하나님! 주의 사자 단위에 섰습니다. 영육 간에 피곤치 않도록 주님의 강한 팔로 붙들어 주시고, 이 시간 말씀을 전하고 들으면서 함께 은혜 받게 하시며, 들은 말씀을 가슴에 아로새겨서 세상에 나가 사는 동안 넘어지거나 쓰러지지 않게 하소서. 오늘 예배에 참여한 저희 모두에게 복을 내려 주시고, 특별히 정성껏 찬양을 준비한 성가대와 관현악단, 선교단의 헌신을 열납하여 주소서. 예수님의 이름으로 기도합니다. 아멘.

2001. 02. 11.

70. 믿음과 사랑의 공동체, 회개와 인도, 남북통일, 성령충만

찬양과 감사

어미가 그 젖먹이 자식을 잊을지라도 나는 너를 잊지 않겠다고 하신 아버지 하나님![103] 고마우신 하나님! 하나님을 아버지라고 부를 수 있게 허락하여 주셔서 감사합니다. 찬양과 경배를 세세무궁토록 받으소서.

은혜의 때에 우리에게 응답하시고, 구원의 날에 우리를 도와주시마고 하신 하나님![104] 우리 모두 이 말씀을 가슴에 품고서 고난의 순간에 위로 받게 하여 주시고 그때마다 절망의 구렁텅이에서 빠져나올 수 있도록 기력을 북돋워 주셨던 ◎◎교회의 지난날을 추억하며 감사드립니다.

회개와 인도

평강의 하나님! 하지만 회복되는가 했더니, 다시금 현재진행형으로 끝없이 이어지는 고통의 순간들을 이제 거두어 주소서. 우리의 죄악이 우리와 하나님 사이를 갈라놓지 않게 하소서. 우리 죄가 하나님의 얼굴을 가려서 우리의 기도를 듣지 않으시는 일이 없게 하소서.[105] 우리가 잘못해 놓고도 여호와의 손이 짧아서 구원하지 않으시는가 귀가 둔하여 듣지 못하시는가 하고 의심하지 않게 하소서.[106]

믿음과 사랑의 공동체

온유하신 아버지! 영혼을 살리는 교회가 되게 하소서. 사람을 살리자고 하면서 그 가슴을 아프게 헤집지 않게 하소서. 입술의 사랑과 마음의 사랑이 겉돌지 않게 하소서.

남북통일

아버지 하나님! 한반도에 훈풍이 불게 하여 주셔서 감사합니다. 어서 막힌 담을 되돌릴 수 없는 수준까지 완전하게 허물어 주시고 평화를 잇는 다리를 굳건하게 연결해 주소서. 찻길이 유럽과 아프리카까지 닿게 하시고 그 길을 따라서 사람과 물자가 자유롭게 왕래하게 하소서.

하나님! 우리 민족이 더 이상 애굽과 에돔처럼 황무한 들에 거하지 않게 하시고, 영원대대로 있을 유다와 예루살렘에 살게 하소서.[107] 주의 농장에 심겨진 포도나무와 같은 우리들 심령의 가지가 부러지지 않게 하시고 믿음의 뿌리가 뽑히지 않게 하소서.

마무리기도

이 시간 말씀을 전하고 들을 때 우리 모두 크게 각성하게 하시고 마음속에 성령의 뜨거운 기운이 용솟음치게 하소서. 오직 주님의 말씀 가운데서 위로 받고 새 힘을 얻게 하소서. 예수님의 이름으로 기도드립니다.

2018. 04. 29.

71. 믿음과 사랑의 공동체, 믿음의 진보, 여름수련회, 성령감화

찬양과 감사

우리를 세우셔서 영원히 주의 백성으로 삼으시고 우리들의 하나님이 되신 아버지![108] 우리는 누구이며 우리의 터전은 무엇이기에 우리를 여기까지 이르게 하셨나이까?[109] 아버지의 은혜와 사랑을 생각할 때마다 감격과 감동을 금할 길이 없습니다. 이러한 마음으로 우리가 전심전력을 다하여 드리는 영광과 찬송을 받아 주소서.

믿음의 진보

하나님 아버지! 우리에게 일마다 때마다 주께 감사하는 마음이 솟아나게 하시고, 때로 돌부리에 걸려 넘어지고 힘이 없어 쓰러지고 앞이 캄캄할 때조차 주께 감사하게 하소서. 세상의 이치로는 원망하고 불평해야 마땅할 처지에서도, 도무지 감사해야 할 마음이 일어나지 않는 순간에도, 성령이 우리의 마음을 감화시켜 주셔서 무조건 감사하게 하소서. 머리로 헤아려 감사를 망설이지 않게 하시고, 당장에 불리하다고 해서 주를 멀리하지 않게 하소서.

회개와 인도

은혜로우신 아버지 하나님! 우리의 몸과 마음이 견딜 수 없도록 아프고 슬플 때가 많습니다. 그럴 때마다, 내버려두셨더라면 죗값으로 그냥 죽어야 했던 우리들을 구원하시기 위해서 모진 고초와 수모를 다 이겨내셨던 주께 감사드리며, 고통을 이겨내게 하소서. 유한한 세상만 생각할 게 아니라, 우리는 모두 다 비록 죄인이지만, 십자가 위에서 주님이 바라보셨던 부활과 천국의 기쁨을 오늘 우리도 사모하게 하소서. 우리를 거룩하게 하셔서 세상과 짝하지 않게 하시고, 사탄과 벗하지 않게 하시고, 주님 기뻐하시는 일만 하게 하소서. 우리의 잘못을 철저히 회개하오니 다 용서하여 주시고, 그리하여 순결해진 우리의 마음에 성령을 가득 채워주소서.

믿음과 사랑의 공동체

하나님 아버지! 다윗이 주께 드렸던 기도를 우리도 드릴 수 있게 하소서. 다윗에게 구한 대로 주신 것처럼 우리의 선한 기도도 다 이루어 주소서. 우리의 집에 복을 주셔서 주 앞에 영원히 있게 하소서. 주의 은혜로 우리 교회가 영원히 복을 받게 하소서.[110]

여름수련회

하나님! 교회학교 여름수련회가 시작됩니다. 유치부에서부터 대학부에 이르기까지 사랑스러운 우리의 자녀들이, 이때에 무성한 여름 나무처럼 믿음의 키와 몸무게가 몰라보게 자라고 왕성하게 불어나게 하소서.

마무리기도

목사님에게 풍부한 영성과 지칠 줄 모르는 건강과 담대한 마음을 허락하소서. 우리 모두 오늘 주시는 아버지의 말씀을 아멘으로 받아들이게 하시고, 믿음과 순종으로 말씀 따라 살아가게 하소서. 예수님의 이름으로 기도드립니다.

2017. 07. 09.

72. 믿음과 사랑의 공동체, 온전한 믿음, 전도와 선교, 헌신과 봉사

찬양과 감사

　아버지 하나님! 저희를 이 세상에 태어나게 하시고 이 시간까지 생명을 연장시켜 주셔서 감사합니다. 더욱이 저희들에게 주일을 성수할 수 있는 믿음과 여건을 허락하여 주셔서 감사합니다.

참회와 용서

　그러나 저희들은 지난 한 주일도 한 발은 교회에 또 한 발은 세상에 들여놓은 채 어정쩡하게 살았습니다. 주의 종으로서 향기로운 삶을 살지 못하고 세상 사람들과 별 차이 없이 살았습니다. 아니 때로는 믿지 않는 사람보다 더 엉망으로 살았습니다. 주님의 영광을 가린 적이 많았습니다.
　용서의 하나님! 저희들의 모든 죄를 자복하고 회개하오니 주님의 십자가 보혈의 공로로 깨끗이 씻음 받게 하여 주소서. 이 예배를 드리는 데 합당하여 질 수 있도록 저희들의 몸과 마음을 정결케 하소서.

온전한 믿음

　"너희는 더욱 큰 은사를 사모하라. 내가 또한 제일 좋은 길을 너희에게 보여 주리라."고 하신 아버지 하나님! 저희들은 그 말씀대로 이루어지기를 간절히 원하옵나이다. 하나님! 저희들 육신의 눈으로 세상을 바라보지 않게 하소서. 영안이 활짝 열리게 하셔서 마땅히 믿어야 할 바를 온전히 믿게 하소서. 미움 대신 사랑이 샘솟게 하셔서, 억지로가 아니라 진정한 마음으로 형제와 자매를 아끼고 배려하게 하소서.

믿음과 사랑의 공동체

하나님! 세상에서뿐만 아니라 교회 안에서도 사람 때문에 실망하고 낙담한 영혼들이 오직 주님만 바라보게 하소서. 그 누가 됐든 사람이 아니라 하나님의 말씀에 순종하는 교회 되게 하소서. 이제 역사 60년을 바라보는 저희 ◎◎교회가 그 연륜에 걸맞게 충분히 성장하고 알차게 성숙하게 하소서.

저희 교회가 하나님의 나라를 확장하는 데 걸림돌이 되지 않게 하시고, 온갖 시련 속에서도 조금도 흔들리지 않고 꿋꿋이 교회를 잘 지켰던 빌라델비아 교회가 되게 하소서. 이제는 원근 각처에서 칭찬 받는 교회가 되게 하소서.

한 지체가 고통을 받으면 모든 지체도 함께 고통을 받고, 한 지체가 영광을 얻으면 모든 지체도 함께 즐거워하리라고 하신 아버지 하나님![111] 저희들 모두 주 안에서 한 몸을 이루었사오니, 피차 간절히 사랑하고, 깊이 이해하며, 서로를 힘껏 북돋우며 살아가게 하소서.

전도와 선교

진리의 등불이신 하나님 아버지! 하도 세상이 어지러워서 어디로 가야할지 몰라 갈팡질팡하는 사람들이 늘어가고 있습니다. 이때 저희 ◎◎교회가 이 땅에서 확실한 복음의 등대가 되게 하소서. 험한 세상바다를 비춰서 물에 빠져 헤매는 영혼들을 건져내 살리게 하소서. ◎◎교회가 이 시대의 노아의 방주로서의 역할을 다하게 하소서. 저희들을 지혜롭게 하셔서 궁창의 빛과 같이 빛나게 하시고, 많은 사람을 옳은 데로 돌아올 수 있도록 하게 하소서.[112]

마무리기도

  말씀을 전하실 목사님에게 영감과 영력을 더하여 주셔서, 이 시간 이 자리에 은혜가 넘치게 하여 주소서. 빈 들에 마른풀같이 시들대로 시든 저희들의 영혼이 말씀을 통해 새롭게 소생하고 원기를 되찾게 하소서. 위로 받고 고침 받고 평강을 얻어 돌아가게 하소서.

  저희 모든 기관과 그 구성원들이 드리는 헌신과 봉사를 기억하여 주시고, 형편과 처지에 따라 그 필요로 하는 대로 다 채워 주소서. 이 예배를 통해서 하나님 홀로 영광 받으실 줄 믿사옵고, 예수님의 이름으로 기도드리옵나이다. 아멘.

2004. 02. 15.

73. 믿음과 사랑의 공동체, 전도와 선교, 회개와 인도, 온전한 믿음

찬양과 감사

우리를 긍휼히 여기시는 아버지 하나님! 오직 하나님의 은혜로 오늘도 이 자리에 왔사오니 우리가 정성껏 드리는 예배를 받아 주소서. 찬양과 경배를 흡족히 받으소서.

온전한 믿음

완전하신 하나님! 세상이 아무리 발전하고 세상 사람들이 뭐라고 하든지 우리는 오직 하나님과, 하나님의 말씀만 믿고 따르게 하시고, 다른 사람들도 이 말씀을 접할 수 있도록 힘쓰게 하소서.

회개와 인도

하나님! 오늘 한국의 개신교가 어디에 서 있는지 갈피를 잡을 수가 없습니다. 자살, 빈부의 격차, 음주, 흡연문제는 해결되지 않고 성폭력, 가정폭력, 학교폭력이 난무한 현실에서 군대 내의 가혹행위까지 번져가는 어지러운 세태 속에서 우리를 붙들어 주소서. 교계에서도 힘 있는 사람들이 하나님을 핑계 삼아 부와 권력과 명예를 탐하는 놀음을 멈추게 하시고, 모두가 낮게 엎드려 낮은 데로 임하셨던 주님을 본받게 하소서. 우리들 각자의 신앙을 제자리에 갖다 놓게 하시고, 올바른 삶을 살아가게 하소서.

마무리기도

하나님! 목사님이 전해 주시는 아버지의 말씀을 심중에 깊이 아로새겨서 주님 걸어가신, 주님이 기뻐하시는 그 길을, 우리도 가게하소서. 예수 그리스도의 이름으로 기도드립니다. 아멘.

2014. 08. 31.

74. 헌신과 봉사, 회개와 인도, 은혜와 평강, 굳건한 믿음, 12월

찬양과 감사

　우리의 영원한 반석이신 아버지 하나님! 아버지를 가슴 깊이 사모하고 신뢰하며 그 거룩하신 이름을 찬양합니다. 어둠 속에서 방황하던 저희들을 건져주셔서 새 빛을 주시고 새 사람 되게 하셔서, 아버지의 포근한 품 안에서 아버지의 자녀로 살아갈 수 있도록 은혜 베풀어 주시니 감사합니다. 절망적인 상황에서도 믿음의 끈을 놓지 않고, 소망을 버리지 않고, 아버지의 사랑에 의지하여 험한 세상 헤쳐 나갈 수 있도록 도와주셔서 감사합니다.

회개와 인도

　믿음과 소망과 사랑의 하나님! 저희들은 주께서 저희 가슴에 사랑의 씨앗을 뿌려주셨는데도 미움의 열매만 주렁주렁 맺었습니다. 믿음의 물을 정성껏 주셨는데도 영혼의 줄기와 가지는 시들어 축 처져있습니다. 소망의 비료를 공급해 주셨는데도 마음밭에는 무성한 잡초만 가득 자라고 있습니다. 추수를 하려고 하나 거둘 것이 없으니, 다른 사람들과 나눌 만한 소출도 없이 공허하게 아버지의 이름만 소리쳐 부르며, 주님의 발자취를 따라보겠다는 장담만 하면서, 올 한 해도 거의 다 보내고 말았습니다.

　하나님! 믿음의 대차대조표를 꺼내놓고 연말정산을 해보니, 항목마다 적자투성이인 불성실하고 어리석은, 그러한 삶을 살았습니다. 온유하신 하나님! 믿음의 길에서 퇴행을 일삼아온 저희 죄악을 용서하여 주소서. 남은 기간이나마 최선을 다해 주님의 일에 힘쓰게 하시고, 새해에는 새로운 마음가짐으로 올바른 신앙생활을 할 수 있도록 도와주소서.

헌신과 봉사

하나님 아버지! 올해 여러 가지로 어려운 상황 속에서도 어린이와 청소년들을 지도하느라 수고가 많았던 교회학교 선생님들을 기억하소서. 성가대와 관현악단과 찬양단과 몸찬양팀의 구성원들이, 그리고 각기 직분을 맡았던 자치회 임원들이 주께 헌신한 시간과 정열을 굽어 살피소서. 넉넉하지 못한 살림 속에서도 십일조와 감사헌금과 선교헌금과, 크고 작은 행사에 물질후원과 노력봉사를 아끼지 않은 귀한 믿음을 돌아보소서. 주님 앞에 마땅히 할 일을 했으되, 이 모든 이들에게 크신 복을 내려주소서.

은혜와 평강

아버지 하나님! 날씨가 갈수록 더 추워집니다. 병영에서, 객지에서, 해외에서 군복무와 생업과 학업을 꾸려나가느라 힘들어하는 우리의 자녀들을 돌보아 주옵시고, 그들이 모든 어려움을 신앙으로 극복해 나갈 수 있도록 더욱 강한 믿음을 허락해 주소서.

마무리기도

목사님이 아버지의 말씀을 증거하실 때에 성령이 먼저 저희들의 심령을 감동·감화시켜 주셔서 전해지는 말씀을 아멘으로 받아들이게 하시고 말씀 따라 살아갈 수 있도록 절제와 용기를 강화시켜 주소서. 사시사철 하나님의 품 안에서 거할 수 있기를 소망하고 간구하오며, 우리를 구원하기 위해서 비천한 구유에서 탄생하시고 십자가의 길을 스스로 선택하셨던 예수님의 이름으로 기도드리옵나이다. 아멘.

2011. 12. 04.

75. 헌신과 봉사, 회개와 인도, 은혜와 평강, 믿음의 실천, 12월

찬양과 감사

 은혜와 평강의 하나님! 영광과 찬양을 돌리옵나이다. 아버지! 다만 감사드립니다. 아무런 쓸모도 없고 자랑할 것도 없는 저희들을 자녀로 삼아주셔서, 하나님을 아버지라고 부를 수 있게 도와주셔서 감사합니다. 저희들에게 선물해 주신 지혜로 하나님을 알 수 있게 하여 주셔서 감사합니다. 거룩한 주일을 맞아서 이렇게 성전에 나와 하나님께 예배드릴 수 있게 허락해 주셔서 감사합니다. 큰 탈 없이 이 세상 살아가게 도와주셔서 감사합니다. 괴롭고 힘들 때도 많았지만 빛길을 허락해 주시고, 저희들의 간구를 다 들어주셔서 감사합니다. 교회가 큰 위기에 처했지만, 흩어지지 않고 더욱 굳게 뭉쳐서 함께 기도하고 서로 격려하며 신앙을 이어가게 하여 주셔서 감사합니다. 무엇보다도 항상 감사할 수 있는 마음 주셔서 감사합니다.

회개와 인도

 아버지 하나님! 이렇게 감사드릴 것뿐인데도 저희들 지난 한 주도 도저히 아버지의 자녀요 주님을 따르는 사람이라고 말할 수 없을 정도로 부끄러운 생활을 되풀이하였습니다. 잘못했을 때도 뉘우칠 수 있게 하시고, 죄를 깨닫고 그 자리에서 돌아서기만 하면 우리의 죄를 모두 다 용서하여 주시는 아버지! 주님의 보혈의 공로와 사랑에 의지하여 무릎 꿇고 회개하오니, 저희들의 죄를 사하여 주소서. 저희를 따뜻이 감싸 안아주소서. 순결한 마음으로 예배를 드리게 도와주소서.

헌신과 봉사

 쉼 없이 흘러가는 세월, 끊임없이 변해가는 세상 속에서도 저희들을 사랑하여 주셔서 변함없이 지켜주시고 인도하여 주시는 하나님! 주님의 모든 일꾼들이 남은 한 달, 마음과 뜻을 다해 주께 충성을 바치게 하소서.

은혜와 평강

 아버지 하나님! 병마와 가난에 시달리고 있는 형제자매를 위해서 기도합니다. 이 추운 날씨에 병영생활을 하고 있는 저희 아이들과 객지에 나가 외롭게 생활하고 있는 자녀들을 위해 간구합니다. 그들 모두의 기도를 형편에 맞게 다 들어주셔서, 고통 받지 않게 하시고 슬퍼하지 않게 하시고 외로워하지 않게 하소서. 강건한 믿음 주시고, 소망 중에 기뻐하게 하소서.

마무리기도

 하나님! 저희들 갈 바를 알지 못하고 갈팡질팡하는 이 때 성령 충만, 은혜 충만, 말씀의 은사가 충만한 ○○○ 목사님을 보내주셔서, 예배시간마다 심령부흥회로 열리게 하여 주신 것 감사드립니다. 아버지 하나님께서 귀히 쓰시는 목사님께서 말씀을 증거하실 때에 영육 간의 강건함을 허락하여 주셔서 은혜의 생수가 흘러넘치게 하소서. 말씀을 통해 저희들의 잘못된 신앙을 되돌아보게 하시고, 저희의 삶을 밝은 거울에 비춰보게 하시며, 성도로서 마땅히 가야할 길을 확실히 깨닫게 하여 주소서. 그리고 실행·실천할 수 있게 하여 주소서. 이 모든 말씀을 우리 주 예수님의 이름으로 기도드리옵나이다. 아멘.

2007. 12. 02.

76. 헌신과 봉사, 회개와 인도, 전도와 선교, 은혜와 평강, 기도의 응답

찬양과 감사

 우리의 영원한 진리의 등대가 되신 아버지 하나님! 우리가 깊은 밤 성난 물결에 휩쓸려 정신을 못 차리고 있을 때, 우리를 건져내어 살려주신 하나님께 영광과 찬송을 돌리옵나이다.[113] 바닷속 맨 밑바닥까지 내려가 삶에 관한 모든 의욕과 희망을 상실한 채 홀로 주저앉아 있을 때, 강한 팔로 우리를 붙들어 건져내어 주시고 따뜻한 품에 안아주신 아버지 하나님의 은혜에 감사드리고 또 감사드리옵나이다. 고마우신 하나님! 우리에게 아무 때나 마음 놓고 하나님을 아버지라고 부르게 하시고, 항상 변함없이 우리에게 "내 아들아, 내 딸아, 너희들은 내 자식이다. 그러니 어려운 일은 무엇이든, 언제든지 망설이지 말고 내게 아뢰고 고하렴. 내가 너를 도와줄게. 세상 끝 날까지 너와 함께하마."고 하시는 하나님 아버지의 부드러운 음성을 생각하며, 저희들은 오늘도 기쁘고 정겨운 마음으로 예배를 드리옵나이다.

회개와 인도

 하나님 아버지! 우리의 죄와 허물을 자복하며 회개합니다. 하나님께서는 우리의 영혼이 사경을 넘나들 때, 주님을 통해 우리를 구원해 주셨건만, 우리에게 "너희들도 작은 불이나마 밝히 켜서 험한 바다를 비추라"고 간곡히 말씀하셨건만, 아니 명령하셨지만, 어디에 불빛이 없는가 하고 찾는 무리가 그렇게 많은데도, 우리만 주님을 믿는 특권을 독차지하고 말았습니다. 아버지! 용서하여 주소서.

헌신과 봉사

 하나님! 우리의 등불을, 그 심지를 돋우게 하소서. 그 불빛이 거친 바다를 비춰서, 빛을 찾아 방황하는 사람들을 구원의 방주로 인도하게 하소서. 우리 모두 작은 불을 켜서 험한 바다를 비추게 하소서. 주님의 사랑을 통해 물에 빠져 헤매는 사람들을 건져내어 살릴 수 있도록, 우리에게 더 큰 믿음과 열심을 주시고 주의 사랑에 빚진 자로서 염치를 갖게 하소서.

전도와 선교

 우리 교회가 근동에서 시작해서 온 세계 방방곡곡에 이르기까지 주님의 사랑과 은혜를 전파할 수 있도록 성령을 통해 우리를 감화해 주옵시고, 모든 일에 우선해서 이 일에 힘쓰게 하여 주소서. 세계 만민이, 만백성이 나갈 옳은 길, 의의 길을 따르게 하소서. 살길을 찾게 하소서.[114] 그리하면 승리의 주님이 온전히 다스리시는 주 예수의 나라가 이 땅에 속히 올 줄 믿습니다.

은혜와 평강

 하나님! 주의 말씀을 통해 심령이 깨지고 부서지고 다시 치유돼 온전하게 됨으로써, 우리 모두 빛의 사자가 될 수 있게 하여 주소서. 교회학교의 선생님, 각 기관과 단체를 섬기는 성도들 특히 구역장과 예배인도자들을 주께서 더욱 사랑하셔서, 먼저 주님의 은혜를, 사랑을 흡족히 받아 그 은혜와 사랑을 널리 널리 전할 수 있게 하소서. 주께서 올해 우리에게 주신 모든 복에 감사드리며, 주님의 일에 더욱 힘써 주님을 기쁘시게 하는 성도의 삶을 살게 하소서. 우리가 무엇을 원하는지 아시는 아버지께서 우리의 기도를 들어주셔서 응답받는 신앙생활을 하게 해 주실 줄 믿사옵고 또 원하오며, 예수님의 이름으로 기도합니다. 아멘.

2012. 11. 25.

77. 헌신과 봉사, 은혜와 사랑, 교회학교 교사 축복, 전도와 선교

찬양과 감사

 우리 영혼에 주의 찬란한 영광을 햇빛처럼 비치게 하여 주셔서, 주를 찬양하게 하시고 희락과 큰 소망이 넘치게 하신 아버지 하나님! 우리가 올려드리는 찬송을 받으소서.

 믿지 않는 사람들과 하등 다를 바 없는 우리를, 아니 그러한 사람들보다도 훨씬 더 볼품없고 마음씨 나쁜 우리들을 거두어 자녀 삼아주신 하나님! 어찌 보면 남들보다 감사할 일이 더 없고 오히려 원망스러운 일이 더 많을 것 같았던 날에도, 우리의 영안을 열어 주셔서 감사의 마음이 사무치게 하시고, 아니 실제로 더 감사할 수 있는 일을 많이 주신 하나님의 은혜와 사랑에 감사드립니다. 아버지! 이후로도 괴로우나 즐거우나, 슬프나 기쁘나 오직 하나님께 감사드리며, 언제 어느 때든 우리들이 하나님께로부터 단 한 발짝도 떨어져 있지 않도록 조금도 빈틈없이 붙들어 주소서.

교회학교 교사 축복

 아버지 하나님! 주의 어린이들을 가르치는 우리 선생님들을 더 큰 사랑으로 품어 주셔서 참 봉사의 기쁨을 느끼게 하시고, 이 자리에 모여 예배하는 우리 모두를 긍휼히 여기셔서 모든 아픔과 괴로움은 다 물러가게 하시고 생활 속에서 감사와 기쁨이 가득하게 하소서.

마무리기도

 오늘 사랑하시는 목사님을 통해 감사의 생활에 관해 말씀 들을 때 우리의 인색하고 속 좁은 마음이 활짝 열리게 하시고, 이러한 열린 마음으로 주님의 복음을 전하고 하나님의 나라를 선포하며 주께서 원하시는 대로 주를 모르는 사람들을 모두 주께로 인도하게 하여 주소서. 예수님의 이름으로 기도드리옵나이다. 아멘.

2014. 11. 16.

78. 교회창립주일, 교회의 재건, 헌신과 봉사, 합심단결, 성전신축

찬양과 감사

아버지 하나님! 주님 계시는 성소, 주께서 피 흘려 사신 주님의 교회, 우리 ◎◎제단을 사랑합니다. 우리 교회를 천성과 같이, 또한 눈동자처럼 아끼셔서, 비바람이 불 때나 눈보라가 몰아칠 때나 지난 66년을 한결같이 보호하여 주심을 감사드립니다.[115]

은혜로우신 하나님! 이 교회는 세상 풍파가 심할 때, 우리를 불러들여서 어머니의 품에서처럼 편히 쉬게 하셨던 피난처였습니다. 슬픔과 분노로 기진맥진해서 거의 다 쓰러질 지경이 되어 찾아왔을 때, 우리의 눈물을 닦아주시고 등을 다독이며 위로해 주셨던 안식처였습니다.

믿음과 사랑의 공동체

영원하신 하나님! 더욱 굳건한 반석 위에 우리 교회를 세워주소서. 곧 70년이 됩니다. 백년, 천년이 넘게 언제고 주님 다시 오실 그 날까지 씩씩하게 존속하는 교회가 되게 하소서. 겸손히 주를 섬기게 하소서. 나를 위해서가 아니라 교회의 주인이신 주님을 위해서, 끼리끼리가 아니라 우리 모두가 함께 손잡고 가야 할 주님의 나라를 위해서 헌신하게 하소서. 우리 교회를 위해 눈물과 기도로 우리의 생명이 다하기까지 봉사할 수 있는 은혜를 우리 모두에게 허락하소서.[116]

하나님! 내 이름으로 두세 사람만 모여도 내가 함께 있으리라고 하신 주님의 말씀을 기억합니다. 삼사백 명이 모이는 교회에서 이렇게 함께 손 모아 기도할 때 이루어지지 않을 일이 무엇이 있겠습니까?

화합케 하시는 하나님! 우리 기도를 들어주소서. 우리 교회를 다시 고쳐주소서. 보이는 건물도 새로 세워주시고 흩어지고 갈라졌던 우리의 마음도 하나 되게 하소서. 따로따로 단출하게 가는 것이 편안하고 수월하고 빠를지는 몰라도, 조금 늦어지더라도 다 같이 손잡고 믿음의 한 식구, 같은 ◎◎ 성도로서 날마다 날마다 더욱 주님께 가까이 가게 하소서.

　하나님! 목사님을 중심으로 모두가 한마음, 한뜻이 되어서 교회를 회복하고 더 크게 부흥되도록 하게 하소서. 모두가 내려놓고, 더 내려놓고, 오직 주님께서 주신 말씀과 십자가와 부활의 영광만 바라보게 하소서. 오늘 들려주실 말씀의 거울에 비추어 우리의 잘못된 언행심사를 바로잡고 고치게 하셔서 주님과, 주님의 교회에 영광을 돌리는 데 걸림돌이 되지 않게 하소서.

마무리기도

　우리 ◎◎교회를 세워주시고 바람 앞의 촛불처럼 꺼져 갈 때마다 다시 살리신 아버지 하나님께서 앞으로도 영원토록 지켜주시고 인도하여 주실 줄 믿사옵고, 교회의 머리가 되시는 예수님의 이름으로 기도드리옵나이다. 아멘.

2013. 04. 07.

79. 교회창립주일, 교회의 성장과 발전, 사순절, 성전신축, 신앙의 각성

찬양과 감사

만세반석을 열어 주셔서 우리가 들어가게 하시는 아버지 하나님! 세세무궁토록 영광을 받으소서. 우리의 영원한 믿음의 둥지이신 구주 예수 계신 곳에서, 평화로운 처소에서 우리를 편히 쉬게 하도록 하겠다고 하신 약속을 믿게 하신 것을 감사합니다.

참회와 용서

자비로우신 하나님! 지은 것이라고는 죄밖에 없고 내세울 것도 죄인이라고 하는 사실밖에 없는 우리가 왔습니다. 특히 사순절을 맞아 금식과 금욕은커녕 경건과 절제 생활마저 소홀히 하면서, 주님께서 무엇 때문에 십자가에 달려 돌아가셨는지조차 깊이 생각하지 못한 채 흥청망청 살아가는 우리가 부끄러운 줄도 모른 채 아버지 앞에 무릎을 꿇었습니다. 주님의 얼굴을 피해 멀리 떠나 정처 없이 방황하고 있는 우리 죄인들을 용서하여 주소서.

교회의 보호와 인도

교회의 기초를 세우시고, 친히 모퉁이돌이 되신 주님을 통해 지난 67년 동안 우리 ◎◎교회를 보호하여 주시고 인도하여 주신 하나님! 감사합니다. 돌이켜보면 하나님께 영광을 돌리면서 기뻐 뛰며 찬송하고 경배했던 때가 많았지만, 주님의 마음을 아프게 하고 슬프게 하고 괴롭게 했던 날도 적지 않았습니다. 그런데도 우리 교회를 영영 버리지 아니 하시고, 이렇게 존속시켜 주시고 믿음을 지키고 사랑을 회복케 하셔서, 소망 가운데 ◎◎제단의 내일을 기대하게 하여 주셔서 감사합니다.

교회의 성장과 발전

은총의 하나님! ◎◎교회를 품어 주소서. 다시는 위기에 빠지지 않게 하시고, 무엇보다도 한마음으로 서로 사랑하며, 주님의 교회가 성장하고 발전할 수 있도록 힘을 모으게 하소서.

하나님! 우리가 간절한 마음으로 드리는 기도를 들어주소서. 이 해가 가기 전에 교회신축의 첫 삽을 뜨게 하여 주소서. 떠나는 교회가 아니라 새로 찾는 교회, 돌아오는 교회가 되게 하여 주소서. 믿음과 소망 가운데 하나 되는 교회, 사랑이 넘치는 교회가 되게 하여 주소서. 교회의 부흥은 당신의 덕이요 퇴보는 나의 탓이라는 신앙고백을 하면서, 입술이 아니라 손과 발로 참되게 주님의 교회를 섬기게 하소서.

◎◎교회의 오늘이 있기까지 땀과 눈물을 아끼지 않은 믿음의 선배들에게 감사하면서, 우리 힘을 합쳐 교회의 역사를 새롭게 써내려가는 데 앞장서게 하소서.

마무리기도

◎◎교회의 창립기념주일을 맞아 말씀을 선포하시는 목사님에게 이전보다 더 큰 영감과 영성과 영력을 부어 주셔서, 모두가 다 예배를 통해 신앙을 새롭게 다지게 하소서. 우리 주 예수 그리스도의 이름으로 기도드립니다. 아멘.

2014. 04. 06.

80. 성전신축, 회개와 인도, 빛과 진리, 천국의 소망, 온전한 믿음

찬양과 감사

　내 주 여호와 하나님! 존귀와 영광을 영원토록 받으소서. 우리의 영혼이 살아계시는 하나님을 갈망할 때, 우리에게 나타나 도우심으로, 밤낮으로 우리의 찬송이 되어 주시는 아버지 하나님! 오늘 세상과 구별된 성소에 올라 하나님께 드리는 우리의 예배를 기쁘게 받아 주소서.

회개와 인도

　용서의 하나님! 우리의 잘못을 낱낱이 회개하게 하여 주시고 추악하고 건조한 우리의 그릇된 마음을 성령의 강력한 불로 소멸시켜주셔서, 희고 깨끗해진 영혼이 주의 음성을 찾아 갈급하게 하소서.

　아버지! 우리 영혼이 낙심하지 않게 하소서. 불안해하지 않게 하소서. 오직 하나님께 소망을 두게 하소서. 인생의 바닥까지 내려갔던 지난날에 우리를 건져 주시고 위로해 주시고 싸매 주시고 살길을 열어 주셨던 하나님의 은혜를 기억하게 하소서. 지금 우리가 겪고 있는 고난과 역경 앞에 쓰러지지 않게 하여 주시고, 주의 빛과 주의 진리를 보내셔서 우리를 인도하시고 주의 거룩한 산과 주께서 계시는 곳에 이르게 하소서.

온전한 믿음

　은혜로우신 하나님 아버지! 낮에는 우리에게 주의 인자하심을 베푸시고 밤에는 주를 향한 찬송이 우리에게 있어 생명의 주님께 기도하게 하소서. 하나님께 소망을 두고 무궁토록 하나님을 찬양하게 하소서.[117]

성전신축

아버지 하나님! 우리 ◎◎교회를 이전보다 더욱 사랑해 주소서. 한시라도 빨리 성전건축의 첫 삽을 뜨고자 간절히 구하오니, 우리를 둘러싸고 있는 각종 난관을 다 걷어내 주시고, 우리의 힘이 아니라 성령이 앞장서서 이 성업을 이끌어 주소서. 하나님! 결과보다 과정 위에 더욱 복을 내려 주소서. 이 역사를 통해 우리 교회가 부흥되게 하시고, 지역사회의 불쌍한 영혼들을 더 많이 구원하게 하셔서 그리스도의 나라가 넓혀지게 하소서.

마무리기도

오늘 목사님께서 전해 주시는 아버지의 말씀이 우리의 영혼을 흡족히 적시게 하시고, 이 시간 받은 은혜에 힘입어 주님 기뻐하시는 일에 힘쓰게 하소서. 하나님을 찬양하오며 주 예수의 이름으로 기도드립니다. 아멘.

2016. 10. 09.

81. 성전신축, 회개와 인도, 신년감사, 믿음의 진보, 성령임재

찬양과 감사

　우리의 굳건한 반석이신 하나님! 새해의 첫 주일을 맞아, 새로운 믿음을 소망하면서 순결한 마음으로 드리는 우리의 예배를 온전히 받아 주소서. 베풀어 주시는 은혜에 감사드리며, 찬송하고 기도드릴 때마다 우리의 마음에 참 기쁨이 넘치게 하소서.

온전한 믿음

　아버지 하나님! 올해도 하나님의 뜻대로 이 세계를 다스리시고, 세상이 주님의 뜻에 더 가깝게 변하도록 이끌어 주소서. 우리에게 어떤 일이 닥치더라도 주님을 굳게 의지하면서 그 사랑 안에서 떠나지 않게 하시며, 날마다 주님은 살고 우리는 죽게 하소서.

회개와 인도

　아버지! 저희들은 지금까지 옳은 방향보다는 못된 길을 더 많이 걸었고, 마땅히 내세울 만한 것 없이 못난 삶을 사느라 더 분주했기에, 더욱 송구한 심정으로 이 자리에 엎드렸습니다. 교회가 여기에까지 이르도록 직분과 소임을 다하지 못한 허물을 씻을 길이 없습니다. 그저 시계추처럼 교회에 왔다 갔다 하기만 하는 잘못을 용서하여 주소서. 저희들을 올바로 인도하여 주소서.

믿음의 진보

　신실하신 하나님! 새해에는 우리가 이러지 않게 하소서. '그때 그렇게 할 걸. 그것은 아예 하지 말 걸, 할 일과 해서는 안 될 일을 잘 구분할 걸, 껄껄껄 ….' 아버지! 이제 '껄껄껄 신앙'을 버리게 하소서. 달력은 새롭게 1월을 가리키고 있지만 우리 인생의 해는 점점 기울어져 가고 있으니, 날이 더 저물기 전에 주의 일에 힘쓰게 하소서.

아버지! 올해는 더욱 간절함이 있게 하소서. 선한 일을 하다 낙심하지 않게 하소서. 주께서 심중에 명하시는 일들을 머뭇거리지 않게 하시며, 언제나 하나님을 영화롭게 하는 일이 무엇인지를 헤아리며 그 일을 실천하게 하소서.

하나님! 그러나 조바심을 내지는 않게 하소서. 평생의 기다림 끝에, 살아서 예수님을 보았던 시므온과 안나처럼 낙심치 말고, 쉬지 않고 기도하며, 다시 오실 주님을 고대하게 하소서.

하나님 아버지! 어떤 일을 만나도 꺾이지 않게 하소서. 어린 나이에 부모와 생이별하고 다시는 서로 만나지 못할 길을 떠나 800킬로미터나 떨어진 머나먼 이국땅으로 향하던 야곱에게 나타나셨던 하나님! 오늘 이 벧엘의 차디찬 들판에서 딱딱한 돌을 베고 자는 고아와 같은 우리에게 친히 찾아오셔서 굽어 살펴주소서. 천국으로 향하는 사다리를 선명하게 펼쳐주소서. 또한 하루사이에 피를 나눈 형제들에 의해 구덩이에 내던져졌다가 낯선 외국상인들에게 팔린 요셉이 어쩔 수 없는 유혹과 마주하거나 모함으로 감옥살이를 할 때도 그의 곁을 한시도 떠나지 않으셨던 하나님, 올 일 년 내내 우리 모두 주님의 손을 꼭 붙잡고 놓치지 않게 하소서.

성전신축

열정의 하나님! 새해에는 뜨거움을 주소서. 주님의 일에 몸을 사리지 않고 뛰어들게 하소서, 아버지! 에스라와 느헤미야와 스룹바벨과 예수아와 학개와 스가랴의 헌신과 열성으로 새로운 성전을 건축하게 하소서. 다윗의 성심으로 만반의 준비를 하게 하시며, 솔로몬의 지혜로 아름답고 이용하기 편리한 예배당을 세우게 하소서.

각성케 하시는 하나님! 우리들을 일깨워 주소서. 보이는 성전을 새롭게 건축하기 위해, 일차적으로 부서지고 허물어진 마음의 교회를 고쳐 바로 세우게 하소서. 모두가 믿음으로 자원하고 합심해서 먼저 우리의 가슴에 올바른 성전이 우뚝 솟게 하소서. 진한 열심이 뜨겁게 타오르게 하시고, 함께 삽을 뜨고 기둥을 세우고 벽돌을 쌓아서 주의 전을 완성하게 하소서. 어느 한 사람이라도 구경꾼이 되지 않게 하시고 모두가 참 일꾼이 되어서, 땀과 눈물이 한 데 합쳐지게 하셔서, 서로 찬송으로 화답하며 주춧돌이 놓이게 하시고 기둥이 서고 서까래가 올라가게 도와주소서.

마무리기도

아버지 하나님! 신년을 맞아 새롭게 증거 되는 말씀 속에서, 이 전에서 예배를 드릴 때마다 생수처럼 펑펑 솟는 은혜가 넘치게 하시고, 아버지의 말씀을 전폭적으로 믿음으로써 우리 앞에 가로 놓인 모든 문제가 다 풀리게 하소서. 목사님에게 더욱더 풍성한 영성을 주시고, 새벽부터 온종일 열심히 주님의 일에 힘쓸 때에도 지치지 않는 건강을 허락하소서. 교회의 모든 직분자들에게 믿음 안에서 충성하게 하소서. 성령이 우리 ◎◎교회를 영원토록 이끌어 주시면서 놀랍도록 축복하여 주옵시고, 이 땅의 모범적인 교회로 삼아주시옵기를 간구하오며, 예수님의 이름 받들어 기도드립니다. 아멘.

2018. 01. 07.

82. 성전신축, 위로와 평안, 성도의 화합, 이웃사랑, 말씀의 은혜

찬양과 감사

영화로우신 하나님! 지금 이곳에 임하소서. 우리의 영혼을 주재하소서. 우리의 입이 여호와의 영예를 말하게 하시고, 모든 육체가 거룩하신 아버지의 이름을 영원히 송축하게 하소서.[118]

하나님 아버지! 감사 찬송드립니다. 위로의 하나님! 모든 환난 중에서 우리를 위로하소서. 그리하여 우리들이 하나님께 받는 위로로써 큰 환난 중에 있는 사람들을 능히 위로하게 하소서.[119]

성전신축

성찰케 하시는 하나님! 하나님의 전이 너무 비좁고 갈수록 크게 쇠락해 가는데도, 저희들은 육신이 거할 장막과 지경만 넓히기에 바빴습니다. 퇴락한 성곽과 성전을 둘러보며 통분해 했던 느헤미야 선지자의 심정이 오늘 저희들의 마음이 되게 하소서. '한마음으로 성전을 건축하라.'[120] 아버지! 우리는 올해 한마음으로 성전을 건축하자고 표어로 내걸었지만 하나가 되어야 할 마음이 여러 갈래로 나눠져 있습니다. 상처도 있습니다. 본격적인 성전건축이 시작되기 전에 먼저 우리의 마음이 화합하게 하소서. 그렇다고 주를 위한 성업이 한없이 미루어지지 않게 하소서. 바람의 세력을 살피다가 파종을 머뭇거리지 않게 하시고, 구름만 바라보다가 추수의 시기를 놓치지 않게 하소서.[121]

은혜가 넘치는 하나님의 말씀을 들을 때 우리의 마음에 참 평화가 가득하게 하소서. 우리를 위해 죽으시고 다시 사신 주님을 찬양하면서, 예수 그리스도의 이름으로 기도드립니다. 아멘.

2018. 10. 07.

83. 성전신축, 구원과 형통, 성결한 마음, 은혜와 평강, 2월

찬양과 감사

대대에 걸쳐 우리의 거처가 되시는 아버지 하나님![122] 영광, 영광을 받으소서. 우리 마음이 근심으로 꽉 차 있을 때에 위안을 주셔서 우리의 영혼을 즐겁게 하시는 하나님![123] 우리가 주께 드리는 송축의 찬양을 기쁘게 받아 주소서.

구원과 형통

위로의 하나님! 때로 눈물의 양식을 먹으며 많은 눈물을 마셔야 하는[124] 우리 영혼을 돌아보소서. 어둠 속에서 한숨으로 세월을 보내야 하는 우리의 영혼에 햇빛을 비춰주시고, 그 중심에서 즐거운 노래가 끊이지 않게 하시며, 이제 우리의 영혼에 봄날만 이어지게 하소서. 언제나 우리와 함께하셔서 우리의 마음에 평화가 깃들게 하시고, 주의 은혜가 활짝 꽃피게 하소서.[125] 우리를 돌이키시고 주의 얼굴의 광채를 비춰주셔서 구원을 얻게 하소서.[126]

참회와 용서

하나님 아버지! 2월입니다. 새로운 다짐으로 새해를 시작한 우리들이 벌써 온통 죄에 찌든 몸으로 이 자리에 나왔습니다. 형식적으로 앉아 있습니다. 회개하게 하소서. 마음을 철저히 비우게 하시고 통회하는 마음을 성령으로 가득 채워 주소서.

믿음과 사랑의 공동체

아버지 하나님! 말로는 몰라도 마음으로는 가장 어려운 기도를 드립니다. 하지만 이루어지게 하소서. 나를 힘겹게 하는 사람들까지도 주님의 사랑으로 품게 하소서. 교회가 화평하게 하소서. 모두 다 자신의 생각을 내려놓고 주님의 마음을 먼저 살피는 한 해가 되게 하소서. 주님은 나만이 아니라 다른 사람도 구원하셨지 않습니까! 그 사람을 힘들게 하면 주님의 마음도 아프시잖아요! 그러니 그를 미워하고 원망하는 시간에, 그로부터 사랑받을 수 있는 일이 무엇인지 찾게 하소서.

은혜와 평강

하나님! 기도하는 성도들을 한 없이 기다리고 있게만 하지 마소서. 주님의 도움 외에는 아무 데도 기댈 곳이 없는 사람들을 먼저 돌봐 주시고, 누리는 사람들과 자비가 필요한 사람들 사이의 살림살이의 틈을 좁혀 주시며, 더불어 사는 삶이 복 받는 삶이자 서로에게 유익한 삶이라는 것을 모두가 알게 하소서.

성전신축

오늘처럼 추운 날씨에도 차디찬 난간에 의지하여 힘들게 계단을 오르내리시는 노(老) 권사님들이 하루라도 빨리 엘리베이터를 타고 예배처를 왕래하실 수 있도록 성전건축에 속도가 붙게 하소서. 우리에게 지혜와 열성과 풍부한 물질을 허락하소서.

마무리기도

하나님! 목마른 가슴으로 이 전을 찾았습니다. 이 강단에서 끊임없이 솟아나는 생명의 샘물을 흡족하게 마실 수 있게 하소서. 영과 육 모두 원기를 얻게 하소서. 말씀을 전하시는 목사님에게 성령의 두루마기를 입혀주셔서, 그 말씀이 우리 가운데서 살아 역사하게 하소서. 우리 모두 성결한 마음으로 주신 말씀을 아멘으로 받아들이게 하소서. 예수님의 이름으로 기도드립니다. 아멘.

2018. 02. 04.

84. 강단교류, 참회와 용서, 교단의 번창, 기쁨과 평화, 목회자 축복

찬양과 감사

저희를 지으시고, 저희에게 복을 주셔서 땅에 충만하게 하시고 천하만물을 다스릴 수 있는 권세를 주신 하나님! 아버지께 경배와 찬양을 드리옵나이다. 오늘도 귀하고 복된 날, 주일을 주시고 아버지께 예배드릴 수 있게 허락해 주셔서 감사합니다. 주님의 전을 간절한 마음으로 사모하게 하시고 말씀에 갈급하여 이 자리에 다시 모일 수 있도록 은혜 베풀어 주셔서 감사합니다.

참회와 용서

하나님! 그러나 저희들 세상에 묻혀서 살 때는 아버지의 자녀로 성별된 삶을 살지 못했습니다. 세상 사람들과 똑같이 온갖 죄악을 저질렀습니다. 아니 어떤 때는 그들보다 더 그릇된 삶을 살았습니다.

또한 주님을 믿으면서도 감동과 감격을 잃은 채 살아왔습니다. 저희 자신은 제 자리에 가만히 앉아 있으면서 하늘의 보좌를 움직이려고 하였습니다. 주님께서 가르쳐 주신 사랑을 실천하기는커녕 그 사랑을 이해할 생각조차 하지 않은 채, 오직 물질과 건강과 권세와 명예만을 갈구하며 헛되게 살아왔습니다.

이 시간 저희들의 죄와 허물을 엎드려서 비오니, 저희들의 잘못을 주님의 보혈의 공로로 다 씻겨주셔서, 신령과 진정으로 아버지께 예배드릴 수 있도록 은혜 베풀어 주소서.

강단교류, 목회자를 위한 기도

아버지 하나님! 감사합니다. 오늘은 특별히 ○○○ 목사님을 모시고 예배드리게 되었습니다. 목사님께 엘리야에게 입혀주셨던 권능의 두루마기를 입혀주셔서 영육 간에 강건함을 허락해 주소서. 이

한 시간 목사님이 전해 주시는 아버지의 말씀을 통해서 연약한 저희 심령이 세상과 싸워 이길 수 있는 굳센 믿음 주옵시고 주님의 뜻대로 살아갈 수 있게 도와주소서. 목사님의 사역 위에 함께하셔서 섬기시는 ◎◎교회가 날로 더욱 부흥하고 강성하게 하소서. 지역사회와 더불어 성장하고 발전하는 교회되게 하소서. 그리하여 하나님의 일을 잘 감당하게 하소서.

하나님! 또한 본교회를 담임하고 계신 ○○○ 목사님에게도 동일한 은혜 허락하셔서 ◎◎교회에서 말씀 전하실 때 성령이 내내 함께 하소서.

교단을 위한 기도

저희 교단이 암흑의 시대에 앞장서서 나라와 민족을 위해 기도하고 헌신한 일을 기억하셔서, 날로 더욱 번창하게 하소서. 이제 종교개혁정신으로 새롭게 거듭나 진정으로 주님의 영광을 드러내는 교단이 되게 하소서.

마무리기도

성가대와 관현악단의 찬양을 기쁘게 받아 주옵시고, 선하게 여기신다면 저희 각자의 기도가 이루어질 수 있도록 복을 내려주소서. 저희들의 눈물을 닦아주시고 상처를 씻어 주셔서 기쁨과 평화가 넘치는 생활이 되게 하소서. 예수님의 이름으로 기도드리옵나이다. 아멘.

2008. 10. 19.

85. 전교인신앙수련회, 위로와 회복, 믿음과 사랑의 공동체, 여름

찬양과 감사

한여름의 무더위와 겨울 한복판의 맹추위를 통해서 시원한 가을 날씨와 따뜻한 봄날의 고마움을 깨닫게 하여 주시는 아버지 하나님! 자연과 그 안의 생명을 다 지으시고, 그 모든 창조물을 보시며 참으로 흡족해하신 우리 아버지 하나님! 천지의 주인이신 여호와 하나님께 경배와 찬송을 드리오니, 우리가 한마음으로 돌리는 영광을 하나님 홀로 다 받으소서.

하나님! 특별히 어제와 오늘 어린이에서 노년에 이르는 ◎◎교회 전 성도들이 교회당을 떠나 야외에서 주일예배를 드리고 신앙수련회를 갖게 하여 주시니 감사합니다.

참회와 용서

이 아름다운 자연, 주님이 만드신 세계 속에서, 풍진세상을 사는 동안 우리의 심령에 덕지덕지 낀 죄와 허물의 때를 다 씻겨주시기를 원하오니, 우리의 회개와 결단을 받아 주소서.

위로와 회복

하나님! 주님을 찬송하는 듯한 저 맑은 새소리와 바람이 스쳐지나갈 때마다 구성지게 춤사위를 펼치는 초목의 향연을 보며, 우리의 찌든 몸과 병든 마음이 휴식을 얻고 회복되게 하여 주소서. 그리하여 성령이 고요히 우리에게 들려주시는 말씀에 귀를 기울이게 하소서. 일상에서 깨닫지 못했던 순결한 믿음을 얻게 하여 주시고, 오늘 새로운 마음으로 주님 앞으로 한걸음 더 나아가게 하소서.

믿음과 사랑의 공동체

한 교우로 맺어져 친척과 친구, 때로는 부모나 자녀보다 자주, 더 가깝게 만나는 우리들이 서로 사랑하고 우애하며 ◎◎교회를 지상의 천국으로 삼아가게 하소서. 이번 전교인신앙수련회가 그러한 다짐을 새롭게 하는 출발점이 되게 하소서. 하나님! 마치는 시간까지 함께하여 주옵시고, 1박 2일의 아름다운 집회의 추억을 안고 돌아가는 발길도 주님의 은혜로 편안케 하소서.

마무리기도

사랑의 하나님! 온전한 건강을 주셔서 주께서 주신 사명을 기쁨으로 감당하게 하소서. 말씀을 듣는 이 시간 이 자리가 에스겔 골짜기가 되게 하시고, 갈릴리 호숫가가 되게 하시고, 변화산이 되게 하시고, 오순절 마가의 다락방이 되게 하소서. 말씀을 전하시는 목사님에게, 하나님께서 이전보다 더 큰 은혜와 사랑을 베풀어 주시기를 원하옵나이다. 이런저런 사정으로 교회에 남아 이 자리를 그리워하며 예배를 드리는 교우들에게도 위로와 평강을 내려 주소서. 모든 것을 주께 의탁하오며 예수 그리스도의 이름으로 기도드립니다. 아멘.

2014. 07. 27.

86. 학생수련회(종합), 참회와 용서, 나라와 민족, 이웃사랑, 성령충만

찬양과 감사

저희들을 이 땅에 태어나게 하시되 하나님을 아버지라고 부르게 하시고, 저희의 몸과 마음은 편치 못할 때가 많지만 저희의 영혼이 늘 여호와 하나님을 사모할 수 있게 하여 주셔서 감사합니다. 그 크신 은혜를 주신 아버지께 경배와 찬송을 올리옵나이다.

참회와 용서

의로우신 하나님! 지난 한 주도 우리나라는 참으로 소란하였습니다. 정치인들은 가난한 서민들의 삶은 아랑곳하지 않은 채 정쟁으로 세월을 보내며 국력을 낭비하고 있습니다. 빈부의 격차는 하루가 다르게 더욱더 크게 벌어져 이제는 한겨레, 동일 민족, 같은 국민이란 말이 낯설 지경이 되었습니다. 인심이 날로 각박해져 가족해체의 현실이 더 이상 남의 일만이 아니게 됐고, 자식이 부모를 살해하는 일마저 드물지 않게 일어나고 있습니다.

자비하신 하나님! 저희들을 긍휼히 여기소서. 이러한 때 저희들이 기도하지 않은 죄를 용서하여 주소서. 저희 자신과 가족의 부귀와 안일함만을 쫓으며 이웃의 아픔과 슬픔에 눈감고 귀를 막았던 저희들의 허물을 자백하오니 모두 사하여 주소서.

여름수련회

하나님! 교회학교의 여름행사들이 은혜롭게 진행될 수 있게 하여 주셔서 감사합니다. 어린이와 청소년, 청년들과 땀흘려 봉사하는 선생님 모두 성령 충만, 기쁨 충만한 신앙생활 이어나가게 하여 주소서. 예수님의 이름으로 기도드리옵나이다. 아멘.

2009. 07. 26.

87. 학생수련회(종합), 구원의 확신, 은혜와 진리, 성숙한 믿음

찬양과 감사

독생자 예수님을 이 땅에 보내주셔서 우리를 구원해 주신 하나님께 영광을 돌리옵나이다. 아버지 하나님! 태초에 하나님과 함께 계셨던 말씀이 육신이 되어 인생 중에 거하게 하셔서, 주의 영광을 보게 하신 것 감사합니다.[127] 모세에게 주신 율법대로라면 우리 중 어느 누구도 죽음을 피할 길이 없사오나, 예수 그리스도를 통해 구원을 받고 은혜와 진리를 충만케 하여 주시니 감사합니다.[128] 주께서는 그저 믿기만 하면, 멸망치 않고 영생을 얻게 하시겠다고 하지 않으셨습니까?[129]

여름수련회

이번 주에 중고등부와 대학부 수련회, 어린이부 성경학교가 있습니다. 하나님! 먼 곳까지 찻길과 뱃길로 다녀오는 동안에 아무런 어려움 없도록 지켜주시고 돌보아 주소서. 우리 아이들에게 큰 은혜를 체험하고, 그 은혜를 이웃과 더불어 나눌 수 있는 성숙한 믿음을 주소서.

마무리기도

하나님! 담임목사님께 영육 간에 강건함을 배나 허락하셔서 언제나 힘차게 말씀 전하게 하시며, 그 말씀에 우리 모두가 아멘으로 화답하여서, 예배시간이 은혜와 축복의 잔치마당이 되게 하소서. 예수님의 이름으로 기도합니다. 아멘.

2012. 07. 29.

88. 학생수련회(종합), 헌신과 봉사, 믿음과 사랑의 공동체

찬양과 감사

 우리의 힘이시며 우리의 노래시며 우리의 구원이신 주 여호와 하나님![130] 무더위와 폭우 속에서도 우리를 안전히 지켜주시고, 극심한 세상풍파가 우리를 엄습할 때도 두려워하지 않게 하시고, 오히려 찬송하고 기도하며 하나님께 영광 돌리게 하여 주시니 감사합니다.

 은혜로우신 하나님! 감사합니다. 괴롭고 슬플 때 하나님을 아버지라 부르며 위로 받게 하시고, 힘을 얻게 하시고, 해결 받게 하여 주시니 감사합니다. 우리들의 기도가 당장 응답 받지 못하고 때로는 평생을 걸려 아니 다음 또는 다다음 대에서나 이루어진다 하여도, 원망하지 아니하고 소망 중에 즐거워할 수 있는 믿음을 소유하게 하시니 감사합니다.

 우리에게 빌 길을 마련해 주시고, 모든 면에서 우리가 아버지의 사랑과 은혜를 받기에 턱없이 부족할 때도 아무런 값없이 기도와 간구에 응답하여 주시는 하나님을 찬양하오며, 영생토록 우리의 아버지가 되어 주시기를 간절히 바라옵나이다.

여름수련회

 아버지 하나님! 2013년 어린이 여름성경학교와 각종 수련회가 이번 주에 시작됩니다. 이 태양의 계절, 갈급해 하는 어린이와 청소년과 청년들과 성인 성도들에게 영원히 목마르지 않는 말씀의 생수를 넘치도록 부어 주소서. 그리스도를 사모하는 열정이, 섭씨 30도를 넘는 무더위가 무색할 정도로 뜨겁게 타오르게 하소서.

믿음과 사랑의 공동체

아버지 하나님! 우리 ◎◎교회가 이 시대 이 지역의 노아의 방주 구실을 충실히 수행할 수 있게 하여 주소서. 성도의 사명과 의무가 무엇인지 밝히 깨달을 수 있는 영안을 열어 주시고, 믿음으로 터득한 바를 실행·실천할 수 있는 의지와 용기를 불어넣어 주소서.

마무리기도

하나님! 목사님이 말씀 위에 굳게 서서 주의 복음을 담대하게 외칠 수 있도록 권능과 권위를 덧입혀주시고, 모든 성도가 하나가 되어 교회의 부흥과 성장을 이루어 하나님께 영광 돌리게 하소서. 이번 한 주도 우리가 어디에서 무슨 일을 하든지 우리를 온전히 지켜주시고 인도하여 주소서. 예수님의 이름으로 기도드리옵나이다. 아멘.

2013. 07. 14.

89. 여름성경학교(유치부·유년부·초등부), 성령임재, 회개와 인도

찬양과 감사

 우리가 눈물 흘릴 때 함께 슬퍼하시고 우리가 기뻐할 때 더불어 즐거워하시는 주님을 우리에게 구원자로 보내주신 아버지 하나님! 거룩하신 하나님께 무한한 영광을 돌리오니 우리의 찬양을 받아 주소서. 우리가 세상에서 방황할 때 마음 졸이시며 애를 태우시다가도 우리가 돌이켜 주께로 돌아오면 버선발로 달려와 우리를 안아주시고 다독여주시는 아버지께 감사드리오니, 아버지 하나님! 우리가 드리는 예배를 기쁘게 받아 주소서.

회개와 인도

 하나님! 우리의 죄를 사하여 주소서. 감당하기 어려운 환난을 만났을 때, 주님의 능력 밖이라 지레 짐작하고 주님께 전력을 다해 기도드릴 생각을 하지 않았습니다. 기쁠 때도 주께 감사드리지 못했습니다.

 자비로우신 하나님! 우리의 회개의 기도를 들어주소서. 우리의 마음을 통째로 비우게 하시고, 그 빈자리를 아버지의 말씀으로 가득 채우게 하시고, 찬송하게 하시고, 주께서 주신 사랑을 하나하나 짚어가며 헤아리게 하시고, 밤낮 주께 감사드리며 즐거워하게 하소서.

여름성경학교

 아버지 하나님! 지금까지 주님을 모르고 지냈던 많은 어린이들이 이번 주부터 열리는 우리 교회 여름성경학교에 함께하게 하소서. 사랑하는 어린 자녀들에게 이 여름이 믿음을 새롭게 하고 더욱 굳게 다지는 뜻깊은 계절이 되게 하시고, 이 여름에 쌓는 신앙의 감격과 추억이 우리아이들의 맑고 깨끗한 가슴에 깊게 아로새겨지게 하셔서, 일생동안 믿음의 순결을 지킬 수 있는 자양분이 되게 하소서. 내내 어그러진 길로 가지 않게 하시고, 설사 실족하더라도 곧바로 주께 되돌아오게 하소서.

 하나님! 아이들이 먼 길을 왕래하오니 안전하고 건강하게 다녀올 수 있도록 인도하여 주시고 보호하여 주소서. 우리 선생님들도 지치지 않게 하여 주소서.

마무리기도

 오늘도 사랑하시는 목사님에게 더 큰 영력과 권능을 허락하시고, 이곳에 성령의 단비가 폭포수처럼 쏟아져 내리게 하셔서, 이 자리가 믿음의 잔치마당이 되게 하소서. 우리 모두 힘을 합하여 공적으로 드리는 기도와 함께 각자가 고요히 드리는 모든 간구도 아버지께서 선하게 이루어 주실 줄 믿사오며, 우리 주 예수 그리스도의 이름으로 기도하옵나이다. 아멘.

2015. 07. 19.

90. 여름성경학교(유치부·유년부·초등부), 온전한 믿음, 성령충만

찬양과 감사

에스겔 골짜기의 마른 해골처럼 참된 생명도, 기쁨도, 희망도 없었던 우리의 영혼을 구원해 주시고, 우리를 주 여호와의 백성으로 삼아주신 아버지 하나님! 우리들이 광막하고 거친 세상에서 죄 짓고 불의한 일을 행하기를 밥 먹듯이 하는데도, 아버지의 크신 이름을 위해서 우리를 버리지 아니하시는 하나님! 아버지의 크고 놀라운 사랑과 은혜에 감사드리오며 찬양과 영광을 돌리오니, 우리가 드리는 예배를 기쁘게 받아 주소서.

온전한 믿음

우리를 시원케 하시는 하나님! 오직 주께 부르짖음으로써 구원을 얻게 하시고, 주께 의뢰하여 부끄러움을 당하지 않게 하여 주신 주를 믿사오니, 주님께서는 우리의 작은 신음에도 귀를 기울이시는 줄 깨달아 알고 있사오니, 우리를 고난의 늪에서 건져 주소서. 우리의 손을 깨끗하게 하시고, 마음을 청결하게 하시며, 뜻을 허탄한 데 두지 않게 하소서. 우리의 영혼이 종일토록 주를 우러러 보게 하시고 주의 언약과 증거를 지키게 하여 주셔서, 주께서 행하시는 인자와 진리를 목도하게 하소서.

여름성경학교

아버지 하나님! 연일 뜨거운 태양이 내리 쬐이는 이 계절에, 유치부를 시작으로 새롭게 열린 2016년 여름성경학교에 풍성한 은혜를 내려주소서. 모두에게 영성 충만하게 하시고, 우리의 아이들이 이 여름에 꼭 하나님을 가깝게 만나게 하소서. 일생 동안 그 기쁨과 감동을 잊지 않게 하셔서, 언제 어디서든 하나님께 영광 돌리게 하시고, 힘들고 어려울 때도 좌절하거나 낙심하지 않게 하시며, 혹시라도 잠시 하나님의 곁을 떠났을 때에라도 이번에 듣고 배웠던 말씀들을 바로 기억나게 하셔서 즉시 주께로 되돌아오게 하소서. 사랑하는 자녀들의 마음을 주께서 언제나 굳게 붙들어 주셔서 하나님 뜻대로 살게 하시며 오직 주님만 영화롭게 하게 하소서.

마무리기도

하나님! 오늘도 귀하고 복된 아버지의 말씀을 듣고 단 위에 서신 주님의 사자 위에 넘치는 영감과 영력을 허락해 주셔서, 우리 모두 성령 충만한 시간이 되게 하시고, 예배를 통해 새 힘을 얻고 돌아가게 하소서. 언제나 우리와 함께하시며 사랑과 은혜를 베풀어 주시는 예수 그리스도의 이름 받들어 기도드립니다. 아멘.

2016. 07. 24.

91. 성도의 교제(전교인체육대회), 은혜와 평강, 겸손한 마음

찬양과 감사

저희들에게 산 소망을 주신 하나님! 아버지께 찬양과 경배를 드립니다. 아버지 하나님! 저희들을 환난과 핍박 가운데서 건져주시고 저희들에게 삶의 의미를 일깨워 주셔서 감사합니다. 계절의 변화를 보면서 인생의 유한함을 깨닫게 하시고 겸허한 마음을 갖게 하여 주셔서 감사합니다. 세상 사람들과 달리 늘 하나님께 의지하며 감사한 마음으로 살아갈 수 있게 하여 주셔서 감사합니다.

참회와 용서

온유하신 하나님! 저희들은 세상 살면서 짜증을 낼 때가 참 많았습니다. 아버지께 감사하기보다는, 신세를 한탄하며 환경을 원망할 때가 더 많았습니다. 세상의 유혹에 쉽게 넘어지고 무릎 꿇을 때가 많았습니다. 믿음의 형제들에게나 세상 사람들 앞에서 본이 되는 삶을 살지 못하고, 오히려 주님의 영광을 가린 일들이 정말 많았습니다. 아버지! 죄와 허물을 자복하고 회개하오니 저희들의 심령을 불쌍히 여겨주셔서 잘못을 모두 용서하여 주소서.

믿음과 사랑의 공동체

하나님! 저희 교회가 사랑과 믿음을 회복하게 하여 주셔서 감사합니다. 그 구체적인 열매를, 저희들이 다음 주 전교인 체육대회를 통해서 스스로 축하하고자 합니다. 준비하는 모든 손길 위에 함께하셔서 주님의 향기를 드러내고 주님의 복음을 널리 전할 수 있는 좋은 계기가 되게 하소서. 교회에서 수고하고 봉사하는 모든 교우들에게 복을 내려 주소서.

치유와 평강

　치유와 평강의 하나님! 병석에 누워있는 성도들이 많습니다. 주께서 친히 위로해 주시고 쓰다듬어 주셔서, 어서 빨리 나아서 주께 영광 돌릴 수 있게 하여 주소서. 군대에 있는 저희 아이들, 객지에서 또는 해외에서 공부하거나 일하는 저희 자녀들을 늘 안전하게 지켜주시고 그들이 바라는 꿈이 주 안에서 성취될 수 있도록 도와주소서.

마무리기도

　말씀을 증거하실 ○○○ 목사님을 주님의 든든한 오른팔로 붙들어 주셔서 주께 크게 쓰임 받는 주의 종이 되게 하소서. 오늘 말씀을 전할 때에도 성령의 강한 역사가 이 자리에 임하게 하소서. 예수님의 이름으로 기도드리옵나이다. 아멘.

2008. 10. 05.

92. 장로 선출, 민족통합, 국제협력, 경제회복, 성탄절, 송구영신

참회와 용서

아버지 하나님! 이제 올 한 해도 다 기울었습니다. 내일모레면 성탄절입니다. 저희들은 꼬마전구가 아름답게 깜박거리는 저 크리스마스트리를 보면서 지난 시절을 회상합니다. 어렸을 때, 주님을 처음 믿기 시작했을 때 가슴을 고동치게 했던 성탄절의 감격을 지금도 잊을 수 없습니다. 하나님! 그러나 참 많이 변했습니다. 믿음은 맨 밑바닥까지 곤두박질쳐 있고, 소망은 온 데 간 데조차 없어졌습니다. 그리고 사랑은 이제 빈껍데기만 남았습니다.

사랑의 하나님! 저희들을 용서해 주소서. 이번 크리스마스만큼은 그저 해마다 12월 하순이면 어김없이 찾아오는 그냥 또 한 번의 교회절기로 그치지 않게 하소서.

민족통합, 국제정세 개선, 경제회복

하나님! 연초부터 온 국민의 관심을 모았던 대통령 선거가 끝났습니다. 선거결과를 보고 좋아하는 사람들도 있고 그렇지 않은 사람들도 있습니다. 그러나 선거는 분명히 끝났고 그 승패가 확실히 갈렸습니다.

이제는 선거기간 동안 드러났던 진영 간, 지역 간, 계층 간, 세대 간의 분열과 갈등이 그치게 하소서. 그릇된 정치가 제 자리를 찾게 하시고, 침체된 경기가 회복돼 일하려고 하는 사람들의 일자리가 늘어나게 하소서. 민족통합의 기반이 더욱 굳게 다져지게 하시고, 이 사회를 송두리째 멍들게 하는 도덕적 해이도 이제는 잦아들게 하소서.

국제적으로는 미국일변도의 힘의 정치가 확실히 개선되게 하소서.

무엇보다도 △△△ 대통령 당선자가 급변하는 국제정세와 끊임없이 출렁이는 경제상황을 냉철하게 직시하고 국가의 바탕을 똑바로 세울 수 있도록 지혜와 총명과 건강을 허락해 주소서.

장로 선출

공의로우신 하나님! 오늘은 저희 교회가 3년 만에 다시 장로를 선출하려고 합니다. 사람의 눈이 아니라 하나님의 심정으로 투표에 임하게 하시고, 하나님이 원하시는 사람이 뽑히게 하여 주소서.

소유의 많고 적음을 따지지 않게 하소서. 물론 주의 일을 힘차게 펼쳐나가기 위해 많은 물질을 가진 사람들도 선발되게 하소서. 하지만 비록 가난하더라도 하나님 앞에서 성실하게 살아온 사람, 주님의 몸 된 교회를 위해 충성을 다하며 헌신·봉사해 온 사람들을 외면하지 마소서. 세상에서처럼 교회에서마저 물질이 없다고 따돌림 받지는 않게 하소서.

하나님! 배움의 길고 짧음도 가리지 않게 하소서. 공부를 많이 해서 학덕을 겸비한 사람도 눈여겨 살피게 하시되, 어려운 집안형편 때문에 중도에 학업을 접어야 하기는 했지만 하나님이 주신 신령한 지혜와 말씀의 은사가 충만한 사람을 뽑게 하여 주소서.

하나님! 세상권세의 크고 작음을 견주지 않게 하소서. 자신이 가진 큰 영향력을 교회를 위해 선하게 발휘할 수 있는 사람과 별 힘은 없지만 바르게 말하고 올곧게 행동하는 사람을 차별하지 않게 하소서.

하나님! 평소에는 지극히 겸손하고 온유하되, 주님께서 기뻐하시는 일을 위해서라면 믿음의 용기와 열정을 사양하지 않을 사람들을 선택하게 하소서. 오직 주님의 종으로서 여생을 헌신하려는 사람이 장로가 되게 하여 주소서. 주님과 교회를 위해서 십자가를 져야 할 때는 마땅히 십자가를 지고, 교인들을 위해 바른 말을 해야 할 때는 또 올바로 발언할 수 있는 소신 있고 용기 있는 지도자를 허락해 주소서.

아버지 하나님! 저희가 정한 수대로 일곱 명이 다 뽑히면 더 말할 나위도 없겠지만, 단 한 명이 피택 되더라도 참된 주님의 일꾼이 선발되게 하여 주소서. 이번에 장로로 뽑히면 앞으로 20-30년간 교회의 지도자로서 또 교인들의 대표로서 일하게 됩니다. 교회에서는 말할 것도 없고 교회 밖 어디에서도 ◎◎교회의 자랑이 되게 도와주소서. 지역사회에서도 신망을 받는 사람이 장로가 되게 하여 주소서. 그 동안 살아온 모습을 통해서 앞으로 어떻게 살아갈 것인가를 가늠하면서 선택하게 하여 주소서.

하나님! 엎드려 기도드리오니 혼탁했던 선거 분위기가 더 이상 이어지지 않게 하여 주소서. 특히 공명선거를 이루기 위해 앞장서야 할 선거관리책임자 가운데 엄정한 자세로 선거를 치르기는커녕 불법과 탈법선거를 부추겨온 사람이 있다면 용서해 주시고, 지금부터라도 바른 마음과 참된 지혜로 모범적인 선거, 후유증이 남지 않는 선거로 이끌어 가게 하여 주소서.

찬양, 마무리기도

하나님 아버지! 하나님께 영광 돌리고 또 넘치는 은혜를 받기 위해 이 자리에 나왔습니다. 이 강단에서는 하나님의 말씀, 진리의 말씀만 울려 퍼지게 하시고, 세세무궁토록 오직 하나님 한 분만 영광 받으소서. 예수님의 이름으로 기도드립니다. 아멘.

2002. 12. 22.

4. 교회의 미래 주석

101	시편 8:1	116	찬송가 208장
102	선자(先慈) 소천 직후 기도	117	시편 42:8
103	이사야 49:15	118	시편 145:21
104	이사야 49:8	119	고린도후서 1:3-4
105	이사야 59:2	120	학개 1:8
106	이사야 59:1	121	전도서 11:3
107	아모스 1:19-20	122	시편 90:1
108	사무엘하 7:24	123	시편 94:19
109	사무엘하 7:18	124	시편 80:5
110	사무엘하 7:29	125	찬송가 428장; 시편 79:4
111	고린도전서 12:26	126	시편 80:3, 8
112	다니엘 12:3	127	요한복음 1:1, 14
113	찬송가 510장	128	요한복음 1:14
114	찬송가 516장	129	요한복음 3:16
115	찬송가 208장	130	이사야 12:2

5

전도와 선교

- 복음전파 170
- 이웃사랑 178
- 선교주일 186
- 도시·농어촌선교 188
- 세계선교 190
- 순교자 추모 196
- 총동원주일 198
- 나눔축제 204
- 태신자·새신자 208

93. 복음전파, 참회와 용서, 위로와 평강, 각성과 실천, 말씀의 은혜

찬양과 감사

크게 영화로우신 하나님! 이 자리에 임하셔서 주의 백성으로 삼으신 우리의 찬송과 영광을 받아 주소서. 우리를 살리시고 돌보시고 이끌어 주시는 은혜에 감사드리오니 경배와 찬양을 흡족히 받으소서. 거룩한 주일 아침 우리가 주께 드리는 기도와 예물을 기쁘게 받으시고, 우리의 심령에 위로와 평강을 내려주소서.

참회와 용서

자비로우신 하나님! 우리의 회개의 눈물을 불쌍하게 보시고, 우리의 죄 때문에 십자가형을 당하셔야 했던 주님의 모진 고초를 헛되이 하지 않도록 똑같은 잘못을 되풀이하지 않게 하소서.

복음전파

우리는 하나님의 자녀라는 사실을 한시도 잊지 않게 하시고, 주께서 기뻐하시는 일이 무엇인지 밝히 깨닫게 하시고, 깨달았으면 망설이지 말고 깨달음대로 행하게 하여 주소서. 우리에게 주신 전도의 사명을 소홀히 하지 않게 하시고, 땅 끝까지 이르도록 복음을 증거하라고 하신 지상명령을, 선교를 후원하는 방식으로라도 꼭 따르게 하소서. 주님을 믿는 이 기쁨과 즐거움을 우리들만 누리는 이기적이고 편협한 신앙을 내던지게 하소서.

하나님! 말씀을 들을 때 우리 모두 마음이 찔리게 하시고 설레게 하시고 크게 고동치게 하셔서, 주님의 참된 군사로 주의 나라의 확장에 힘쓰게 하소서. 예수님 이름으로 기도드립니다. 아멘.

2015. 08. 23.

94. 복음전파, 참회와 용서, 보호와 인도, 위로와 평강, 천국의 소망

찬양과 감사

　우리에게 예수님을 믿게 하셔서 죄 사함을 받게 하시고 우리의 모든 것을 변화시켜주신 하나님! 주님의 피로 우리를 구속하여 주시고 우리에게 천국의 기쁨을 사모하게 하신 구원의 하나님! 우리가 밤낮으로 드리는 찬송을 받아 주소서.
　우리의 눈물을 닦아 주시고 탄식이 그치기를 기뻐하시는 아버지! 지금까지 지켜 주시고 인도하여 주셔서 감사합니다. 앞으로도 세상 끝 날까지 보살펴 주시고 이끌어 주실 줄 굳게 믿으며 항상 든든하고 편안한 마음으로 살아가게 하여 주셔서 감사합니다.

참회와 용서

　아버지 하나님! 이 시간 우리의 더러워진 심령을 다 내어놓고 회개하오니 우리를 고쳐 주소서. 깨끗하게 하여 주소서. 우리의 마음을 정케 하시고, 그 빈 마음그릇에 아버지께서 아낌없이 내리시는 복을 충만하게 받게 하소서.
　하지만 우리 마음속에 가득히 채우시는 진정한 평안과 소망의 기쁨을 우리만 누리게 하지 마시고, 아직도 주님을 모르는 세상 사람들을 주께로 인도하는 일을 게을리하지 않게 하소서.

마무리기도

　하나님의 말씀을 증거하도록 하기 위해 세우신 목사님을 붙들어 주소서. 주님의 사업을 앞장서서 이끌어 갈 때 지치지 않게 하시고 낙심치 않게 하소서. 말씀을 듣는 우리에게 들을 귀를 주소서. 예수님의 이름으로 기도드립니다. 아멘.

2017. 02. 12.

95. 복음전파, 은혜와 평강, 주의 빛과 진리, 참회와 용서, 여름

찬양과 감사

아버지 하나님! 주의 빛과 진리를 보내셔서, 우리를 인도하여 주시고 오늘 주의 거룩한 산과 주께서 계시는 곳에 이르게 하여 주셔서 감사합니다. 항상 하나님께 소망을 두고 주께서 나타나 도우심으로 여전히 주를 찬양하오니 이 찬송을 받으소서. 하나님 영광 받으소서.

평안과 위로

밤낮없이 맹렬한 기세로 우리를 지치게 하는 폭염의 한가운데서도, 때로 사방 어디를 둘러봐도 의지할 데 하나 없는 어려움 속에서도, 변함없이 우리를 사랑하시고 우리의 주가 되어 주신 아버지 하나님! 우리를 에워싸고 시시각각 우리를 힘들게 하는 몸과 마음의 고통 속에서 우리를 건져주소서.

참회와 용서

아버지 하나님! 그렇게 하여 주시되, 먼저 지난 시절 우리의 잘못을 낱낱이 회개하게 하여 주시고, 우리가 통회할 때 우리의 죄와 허물을 용서하여 주소서.

복음전파

우리에게 참된 기쁨과 평안을 허락하소서. 이 은총과 평강을 사랑하는 우리의 가족과 친지와 우리의 이웃들과 더불어 나눌 수 있도록, 우리의 하나님이 또한 이들의 하나님이 되게 하소서. 이 땅에 하루속히 완전한 그리스도의 계절이 임할 수 있도록, 하나님! 우리들의 모든 관심과 초점을 주님께 맞추게 하소서.

마무리기도

아버지! 오늘도 사랑하는 목사님께서 전해 주시는 하나님의 말씀을 통해, 우리의 그릇된 신앙을 재점검하게 하시고, 하나님의 뜻에 합당한 믿음을 소유하게 하시며, 다시 나아가 세상에 흩어져 살 때 믿음 따라 살게 하소서. 예수님의 이름으로 기도드립니다. 아멘.

2016. 08. 07.

96. 복음전파, 성령임재, 참회와 용서, 각성과 결단, 말씀의 은혜

찬양과 감사

성부, 성자, 성령 하나님! 이곳에 임하소서. 거룩하신 하나님! 영광을 받으소서. 성령으로 우리를 변화시켜 주소서. 우리의 심신이 원하는 바가 아니라 성령께서 바라시고 이끄시는 대로 살게 하소서. 육을 따라 달리다가 패망한 사람들에게 똑바로 배우게 하소서. 하나님의 말씀 따라, 주님의 가르침대로 바르게 살아가게 하소서. 지금 다시스로 향해 있는 우리의 뱃길을 돌리게 하소서. 니느웨 사람들이 회개하고 심판을 면할 수 있도록, 우선 가까이 있는 사람부터라도 생명을 걸어 전도하게 하소서.

참회와 용서

하나님 아버지! 우리의 마음속에서 자라는 죄성을 다스려 주소서. 날마다 심령이 새롭게 거듭나게 하소서. 죄에 빠져 그냥 아파하지만 말고 철저히 회개하게 하시고, 그러할 때 우리를 죄 가운데서 완전히 건져주소서. 아버지! 모든 게 다 우리의 잘못입니다. 용서하여 주소서.

마무리기도

하나님! 말씀의 거울에 비춰 우리의 심령을 바르게 갈고 닦게 하여 주셔서, 주 앞에 온전히 서게 하여 주소서. 말씀을 대언하는 목사님에게 영력을 배나 더하여 주셔서, 우리 모두 주시는 말씀을 살아 움직이는 참된 복음으로 받아들이게 하소서. 예수님의 이름으로 기도드립니다. 아멘.

2018. 06. 03.

97. 복음전파, 헌신과 봉사, 성령임재, 주의 군사, 성전신축, 봄

찬양과 감사

우리의 왕이신 아버지 하나님! 영원토록 영광과 권세와 찬송을 받으소서. 우리에게 주님을 믿게 하시고 주님의 군사로 삼아주셔서, 앞장서서 가신 주님을 따르게 하여 주시니 감사합니다.[131] 우리는 약하지만 주의 말씀으로 단련시켜 주시고 성령으로 굳세게 하여 주셔서, 날로 강성해져 가는 세상권세와, 우리 마음속의 악령과 싸워 이겨나갈 수 있게 하여 주셔서 감사합니다.

복음전파

아버지 하나님! 우리를 위해서가 아니라 주님의 나라가 왕성하게 확장될 수 있도록 우리를 도와주소서. 우리 모두 한마음으로 힘써 싸워서 죽을 영혼을 살리게 하소서.[132]

아버지! 새봄을 맞아서 우리에게 새로운 원기를 부어 주소서. 그리하여 교회를 위해 뜨겁게 봉사하게 하소서. 전도의 열망이 다시금 타오르게 하시고, 성전신축을 더욱 열심히 추진하게 하소서.

마무리기도

아버지! 이 시간 목사님을 통해서 귀한 말씀을 듣게 됩니다. 그 교훈이 우리 심령 깊숙이 스며들게 하시고, 우리의 신앙을 새롭게 가다듬게 하여 주소서. 은혜를 충만히 받게 하여 주시고, 받은 은혜로 주님의 사랑을 널리 증거하고 전파하게 하소서. 예수님의 이름으로 기도드립니다.

2018. 03. 04.

98. 복음전파, 헌신과 봉사, 영적 각성, 성령임재, 목회자 건강

찬양과 감사

　우리 속에 영으로 거하셔서 우리를 주님의 사람으로 삼아주신 하나님![133] 성령이 하나님의 뜻대로 우리를 위하여 간구하심을[134] 믿사오니, 마음을 모아 주께 드리는 경배와 찬양을 받아 주소서. 하나님 아버지! 육신을 따라 육신의 일을 생각함으로 사망의 길로 줄달음질치던 우리를, 영을 따라 영의 일을 생각함으로 생명과 평안의 길로 인도하여 주셔서[135] 감사합니다. 아버지 하나님! 새롭게 허락하신 한 주를, 오직 주님께 영광 돌리고 주의 은총에 감사드리며 살아가게 하소서.

회개와 인도

　사랑의 하나님! 지난 세월의 잘못과 허물을 다 용서해 주시고, 새로운 몸과 마음가짐으로 주께 나아오게 하소서. 우리 모두 믿음의 주요 또 온전하게 하시는 주님을 따르게 하소서. 앞에 있는 기쁨을 위하여 십자가를 참으시고 부끄러움을 개의치 아니하시더니 마침내 하나님의 보좌 우편에 앉으신 우리 주님을 보게 하소서.[136] 우리 각 사람이 동일한 부지런함으로 끝까지 소망의 풍성함에 이르게 하시고, 게으르지 아니하고, 믿음과 오래 참음으로 말미암아 약속들을 기업으로 받는 자들을 본받게 하소서.[137]

복음전파

　하나님 아버지! 주께서 우리에게 큰 사랑과 은혜를 베푸신 것은, 우리만 누리라고 함이 아니라 받은 사랑과 은혜를 널리널리 전하라고 하신 그 깊은 뜻을 언제나 잊지 않게 하시고, 그렇게 살지 못할 때 우리의 마음에 커다란 찔림이 있게 하소서. 우리의 굳어진 심령이 주님의 마음으로 거듭 나게 하시고, 그래서 억지로가 아니라 자원해서 주의 사업에 힘쓰게 하소서.

마무리기도

　오늘 말씀을 전하시는 ○○○ 목사님께서 보이시는 본을 우리도 따르게 하시고, 이 땅에서 살 동안 우리 모두 '작은 예수'가 되어서, 빛과 소금의 역할을 다하게 하소서.

　하나님 아버지! 담임목사님이 더욱더 힘차게 주님의 사명을 잘 감당할 수 있도록 모든 질병에서 쾌차하게 하시며, 주의 일로 눈코 뜰 새 없이 분주한 부목사님을 지치지 않도록 보살펴 주소서. 오늘 이 자리에 모인 우리 모두의 손을 잡아 주시고 더욱더 주께로 가까이 끌어당겨주소서.

　하나님! 제1, 2, 3 찬양대와 관현악단, 찬양단과 몸찬양팀과 영상미디어팀 …, 이처럼 예배를 돕는 모든 손길들을 기억해 주시고, 취사와 청소로, 남신도회와 여신도회의 임원으로 또 회원으로 봉사하고 헌신하는 주의 자녀들에게 큰 복을 내려주소서. 예수님의 이름으로 기도드립니다.

2017. 04. 30.

99. 이웃사랑, 가족사랑, 추석, 참회와 용서, 위로와 평강, 성령임재

찬양과 감사

　천지만물을 지으시고 지금도 다스리시는 아버지 하나님! 오늘 거룩한 주일을 맞아 아버지께 경배와 찬양을 드립니다. 특별히 저희들이 추석명절을 다시 맞이할 수 있게 하여 주셔서 감사합니다. 저희들을 지금까지 보살펴 주시고 인도하여 주신 하나님께 영광 돌리게 하여 주시고, 저희들의 오늘이 있게 한 조상들을 기억하고 추모할 수 있게 도와주신 것 감사드립니다.

참회와 용서

　아버지! 오늘 저희들이 이만큼이나 살게 된 것도 다 하나님의 은혜 가운데 부모님을 비롯한 수많은 사람의 도움을 받았기 때문인데도, 이를 잊어버리고 산 것을 용서하여 주소서. 신세진 것은 갚을 생각도 않고 조금이라도 서운하게 한 것만 가슴속에 쌓아두고 있었던 저희들의 잘못을 사하여 주소서. 이웃을 네 몸과 같이 사랑하라고 하신 주님의 가르침을 따르기는커녕, 그 말씀을 이해하려고도 하지 않았던 저희들의 허물을 벌하지 마소서.

가족·이웃사랑

　하나님! 우리 민족 고유의 명절 추석입니다. 저희 주변에는 넉넉하면서도 화목한 가정도 있습니다. 살림살이는 옹색하지만 항상 정겨운, 단란한 가정도 물론 있습니다. 그러나 경제 형편은 어떻든지 불화하고 반목하는 가정이 너무나 많습니다. 자식이 있어도 찾아오지 않아서 중추절이 더욱 서러운 어르신들이 있습니다. 한가윗날 홀로 밥상에 앉아 눈물을 삼켜야 하는 이웃들이 있습니다. 병원에서, 수용시설에서 외롭게 명절을 보내야 하는 아픈 마음들이 있습니다. 모두가 웃으며 떠나가고 찾아오는 버스터미널에서, 기차역전에서 이를 쓸쓸히 지켜보기만 해야 하는 사람들도 있습니다. 고향이 있어도 가지 못하고, 오지 못하는 길손들이 있습니다.

　하나님밖에는 의지할 데 없는 이들을 감싸 안아 주소서. 사람을 통해서는 기쁨을 얻지 못하고 위로받지 못하는 불쌍한 심령들을 더욱 사랑하여 주소서. 아버지께서 친히 가족이 되어 주시고 친구가 되어 주셔서 더 이상 고독해지지 않게 하소서. 육신으로는 외롭고 괴롭고 슬프더라도, 그 마음만큼은 성령이 주시는 큰 기쁨과 그윽한 평화가 넘쳐나게 하소서.

　아버지! 보름달이 휘영청 밝은 가을 밤하늘 아래에서 강강술래를 하며 서로 손잡고 놀던 때가 그립습니다. 있는 것보다는 없는 것이 더 많을 때였지만 함께 나누고 보태고 북돋워 주며 살았던 그 아름다웠던 명절의 마음씨를 잊지 않게 하여 주소서.

　복의 근원이신 하나님! 모처럼 본교회와 부모형제를 찾은 사랑하는 형제자매들에게 복을 내려주소서. 오고가는 발걸음을 지켜 보호하여 주옵시고, 어디에 있든지 주님의 크신 사랑과 은총으로 몸과 마음과 영혼을 온전히 둘러 주셔서 언제나 기쁘고 즐거운 인생을 보내게 하소서.

마무리기도

　말씀을 증거하시는 목사님을 성령의 강한 팔로 붙들어 주소서. 전하는 말씀을 통해 저희의 신앙이 회복되고 막힌 데가 뚫리게 하시며 기쁨과 희망이 샘솟듯 하게 하여 주소서. 예수님의 이름으로 기도드리옵나이다. 아멘.

2008. 09. 14.

100. 이웃사랑, 가족사랑, 추석, 회개와 인도, 은혜와 평강

찬양과 감사

살아계신 아버지! 우리를 살려주시고, 또 살게 해 주신 하나님! 우리의 영원한 아버지 되시는 하나님께 이 시간 무궁한 영광과 찬송을 돌립니다. 저희들의 삶의 지표가 되시고 피난처되시며, 외롭고 괴롭고 슬플 때 어버이가 되어 주시는 아버지 하나님! 그 사랑과 은혜 정말 감사합니다.

회개와 인도

하나님! 하지만 저희들은 저희에게 생명을 불어넣어 주시고 가없는 사랑을 아낌없이 베풀어 주신 아버지를 배반하고 배신하기를 밥 먹듯 하였습니다. 심지어 "하나님이 어디 계시느냐"고 반문하는 세상 사람들의 말에 맞장구를 쳤습니다. 스스로도 '하나님이 정말 계시기는 하는가?' 하고 반신반의하며, 하나님이 없다고 주장하는 사람들과 똑같은 삶을 살았습니다. 아니 오히려 어떤 때는 그들보다 더 추하고 거짓된 언행을 일삼았습니다.

용서의 하나님! 오늘도 주일을 범하면 벌을 받을까 두려워서 이 자리에 나왔습니다. 단지 세상 살면서 찢기고 상한 심령을 위로받고 싶어서 성전에 들어섰습니다. 하는 일마다 막히고 걸려서, 하도 답답해서, 이 체면 저 눈치 때문에 아무런 느낌 없이 이렇게 앉아 있습니다. 만물을 지으시고 다스리시는 하나님의 성호를 찬양하기 위한 것이 예배에 참여한 첫 번째 목적이 아니었습니다. 온전히 하나님의 사랑에 감사하기 위해 나온 게 아니었습니다. 손해 보고 상처 받고 심지어 목숨을 잃을지라도 신앙의 절개를 유지하고 아버지의 말씀 그대로 살겠다고 다짐하는 그런 마음가짐은 더더욱 아니었습니다.

하나님! 과거의 모든 허물, 지금 기도 중에도 짓고 있는 이 죄를 아버지께 낱낱이 아뢰게 하소서. 그리고 주님의 보혈로 다 씻어 주소서. 용서하소서. 정결한 심령으로 이 예배에 참여하게 하소서.

가족·이웃사랑

　어제는 추석이었습니다. 절대적인 궁핍 속에서 어떻게 해도 떨어지지 않는 병마를 안고 명절을 보낸 사람들이 적지 않습니다. 세월이 흐르고 흘러도 해결되지 않은 과제를 안고 고향집을 찾은 자녀들, 그러한 아이들을 쓰리고 아픈 마음으로 맞이하고 배웅해야만 했던 서글픈 부모의 심정을 헤아려주소서.

　아버지 되신 하나님! 저희들의 손을 잡아 주소서. 위로해 주소서. 새 힘을 얻어 힘차게 앞을 향해 나아가게 하소서. 아버지께 큰 소망을 두고 아버지의 말씀에 용기를 되찾으며, 다시 일어나 주님을 바라보며 신앙의 바른길을 가게 하소서. 저희에게 특권으로 허락하신 오늘 주일 이 예배시간을 통해서 치유와 해결의 실마리를 얻게 하소서. 원컨대 속히 풀리게 하소서. 아버지께서 그렇게 해 주실 것을 전폭적으로 믿게 하소서.

마무리기도

　하나님! 이 시간 목사님을 통해 전해 듣는 희망과 축복의 메시지에 큰 은혜 받게 하소서. 예수님의 이름으로 기도드리옵나이다. 아멘.

2009. 10. 04.

101. 이웃사랑, 믿음과 사랑의 공동체(세모), 위로와 인도, 성령임재

찬양과 감사

우리의 빛이요 우리의 구원이신 여호와 하나님![138] 우리의 생명의 능력이 되셔서 우리에게서 모든 두려움을 걷어내시고 소망 중에 기뻐하게 하시는 아버지를 찬양합니다.[139] 땅과, 땅에 충만한 것과, 세계와, 그 가운데에 사는 사람들의 주인이 되시는 여호와 하나님![140] 엎드려 경배하오니 우리가 드리는 예배를 받으소서.

은혜로우신 하나님! 우리가 지은 죄를 숨김없이 아뢰고 고할 때[141] 우리를 정죄하지 아니하시고 우리를 구원하여 주셔서 감사합니다. 우리의 허물을 사해 주시고 우리의 죄를 가려주신 하나님께 감사드립니다.[142]

참회와 용서

하나님 아버지! 이후로는 우리의 맘이 어그러진 길로 향하지 않게 하소서. 우리의 입으로 범죄하지 않게 하소서. 우리의 눈이, 우리의 손과 발이 주님 기뻐하시지 않는 것을 멀리하게 하소서.

위로와 인도

우리의 왕, 우리의 하나님이여! 우리가 부르짖는 소리를 들으소서. 우리가 주께 기도드립니다.[143] 여호와여 일어나소서. 하나님이여 손을 드소서.[144] 우리들 가난하고 병든 영혼들을 잊지 마소서. 여호와여 우리의 말에 귀를 기울이셔서 우리의 심정을 헤아려 주소서.[145]

이웃사랑

아버지 하나님! 열두 매로 묵직했던 달력의 모든 쪽이 떨어져나가고 이제 마지막 한 장을 남겨놓고 있습니다. 우리는 올해도 많은 것을 서원했고 많은 것을 위해 기도했으며, 아버지께서 베풀어 주신 셀 수 없이 많은 은혜와 사랑을 체험했습니다.

　아버지! 우리는 지금도 기도합니다. 우리가 한국과 세계 교회를 위해 특히 우리 ◎◎교회를 위해, 우리의 이웃을 위해, 우리 자신과 가족을 위해 드리는 기도가, 아버지 보시기에 선하시거든 때가 늦기 전에 어서 이루어지게 하여 주소서.

마무리기도

　아버지의 말씀으로, 주님의 사랑으로 주님을 대신해서 우리 양무리를 치시는 목사님을 강한 팔로 굳세게 붙들어 주소서. 성령이 항상 함께하셔서, 영육 간에 강건케 하셔서 하나님의 말씀을 힘차게 선포하게 하소서. 사랑하는 성도들, 이 말씀을 듣고 새겨서 절망과 낙심 가운데서 훌훌 털고 벌떡 일어나게 하소서. 예수님의 이름으로 기도드리옵나이다. 아멘.

2013. 12. 01.

102. 이웃사랑, 전도와 선교, 보호와 인도, 충성과 헌신, 설, 2월

찬양과 감사

　세상은 갈수록 더욱 추해지고 악해지고 험해져가지만, 길이 참으셔서 멸하지 아니하시고 우리 인생을 살려두시는 아버지 하나님! 우리를 지으시고 보호해 주시고 이끌어 주시는 아버지께 감사드리며 엎드려 경배하오니 우리의 예배를 기쁘게 받아 주소서.

전도와 선교

　하나님! 우리의 곧은 목을 부드럽게 하시고 굳어진 마음을 풀어 주셔서, 우리의 입술에서 주님의 사랑의 말씀이 샘솟듯 하게 하시고 우리의 손발이 주님의 사랑을 대신 전하는 도구가 되게 하여 주소서.

　아버지 하나님! 긍휼히 여기소서. 경제규모가 이전과는 비교가 되지 않을 정도로 크게 성장하였다고는 하지만, 아직도 우리 주변에서는 명절인데도 제대로 먹지 못하고 입지 못하는 사람들이 있습니다. 주께서 바로 이런 사람들을 위해서 오셨는데, 이들은 여전히 버림받고 소외되고, 그래서 절망하며 살아가고 있습니다.

　하나님! 교회가 주님의 지상명령을 받들고 전파하는 중계소가 되게 하소서. 우리들 크리스천이 주님의 심부름꾼이라는 사실을 잊지 말고 사명과 본분에 충실하게 하소서. 교회 안에서부터 대접 받으려고만 하지 말고 솔선해서 돕는 손길이 되어서, 아픈 마음을 어루만지고 슬픈 심령을 위로하는 사람들이 되게 하소서.

　아버지 하나님! 벌써 2월이 됐습니다. 흐르는 세월을 멈춰 세울 수야 없지만 그 시간들을 허송하지 말고 주의 일에 힘쓰게 하소서.

마무리기도

　말씀을 전하시는 목사님에게 갑절의 영감을 주셔서 오늘 전해지는 하나님의 말씀이 우리 모두에게 큰 울림이 있게 하소서. 우리에게 신령한 은사를 허락하여 주셔서, 말씀을 깨닫고 그 깨달은 말씀을 실천하는 데 방황하지 않게 하소서. 예수님의 이름으로 기도드립니다. 아멘.

2014. 02. 02.

103. 선교주일, 긍휼과 사랑, 헌신의 열매, 믿음의 본, 기도의 응답

찬양과 감사

저희를 죄악에서 구원하여 주신 아버지 하나님께 영광과 찬송을 드립니다. 세상 사람들은 아직도 생명 없는 신을 숭배하며 헛된 우상을 섬기고 있지만, 저희들은 영원토록 살아계시는 참되신 하나님을 믿게 하여 주셔서 감사합니다.

참회와 용서

하나님 아버지! 그러나 그동안 저희들은 자신의 신앙을 유지하기에도 바쁜 나머지 선교를 게을리하였사오니, 이러한 잘못을 용서하여 주소서.

전도와 선교

저희 요나의 후손들은 주께서 명령하신 대로 선교의 사명을 다하기 위해 니느웨로 향한 게 아니라 주의 얼굴을 피해 다시스로, 다시스로만 발걸음을 재촉해 왔습니다.

물론 하나님께서 만세 전부터 저희를 하나님의 백성으로 성별하여 주셨거니와 저희들은 다 신앙의 빚진 사람들입니다. 저희들은 부모와 형제, 친척과 친지를 통해 하나님께로 나왔사오니, 멀리 보면 암울한 땅 조선에 목숨 걸고 그리스도의 복음을 전한 선교사들과, 나라와 집안의 온갖 박해와 핍박에 굽히지 않고 믿음의 밭을 일구어 넓히고 씨를 뿌리고 가꿔온 신앙의 선진들의 노고를 결코 잊을 수 없습니다.

진리의 하나님! 그들을 통해 저희가 주님을 알게 돼 영원한 복락을 누리게 된 것같이, 저희도 세상의 많은 사람에게 주님 주시는 영생의 기쁨과 참 평안을 사모할 수 있도록 하는 길잡이가 되게 하여 주소서.

저희 모두 각자가 지고 있는 묵은 선교의 부채를 다 갚게 하소서.

하나님! 저희의 신앙생활이 참된 본이 되게 하시고 저희의 언행에서 그리스도의 향기가 뿜어져 나와 사방으로 번져나가게 하셔서, 세상 사람들이 모두 다 그리스도의 품으로 돌아오게 하소서. 선교주일을 맞아 이러한 다짐을 새롭게 하면서, 그리스도의 나라가 온 땅에 하루 속히 임할 수 있기를 기도하고 실천하게 하여 주소서.

긍휼과 사랑

형통케 하시는 하나님! 교회와 성도 한 사람 한 사람의 어려움과 소원하는 바를 아버지께서는 남김없이 다 아시오니, 선한 양심으로 간구할 때 필요에 따라 적절하게 채워주시고 이루어 주셔서, 주님의 크신 사랑을 모두가 알게 하소서.

위로와 축복

주님의 사자에게 갑절의 영감과 능력을 허락하셔서 아버지의 말씀을 권위 있게 전하게 하시고, 말씀을 통해 영혼이 위로 받고 심신의 질병이 치유되며 온갖 과제가 해결의 실마리를 찾게 하여 주소서. 객지에서 고생하는 믿음의 식구들을 사랑으로 감싸 안아주시고, 주를 위해 이름 없이 빛도 없이 봉사하고 수고하는 모든 손길 위에 은혜 가득 내려주시길 소망하오며, 예수님의 이름으로 기도드립니다. 아멘.

2010. 06. 13.

104. 도시·농어촌선교, 인류애, 은혜와 평강, 이임목회자 축복, 5월

찬양과 감사

　우리를 사랑하시되 끝까지 사랑하시는 아버지 하나님! 세상에 흩어져 지내던 우리를 주일을 맞아 다시금 불러주셔서, 주께 찬송과 경배를 드리게 하시고 은혜 받게 하여 주시니 감사합니다. 주여! 이 예배에 임하셔서 홀로 영광을 받으시고, 우리의 마음을 온전히 다스려주소서.

도시·농어촌선교

　공평하신 하나님! 특히 오늘을 도시·농어촌선교주일로 지키고 있사오니, 이 시간 우리에게 주변의 어려운 이웃을 되돌아볼 수 있는 속 깊은 마음을 주소서. 주께서 만드신 자연과 가장 가까운 곳에 살면서 사람에게 필수적인 영양소를 제공하는 1차 산업 종사자들에게 항상 고마운 마음을 갖게 하시고, 열악한 환경 속에서 문화와 복지혜택을 제대로 누리지 못하고 있는 농어민들을 굽어 살피소서. 무엇보다도 주님을 알지 못하고 인습과 전통에 젖어 우상숭배와 헛된 관념에 사로잡혀 있는 불쌍한 영혼들을 주께로 인도하여 주소서.

　하나님 아버지! 도시지역에서도 가난과 질병과 소외와 싸우며 의지할 데 없이 그날그날을 마지못해 살아가는 이들에게, 어서 복음이 온전히 뿌리내리게 하셔서, 말씀을 통해 영혼이 새로워지고 심신이 활력을 되찾게 하소서.

전도와 선교

　은혜가 풍성하신 아버지 하나님! 가정의 달, 오월을 보내며 배우자를 비롯해서 가장 가까운 사람들로부터, 알 수는 없지만 지구촌 방방곡곡에서 똑같은 마음으로 하나님의 사랑과 위로를 간구하고 있는 모든 사람의 마음을 품을 수 있는 폭넓은 가슴을 허락하시기를 기도하옵나이다.

목회자 축복

하나님! 지난 석 달 동안 우리에게 달고 오묘한 하나님의 말씀을 열정적으로 전해 주셨던 ○○○ 목사님과 이제 작별할 시간이 됐습니다. 연로하신 우리 목사님께서 언제 어디에 계시든 아버지께서 안전하고 편안하게 지키시며 언제까지고 건강하게 보살펴 주셔서, 우리가 다시 만나 귀한 주의 말씀을 함께 듣게 하소서. 우리를 선히 여기시거든 우리가 구하는 것마다 모든 것을 다 이루어 주실 것을 믿사오며, 예수님의 이름으로 기도드립니다.

2017. 05. 28.

105. 세계선교, 하나님의 섭리, 은혜와 평강, 참회와 용서, 성령임재

찬양과 감사

사람의 머리로는 도저히 헤아릴 수 없는 신묘하고 심오한 방식으로 우주를 다스리시고 이끌어 가시는 아버지 하나님! 지난 한 주일도 분주하다고 핑계하며 때로 하나님을 까맣게 잊고 지낸 순간도 있었지만, 오늘 거룩한 주일을 기억하게 하시고 다시 이 성전으로 저희들의 마음과 발걸음을 옮기게 하셔서 예배드리게 하시니 감사합니다. 아버지! 세월이 잠시도 멈추지 않고 흐르고 세상이 도무지 종잡을 수 없을 정도로 바뀌어도 저희들을 변함없이 사랑하시고 바른길로 이끌어 주시는 하나님께 감사드리며, 저희들의 정성을 모아 영광과 찬양을 드립니다.

참회와 용서

아버지 하나님! 저희들은 하나님께서 주신 자유의지로, 하나님을 기쁘시게 하기보다는 하나님께서 원치 않으시는 일과 하나님의 마음을 아프게 해드리는 일에 골몰했습니다. 이 시간 말씀을 듣기 전에 저희들의 죄와 허물을 고하고 참회하오니, 저희들의 모든 잘못을 용서하여 주소서.

세계선교

구원의 하나님! 저희 성도들이 타이완 ▼▼▼노회 창립 80주년을 축하하며 현지에서 예배를 드리고 있습니다. 좀 더 많은 타이완의 형제자매들이 예수님을 구주로 받아들이게 하시고, 선교단 일행이 이번에 하나님의 놀라우신 섭리를 체험하게 하시며, 건강한 몸으로 귀국할 때까지 사랑과 은혜로 지켜주시고 인도하여 주소서.

은혜와 평강

아버지 하나님! 성도들이 한마음으로 드리는 기도가 있습니다. 또한 각각 서원하는 기도의 제목들이 있습니다. 저희들은 다만 주님의 보혈의 공로와 권능만을 의지하오니, 저희들의 기도가 때에 맞춰 이루어지게 하여 주소서.

마무리기도

하나님! 특별히 오늘은 아버지께서 크게 사랑하셔서 말씀을 통해 수많은 사람을 감동시키고 감화시키는 ○○○ 목사님과 오랜 만에 함께 예배드리게 하여 주셔서 감사합니다. 유년시절부터 우리 ◎◎교회에서 성장하시면서 누구보다도 우리 교회의 화합과 부흥을 위해 많은 기도와 관심을 아끼지 않으신 목사님께서 말씀을 전하실 때, 성령의 도우심으로 가슴이 뜨거워지고 새로운 소망이 샘솟게 하소서. 세상 살면서 받았던 근심과 아픔을 다 내려놓고, 오직 주님의 사랑만을 생각하면서 기쁜 마음으로 예배드리게 하소서.

예배시간 내내 그리고 예배를 마치고 세상에 나가 살 동안에도 항상 저희와 함께하시며 복 주시는 것을 기뻐하시는 예수님의 이름으로 기도드립니다. 아멘.

2011. 10. 30.

106. 세계선교, 믿음의 성숙, 세월의 무상함, 은혜와 평강

세월의 무상함

아버지 하나님! 올해도 벌써 반년이 훌쩍 지나갔습니다. 마치 비탈진 내리막길에서 브레이크 장치도 없는 소달구지를 타고 내달리는 것처럼, 세월이 너무도 빠르게 지나가고 있습니다. 신혼초가 바로 엊그제 같은데 어느새 장년이 되고, 또 노년이 되었습니다.

참회와 용서

저희들을 아무런 흠도 없고 티도 없는 순전한 참 종자, 곧 귀한 포도나무로 심으신 아버지 하나님! 하지만 저희들은 지난 세월 동안 이방 포도나무의 악한 가지가 되어서 하나님께 잘도 대적하였습니다.[146] 저희들은 하나님 없는 삶을 살았습니다. 하나님을 모셔야 할 자리에 돈을 모시고 살았습니다. 정욕을 안고 살았습니다. 명예와 권세를 받들고 살았습니다. 온갖 우상과 더불어 호흡하며 살았습니다. 하나님! 너무도 큰 죄를 졌습니다. 저희들을 용서하여 주옵시고 온전케 하여 주소서.

믿음의 성숙

하나님 아버지! 저희들에게 모든 일에 근신하게 하셔서 고난 속에서도 전도자의 일을 게을리하지 않게 하시며 맡은 바 직무에 충실하게 하소서.[147] 바울 사도가 만년에 말했던 것처럼, 관제와 같이 부어지고 이 땅을 떠날 기약이 다가왔을 때, 지난 삶을 되돌아보면서, 선한 싸움을 싸우고 달려갈 길을 마치기까지 믿음을 굳게 지켰다고 당당히 고백할 수 있기를 간절히 원하옵나이다.[148]

세계선교

하나님! 지금 저희 교회에서는 담임목사님을 비롯해서 많은 성도가 필리핀에서 선교사역을 감당하고 있습니다. 우리나라는 세계 여러 나라에 선교의 빚을 단단히 지고 있거니와, 저희 ◎◎교회가 그 가운데 극히 일부나마 갚을 수 있도록 믿음과 여건과 열정을 주신 하나님께 감사드립니다. 주님의 은혜 가운데 모든 선교대원이 남은 일정을 잘 마치고 건강한 몸으로 교회에 돌아올 수 있도록 돌봐 주소서.

아버지! 그리고 사랑하는 저희의 자녀들이 어디에 있든지, 병영이든 객지든 또한 타국이든 그 어느 곳이든지, 사랑으로 지켜주시고, 있는 그 자리에서 선교의 전사가 되어서 받은 사명을 충실히 이행하게 하여 주소서.

찬양과 감사

하나님! 교회가 계획하고 있는 각종 여름행사가 성공리에 마무리될 수 있도록 하셔서 하나님 홀로 영광 받으소서.

마무리기도

오늘은 귀히 쓰시는 ○○○ 목사님을 통해서 달고 오묘한 하나님의 말씀을 듣게 해 주신 것 감사합니다. 이 시간 목사님을 영육 간에 강건케 하셔서 말씀을 전하는 데 피곤치 않게 하시고, 저희 모두 그 말씀에 큰 은혜를 받아서 이 거친 세상 힘차게 살아갈 수 있도록 도와주소서. 이 모든 말씀을 우리 주 예수님의 이름으로 기도드리옵나이다. 아멘.

2004. 07. 11.

107. 세계선교, 교회의 회복, 믿음의 성숙, 회개와 인도, 성령임재

찬양과 감사

하나님 아버지! 모든 영광을 홀로 받으소서. 오늘 주일을 맞아서 하나님께 예배드릴 수 있게 도와주셔서 감사합니다.

회복의 하나님! 오랜 기간 동안 분열과 침체의 아픔을 겪어야 했던 저희 교회가 하나로 단합될 수 있게 도와주시고, 다시금 부흥하고 발전할 수 있는 계기를 허락하여 주셔서 감사합니다. 담임목회자가 없어 방황할 때도, 주께서 예비하셨던 분들을 보내주셔서, 저희들의 갈라진 마음, 메마른 심령들을 위로하여 주시고, 새 힘을 얻게 하여 주셔서 감사합니다.

하나님! 특별히 오늘은 전국각지를 돌며 수많은 사람을 영적으로 감동시키고 각성시켜 아버지께 큰 영광을 돌리고 있는, 우리나라의 대표적인 크리스천 가수인 △△△ 집사님을 모시고 찬양과 간증 예배를 드릴 수 있게 도와주셔서 감사합니다. 이와 함께 전 세계 백여 군데 나라에서 1억 명이 넘는 이웃을 위해 구호와 개발활동을 활발하게 펼치고 있는 ☆☆☆☆의 후원 사업에 동참할 수 있는 계기를 마련해 주신 하나님께 감사드립니다.

회개와 인도

하나님! 이러한 자리가 마련되고 보니 너무나 저희 자신들만 위해서 살아온 지난날들이 한없이 부끄럽습니다. 어떤 사람들은 과음과 과식으로 몸이 비만하여져서 다이어트에 많은 돈을 들이는가 하면, 같은 지구상에서도 식량은커녕 마실 물조차도 없어서, 응급약품이 없어서, 하나님께서도 천하보다도 더 아끼시는 생명들이 이 시간에도 하릴없이 스러져가고 있습니다.

많은 사람이 향락에 젖어있는 동안, 아직도 많은 미개발국가에서는 학교가 없고 교재가 없어서 까막눈을 깨치지 못하고 비인간적으로 살다가 귀한 생을 마감하고 있습니다.

세계선교

하나님! 전 세계로 눈을 돌려 헐벗고 굶주린 이웃들을 제대로 살피게 하소서. 힘없고 억눌린 이웃을 위해서 주님께서 오셨고, 십자가에 매달려 못 박히고 창에 찔리고 가시면류관을 쓰신 채 돌아가셨다는 사실을 깊이 깨닫게 하소서. 주님께서 딱한 처지를 측은해하시고 때로 통곡하시면서까지 굳게 보호하려고 하셨던 곤고한 형제자매들을 위해, 이제는 우리가 본격적으로 나서게 하소서.

믿음의 성숙

아버지 하나님! 아무런 대가도 없이 주님의 가르침을 받들어 실천하는 모든 이들에게 함께하여 주시고, 좀 더 많은 사람이 주님의 사랑을 체험할 수 있도록 우리 모두 더 큰 정성을 모으게 하여 주소서. 하나님! 이를 위해 전국적으로 수고하시는 ○○○ 목사님을 저희 교회에 보내주셔서 시시때때로 주께서 주시는 영적 양식을 공급해 주시니 감사합니다. 오늘도 말씀과 찬양을 통해 저희들이 드리는 예배가 축제의 한마당이 될 수 있도록 성령께서 처음부터 끝까지 함께하여 주소서.

마무리기도

하나님! 성가대와 관현악단이 드리는 찬양과 연주를 기쁘게 받아주셔서 이 자리에 주님의 은혜가 차고 넘치게 하여 주소서. 예수님의 이름으로 기도드리옵나이다. 아멘.

2008. 02. 03.

108. 순교자 추모, 선교대원 무사 귀환 간구, 교사 축복, 참회와 용서

찬양과 감사

아버지 하나님! 거룩한 주일 이 아름다운 주님의 성전에 나와서 아버지께 찬송과 영광을 돌리게 하여 주시니 감사합니다. 흠 많고 보잘 것 없는 저희들을 탓하지 아니하시고 아버지의 백성으로 삼아주신 것 감사합니다. 지난 한 주일 동안 삼복 무더위 속에서도 저희들을 안전하게 지켜주셔서 감사합니다.

참회와 용서

하나님! 돌이켜보면 기억나는 것이라고는 세상 살면서 지은 죄밖에 없습니다. 이 시간 입술을 열어 미처 일일이 다 자복하지는 못하더라도 주께서 저희들의 심중을 감찰하셔서 낱낱이 다 회개하게 하여 주시고, 그러한 바탕 위에서 주님의 보혈의 공로로 저희들의 죄를 다 용서받게 하여 주소서. 그리하여 저희들이 온전한 심령으로 이 예배에 임하게 하여 주소서.

순교자 추모

아버지 하나님! 아프가니스탄에 인질로 억류돼있는 주님의 백성들이 겪고 있는 고초를 생각하면 눈물이 앞을 가립니다. 순교로써 하나님께 큰 영광을 돌렸다고는 하지만 배형규 목사님과 그 유족들을 생각하면 슬픔을 가눌 수가 없습니다. 더욱 안타까운 것은 이들의 순수한 사랑과 봉사정신이 일부 국민들 사이에서 곡해되고 있다는 점입니다.

선교대원 무사 귀환 간구

아버지! 하나님의 나라를 확장하기 위해 위험을 무릅쓰고 오지에 뛰어들어 지금 생사의 갈림길에 서 있는 형제자매들이 어서 빨리 무사히 돌아와, 애타게 그리워하고 있는 가족과 고국의 품에 안기게 하소서.

교사 축복

하나님! 교회학교의 여름행사로 땀을 흘리고 있는 선생님들을 기억하여 주소서. 각양각색으로 남들이 꺼리는 일들을 묵묵히 앞장서서 헤쳐 나가는 주님의 일꾼들에게 큰 복을 내려주소서.

마무리기도

단위에 세우신 ○○○ 목사님에게 영육 간에 강건함을 허락해 주셔서 능력의 말씀, 은혜의 말씀, 평강의 말씀이 전파되게 하소서. 이 시간 예배를 드리는 저희 모두 성령 안에서 하나 되어서 시종일관 하나님께 큰 영광 돌리게 하소서. 예수님의 이름으로 기도드리옵나이다. 아멘.

2007. 07. 29.

109. 총동원주일, 창조의 질서, 위로와 평안, 선교사 · 교사 축복

찬양과 감사

　끝없이 흐르는 세월과 정연한 계절의 변화를 통해 엄중한 창조의 질서를 깨닫게 하시는 아버지 하나님! 오직 하나님의 은혜로 우리가 이 땅에 태어나게 하시고, 하나님을 우리의 아버지, 예수님을 우리의 구주라고 부를 수 있게 해 주신 것을 생각할 때마다 감동과 감격을 억누를 길이 없습니다.

　은혜로우신 하나님! 오늘도 암탉이 병아리를 불러 모으듯이 그동안 여기저기에 흩어져 지내던 우리를 이 성전으로 불러들이셔서, 우리의 죄가 씻음을 받고 우리의 영혼이 회복될 수 있도록 은혜를 베풀어 주셔서 감사합니다. 여기에 모인 우리 모두 하나님께 큰 영광과 찬송을 돌리며 마음 깊이 감사드립니다.

참회와 용서

　아버지 하나님! 위험한 물가에 내놓은 어린아이처럼 위태한 세상길을 동경하면서 그리로 넘나들며 죄짓기를 일삼는 우리를 주님의 보혈로 다시 한번 말갛게 씻어 주소서.

위로와 평안

　하나님! 총동원주일을 앞두고 우리의 심령이 크게 분발하고 요동하게 하시며, 우리가 주님을 믿어 맛보고 누리는 이 참된 평화와 기쁨을 최소한 우리가 사랑하고 자주 접하는 이들에게라도 속히 전하게 하소서. 그들이 아버지 하나님의 자녀가 되고 안 되고는 아버지께서 예정하신 대로이거니와, 우리가 누군가 다른 사람의 전도로 하나님께 나아온 것처럼, 우리도 그들을 주님 앞으로 온전히 인도하게 하소서.

아버지! 또한 낙심하거나 실망하여 주저앉거나 가라앉은 영혼들이어서 빨리 주님 앞에 다시 나와 사랑 받고 위로 받고 안식을 얻게 하소서.

선교사·교사 축복

우리의 영원한 반석이신 아버지 하나님! 주님의 복음을 전파하기 위해서 오지와 험로에서 생명을 내놓고 가난과 병마와 고독과 싸우는 주님의 일꾼들, 선교사님들을 보살펴 주시고, 우리 모두 주님의 나라를 이 땅에서 넓혀 나가는 일에 그리고 주님께서 단 하나뿐인 목숨과 맞바꿔가며 인류를 사랑하신 그 참 사랑을 세계만방에 널리 알리는 일에 헌신하게 하소서. ◎◎교회 안에서도 이러한 일을 맨 앞에서 담당하며 봉사에 힘쓰는 교회학교 선생님들을 기억하시고 더욱 큰 소명의식을 갖게 하소서. 교회와 나라안팎에서 주님을 참된 구세주로 전하는 모든 이에게 하늘의 놀라운 비밀을 알게 하시고, 넘치도록 복을 내려 주소서.

마무리기도

오늘도 목사님이 전하시는 아버지의 말씀을 통해 우리 모두 전도와 인도에 힘쓰겠다는 각오와 다짐을 더욱 굳게 할 수 있도록 도와주소서. 예수님의 이름으로 기도드리옵나이다. 아멘.

2012. 11. 11.

110. 총동원주일, 굳건한 믿음, 말씀의 은혜, 성도의 참된 행복

찬양과 감사

도도히 흐르던 홍해를 갈라 이스라엘이 온전하게 출애굽하게 하시고, 견고했던 여리고성을 무너뜨려 가나안 입성의 첫발을 떼게 하신 하나님! 우리 인생길을 가로막는 숱한 홍해와 여리고성을 돌파하게 하셔서 여기까지 이르게 하여 주신 하나님께 영광과 찬송을 드립니다.

회개와 인도

하나님께서 베풀어 주신 놀라운 이적의 은사가 우리들 수십 평생의 삶에 그대로 녹아있는데도, 다시 크고 작은 홍해와 여리고성이 나타날 때마다 낙심하고 좌절했던 통 작은 신앙을 가슴을 열어 회개하오니 우리의 잘못을 용서하시고, 오늘도 전해 주실 은혜의 말씀을 통해서 우리의 신앙을 새롭게 다져나가게 하소서.

전도와 선교

오늘은 우리가 일 년에 한 차례씩 전교인 총동원주일로 지키는 날입니다. 주께 나오기를 멈춘 성도들과, 아직도 하나님을 알지 못하거나, 알면서도 믿지 못하거나, 믿으면서도 교회 출석을 꺼리는 사람들에게 깊은 깨달음을 주셔서, 주의 전에 나와 예배드리고 말씀으로 은혜를 받으며 하나님의 사랑 안에서 하루하루를 살아가는 것이 얼마나 기쁘고 복된 일인가를 느끼게 하소서.

또한 여기에 앉아있는 우리에게도 우리의 심령을 총동원해서, 전하는 말씀에 귀 기울이게 하시고 말씀 따라 살아갈 수 있도록 도와주소서. 예수님의 이름으로 기도드립니다. 아멘.

2015. 11. 22.

111. 총동원주일, 복음전파, 은혜와 평강, 성령임재, 천국의 기쁨

찬양과 감사

아버지 하나님! 영광 받으소서. 우리가 무엇이기에 우리를 통해서 영광을 받으시기를 기뻐하시나이까? 아무짝에도 쓸모없는, 조각조각 부서지고 깨어진 질그릇 같은 우리를 자녀 삼아주셔서 우리가 드리는 찬양을 받아 주시는 하나님께 오로지 감사드립니다.

은혜와 평강

언제나 우리를 바른길로 인도하시는 하나님! 총동원주일예배를 통해서 큰 영광 받으옵시고, 교회당에 새로 들어서는 모든 심령 위에 큰 복을 내려주소서. 주님의 사랑과 은혜 안에서 평생을 살게 하시고, 하나님의 말씀대로 살아가기를 즐거워하고, 억지로가 아니라 심령이 뜨겁게 불타올라 주님의 말씀을 전하지 않고는 견딜 수 없게 하시고, 그로 인해서 우리가 누리는 복락을 세상에 있는 형제와 자매들도 더불어 향유하게 하소서. 우리에게 성령을 흡족히 부어 주소서. 온 땅에 이르러 주의 증인이 되게 하소서.

마무리기도

우리가 이러한 사명을 충실히 이행할 수 있도록 일깨워주기 위해 우리에게 대언자로 세워주신 목사님을 주님의 강한 팔로 붙들어 주소서. 주시는 말씀을 꿀송이처럼 달게 받아 우리의 영혼이 살찌고 마음이 풍성해져서, 이 땅에 사는 동안에도 천국에 사는 기쁨을 맛보게 하소서. 우리의 모든 소망을 담아 아버지께 간구하오며, 예수님의 이름으로 기도드리옵나이다. 아멘.

2014. 11. 23.

112. 총동원주일, 이웃사랑, 복음전파, 성도의 참된 행복, 사랑과 은혜

찬양과 감사

하나님! 사랑으로 우리가 한 형제자매가 되게 하셔서, 기쁨과 즐거움을 보태고 슬픔과 아픔을 나누며 주께 영광 돌릴 수 있게 하여 주셔서 감사합니다. 아버지! 오늘 우리 교회가 총동원주일로 지키면서 전도와 선교, 이웃사랑의 의미를 되새길 수 있게 하여 주셔서 감사합니다.

전도와 선교

우리에게 주님의 넓은 사랑과 크신 은혜를 힘써 전파하는 일이 참 기쁨이 되게 하소서.[149] 주님의 크신 사랑의 말씀을 전할 때에 우리의 마음이 기쁘고 그 말씀 전할수록 새로운 기쁨이 넘치게 하소서.[150] 구원의 복된 말씀을 듣지 못한 사람이 아직도 세상에 많사오니 우리 모두 힘써서 이 말씀을 전하게 하소서.[151]

구원의 하나님! 물속에 빠져가는 형제, 시험과 근심의 거센 풍파에 휩쓸려 지쳐서 허덕이는 자매들에게 생명줄을 던져서 지금 곧 건지게 하소서.[152] 죄 중에 빠져서 헤매는 사람들이 주님의 음성을 듣고서 구원을 받을 수 있도록, 우리 모두 힘써 말씀을 증거하고 전파하게 하소서. 주께로 인도하게 하소서.[153]

하나님 아버지! 구주 예수님을 의지하는 것이 얼마나 기쁜 일인지, 죄악을 벗어버리고 영생의 허락을 받고 영원무궁 지나도록 주와 함께하는 것이 얼마나 큰 복인지를, 널리널리 전하게 하소서. 이 같은 복을 세상 모든 사람이 함께 누릴 수 있도록 도와주소서. 예수님의 이름으로 기도드리옵나이다. 아멘.

2013. 11. 24.

113. 총동원주일, 나눔축제, 회개와 인도, 각성과 결단, 사랑과 은혜

찬양과 감사

저희들을 세상과 구별하셔서 영적으로 친자녀 삼아주신 아버지 하나님! 오늘도 저희들의 마음과 발걸음을 주님의 귀한 성전으로 인도하셔서, 아버지께 경배와 찬양을 드릴 수 있도록 은혜 베풀어 주시니 감사합니다.

특별히 오늘은 그 동안 하나님을 모르고 어둠속에서 살아오던 세상의 형제자매들 그리고 주님을 믿다가 낙심한 성도들과 함께 예배드리며, 서로 사랑과 은혜를 주고받는 '행복 나눔 총동원주일'로 지킬 수 있도록 허락해 주셔서 더욱 감사합니다.

회개와 인도

저희들이 죄인 되었을 때에 이 땅에 주님을 보내주셔서 십자가를 대신 지게 하심으로써 저희들을 살려주신 아버지 하나님! 이제는 저희들이 주님의 그 사랑을 이어받아서 이웃을 섬기고 사랑하며 이 땅에서 주의 나라, 곧 천국이 이루어지도록 헌신하게 하여 주소서. 정신적으로 황폐해가고 물질적으로 타락해가는 이 힘한 세상 속에서, 저희들이 오직 주님만을 바라보게 하시되 억지로 하지 말고 마음 중심에서 우러나게 하여 주소서.

오늘도 파송하신 주의 사자를 통해 강단에서 울려 퍼지는 말씀을 생명의 양식 삼아 새로운 한 주일을 아버지의 자녀로서 성실히 살아갈 수 있도록 이끌어 주옵시고, 저희 앞에 가로놓인 모든 난관을 다 제거하여 주시옵기를 간절히 빌고 원하오며, 예수님의 이름으로 기도드리옵니다. 아멘.

2009. 11. 22.

114. 나눔축제, 전도와 선교, 참회와 용서, 사랑과 은혜, 믿음회복

찬양과 감사

아버지 하나님! 그동안 산지사방에 흩어져 살던 저희들을 거룩한 주일 아침에 이렇게 다시금 불러주셔서 감사합니다. 오직 한 분 하나님께만 영광과 찬양을 돌리며, 지난 한 주 동안도 저희들을 사랑과 은혜로 돌보아 주신 하나님께 진실로 감사드립니다. 하나님 아버지! 저희들은 죄 많은 인생들이라 이생에서 자랑할 것은 오직 죄뿐이건만, 허물을 탓하지 아니하시고 사랑으로 감싸주시고 은혜로 돌보아 주셔서 감사합니다.

참회와 용서

저희들의 잘못을 낱낱이 아뢰며 회개하오니, 아버지! 용서하여 주소서. 특별히 저희들의 허약한 믿음을 고쳐 주시옵기를 간절히 비옵나이다. 신앙의 선배들은 오직 믿음으로 적국과 싸워 이기기도 하고 의를 행하기도 하는가 하면 약속을 받아내기도 하고 사자들의 입과 감옥에서 구원을 받기도 하였건만,[154] 저희들은 이를 다 잊어버리고 기도하지 않은 죄악을 용서하여 주소서.

복음전파

모든 일을 은혜롭게 이루어 주시는 하나님! 저희 교회의 '해피 데이 나눔축제'가 잘 마무리되게 하여 주소서. 불신앙의 형제들에게 주님의 말씀이 전해져 완전히 변화하게 하시고, 믿다가 낙심한 주의 백성들이 주께로 돌아와 더 이상 의심 없이 믿게 하여 주소서.

마무리기도

이 일에 앞장서서 헌신하시는 목사님께 심신이 지치지 않도록 갑절의 영력을 더해 주옵시고, 이 시간 말씀을 전하실 때에도 성령께서 전폭적으로 이끌어 주셔서, 복되고 귀한 은혜의 시간이 되게 하여 주소서.

저희들이 밤낮으로 엎드려 간절히 드리는 기도가 하나님 아버지께 온전히 상달되어서, 말끔히 해결되고 확실하게 성취되게 하여 주소서. 아버지께 모든 것을 맡기오며 예수님의 이름으로 기도드리옵나이다. 아멘.

2010. 11. 07.

115. 나눔축제, 전도와 선교, 은혜와 평강, 각성과 결단, 헌신과 축복

찬양과 감사

　의롭지 못한 저희 죄인들을 내치지 아니하시고 오히려 사랑으로 품어 주시고 은혜로 인도하여 주시는 하나님! 베풀어 주신 사랑과 은혜에 감사드리며 성삼위 하나님께 경배와 찬양을 드립니다.

회개와 인도

　저희들을 있게 하시고 오늘 다시 불러주신 아버지! 그릇된 몸과 마음에서 비롯된 죄를 다 씻어 주시고 불살라주셔서, 저희 모두 이 예배에 합당한 심령이 되게 하여 주소서. 말씀을 통해 새롭게 깨닫고 온전히 변화하여서, 주님께서 명령하신 전도와 선교의 사명을 충실히 이행하게 하여 주소서.

헌신과 축복

　'해피 데이 축제'가 진정으로 아버지와 저희 모두에게 기쁘고 신명나는 잔치 한마당이 되게 하여 주소서. 이 일에 앞장서는, 혹은 뒤에서 든든히 받쳐 주고 밀어 주는 모든 성도에게 더 큰 은혜를 내려주소서. 아버지께 구하오니 열방을 저희 믿음의 유업으로 허락하여 주소서.

은혜와 평강

　신실하신 아버지 하나님! 저희들의 형편과 처지가 정말 고달프고 고단할 때에 주께 매달려 부르짖는 일을 잊고서 절망과 고통의 심연에 더욱 깊이 빠져들지 않게 하시고, 견딜 수 없는 시련과 좌절의 구덩이에서 헤매다 지쳐 쓰러질 때에도 저희들을 버리지 마소서.

마무리기도

 단 위에 세우신 주의 사자, 목사님께서 말씀을 전하실 때 담대하게 외칠 수 있게 하여 주옵시고, 우리 모두 말씀의 씨앗이 주렁주렁 열매를 맺어 아버지께 큰 영광 돌리게 하여 주소서.
 하나님께서 늘 저희를 사랑과 은혜로 돌보아 주시고 이끌어 주실 줄 믿사오며 예수님의 이름으로 기도드립니다. 아멘.

2010. 11. 14.

116. 태신자·새신자, 나눔축제, 전도와 선교, 헌신과 봉사, 성령임재

찬양과 감사

하나님! 드디어 해피 데이 나눔축제일이 됐습니다. 그동안 온 교회가 합심·협력하여 오늘 잔치를 준비하게 하신 하나님께 영광과 찬송을 드립니다.

저희를 구원하시기로 작정하신 후 지난날 누군가의 손길을 통해 저희를 주께로 인도하여 아버지의 자녀로 삼아주신 하나님! 아버지께서 만세 전부터 예비하신 태신자들을 오늘 저희를 통해 ◎◎교회로 불러주신 은혜에 감사드립니다.

회개와 인도

그동안 전도를 게을리해 온 저희들의 죄를 용서하여 주옵시고, 오늘 새로 주님께 나온 형제자매들이 하나님의 말씀으로 온전히 양육되어서 아버지께서 기뻐하시는 주의 백성이 될 수 있게 하여 주옵시며, 이들이 장차 주님 앞으로 많은 사람을 안내할 수 있게 하여 주옵소서.

태신자·새신자

교회에 첫발을 내딛는 태신자들이, 전해지는 아버지의 말씀에 크게 감동해서 주님을 바르게 영접할 수 있게 하여 주옵시고, 일생동안 주님의 품 안에서 떠나지 않겠다고 굳게 다짐하게 하소서.

말씀을 전하시는 목사님과 오늘 축제에서 몸과 마음을 드려 헌신·봉사하는 모든 성도에게 성령이 함께하셔서, 여호와 하나님께 큰 영광 돌리게 하여 주소서. 예수님의 이름으로 기도드리옵나이다. 아멘.

2010. 11. 28.

5. 전도와 선교 주석

131	찬송가 351장		143	시편 5:2
132	찬송가 350장		144	시편 10:1
133	로마서 8:9		145	시편 5:1
134	로마서 8:27		146	예레미야 2:21
135	로마서 8:5-6		147	디모데후서 4:5
136	히브리서 12:2		148	디모데후서 4:6-7
137	히브리서 6:11-12		149	찬송가 497장
138	시편 27:1		150	찬송가 497장
139	시편 27:1		151	찬송가 497장
140	시편 24:1		152	찬송가 500장
141	시편 32:1		153	찬송가 505장
142	시편 32:1		154	히브리서 11:33

6

인권과 평화

- 생명존중 212
- 장애인인권 218
- 여성인권 221
- 세계평화 222
- 인류애 226
- 자연재해 230
- 사회재난 236

117. 생명존중, 참회와 용서, 은혜와 평강, 천국의 소망, 광복절

찬양과 감사

아버지 하나님! 저희들의 온 마음과 정성을 다해 주께 영광과 찬양을 드릴 수 있도록 은혜 베풀어 주셔서 감사합니다.

참회와 용서

지난 한 주일 동안 세상 살면서 지은 죄와 허물을 자복하고 회개하오니 하나님의 크신 사랑과 우리 주님의 십자가 보혈로 모두 다 용서하여 주소서.

진정한 광복

아버지 하나님! 일제치하에서 해방된 지도 이제 60주년이 다 되어 갑니다. 저희들은 해방된 조국에서 산업화와 민주화를 소리 높여 외치며 그 동안 참으로 많은 것을 이뤄냈습니다. 하지만 아직도 성장의 그늘에는 몰아내지 못한 것이 너무 많습니다.

생명존중

특히 요즘 우리나라에서는 하나밖에 없는 목숨을 스스로 끊는 사람들이 너무나 많아졌습니다. 안타깝고 슬픈 일입니다. 할아버지·할머니들이 신병과 가난과 외로움을 비관하며 농약을 마시고 있습니다. 일자리를 잃고, 빚더미에 올라앉은 청·장년들이 목을 매고 있습니다. 학업성적 때문에, 빗나간 이성문제로, 또 집단 따돌림을 견디다 못해 어린 학생들이 고층아파트 베란다에서 몸을 날려 꽃다운 생을 마감하고 있습니다.

아버지 하나님! 저희들이 이런 시대에 살고 있습니다. 하지만 우리는 '그렇게 죽을 용기가 있었으면 이를 악물고 끝까지 참고 살지…'

하고 편하게 말하면서 그저 혀만 찰 뿐 그들을 위해서 아무것도 하지 못하고 있습니다. 그들을 하나님께 인도해내지 못했습니다. 그들에게 우리의 손을 내밀지 못했습니다. 영을 살리기는커녕 육신을 구제하는 일마저 눈 딱 감고 나 몰라라 하면서 살아가고 있습니다.

  하나님! 자식이 많아져서 먹여야 될 입이 늘어난 것도 아니요 병충해·풍수해가 더 심해서 쌀이 모자라 보릿고개, 눈물고개를 힘겹게 넘어야 할 처지도 아닌데, 왜 30년, 40년 전보다 훨씬 더 많은 사람이 스스로 목숨을 끊는 것일까요? 부양가족은 크게 줄었지만 남들만큼은 살아야 하겠기에 씀씀이가 커지고, 보릿고개는 오래 전에 사라졌지만 그보다 더욱 힘겨운 카드빚고개를 넘다 못해 부모가 세상을 하직하고, 자식이 부모보다 앞서 세상을 뜨고 있습니다. 아버지 하나님! 어쩌시렵니까?

은혜와 평강

  하나님! 저희 교회에서도 말 못할 고통을 겪고 있는 형제자매들이 많이 있습니다. 뒤돌아보면 한숨뿐이요 절망과 탄식 속에서 나날을 보내는 성도들이 하나둘이 아닙니다. 하지만 저희들은 자기 앞가림하기에도 바빠서, 또 여유가 있어도 마음 문이 열리지 않아서 그저 보고만 있을 뿐입니다. 저희들을 감동·감화시켜 주셔서 더불어 살아가게 하소서. 어려운 형제들을 위로하여 주시고, 살아서 함께 천국의 기쁨을 맛보게 하소서.

  하나님의 귀한 말씀을 전하실 목사님을 강한 팔로 붙들어 주소서. 육신과 영혼 모두 강건하게 하여 주셔서 주신 사명 잘 감당하게 하소서. 예수님의 이름으로 기도드립니다. 아멘.

2003. 08. 17.

118. 생명존중, 참회와 용서, 인류애, 여성 · 아동인권, 교회회복, 세모

찬양과 감사

　온 세상이 죄악으로 가득 차 폭발 직전에 놓여있던 2천여 년 전 이 지구에, 눈에 넣어도 아프지 않을 외아들 예수 그리스도를 아낌없이 보내신 성부 하나님! 자신이 걸어야 할 행로가 꽃길이 아니라 가시밭길이요 뜨거운 불구덩이이요 십자가 고난의 길인 줄 뻔히 아시면서도, 순종하는 마음으로 자원해서 이 땅에 내려오신 성자 예수님! 주님이 부활·승천하신 후 부모 잃은 고아와도 같은 저희들을 이 험한 세상에서 밤낮으로 보살펴 주시고 위로해 주시고 인도해 주시는 성령 하나님! 성삼위일체 하나님께 영광과 찬송과 감사를 드립니다.

　아버지 하나님! 2009년 기축년도 이제 거의 다 저물었습니다. 쉰두 번째 마지막 주가 지고 열두 번째 맨 끝 달이 기울면서, 새로운 천년(new millenium)이다 Y2K다 하며 온 세상이 떠들썩했던 21세기의 첫 번째 십 년이 역사 저편으로 영원히 사라져가고 있습니다. 연년세세 저희들을 품어 주시고 다독여주시고 이끌어 주시는 하나님! 지금까지 지내온 모든 것이 다 아버지 하나님의 무한한 은혜이기에 한 해를 보내면서 다시 한번 하나님께 큰 감사를 드립니다.

　하나님! 특별히 올 한 해 저희 ◎◎교회가 말씀 위에 든든히 서게 하시고, 예배를 통해 승리하는 삶을 살게 하시며, 주의 이름으로 근동에 좋은 소문이 나게 하시고, 기도로 힘을 얻게 하시며, 전도에 힘써서 수가 더할 수 있게 하여 주셔서 감사합니다. 평안하여 넉넉히 나아가는 교회가 되게 하여 주셔서 감사합니다.

참회와 용서

　하나님! 하지만 저희 각 사람의 언행심사는 주님 보실 때 기뻐하시는 그런 모습이 아니었음을 자백하고 회개합니다. 저희들은 주님의 성호를 욕되게 하였고, 주님께서 가르쳐 주신 복음을 세상에 널리, 제대로 전하지 못했습니다. 믿음의 형제와 함께, 자매와 함께, 이웃과 함께 그리스도의 사랑을 나누는 데 너무 소홀했습니다.

이 시간도 아무 공로 없어 자랑할 것은 더더욱 없는 저희들이 다만 주님의 십자가 보혈에 의지하여 엎드려 죄 씻음 받기를 원하오니, 저희의 온갖 허물과 실책을 다 용서하여 주소서. 순결한 심령이 되어 이 예배에 참여하게 하여 주소서.

인류애

아버지 하나님I 올해도 나라 안팎으로 큰일이 많았습니다. 세계적인 경제공황의 어두운 그림자가, 지구 온난화의 짙은 그늘이 우리의 삶 속에 더욱 깊이 파고들었습니다. 하나님이 친히 만드시고 조상대대로 온전히 보존되어 왔던 우리의 푸른 별 지구가 파괴되면서 환경 재앙이 끊이지 않고 있고, 그 와중에서 신종플루라고 하는 낯선 병마와도 맞서 싸워야 했습니다. 지구촌 곳곳에서 테러가 끊이지 않았고, 아직도 너무나 많은 사람이 차별과 박해와 기아선상에서 살얼음판을 걸으며 목숨을 이어가고 있습니다.

하나님! 여전히 이 세계에서는 우리가 일본으로부터 받았던 것 이상의 가혹한 식민통치를 받으면서도, 구호는커녕 위로조차 받지 못하는 불쌍한 민족들이 있습니다. 지금도 여성과 어린이들의 기본적 인권마저 보장 받지 못하는 나라가 많습니다. 어떤 나라, 어떤 사람들은 풍요롭다 못해 비만으로 시달리는데, 아직도 많은 사람이 굶주림으로 몸부림치다 이른 생을 마감하고 있습니다. 선하신 하나님! 새해에는 이런 일들이 눈에 띄게 줄어들게 하시고, 더 많은 세월이 흐르기 전에 이러한 일들이 완전 해소되게 하여 주소서.

위로와 평강

하나님! 우리나라에서는 올해 전직 대통령과 종교지도자가 꽃잎처럼 몸을 날려 스스로 생을 마감했습니다. 이 시대에 어디에 목표와 소망을 두고 살아가야 할지 우리의 마음을 강하게 붙들어 주시고 올바로 인도하여 주소서.

교회 안에서도 많은 성도가 가난과 질병으로 신음하고 있습니다. 아버지 하나님! 주님의 은혜로 어서 빨리 이러한 쇠사슬을 끊고 이제는 새롭게 앞으로 나아갈 수 있도록 도와주소서.

일꾼의 사명

은총의 하나님! 올 한 해 주님을 위해 헌신하고 충성하고 봉사한 주의 일꾼들의 삶이 더욱 복되게 하여 주소서. 그리고 병영에서, 객지에서, 산지사방에서 군복무와 학업과 직장일로 애쓰며 외로워하는 저희 ◎◎가족들을 주님의 따뜻한 품으로 감싸 안아 주소서.

마무리기도

이 시간 ○○○ 목사님께서 말씀 전하실 때 성령이 강권적으로 역사하셔서 이 자리에 주님 주시는 참 평안이 가득차고 넘치게 하여 주소서. 하나님께 감사드리며 예수님의 이름으로 기도드립니다. 아멘.

2009. 12. 27.

119. 생명존중, 인성의 타락, 인류애, 재해 · 재난, 온전한 믿음

찬양과 감사

환난 날에 우리에게 응답하시고 성소에서 우리를 도와주시며 시온에서 우리를 붙들어 주시는 하나님!¹⁵⁵ 성지순례에 나섰던 하나님의 자녀들이 테러의 희생물이 되어 교회가 안팎으로 어려워졌습니다. 슬프고 안타깝고 가슴 아픈 일이 또 벌어졌습니다.

아버지! 이 땅에 전쟁이 그치게 하시고, 굶주림과 헐벗음에서 벗어나게 하시고, 이념과 인습과 낡은 가치관의 사슬에 갇혀 기본적인 인권조차 누릴 수 없는 힘없는 사람들을 구제해 주소서.

그렇게 하시기 위해 예수님을 이 땅에 보내주신 하나님께 영광 돌립니다. 또한 그렇게 될 거라고 하는 믿음을 우리에게 주시고 그동안 인류의 역사를 통해서 이를 실현해 오신 하나님께 감사드립니다.

인성의 타락

하나님! 날이 갈수록 광포해지고 황량해지는 인성이 하나님 아버지의 보살핌과 주 예수 그리스도의 말씀을 통해 맑아지고 밝아져서, 천금보다 귀한 생명이 순식간에 스러져가는 이러한 일들이 이제는 되풀이되지 않게 하소서. 인간의 탐욕과 이기주의가 한 덩어리가 되어 빚어진 경주리조트 붕괴 사고와 같은 인적재해, 사회재난이 더 이상 생기지 않게 하소서.

우리 모두 말씀을 통해서 그리스도의 박애정신을 닮아갈 수 있기를 간구하게 하시며, 그러한 소망이 우리의 삶 속에서 하나둘 이루어지게 하소서. 예수님의 이름으로 기도드립니다. 아멘.

2014. 02. 23.

120. 장애인인권, 믿음과 사랑의 공동체, 심령의 소생, 목회자 축복

찬양과 감사

 하나님 아버지! 오늘 거룩한 주일을 맞아 오직 아버지 하나님께 모든 영광과 찬양을 돌립니다. 아버지! 저희들에게 큰 은총을 베풀어 주셔서 감사합니다. 많은 사람이 고개를 절레절레 흔들었지만, 하나님 아버지께서는 저희 교회를 아주 버리지는 아니하시고, 이렇게 믿음을 회복하게 하시고, 새로운 산 소망을 갖게 하시며, 다시금 사랑으로 하나 되게 인도하여 주셔서 감사합니다. 아버지께서 길이 참으셔서 마른 막대기와 같이 거의 다 죽게 된 저희들의 심령을 소생시켜 주사, 신앙의 새 움이 트게 하여 주신 것 감사합니다. 아버지의 도우심으로 저희 교회가 이렇게 또다시 아름다운 봄날을 맞게 하여 주신 것 감사드립니다.

 하나님! 불순종한 요나가 겪었던 것처럼 큰물이 저희들의 영혼까지 둘러싸고 저희 몸은 높은 산의 뿌리, 즉 깊은 바다의 맨 밑바닥으로 떨어졌사오나, 땅에 채워진 빗장을 풀어 주시고 저희들의 생명을 구덩이에서 건져주신 아버지의 은혜를 감사드립니다.[156] 하나님! 포도원의 망대같이 원두막의 상징막같이 그리고 사방의 적들로 겹겹이 에워싸인 성읍같이 겨우 형체만 남아있던 저희 교회를 다시 일으켜 주셔서 감사합니다.[157]

회개와 인도

 풍부한 데에 처하게도 하시고 빈곤의 한가운데에 세우기도 하시는 하나님! 한때 저희들의 성전은 다 허물어지고 그 터마저 심하게 흔들렸었습니다. 수많은 형제가 그렇게도 사모하던 주님의 전을 떠났습니다. 아버지! 저희들은 너무 괴롭고 아파서 눈물로 음식을 삼고 탄식으로 밤을 지새우며 아버지께 간절히 매달리면서도 어찌할 바를 몰랐었습니다. 아버지 하나님! 저희는 바벨론의 여러 강가에 앉아서 시온을 기억하며 하염없이 통곡해야 했습니다. 거기에서 버드나무에 저희들의 수금을 걸어놓고 저희들을 황폐하게 한 자들을 위해 노래를 불러야 했습니다.[158]

아버지! 형제의 가슴을 아프게 하고 분노케 한 죄를 용서하소서. 자매의 눈에서 눈물이 그치지 않게 하고 한숨이 끊이지 않게 한 잘못을 사하여 주소서. 하나님의 크신 섭리를 온전히 깨닫지 못하고 지레 자포자기하였던 저희들의 작은 믿음을 용서하여 주소서. 저희의 죄와 허물을 엎드려 자복하고 회개하오니 한없이 미쁘시고 의로우신 하나님 우리 아버지! 저희의 모든 잘못을 다 사하시고 온갖 불의에서 저희를 깨끗케 하여 주소서.[159]

하나님! 이제 다시는 저희 교회로 인해서 하나님께서 수치와 모욕을 당하시는 부끄럽고 민망한 어둠의 역사가 되풀이되지 않게 하소서. 하나님께 순종하고 오직 하나님만 바라보게 하소서. 주님만 의지하게 하소서.

목회자 축복

오래전부터 저희 교회를 위해 예비하셨다가 참으로 적절한 때에 저희들에게 보내주신 ○○○ 목사님과 함께 ◎◎교회의 역사를 새롭게 써내려갈 수 있도록 도와주소서. 주의 젊은 사자가 심신이 피곤하거나 괴롭지 않도록, 그리하여 오직 목회에만 전념할 수 있도록 아버지께서 친히 지켜주시고 인도하여 주소서.

하나님! 오늘도 주시는 말씀을 통해 저희 모두에게 큰 영감과 활력이 넘치는 은혜의 시간, 축제의 한마당이 될 수 있도록 성령께서 예배시간 내내 함께하여 주소서.

은혜와 평강

　아버지 하나님! 이번 주는 장애인 주간입니다. 육신과 심령이 부자유스러운 형제자매들의 고통과 불편, 외로움을 주께서 어루만져 주시사 위로받고 회복되게 하여 주소서. 또한 각종 원치 않는 병마에 시달리고 있는 성도들의 질병과 상처가 어서 씻은 듯이 치유되게 하여 주소서. 아버지! 군부대에서 훈련과 근무에 여념이 없는 저희 아이들, 고향과 모국을 떠나 낯선 땅에서 학업 또는 직장일로 고생하는 저희 자녀들이 주 안에서 모든 어려움을 이겨낼 수 있도록 굳센 믿음을 주소서.

						마무리기도

　하나님! 이 시간 성가대와 관현악단이 드리는 찬양과 연주를 기쁘게 받아 주셔서 이 자리에 주님의 은혜가 차고 넘치게 하여 주옵기를 빌고 원하오며, 예수님의 이름으로 기도드리옵나이다. 아멘.

						2008. 04. 20.

121. 여성인권, 참회와 용서, 평화와 기쁨, 복음전파, 성령임재, 봄

찬양과 감사

 하나님! 거의 한 주 내내 눈 아니면 비가 내리고 거센 바람이 불더니 화창한 날씨가 이어지고 있습니다. 우리에게 새봄과 함께 새롭게 시작할 수 있는 활력과 용기를 주셔서 감사합니다.
 아버지께 모든 영광을 돌리며 예배를 드리오니 저희들을 용납하여 주소서. 저희의 모든 죄를 용서하여 주옵시고, 죄책감에 사로잡혀 아버지께서 주신 참 평화와 기쁨을 잃지 않게 하소서.

성폭력 근절

 하나님! 온 나라가 나영이 사건에 이어 벌어진 부산여중생 피살사건을 놓고 분노하며 개탄하고 있습니다. 이러한 일이 터질 때마다 우리 그리스도인들이 가슴을 찢고 더욱 간절히 회개하게 하시며, 주의 복음으로 이 세상을 선하게 변화시킬 수 있도록 이끌어 주소서. 이처럼 잔혹한 일들이 다시는 되풀이되지 않게 하소서.

마무리기도

 하나님! 목사님을 주님의 강한 팔로 붙들어 주시고 이 자리에 성령을 물 붓듯이 부어 주셔서 모두가 은혜 받고 새 힘을 얻게 하소서. 주님의 용사로서 세상과 담대히 싸워 이겨나가게 하소서. 온갖 질병과 가난과 고통과 슬픔에서 해방되게 하소서. 예수님의 이름으로 기도드립니다. 아멘.

2010. 03. 14.

122. 세계평화(9.11 테러), 은혜와 평강, 나라와 민족, 회개와 인도

찬양과 감사

하나님! 한치 앞도 내다볼 수 없을 정도로 험난한 세상 속에서 지난 한 주 동안도 저희들을 안전하게 지켜 보호하여 주신 은혜를 감사드립니다. 오늘 거룩한 주일을 맞아서 사랑하는 형제자매들이 이렇게 귀한 하나님의 전에 둘러앉아 기쁘고 즐거운 마음으로 함께 예배드릴 수 있게 하여 주셔서 감사합니다.

회개와 인도

아버지! 저희들이 세상에 살면서 지었던 크고 작은 모든 죄를 다 용서하여 주소서. 이 예배를 드리는 데 조금도 거리낌이 없게 하여 주시고 하나님의 백성으로서 떳떳이 살아가게 하여 주소서.

세계평화

하나님! 며칠 전 미국에서는 세계 역사상 그 유례가 없는 대규모 참사(9.11 테러)가 발생해서 수많은 사람이 아무런 영문도 모른 채 순식간에 귀중한 목숨을 잃고 말았습니다. 테러에 가담했던 사람들이 주님이 가르쳐 주신 만민사랑의 정신을 져버리고, 허탄한 이념과 사상과 인식의 노예가 되어서, 불특정 다수인을 상대로 무자비한 살육을 감행한 데 대해 충격과 경악을 금할 수가 없습니다. 전시에도 이처럼 잔혹한 방식으로 무고한 사람들을 살상하는 일이 일어나서는 안 되겠거늘, 저들은 평온한 대도시의 평화로운 화요일 아침시간을 순식간에 아수라장으로 만들었습니다. 한순간에 사랑하는 가족을 잃고 비통해하는 유족들을 위로해 주시고, 부상자들의 심신이 하루빨리 치유되게 하여 주소서.

하나님! 한편으로는 관련 국가들이 패권주의를 앞세워 지나치게 자국 이기주의에 집착하는 과정에서 그 반작용으로 이 같은 일이 일어나지는 않았는지 헤아려 보면서, 모두가 하나님 앞에 더욱 겸손한 심정으로 엎드리게 하소서. 문명과 문명이 완충장치 없이 정면충돌하고 국가와 국가, 민족 간·인종 간·지역 간의 갈등의 골이 도저히 메울 수 없을 정도로 갈수록 깊어만 가는 이 상극과 공멸의 시대를 이제는 거두어 주소서. 모든 민족이, 특히 각국의 정치·경제·군사 지도자들이 하나님께 먼저 엎드려 회개하게 하여 주옵시고, 그들에게 상생과 공존의 삶을 이끌어 갈 수 있는 지혜와 아량을 허락하여 주소서. 보복이 또 다른 보복을 불러일으키는 악순환의 고리를 끊게 하여 주옵시고, 특별히 힘도 없고 가진 것도 없는 우리나라, 우리 한민족이 지난 시대에 겪었던 것처럼 세계 정치와 이념의 소용돌이 속에서 또다시 억울하게 피해를 받는 일이 없게 하여 주소서.

은혜와 평강

하나님! 저희 모두 크든 작든 갖은 염려와 근심 속에서 살아가고 있습니다. 저희들 환난 중에도 즐거워하게 하소서. 환난은 인내를 배우게 하고, 인내는 연단을 이루게 하며, 연단은 소망을 가져다 줄 것을 굳게 믿게 하소서. 이러한 소망이 부끄럽지 않은 것은 우리에게 주신 성령을 통해 하나님의 사랑이 우리 마음에 가득 부어졌기 때문이라는 것을 믿게 하소서. 저희들이 아직 연약할 때에, 정하신 대로 주님께서 죄 많은 인생들을 위해 죽으시기까지 저희들을 사랑하셨다는 것을 굳게 믿게 하소서.

생명의 말씀으로 위로와 평화를 얻게 하여 주소서. 교회를 영원히 사랑하여 주소서. 예수님의 이름으로 기도드립니다. 아멘.

2001. 09. 16.

123. 세계평화, 믿음회복, 전도와 선교, 수험생과 학부모, 11월

찬양과 감사

하나님! 벌써 11월입니다. 올해도 얼마 남지 않았습니다. 그 동안 저희들을 사랑으로 보살펴 주시고 인도해 주신 아버지 하나님께 이 시간 진심으로 감사드립니다.

참회와 용서

눈만 뜨면 죄 짓기에 바쁜 저희들을 그래도 참회하기만 하면 다 용서하여 주시고 새로운 길을 가게 하시는 아버지! 오늘 또다시 저희들의 죄와 허물을 엎드려 자복하고 회개하오니, 한 번 더 용서하여 주시옵기를 간절히 빌고 원하옵나이다. 더불어 세월이 흘러갈수록 조금씩이라도 죄를 덜 짓게 하여 주시고 주님의 성품을 보다 많이 닮아가게 하여 주소서.

믿음회복

아버지 하나님! 지금 이 시대가 비록 역사상 그 유례를 찾을 수 없을 정도로 죄악이 가득차 있는 시대이기는 하지만, 그 죄악 때문에 저희들을 송두리째 버리지 마옵시고, 모두가 다 자신의 잘못을 뉘우치고 하나님께로 되돌아올 수 있는 대회개운동이 일어나게 하소서. 초대교회의 순수한 믿음을 회복하게 하소서.

세계평화

이제는 어느 한 나라 한 민족만 편안하고 행복하게 잘 살 수 있는 시대는 지났다는 것을 모두가 깨닫게 하여 주시고, 우리 모두 다 하나님의 자녀라는 사해동포주의에 따라 서로 관용하고 이해함으로써, 이 땅이 진정한 그리스도의 나라가 되게 하여 주소서.

수험생과 학부모

저희 자녀들의 대입수능시험일이 이제 사흘도 채 남지 않았습니다. 형통케 하시는 하나님! 이 아이들과 그 부모들의 소원을 아버지께서는 너무도 잘 아시오니 그 기도를 들어 응답하여 주소서. 이번 기회를 통해 날마다 자신들의 신앙을 더욱 채찍질하면서 한층 더 간절한 심정으로 아버지께 매달리고 있는 이들의 간구를 결코 외면하지 마소서.

바른 신앙생활

아버지! 하나님의 백성들에게 보다 많은 것을 허락하소서. 그러나 저희들의 넉넉함과 부요함이 저희 자신과 가족과, 또 저희와 가까운 사람들만의 편안함과 쾌락을 위해서가 아니라, 저희들의 손길이 필요한 모든 사람을 위한 방편이 되게 하소서. 저희들을 다만 주님의 도구로 삼아 주셔서, 이 세상에 사는 동안 저희들의 온 힘을 다해서 주의 길을 따르게 하소서. 하나님! 이 땅에서 하나님의 백성으로 선택된 것을 큰 자랑으로 여기며 살아가게 하소서. 그러한 기쁨을 우리 이웃들도 같이 누리며 살아갈 수 있도록 더욱더 전도에 힘쓰는 저희들 되게 하여 주소서.

마무리기도

오늘도 말씀을 통해 저희들의 믿음이 더욱 강건해지게 하소서. 주님의 사자를 굳게 붙들어 주셔서 그 고단한 형편과 처지를 위로해 주시고 담대한 마음으로 말씀 전하게 하소서. 성가대와 관현악단, 선교단이 드리는 찬양을 기쁘게 받아 주옵시고 찬양을 통해 저희들의 영혼이 깨끗해지게 하여 주소서. 예수님의 이름으로 기도드립니다. 아멘.

2001. 11. 04.

124. 인류애(아이티 이재민), 세계선교, 심령부흥회, 교회의 화목

찬양과 감사

아버지 하나님! 지난 한 주 동안도 저희들을 사랑으로 고이 품어 주시고 바른길을 바라볼 수 있도록 도와주신 은혜에 감사드리며, 아버지께 영광과 찬양을 드리옵나이다.

참회와 용서

믿음과 행함에 있어서 어리석고 게으른 저희들을 외면하지 아니하시고, 뉘우치고 되돌아올 때마다 용서하시고 다시 껴안아주시는 하나님! 아무런 대가를 바라지 않고 오직 베풀기만 하는 어버이의 심정으로 모든 것을 이해하고 헤아려주시는 아버지 하나님! 이러한 하나님이신 줄 굳게 믿기에, 저희들이 험하고 악한 세상 살면서 짓고 행했던 모든 죄와 허물을 끌어안고 이 시간 염치를 잊은 채 이 자리에 나왔습니다. 아버지! 다만 의지할 것은 주님의 보혈뿐이오니, 독생자를 이 땅에 내려 보내신 그 사랑으로 굽어 살펴 주셔서, 저희들의 모든 잘못을 다 사하여 주소서.

이재민 위로와 구원

하나님! 아이티에서 큰 지진이 일어나 12만 명이 숨지고 3백만 명의 피해자가 생겼습니다. 삽시간에 사랑하는 가족과 친지를 잃거나 몸을 다친 유족과 난민들의 마음을 위로해 주시고, 이재민들의 부서진 살림터를 속히 복원시켜 주소서.

원주민인 타이노족의 멸절과 흑인 노예의 피맺힌 한과 식민의 아픈 역사 위에 세워진 아이티가 이번 기회에 부두교와 동거를 청산하고, 온전한 그리스도의 나라로 바로 서게 하여 주소서. 폐허로 변한 죽음과 절망과 통곡의 땅에, 성스러운 복음의 불길이 제대로 활활 타오르면서 나타나는 하나님의 크신 이적을, 전 세계가 똑똑히 바라보고 주께로 돌아오게 하소서.

교회의 화목

하나님! 내일부터 저희 교회에서 열리는 부흥회를 돌아보셔서, 은혜의 강물이 흘러넘치는 성회가 되게 하여 주소서.

아버지! 또다시 어려움에 빠진 교회의 난간을 부여잡고 눈물 뿌려 기도하면서 솔로몬의 잠언을 되새겨봅니다. 마른 떡 한 조각만 있고도 화목하는 것이 기름진 고기로 가득찬 집에서 서로 다투는 것보다 낫다고 한 말을 기억합니다. 부드러운 혀는 뼈를 꺾는다고 하였사오니, 마음의 정결을 사모하며 그 입술에 덕이 있게 하소서. 사람이 마음으로 자기의 길을 계획할지라도 그 걸음을 인도하시는 분은 하나님이시며, 사람이 제비는 뽑지만 일을 작정하기는 여호와께 있는 줄 아오니, 아버지! 저희 교회를 통해서 주님의 선한 뜻을 이루소서.

마무리기도

말씀을 전하기 위해 단 위에 세우신 주의 사자를 성령의 강한 팔로 붙들어 주시고, 주께서 온전히 인도하여 주소서. 성가대와 관현악단의 찬양을 기쁘게 받아 주옵시고, 우리 모두에게 크신 복을 내려 주소서. 병든 형제자매와 고난에 처한 성도들을 일일이 위로하시고, 믿다가 낙심한 자녀들을 어서 일으켜 세워 주소서. 예수님의 이름으로 기도드립니다. 아멘.

2010. 01. 24.

125. 인류애, 나라와 민족, 재해(세월호 참사), 자비와 위로, 성령감화

찬양과 감사

계절이 바뀌고 세월이 흐르면서 우리 자신의 모습과 주변 환경이 아무리 달라져도 우리를 변함없이 사랑하여 주시는 아버지 하나님! 오늘 주일을 맞아 거룩한 날, 거룩한 이 성전에서 아버지께 경배와 찬양을 드리오니 우리의 예배를 받아 주소서.

사회재난

지난 봄 기억조차 되살리기 싫은 세월호 참사로 시작된 국가적 재난이 온 여름이 다 지나도록 특별법 제정마저 이루어지지 않은 채 답답한 현실로 이어지고 있는 이 암울한 시기에도, 오직 우리에게 하나님의 자비와 위로를 베풀어 주시기를 간구하며 기도할 수 있게 하여 주셔서 감사합니다.

나라와 민족

공의로우신 하나님! 우리나라를 돌아보소서. 권세가들의 마음을 강권적으로 변화시켜 주셔서, 힘없는 이들도 편안하게 살아가게 하소서.

인류애

주님 다녀가신 지 2천 년이 다 되도록 아직도 이 세계는 전쟁과 분쟁과 폭력과 억압과 착취와 차별로 신음하고 있사오니, 모든 사람이 캄캄한 어둠에서 헤어나, 하나님께서 창조하신 그 목적대로 하나님을 영화롭게 하면서, 주님의 가르침 따라 이웃을 사랑하며 아름답게 살아갈 수 있도록, 어서 빨리 예수님을 구주로 영접하고, 성령을 통해 감동·감화 받을 수 있도록 도와주소서.

참회와 용서

아버지 하나님! 이러한 기도를 드리면서 먼저 우리의 잘못을 낱낱이 고하오니, 우리의 죄와 허물이 주님 보혈의 공로에 힘입어 말끔히 씻어지게 하소서.

마무리기도

우리를 위해 예비하시고 주님의 크신 사랑으로 감싸주시는 목사님께서 이 시간 말씀을 선포하실 때 큰 은혜가 이 성전에 흘러넘치게 하시고, 말씀을 듣는 우리에게 생수처럼 샘솟는 기쁨을 주셔서 모두가 은혜 받는 성회가 되게 하여 주소서. 예수님의 이름으로 기도드립니다. 아멘.

2014. 08. 24.

126. 자연재해(지진 · 해일), 사순절, 믿음의 성장, 사랑과 은총, 봄

찬양과 감사

　아버지 하나님! 계절은 어느덧 우수와 경칩을 거쳐 만물이 약동하는 봄이 됐습니다. 지난겨울 저희들을 온전히 지켜주시고 돌보아 주신 하나님께 경배와 찬송을 드립니다. 또한 지난 한 주 동안 세상살 때도 갖가지 사랑과 은총을 베풀어 주셔서 감사합니다.

참회와 용서

　그러나 아버지 하나님! 사순절을 맞아 주님의 수난을 되새기면서 저희들의 몸과 마음과 영혼을 성결케 해야 하거늘, 아무런 죄책감도 없이 그날그날을 허송하면서 살아왔던 저희들의 잘못을 용서하여 주소서.

자연재해

　하나님! 요즘 세계 각국에서 지진과 해일피해가 잇따르고 있습니다. 뜻밖의 재난을 맞게 된 이재민들을 따뜻하게 안아주시고 폐허에서 속히 일어나게 하시되 더 이상의 재해가 이어지지 않게 하소서. 그리고 우리 모두 하나님께서 지으신 자연을 무분별하게 파헤치고 망가뜨리는 일을 이제는 멈추게 하소서.

마무리기도

　오늘 주시는 말씀을 통해 저희들 겨우내 웅크렸던 소극적인 신앙 자세를 청산하고 앞만 보며 하나님 기뻐하시는 주의 백성들 되게 하여 주소서. 말씀을 전하시는 목사님에게 칠 배의 영력을 더하여 주옵시고, 듣는 성도들에게 말씀을 밝히 깨달을 수 있도록 영안을 열어 주소서. 저희들이 이 제단에서 올리는 모든 기도가 주님 보시기에 선하시거든 때가 지나기 전에 다 이루어 주소서. 예수님의 이름으로 기도드립니다. 아멘.

2010. 03. 07.

127. 자연재해(지진·해일), 3·1절, 나라와 민족, 세계평화, 긍휼과 사랑

찬양과 감사

"의인은 없다. 단 한 사람도 없다."고 하시면서 언제든지 죄인 된 저희들이 주님 앞에 나오는 것을 용납하여 주시는 아버지! 탕자만도 못한 저희 인생을 꾸짖으시기는커녕 버선발로 달려 나오셔서 두 팔로 안아주시는 하나님! 저희들은 오늘도 단지 아버지의 크고 깊은 사랑에 의지하여 감히 이 자리에 나와서 예배를 드립니다. 하나님 홀로 영광과 찬송을 다 받으소서.

하나님! 큰 피해는 없다고 하지만 남미 칠레에, 아이티를 강타한 것보다 그 위력이 천 배나 강한 지진이 있었습니다. 태평양에 엄청난 해일이 밀어닥쳤습니다. 단단한 땅거죽이 갈라져서 육신이 통째로 지하에 파묻히고, 집채만 한 파도가 덮쳐서 송두리째 떠내려갔습니다. 아버지! 희생자의 유족들과 부상자들을 깊은 사랑으로 감싸 안아주소서.

하나님! 대재앙의 시대에 저희들을 지켜주셔서 감사합니다. 굶주리지 않고, 크게 병들거나 다치지 않고, 주님의 백성으로서 귀한 신분을 유지하며 살 수 있게 하여 주셔서 감사합니다.

참회와 용서

하나님! 저희들의 삶은 죄와 허물투성이였습니다. 하나님을 믿는다고 말은 하지만, 멸망시켜도 괜찮을 죄인들을 위해 독생자를 버리신 아버지의 그 깊은 사랑을 헤아릴 생각조차 못했습니다. 인간의 몸으로 태어나 남들과 똑같이 배고픔과 추위를 느끼시고, 징계를 받으실 때는 다른 사람들과 조금도 다름없이 심신의 고통을 느끼셨던 주님께서, 죄인들을 구원하려고 단 하나밖에 없는 생명을 던지셨던 그 숭고한 뜻을 본받으려고 하지 않았습니다.

아버지 하나님! 이 시간 먹보다도 더 검은 저희들의 죄를 새하얀 눈처럼 희게 씻어 주소서. 그래서 저희들의 심령이 깨끗해진 연후에 흡족한 은혜의 단비를 넘치도록 내려 주소서.

진정한 극일

아버지! 내일은 아흔 한 번째 삼일절입니다. 지난 주 나 어린 김연아 선수가 피겨 스케이팅에서 세계를 제패한 것처럼, 이제 일본에 대해 과거의 잘못을 빌고 빼앗아 간 것을 내놓으라고 다그치는 소극적인 항일을 뛰어넘어, 우리나라가 세계의 평화와 번영을 위해 맨 앞장에 설 수 있도록 국력과 국격을 크게 높여 주셔서, 진정한 극일을 성취할 수 있도록 도와주소서.

긍휼과 사랑

아버지 하나님! 육신의 질병과 실직과 미취업과 궁핍으로 삶이 너무 곤고하고 힘에 겨운 형제자매가 정말 많습니다. 공평하신 하나님! 주님께서 이제 주린 사람은 복이 있으니 배부를 일만 남아있고, 지금 우는 사람은 복을 받으리니 머잖아 활짝 웃게 될 것이라고 하셨사오니, 저희 불쌍한 심령들을 한시바삐 일으켜 세워 주소서. 그 아픈 상처를 싸매주시고 어루만져 주소서. 염려하며 기도하는 바가 모두 다 속히 성취되게 하여 주소서.

마무리기도

단 위에 세우신 목사님에게 크신 권능을 베푸셔서, 아버지의 말씀을 통해 우리 모두 변화되고 위로받고 새 사람 되는 은혜가 임하게 하여 주소서. 예수님의 이름으로 기도드립니다. 아멘.

2010. 02. 28.

128. 자연재해(가뭄), 여름, 참회와 용서, 성령임재, 목회자 가족 추모

찬양과 감사

　천지만물을 섭리하시며 인간의 생사화복과 길흉을 주관하시는 하나님! 오늘도 저희들을 귀한 하나님의 전으로 불러 주셔서 신령과 진정으로 예배드릴 수 있게 도와 주셔서 감사합니다.

참회와 용서

　하나님! 저희들의 지난날의 모든 죄와 허물을 용서하여 주시고 이 시간 순전한 마음으로 하나님께 예배드리게 하여 주소서.

자연재해

　아버지! 지금 우리나라는 90년, 100년 만의 가뭄으로 대지는 온통 메말라가고 농심도 바짝바짝 타들어가고 있습니다. 가물어 메마른 땅에 어서 단비를 내리셔서, 대지도, 식물도, 사람도 원기를 되찾게 하소서.

추모기도

　하나님! 그 동안 저희들과 함께 16년이 넘는 세월을 동고동락하며, 교회의 부흥과 발전을 위해서 눈물 뿌려 기도하고, 불편한 몸을 이끌고 앞장서서 헌신·봉사해오시던 ▽▽▽ 사모님이 어제 소천하셨습니다. 이제는 고인이 되신 분을 추모하면서 다 같이 한마음으로 기도하오니, 사랑하는 딸이 이제 더 이상 육신의 아픔과 고통도 없고 슬픔과 괴로움도 없는 하나님 나라에서, 영원히 하나님을 찬양하며 하나님의 품 안에 거하게 하소서.

　아버지! 창세 이래로 이 땅에 왔던 헤아릴 수도 없이 많은 사람이 모두가 다 한결같이 하나님 나라로 돌아갔고, 이 자리에 있는 저희들도 모두 시기에 차이는 있더라도 어차피 언젠가는 하나님 곁으로 되돌아갈 사람들이지만, 고인이 이제 오십을 갓 넘긴 나이에 세상을 뜨고 보니, 가족들은 말할 것도 없고 온 성도들이 슬픈 마음을 금치 못하고 있습니다. 아버지 하나님! 애통하는 심령들을 위로하여 주시고, 남은 저희들은 고인이 살아생전에 간절히 바라던 바가 무엇인가를 깨달아, 이제 각자가 자신의 위치에서 최선을 다해 하나님을 올바로 섬기며 주님의 가르침을 참되게 실천하게 하여 주소서.

마무리기도

오늘도 우리 모두에게 함께하여 주사, 말씀을 전하고 들을 때 피차가 성령의 감화를 받아 부서지고 깨어져서, 새롭게 변화하는 역사가 일어나게 하여 주소서. 우리 주 예수님의 이름으로 기도드립니다. 아멘.

2001. 06. 17.

129. 사회재난(세월호 참사), 참회와 용서, 생명존중, 간구와 다짐

찬양과 감사

　우리가 때때로 하나님을 잊어버리고 멀리할 뿐이지 잠시잠깐도 우리 곁을 떠나지 않으시고 한결같은 은혜와 사랑으로 우리를 지키시며 인도하여 주시는 아버지 하나님! 거룩한 주일 아침에 하나님께 찬양과 경배를 드리오니, 우리가 온 몸과 마음을 바쳐 드리는 이 예배를 기쁘게 받아 주소서. 아버지 하나님! 기쁘고 즐거울 때는 주께 감사드리고 힘들고 괴로울 때는 주께 전폭으로 의지할 수 있는 신앙을 주셔서 감사합니다.

참회와 용서

　하나님! 하지만 이번 세월호 여객선 참사는 우리 모두의 가슴을 너무도 아프게 합니다. 목숨이 붙어있는 한 재해와 사고 위험이 항상 우리 곁에 도사리고 있다고는 하지만, 모래 위에 지은 집처럼 허술하기 짝이 없는 재난안전시스템을 믿고 수학여행을 떠났다가 다시는 집에 되돌아올 수 없게 된 꽃다운 아이들, 배가 90도 이상 기울다가 완전히 뒤집어지고 선실과 갑판에 물이 가득차오르다 급기야는 물속에 잠겨버리면서 차가운 바닷물 속에서 체온이 점점 더 떨어져가던 공포와 절망감 속에서 끔직한 시간을 보내다가 결국은 세상을 떠나야만 했었던 사람들의 영혼에게, 우리는 어떻게 사죄하며 무슨 말을 할 수 있을까요?

　아버지! 가족을 잃고 가슴에조차 채 묻지 못하고 있는 유족들, 몸과 마음에 깊은 상처를 입은 사람들, 그리고 분노와 허무의 늪에서 헤어 나오지 못하고 있는 우리 국민들의 마음이 어떻게 하면 위로받고 안정될 수 있을까요?

간구와 다짐

아버지 하나님! 세월이 가면 또 잊혀버리고 말 이 같은 재해가 반복되지 않게 하소서. 변명과 보신에 급급한 공직자들이 이제는 자취를 감추게 하소서. 나라가 바로 서게 하시고 생명이 존중되는 사회가 되게 하소서. 성령께서 함께하셔서 우리를 이끌어 주소서. 오늘날 우리들 기독교인이 해야 할 바가 무엇인지 깨닫는 계기가 되게 하소서.

마무리기도

오늘도 주님의 말씀을 통해 우리의 자각과 다짐이 굳건해지도록 감동·감화시켜 주소서. 우리 주 예수 그리스도의 이름으로 기도드립니다. 아멘.

2014. 05. 18.

130. 사회재난(세월호 참사), 회개와 인도, 위로와 회복, 여름

찬양과 감사

하나님! 세월호 참사로 너무도 슬프고 참담하고 무기력했던 날들이 어느덧 지나고 다시 여름이 찾아왔습니다. 우리는 희망과 부활을 노래해야 할 봄날을 한숨과 비탄과 자괴와 원망 속에 허비하고 말았습니다.

아버지 하나님! 과거 이스라엘 민족이, 또 수많은 믿음의 인물들이 절망과 낙담 속에서도 하나님의 위로하심과 회복하심에 힘입어 새 힘을 얻고 다시 기력을 찾아 앞으로 나아갔던 것처럼, 우리들에게 긍휼과 활력을 베풀어 주소서. 세세무궁토록 영광과 찬송을 받으실 하나님! 괴롭고 아픈 영혼들을 꼭 껴안아 주소서.

회개와 인도

하나님! 이러한 때에 주님의 제자인 우리가 무엇을 잘못했는지 곰곰이 회개하게 하시고, 또 앞으로 어떻게 해야 할지 올바로 가르쳐 주소서. 우리의 그릇된 언행 때문에 기독교가 비난과 웃음거리가 되지 않게 하시고, 우리의 언행으로 주님이 존숭과 칭송만을 받으실 수 있도록 도와주소서.

마무리기도

아버지! 우리의 마음을 찢고 영혼을 기울여, 주님 주신 말씀을 온전히 받아들이고 따르게 하소서. 말씀을 전하시는 목사님, 말씀을 듣는 성도들 모두 주께 영광 드리게 하소서. 이 나라에 이제는 슬프고 괴로운 일은 지나고 기쁘고 즐거운 일만 있기를 간구하오며, 우리 주 예수 그리스도의 이름으로 기도드립니다. 아멘.

2014. 06. 01.

131. 사회재난(세월호 참사), 영적 각성, 전쟁종식, 참회와 용서

찬양과 감사

우리의 영원한 빛과 소망이신 아버지 하나님! 세상이 어떻게 바뀌든 우리를 변치 않고 사랑하여 주시는 은혜를 감사드립니다. 사람의 짧은 생각으로는 도무지 헤아릴 수 없는 이 세계의 변화를 주관하시며 그 중심에 계시는 하나님의 성호를 찬송합니다.

참회와 용서

아버지! 전쟁과 자연재해와 인재로 무고한 인명들이 쓰러질 때마다 우리는 하나님이 어디에 계시는지만 물었습니다. 이를 통해서 우리가 어떠한 반성을 하고 교훈을 얻어야 하는지를 등한시했습니다. 나라가 올바른 방향으로 나아가지 못할 때, 세상이 바른길로 행진할 여건이 조성되지 않을 때도, 우리는 그저 낙심하고 실망만 했을 뿐 적극적으로 기도하지 못했습니다. 그리스도인의 본분을 다하지 못하고 있는 우리의 죄를 용서하여 주소서.

마무리기도

지혜와 명철의 원천이신 하나님! 목사님이 전하시는 말씀으로 우리의 잠든 영혼을 흔들어 깨워주시고, 도리를 올바로 깨우치게 하여 주소서. 한주 내내 세상에서 살 동안 그 안에 깊이 빠져들지 않게 하시고, 그리스도의 말씀으로 굳게 무장하여서 담대히 싸워 이길 수 있게 하소서. 그렇게 할 수 있도록 우리에게 성령을 더욱 충만하게 하셔서 복음의 전위대로서 충성을 다하게 하소서. 예수님의 이름으로 기도드립니다. 아멘.

2014. 08. 03.

132. 사회재난, 자연재해, 세계선교, 창조의 섭리, 위로와 평강, 여름

찬양과 감사

은총의 하나님, 은혜의 하나님, 은사의 하나님! 우리 구주 예수님을 통해 저희를 구원해 주셔서 감사합니다. 하나님을 아버지로 모실 수 있도록 허락하여 주심을 감사드리며, 오늘도 저희들의 몸과 마음을 다 바쳐 아버지 하나님께 경배드립니다.

자연재해 종식

아버지 하나님! 올 여름은 우리나라뿐만 아니라 전 세계적으로 많은 자연재해가 발생하고 있고 또한 끔찍한 사건도 자주 일어나서 적지 않은 사람들의 몸과 마음에 돌이킬 수 없는 아픔과 상처와 피해를 남겼습니다. 기도하옵기는 하나님이 창조하신 섭리를 좇아 더 이상 자연을 망가뜨리지 않게 하시고, 극진한 사랑으로 이웃을 섬기는 그리스도의 박애정신이 세계만방에 전파될 수 있도록 선교에 더욱 힘을 쏟게 하소서. 아버지! 가족을 잃고, 삶의 터전이 폐허로 변한 땅에서 극심한 고통 속에 슬픔에 젖어 낙망하는 영혼들 위에 크신 위로를 베풀어 주소서.

마무리기도

오늘 여기 모인 저희들, 목사님이 전하시는 아버지의 말씀을 되새기며 아버지께서 다스리라고 하신 이 땅을 선하게 쓰다듬고 아름답게 가꾸어 후대에 온전히 넘기게 하소서. 오늘도 하나님의 은총과 은혜와 은사를 사모하오며, 예수님의 이름으로 기도드리옵나이다. 아멘.

2011. 07. 31.

6. 인권과 평화 주석

155 시편 20:1-2
156 요나 2:5-6
157 이사야 1:7

158 시편 137:1-3
159 요한1서 1:9

7

교회절기

- 신년감사 244
- 사순절 272
- 종려주일 288
- 고난주간(새벽기도) 298
- 부활절 310
- 씨뿌림주일 316
- 성령강림절 318
- 맥추감사주일 326
- 종교개혁주일 332
- 창조절 340
- 추수감사주일 342
- 대림절 362
- 성탄절 363
- 송구영신(세모) 372
- 송구영신(심야) 379

133. 신년감사(새천년), 참회와 용서, 나라와 민족, 교회의 미래

찬양과 감사

 살아계셔서, 몸소 지으신 우주만물을 친히 다스리시고 인류역사를 온전히 주관하시는 아버지 하나님! 세세무궁토록 홀로 영광 받으소서. 저희들에게 묵은 천년을 떨쳐 버리고 새로운 천년을 맞을 수 있는 감격과 기쁨을 누릴 수 있게 하여 주셔서 감사합니다. 새 천년 첫 주일을 맞아서 이 귀한 성전에 나와 아버지께 예배드릴 수 있는 믿음과 여건을 허락해 주셔서 감사합니다.

참회와 용서

 하나님! 저희들의 지난날을 되돌아 볼 때 내세울 만한 것이라고는 죄와 허물밖에 없습니다. 이 시간 간절히 원하오니, 저희들의 모든 잘못을 주님의 보혈의 공로로 깨끗이 씻음 받게 하여 주소서. 이 예배를 드리는 데 합당한 심령이 되게 하여 주소서.

민족통일

 아버지 하나님! 이 나라 이 민족을 긍휼히 여기소서. 지구상의 유일한 분단지대인 한반도가 어서 빨리 통일되게 하여 주소서. 그 이전에 동서가 먼저 하나 되게 하여 주소서.

정치·경제·도덕·윤리의 회복

 의로우신 하나님! 이제는 뒤틀린 정치가 제 자리를 찾게 하여 주소서. 벼랑 끝까지 내몰렸던 경제가 완전히 회복될 수 있게 하여 주소서. 실종된 도덕과 윤리를 되찾게 하여 주소서.

믿음과 사랑의 공동체

 하나님! 주님의 피로 세운 ◎◎교회를 불쌍히 여겨 주소서. 아브라함의 교회- 믿음의 교회 되게 하소서. 소망의 교회- 야곱의 교회 되게 하소서. 여호수아와 갈렙의 교회 되게 하소서. 사랑의 교회 되게 하소서. 거듭나는 교회 되게 하소서. 억눌린 사람, 헐벗은 사람, 소외 받는 사람들이 우대 받는 교회 되게 하여 주소서.

　아버지 하나님! 그러기 위해서는 먼저 가진 사람, 누리는 사람들이 더 많이 회개하고 더 많이 비울 수 있게 하여 주소서. 어느 누구도 그릇된 권위를 앞세워 힘없는 형제들의 심령을 억압하거나 그들의 마음에 상처를 입히지 않게 하소서.

　하나님! ◎◎교회가 어른을 공경하는 교회 되게 하여 주소서. 젊은이들을 북돋워 주는 교회 되게 하소서. 새 천년을 맞아 5대양 6대주- 열린 세계를 향하여 힘차게 진군하는 교회되게 하소서. 마침내 승리하는 교회 되게 하소서.

　하나님! 저희 교회에서는 올해도 여러 가지 일을 하고자 합니다. 아버지께서 선하다고 여기시거든 계획한 일들이 꼭 이루어지게 하여 주소서. 또한 올해 몸 된 교회를 위해서 새롭게 헌신할 일꾼들이 사명 제대로 감당할 수 있도록 믿음 위에 믿음을 더하여 주옵시고, 그 생활의 전폭을 맡아 주관하여 주소서.

마무리기도

　말씀을 전하는 주의 사자, ○○○ 목사님에게 함께하여 주셔서 영육 간에 강건함으로 고단치 않게 하시고, 오늘 예배를 통해 여기 모인 성도들 모두 참된 위로와 기쁨을 얻게 하여 주소서. 오늘 예배의 모든 순서와 절차를 주께서 인도하여 주실 줄 믿사옵고 예수님의 이름으로 기도드립니다. 아멘.

2000. 01. 02.

134. 신년감사, 참회와 용서, 믿음과 사랑의 공동체, 각성과 실천

찬양과 감사

아버지 하나님! 이 시간 홀로 영광 받으소서. 저희들은 오늘도 하나님께 경배와 찬양을 드리기 위해서 이렇게 모였습니다. 아무 쓸모 없는 저희들을 자녀로 삼아주신 것만 해도 감사하온데, 늘 사랑과 은총으로 돌봐주시고 이끌어 주셔서 참으로 감사합니다. 눈만 뜨면 한사코 세상길로 줄달음질치기에 바쁜 저희들의 발길을 하나님께로 돌이키게 하시고, 오늘도 넘치는 은혜를 받게 하여 주시니 감사합니다.

참회와 용서

하나님! 세월이 유수와 같이 속절없이 흘러갑니다. 후회와 아쉬움 속에 한 해를 보내고 나름대로의 감격과 굳은 다짐 속에 새롭게 맞은 임오년 새해도 벌써 여러 날이 지나갔습니다.

그 동안도 저희들은 하나님께 자랑할 것보다는 질책을 들을 만한 일이 더 많았음을 솔직히 고백합니다. 또 항상 정결하게 유지해야 할 저희들의 심령을 온갖 죄 앞에 그대로 내맡겼던 잘못을 자복합니다. 아버지! 새해가 진작 밝았는데도 아직도 묵은해에 가졌던 낡은 사고의 틀에서 벗어나지 못하는 저희들을 불쌍히 여겨주소서.

하나님의 말씀대로 살지 못한 죄, 시시때때로 성령을 통해 들려주시는 양심의 소리에 귀 기울이지 못한 잘못을 엎드려 회개하오니 용서하여 주소서.

바른 신앙생활

아버지 하나님! 주 앞에서 한 점 부끄럼 없이 살지는 못하더라도, 또 만인 앞에서 거리낌 없이 살아갈 수는 없다고 하더라도, 최소한 똑같은 잘못을 되풀이해서 저지르는 일은 없게 하소서. 저희들 올해는 이렇게 살기를 간절히 원합니다.

저희들을 몸소 지으시고 길러주시는 아버지! 저희들의 처지를 너무나 잘 아시는 하나님! 아무런 근심 걱정이 없었더라면, 아버지께서 온갖 시련과 고난 속에서 붙들어 주시지 아니하셨더라면, 위로해 주지 아니하시고 북돋워 주지 아니하셨더라면, 저희들은 하나님을 철저히 외면하면서 살아갈지도 모르는 사람들입니다. 아버지께서 저희들이 외롭고 슬플 때 오직 홀로 강한 산성이 되어 주시지 아니하셨더라면, 방패와 피난처가 되어 주시지 아니하셨더라면, 저희들은 벌써 오래 전에 하나님 곁을 아예 떠났을지도 모르는 나약한 인간들입니다.

은혜에 감사

그러하오니 모두가 아무런 생각 없이 깊은 잠에 빠져 있을 때에 홀로 일어나 아버지 앞에 무릎 꿇을 수 있는 기도의 제목을 주신 하나님께 어찌 감사드리지 않을 수 있겠습니까! 끝없이 눈물 흘리며, 또 기뻐 뛰며 찬송할 수 있게 하신 하나님의 은혜를 어찌 찬양하지 않을 수 있겠습니까! 괴로우나 즐거우나 오직 하나님만 의지하고 나아갈 수 있게 하여 주신 은혜를 어찌 감사드리지 않을 수 있겠습니까! 기쁘면 기쁜 대로, 슬프면 슬픈 대로, 괴로우면 또 괴로운 그대로, 하나님께 감사하며 십자가 튼튼히 붙잡고 주어진 길을 가게 하시는 하나님께 이 시간 다시 한번 감사드립니다.

믿음과 사랑의 공동체

아버지 하나님! 저희 각자의 몸과 마음뿐만 아니라 사랑하시는 하나님의 교회가 안고 있는 상처를 치료해 주시고 싸매 주소서. 비틀거리지 말고 흔들리지 말고 잘못은 잘못대로 온전히 고쳐가게 하소서.

마무리기도

하나님! 오늘도 찬양과 기도와 말씀을 통해서 이러한 각오와 실천 의지를 더욱 굳게 다지는 저희들 되게 하여 주소서. 말씀을 전하는 ○○○ 목사님을 기억하여 주소서. 주님의 사역을 온전히 감당할 수 있도록 강한 팔로 붙들어 주소서. 예수님의 이름으로 기도드립니다. 아멘.

2002. 01. 20.

135. 신년감사, 참회와 용서, 교회의 부흥, 헌신과 봉사, 전도와 선교

찬양과 감사

 아버지 하나님! 신년 둘째 주일을 맞아 이렇게 아버지 앞에 나와 엎드렸습니다. 오늘도 저희들을 거룩한 성전으로 인도하여 주셔서 아버지께 예배드릴 수 있게 도와주시니 감사합니다. 아버지를 찬양하며 아버지께 영광 돌릴 수 있게 하여 주셔서 감사합니다. 기뻐 뛰며 주님을 바라볼 수 있는 믿음을 주셔서 감사합니다.

참회와 용서

 아버지 하나님! 이 시간 간절히 아뢰옵기는 저희들이 세상 살면서 알고 지은 죄와 모르고 범한 죄를 모두 다 자복하고 회개하게 하여 주소서. 그리하여 깨끗이 씻음 받고 말끔히 고침 받아 정결한 마음으로 예배에 참여하게 하여 주소서.

믿음의 성숙

 하나님! 올해는 저희들의 신앙생활에 일대 변혁이 일어나게 하소서. 저희들의 영혼이 맑아지게 하소서. 하나님 중심으로, 하나님 제일주의로 살게 하셔서 오직 하나님께만 영광 돌리게 하소서. 예배가 즐거워 예배시간이 기다려지며, 찬송이 신명 나게 하시고, 아버지께 기도드릴 때마다 새로운 힘이 무럭무럭 샘솟는 그러한 한 해가 되게 하소서.

교회의 부흥과 선교

 아버지 하나님! 올해는 저희교회가 환갑이 되는 해입니다. ◉◉동의 장자교회(長子敎會)로 출발한 ◎◎교회가 그 믿음의 역사와 연륜에 걸맞게 이제는 일어나 빛을 발하게 하소서. 올해는 특히 꼭 백 년 전 평양에서 신앙의 대부흥운동이 일어났던 것처럼, 지금의 서울 그리고 평양과 더불어 조선시대 3대 도시로 손꼽히던 ◈◈에서 기독교가 크게 부흥하는 역사가 일어나게 하시되, 그 중심에 저희 ◎◎교회가 서게 하소서.

하나님! ◎◎교회가 ●●동을 구원하는 축복의 통로가 되게 하소서. 어서 빨리 성령 충만, 말씀 충만, 은혜 충만한 담임목사님을 모시고 저희 교회가 ●●동을 살리는 믿음의 방주가 되게 하소서. 구원의 불쏘시개가 되게 하소서.

하나님! ◎◎교회에서 일기 시작한 신앙의 불꽃이 ●●동을 환하게 밝히게 하시고, ●●동에서 쏘아올린 믿음의 봉화가 ◈◈의 성시화(聖市化), ■■■도의 성지화(聖地化)를 앞당기게 하셔서, 한국이 완전히 복음화하는 단초를 열게 하시며, 그 복음의 불길이 활활 타올라서 땅 끝까지 골고루 주님의 이름이 전파되는 믿음의 대역사가 있게 하소서.

충성과 헌신

아버지 하나님! 교회에서 새해 직분을 맡은 모든 임직자들에게 주신 사명을 잘 감당할 수 있도록 충성스러운 믿음을 주소서. 어떠한 어려움도 이겨낼 수 있도록 굳센 용기를 주소서. 감히 어느 누구도 흔들 수 없는 견고한 여건을 허락해 주소서. 그리하여 연말에는 주님으로부터 모두가 다 잘했다 칭찬 받게 하소서.

은혜와 평강

만복의 근원이신 하나님 아버지! 올해는 가정적으로도 건강 축복, 물질 축복, 자녀에 대한 축복이 넘치는 한 해가 되게 하소서. 특히 저희들의 자녀들을 위해 기도드립니다. 입시를 준비하는 학생들에게는 그 관문을 무난히 넘을 수 있도록 지혜와 함께 학업에 대한 열심을 허락하소서. 일자리가 필요한 사람에게는 속히 알맞은 일터를 마련해 주소서. 혼기가 꽉 찼거나 이미 때를 넘긴 젊은이들에게는 어서 빨리 정해진 배필을 만나 새로운 가정을 이루게 하소서. 저희 교회를 출입하는 모든 성도가 들어와도 복을 받고 나가도 복을 받는 축복의 삶을 살게 하소서. 하나님이 주시는 복을 받기 위해 복 받는 생활하게 하소서.

마무리기도

주님의 젊은 사자 ○○○ 목사님 단 위에 세우셨사오니 성령의 전신갑주를 덧입혀 주셔서 강건케 하소서. 굳세게 하소서. 주님의 말씀을 담대하게 외치게 하소서. 그 말씀 듣고 모두가 큰 은혜 받게 하여 주소서. 목사님의 앞길도 활짝 열어 주셔서 장차 주님 앞에 크게 쓰임 받는 사역자가 되게 하소서. 예수님의 이름으로 기도드리옵나이다. 아멘.

2007. 01. 14.

136. 신년감사, 은혜와 평강, 온전한 믿음, 성령임재, 성전신축

찬양과 감사

자비로우신 하나님 아버지! 지난 한 해 우리를 믿음 안에서 안전하게 살게 하셔서, 건강한 몸과 마음과 영혼으로 다시 돌아난 2016년 새아침의 태양을 보게 하시며, 사랑하는 성도들과 함께 주를 찬송하고 주께 경배하면서 새해 첫 주일예배를 드리게 하여 주셔서 감사합니다.

험난하고 어지러운 세태 속에서도 우리를 홀로 버려두지 아니하시고 지켜주시고 인도해 주신 아버지 하나님! 우리가 올려드리는 무한한 영광을 다 받으시고, 우리를 영원토록 주의 백성으로 삼아 주소서.

은혜와 평강

은혜와 평강의 하나님! 세상이 우리를 아무리 힘들게 할지라도, 주께서 지난날 우리를 주의 품에 포근히 안아주시고 주의 날개 아래에서 편히 쉴 수 있게 하셨던 것처럼, 올해도 그렇게 해 주실 주님의 은혜를 사모하오니, 우리를 더욱 따뜻하게 품어 주소서. 하나님께서 보살펴 주시지 않으면 우리는 한걸음도 제대로 나갈 수 없사오니, 우리의 생이 다하는 그날까지, 아버지의 나라에 이르는 그때까지 온전한 주의 백성으로 살아가게 하소서.

회개와 인도

하나님! 지난 한 해 동안 저지른 모든 죄와 잘못을 되돌아보고 뉘우치며 새해 새로운 삶을 살기를 다짐하는 우리를 용서하여 주시고, 우리에게 희망과 용기를 갖고 살아가게 하소서.

온전한 믿음

　하나님 아버지! 삶은 과거에 비해 편해지고 풍요로워지고 있다고는 하지만, 머리는 점점 더 복잡해지고 가슴에 이는 찬바람은 갈수록 더욱 거세지는 이율배반적인 풍토 속에 몸담고 있는 우리의 처지를 돌아보소서. 우리 앞에 가로놓인 홍해가 갈라지게 하시고, 여리고성이 일시에 무너지게 하시며, 우리를 노려보는 골리앗을 쓰러뜨려 주소서. 다시스로 향하려는 우리의 발걸음을 니느웨로 돌려주소서.

성전신축

　하나님! 우리는 오랜 기도와 준비 끝에 올해 교회건축의 첫 삽을 뜨고자합니다. 사람의 생각만으로는 벅차고 힘겹겠지만, 주께 영광을 돌리기 위해 시작하려고 하는 일이오니, 우리를 염려케 하는 모든 장벽과 불안한 요소들을 주께서 다 제거하여 주소서. 성전건축을 통해 우리의 믿음이 더욱 굳건해지게 하시며, 우리의 살림살이가 오히려 풍성해지게 하소서. 이 같은 일들을 우리가 체험하고, 세상 사람들이 목도하게 하셔서, 성전건축을 통해 우리 모두 살아계신 하나님을 만나게 하소서.

마무리기도

　새해를 맞아 우리에게 새롭게 생명의 말씀을 선포하실 목사님과 주실 은혜를 사모하며 하나님의 말씀을 받을 성도들 모두 올해는 영육 간에 더욱 강건케 하셔서 뜨거운 성령의 바람을 깊이 체험하게 하소서. 올해도 우리를 한결같이 사랑해 주실 예수님의 이름으로 기도드립니다. 아멘.

2016. 01. 03.

137. 신년감사, 믿음의 성숙, 나라와 민족, 헌신과 봉사, 성도의 본분

찬양과 감사

 태초에 천지를 창조하시고 지금도 쉼 없이 천하를 다스리시는 하나님! 저희들은 또다시 새로운 한 해를 맞아 벅찬 감격과 큰 기대 속에 하나님께 한없는 감사와 경배와 찬양을 드립니다.

믿음의 성숙

 하나님 아버지! 섣달그믐날이나 정월 초하룻날이나 다만 연속된 시간의 흐름 속에서 가고 또 오는 것일 뿐 평소와 무엇이 다를 바 있을까요? 그래도 저희들은 새 달력의 첫 장을 펼치면서 새로운 각오와 다짐으로 다시금 새롭게 시작하고자 하오니, 아버지! 저희들을 도와주소서.

 하나님! 저희들, 묵은 때를 말끔히 벗게 하소서. 새 술을 새 부대에 담기 위해 낡은 부대는 과감히 버리게 하소서. 만물을 새롭게 하소서. 뒤에 것은 잊어버리게 하시고 오직 믿음과 의의 푯대를 향해 주 안에서 하나님께서 예비하신 상(賞)을 쫓아가게 하소서.

 아버지 하나님! 하나님의 선한 말씀을 온전히 느끼게 하소서. 하늘의 비밀을 알게 하시고 내세의 능력을 체험하게 하소서. 세상이 어떻게 변해가든 또 세상 사람들이 뭐라고 하든 오직 여호와만 섬기게 하소서. 하나님! 이제는 하나님과 바알 사이에서 머뭇거리지 않게 하소서. 맘몬의 노예가 되지 않게 하소서. 성령의 인도하심과 세속의 유혹 가운데서 서성대지 않게 하소서. 이제까지 거침없이 왕래했던 향락의 대로를 벗어나, 망설임 없이 주님께서 인도하시는 좁은 문으로 들어가게 하소서.

 하나님! 시절이 점점 더 악해지고 있습니다. 도무지 정신을 차릴 수 없을 정돕니다. 부디 세월을 아끼게 하소서.

시와 찬미와 신령한 노래들로 서로 화답하게 하소서. 저희의 마음을 다해 주께 노래하고 찬송하며, 범사에 주 예수 그리스도의 이름으로 아버지 하나님께 감사하고, 주님을 간절히 사모하면서, 서로 존중하게 하소서.

아버지 하나님! 이제는 새 일을 행하소서. 저희들의 황폐한 '마음의 광야'에 곧은 신작로를 내시고, 시온의 포로를 돌릴 때에 꿈꾸는 것과 같았던 벅찬 감동을 맛보게 하소서. 가물어 메말라 갈라질 대로 갈라진 '심령의 사막'에 영혼의 생수가 폭포수처럼 흐르게 하소서. 시냇가에 심은 나무가 되게 하소서. 시절 따라 열매 맺게 하시고 잎사귀가 마르지 않게 하소서.

은혜와 평강

복 주시는 하나님! 올해는 만사가 형통하게 하소서. 저희들의 수고가 추호도 헛되지 않게 하시고, 저희들이 생산한 것이 재난에 걸리지 않게 하소서. 저희 모두 일생토록 여호와의 복된 자녀가 되게 하소서. 또 저희들에게 허락하신 소생들도 그렇게 되게 하소서.

믿음과 사랑의 공동체

아버지! 주님의 교회를 진정으로 사랑하게 하소서. 교회를 위해 간절한 심정으로 염려하고, 끊임없이 기도하며, 열심을 다해 봉사하게 하소서. ◎◎교회가 이 땅에 온전히 서게 하소서.

새해에는 하나님의 말씀에 비추어서 온당치 못하고 부끄러운 요소들은 저희 주변에서 모두 다 제하여 주소서. 자신의 명예와 욕심만 뒤쫓다가 하나님의 영광을 가리지 않게 하소서. 하나님께 드릴진대, 천국창고에 들일 보화는 내팽개치고 자신의 호주머니만 생각하지 않게 하소서.

나라와 민족

아버지 하나님! 이제 우리 민족이 일어나 빛을 발하게 하소서. 하나님의 영광이 우리 겨레와 나라 위에 가득히 임하게 하소서. 이제는 정치적이든, 경제적이든, 군사적이든, 문화적이든 원근 국가를 막론하고 열방의 압제에서 벗어나게 하소서. 자주적으로 민족이 하나 되게 하소서. 평화통일을 이루어 주소서.

자비로우신 하나님! 형편이 어려운 사람들이 극한적인 가난을 떨치고 일어나게 하소서. 한 시간이 멀다하고 끊이지 않는 끔찍한 사건사고들이 줄어들게 하소서. 분쟁과 분열 대신에 화해와 일치가 자리하게 하소서. 무엇보다도 정치인들이 크게 각성하게 하소서. 경제의 발목을 잡고 민생을 볼모로 하는 정치놀음이 제발 이제는 그치게 하소서.

성도의 본분

하나님! 저희 모두 새해 새롭게 맡은 일에 충실하게 하시고, 직분을 제대로 감당할 수 있도록 믿음 주시고 능력 주소서.

마무리기도

갈급한 심령 위에 하나님의 말씀이 선포될 때 크게 변화되고 온전히 위로 받아 새 힘을 얻는 역사가 일어나게 하소서. 말씀을 대언하실 목사님과 말씀을 듣는 성도들 모두 성령 충만, 믿음 충만케 하여 주소서. 예수님의 이름으로 기도드립니다. 아멘.

2004. 01. 04.

138. 신년감사, 믿음의 성숙, 나라와 사회, 재해 · 재난, 생명존중

찬양과 감사

하나님! 이 거룩한 주일에 저희들을 다시금 성전으로 불러 모으셔서 아버지께 찬양과 영광을 돌릴 수 있도록 하여 주셔서 감사합니다. 질서의 하나님! 한 치 앞도 내다볼 수 없는 혼돈과 불확실성의 시대에 저희들을 각가지 은총과 사랑으로 보살펴 주시고 이끌어 주셔서 감사합니다. 특히 을유년 새해를 맞아서 결연한 각오와 다짐으로 한 해를 새롭게 시작할 수 있도록 깨우쳐 주셔서 감사합니다.

참회와 용서

하나님! 이처럼 둘러보면 매사가 감사드릴 것뿐인데도, 저희들이 내세울 것이라고는 죄와 허물밖에 없어서 다만 주님의 보혈의 공로에 의지하여 이렇게 아버지 앞에 엎드려 자복하고 회개하오니, 저희들의 잘못을 다 용서하여 주소서. 저희들의 모든 죄짐을 주님께 맡기오니 이를 용납하여 주소서. 교회 안팎에서 찢기고 상한 저희들의 마음을 싸매 주소서. 위로하여 주소서.

믿음의 성숙

고쳐주시는 하나님! 지난날의 저희들의 삶이 비록 육의 생활이었고, 어둠의 생활이었고, 악의 생활이었다고 해도, 이제는 영이 살아 숨 쉬는 생활, 온누리에 빛을 전하는 생활, 그리스도의 선하심을 닮아가는 생활이 되게 하여 주소서.

교회를 위한 기도

아버지 하나님! 저희 교회에 들이닥친 이 거센 물결이 어서 빨리 잔잔해지도록 도와주소서. 주님의 권능으로 이 바람과 바다를 꾸짖어 잠잠케 하소서.[160] 저희들이 물결과 바람을 보며 빠져 들어가지 않게 하시고, 오직 주님만을 앙망하면서 앞으로 힘차게 나아가게 하소서. 아무것도 염려하지 말고 오직 하나님의 나라와 그 의를 구하게 하소서.[161]

하나님 아버지! 오히려 이 풍랑으로 인하여서 저희 ◎◎교회가 더 크게, 더 알차게 성장할 수 있게 하여 주소서. 지금이야말로 모든 성도가 한마음 한뜻으로 뭉쳐서 교회를 새롭게 개척하는 정신으로, 다시 교회를 세우는 자세로 돌아가 허리띠를 단단히 조여 매게 하소서. 반드시 오늘의 이 아픔을 딛고 일어나, 세계교회사에 ◎◎교회의 이름이 아름답게 쓰이게 하소서.

하나님! 부수는 데 골몰하지 않게 하시고 세우려고 온힘을 다하게 하소서. 저마다 목청을 높이기 전에 서로 무릎 꿇고 기도하게 하시고, 다른 사람을 탓하기 전에 내가 먼저 굵은 베 옷을 입고 재를 뒤집어쓰게 하소서. 너는 너, 나는 내가 아니라 너와 내가 하나가 되어서, 우리 한 몸이 되어서, 낙심한 형제를 부둥켜안고 주저앉은 자매를 일으켜 세워서 함께 나아가게 하소서.

아버지 하나님! 저희들은 피땀 흘려 세워 역사 60년을 바라보는 ◎◎교회를 아버지께서 그냥 지켜보고 계시지만은 않을 줄 확실히 믿습니다. 절대로 이대로 쓰러지게 하지 않으실 줄 믿습니다. 더 이상 흔들리지 않게 하실 줄 믿습니다.

하나님! 교회의 모든 직분자들과 성도들을 단단히 붙들어 주소서. 아버지 하나님의 말씀에 전적으로 순종했던 주님의 성품을 닮게 하소서. 하나님만을 기쁘시게 하려고 했던 아브라함의 믿음을 사모하게 하소서. 목숨 걸고 신앙의 절개를 지켰던 다니엘과 그의 세 친구를 본받게 하소서. 악을 선으로 갚은 요셉을 모범으로 삼게 하소서.

다윗의 용기와 솔로몬의 지혜를 주소서. 사도 바울의 열심을 따르게 하소서. 그리고 어서 빨리 참된 담임목회자를 보내 주소서.

남아시아 이재민

은혜로우신 하나님! 졸지에 가족을 잃거나 크게 다치는가 하면, 난민이 되어서 시름에 젖어있는 남아시아 여러 나라 국민들을 불쌍히 여겨 주소서. 하루빨리 상처를 딛고 일어서게 하여 주소서. 앞으로는 이처럼 한꺼번에 수많은 사람이 목숨을 잃거나 다치는 대재앙이 일어나지 않게 하소서.

선교와 구제

하나님! 새해에는 우리나라의 정치 지도자들이 더욱 겸손하고 자숙하게 하여 주소서. 빈사 상태에 빠져있는 한국 경제를 어서 빨리 회복시켜 주소서. 살림이 너무 어려워 하나밖에 없는 생을 포기하는 사람들이 없게 하여 주소서. 그들이 주님의 복음에 접근할 기회조차 얻지 못하는 일이 없도록, 저희 모두 전도에 힘쓰게 하소서. 저희 ◎◎교회가 구제에 앞장서게 하소서.

마무리기도

이 시간에 저희들 마음문을 활짝 열어놓고, 하늘로부터 내려오는 거룩한 메시지를 아멘으로 받아들이게 하여 주소서. 정성껏 이 예배를 준비한 모든 손길 위에 큰 은혜 베풀어 주시옵기를 간절히 바라오며, 예수님의 이름으로 기도드리옵나이다. 아멘.

2005. 01. 09.

139. 신년감사, 믿음의 성장, 나라와 민족, 헌신과 봉사, 전도와 선교

찬양과 감사

사람들이 꾸려가는 역사 속에서 기적을 성취해 가시는 내 주 여호와 하나님! 허우대는 멀쩡해도 심령이 연약하고 어리석어서 넘어지고 주저앉기를 밥 먹듯 하는 저희들을 일으켜 세워주시고 등을 다독여주셔서 다시 제 갈 길을 가게 하시는 아버지 하나님! 지난 한 해 때로 생의 막다른 골목에까지 내몰린 적도 있었지만 우리 주님께서 구원의 손길을 베풀어 주셔서, 오늘 이 시간 이 자리에서 주를 찬양하며 주께 영광 돌릴 수 있도록 은혜 내려주심을 감사드립니다. 아버지! 단 1초가 흘러 완전히 해가 바뀌는 물리적인 이치 속에서 저희들에게 겉으로는 작년과 아무것도 다를 게 없는데도 새로운 한 해를 주셔서, 지난날을 반성하고 새롭게 앞으로 나아갈 수 있는 각오를 다질 수 있는 은총을 선물로 허락하여 주셔서 감사합니다.

참회와 용서

하나님! 지난 한 해 동안 주일을 범하고 감사의 생활을 소홀히 하고 전도의 소명을 회피한 저희들의 죄를 사하여 주소서. 형제를 미워하고 교회 일을 등한시한 잘못을 용서하여 주소서.

믿음의 성장

새해에는 주께 더욱더 가까이 다가서게 하시고, 그래서 주님과 더욱 밀접하게 교제하게 하시며, 주께서 가라 하시는 길 힘차게 달려가게 하시고, 주께서 하지 말라 하시는 일은 기를 쓰고 멀리하게 하소서. 당회로부터 교회학교의 유치부에 이르기까지 같은 말, 같은 마음, 같은 뜻으로 한 열매를 맺게 하소서. 서로가 서로에게 본이 되게 하시고, 서로를 위로하고 서로를 북돋우며 서로 힘이 되고 의지가 되게 하시며, 사소한 일에 신실한 영혼과 고운 마음을 걸지 않게 하소서. 그저 이해하고 사랑하며 '그럴 수도 있지 뭐' 하면서, 작년보다는 좀 더 성숙한 신앙의 자세로 주께 더욱 사랑받는 자녀들 되게 하소서.

세계와 국가와 민족

하나님! 세계는 일상적인 기상재해와 상시적인 경제위기의 소용돌이에 휩싸여 있고, 한반도에서는 이념과 사상이 날카롭게 부딪히면서 민족의 동질성마저 걷잡을 수 없을 정도로 훼손돼 가고 있습니다. 절대적 빈곤과 상대적 박탈감과 사회적 배제로 인해 신음하는 우리의 이웃을 돌아보소서. 어서 빨리 남북이 자유민주주의로 하나가 되어서, 단순히 해방 직후 북한에 살고 있었다는 이유 하나만으로 길게는 65년의 세월을 인권이 짓밟힌 채 처참한 생활을 감내해야 하는 동족의 비극이 이제는 끝나게 하소서.

제직을 위한 기도

하나님! 올해 새롭게 직분을 부여 받는 제직들을 돌보아 주소서. 주께서 주의 일을 위해 각 사람에게 내리시는 주의 명령으로 받고, 앞으로 1년간 성심으로 주께 헌신하고 봉사하게 하소서.

마무리기도

목사님에게 갑절의 영력과 건강을 허락하셔서 심신이 피곤치 않게 하시며 영감이 샘솟게 하셔서, 주님 주신 사명을 능히 감당하고도 남음이 있게 하소서. 예수님의 이름으로 기도드리옵나이다. 아멘.

2011. 01. 09.

140. 신년감사, 온전한 믿음, 헌신과 봉사, 세계선교, 빛과 사랑

찬양과 감사

아버지 하나님! 새로운 한 해를 열어 주셔서 시온의 영광이 빛나는 새아침을 맞게 하여 주시니 감사합니다.[162] 갈 길을 밝게 비춰 주는 주의 빛을 기리고 저희를 사랑의 끈으로 매어 주시는 은혜를 찬양합니다.[163]

참회와 용서

지난 한 해 동안 베풀어 주신 한없는 사랑과 은총에 감사하오며 아버지의 은혜를 저버린 채 죄에 빠져 헤매었던 모든 잘못을 회개하오니 저희를 용서하여 주소서.

온전한 믿음

하나님! 올 한 해는 이러한 한 해가 될 수 있도록 저희를 이끌어 주소서. 날마다 성경을 읽게 하시되 그 말씀이 저희의 가슴에 사무치게 하시고, 주의 음성이 밤낮으로 저희를 이끌게 하소서. 기도로 하루를 열고 또 닫게 하소서. 온종일 간구의 끈을 놓지 않게 하소서. 주님을 전폭적으로 신뢰하고 의지하면서, 저희를 괴롭게 하는 도전과 시련이 거세면 거셀수록 더욱 강력히 임하시는 주의 권능을 눈으로 보고 귀로 듣고 온몸으로 느끼게 하소서.

헌신과 봉사

아버지 하나님! 신앙의 진보가 있게 하소서. 복음 전하기를 부끄러워하거나 꺼려하지 않게 하시고, 주께서 저희 같은 죄인들에게도 전도의 사명과 기회를 주신 것을 참으로 기뻐하며 감사하게 하소서. 직분을 받은 것을 원망하거나 이를 회피하지 말고, 그러한 일을 감당할 수 있도록 키워주시고 채워주신 하나님의 은혜에 감사하게 하소서.

세계선교

하나님! 저희의 작은 헌신과 열정이 주님의 나라를 다지고 확장하는데 도움이 되게 하셔서, 아직도 하나님이 계신 것을 알지 못하는 미개한 나라의 사람들과 기독교가 탄압 받고 박해 받는 국가에서 목숨을 걸어야만 하나님을 믿을 수 있는 형제자매들이, 어서 빨리 마음 놓고 하나님을 믿으며 저희가 지금 누리는 이 믿음의 참 자유와 기쁨을 함께 맛보게 하소서.

마무리기도

아버지! '생명의 하나님, 우리를 정의와 평화로 이끄소서!'라는 표어로 2013년 한 해 저희 교회를 이끌어 가실 목사님을 단 위에 세우셨사오니, 충만한 영감과 심신의 건강을 베풀어 주셔서 ◎◎교회가 말씀 안에서 새롭게 도약하는 역사적인 한 해가 되게 하소서. 아버지 하나님! 올해 마지막날 송구영신예배를 드리면서 하나님께 저희 모두 "한 해 동안 열심히 일했습니다. 올해는 덜 후회스럽습니다." 하고 자랑하는 믿음의 진전을 이루게 하소서. 예수님의 이름으로 기도합니다. 아멘.

2013. 01. 06.

141. 신년감사, 믿음과 사랑의 공동체, 성령임재, 은혜와 평강

찬양과 감사

어둠의 권세에서 우리 인생을 살리신 하나님! 빛 되신 주님을 통해 우리를 구원해 주신 아버지께 영광과 찬송을 돌리옵나이다. 특별히 오늘은 묵은해를 보내고 새해 첫 주일을 맞아서 지난 한 해 동안의 모든 잘못을 뉘우치고 새로운 마음가짐으로 다시 일 년을 설계하게 하여 주셔서 감사합니다.

참회와 용서

아버지 하나님! 돌이켜보면 지난 한 해 동안 우리는 너무나 많은 잘못과 실수를 되풀이했습니다. 예배를 소홀히 하고, 봉사를 게을리 하였으며, 아버지께 드려야 할 정성과 시간과 물질을 엉뚱한 곳에 쏟아부었습니다. 부모에게는 불효자였으며, 자식들에게도 어버이로서 신앙의 모범과 도리를 제대로 보여 주지 못했습니다. 우리를 필요로 하는 사람들에게 선한 이웃이 되지 못했습니다. 아니 작은 이익을 차지하고 지키기 위해 이웃의 아픔을 외면하고 함께 슬픔을 나누지 못했습니다. 온유하신 하나님! 용서해 주소서.

믿음과 사랑의 공동체

아버지 하나님! 새해에는 우리가 내건 표어처럼 '예수 그리스도의 빛 안에서 새로워지는 교회'로서 주님의 밝은 빛을 온 세상에 널리 전하는 우리 ◎◎공동체가 되게 하여 주소서. 교회의 본래 모습을 회복하게 하여 주셔서 아버지께 신령과 진정으로 예배드리게 하시고, 단순히 사람들의 집합체가 아니라 주님의 삶을 본받고 따르고 전파하는 전위대로서 역할을 성실하게 수행하게 하소서. 주님 주신 사명을 "아멘."으로 감당하게 하시고, 살든지 죽든지 오직 주의 영광을 위해 한 해를 보내게 하소서.

은혜와 평강

 아버지! 새해에는 아픈 성도들의 몸과 마음을 어루만져 씻은 듯이 낫게 하시고 더 이상 아프지 않게 하소서. 취업과 결혼과 진학과 사업의 시작과 번창을 위해 기도하오니 우리의 기도를 들어주소서. 주님의 성업을 넉넉하게 펼쳐갈 수 있을 만큼 아버지께 흡족히 바치고도 부족함이 없도록 우리에게 재물도 넘치도록 허락하소서.

마무리기도

 새로운 다짐으로 한 해를 열어가는 우리들의 영혼을 지도하고 우리가 신앙의 바른길을 갈 수 있도록 이끌어 주실 목사님에게 이전보다 훨씬 더 강력한 성령의 은사를 베풀어 주셔서, 우리 모두 큰 은혜를 받게 하시고 올해 우리 ◎◎교회가 몰라보게 달라지는 좋은 변화가 있게 하소서. 예수님의 이름으로 기도드립니다. 아멘.

2014. 01. 05.

142. 신년감사, 사랑의 회복, 성전신축, 경제·정치·사회 안정, 성령임재

찬양과 감사

만물을 새롭게 하시는 하나님! 2006년 새해 첫 주일, 첫날이 밝았습니다. 지난 1년 동안 온갖 고난과 시련 속에서도 저희들이 실족치 않도록 지켜주시고 인도하여 주셔서, 오늘 새로운 마음으로 아버지께 찬양과 영광을 돌릴 수 있게 도와주셔서 감사합니다.

참회와 용서

하나님 아버지! 이 시간 간절히 빌고 원하옵나이다. 지난 한 해 동안 알고 지은 죄, 모르고 범한 죄를 이 시간 심중에서 다 회개하오니 용서하여 주소서. 저희들은 아무 공로 없사오나 다만 주님의 십자가 보혈의 은혜를 믿고 의지하오니 저희들의 죄를 말끔히 도말하여 주소서. 완악하고 교만했던 과거의 허물을 이제는 되풀이하지 않게 하소서. 오직 성령으로 거듭나게 하셔서 이제 정직하고 진실한, 그래서 이 강대상의 저 백합처럼 순결한 삶을 살게 하소서. 일시적으로 사람의 눈을 속일 수 있었던 것에 안도하지 않게 하시고, 저희들의 마음속 깊은 생각까지도 불꽃같은 시선으로 감찰하시는 아버지 하나님의 징치를 두려워하게 하소서.

교회와 성도

아픈 영혼을 싸매시며 상한 마음을 고치시는 아버지 하나님! 저희들 모두 예외 없이 담임목사 문제로 지난 한 해 동안 참으로 많이 아프고 너무도 큰 상처를 입었습니다. 이제는 아버지께서 직접 손을 드셔서 이 문제가 어서 빨리 원만하게 그리고 완전히 해결되게 하여 주소서.

사랑의 회복과 전파

그래서 이제는 하나님 기뻐하시는 일만 하게 하소서. 우선은 교회 안에서 성도 간의 사랑이 회복되게 하시고, 주님의 지상 명령대로 복음전파의 사명을 완수하게 하셔서 빈자리가 차고 넘치게 하여 주소서.

성전신축

스룹바벨과 에스라와 느헤미야의 주도 하에 허물어진 성전을 수축하게 하시고 대대적인 신앙개혁과 부흥 운동이 전개될 수 있게 하신 아버지 하나님! 새해에는 저희 ◎◎교회가 이렇게 달라지게 하소서.

경제·정치·사회안정

올해는 국가적으로도 경제가 되살아나게 하시고, 정치가 제 자리에 놓이게 하시며, 사회가 더욱 안정되게 하여 주소서. 그리고 ◎◎교회를 섬기는 저희 모두가 새해에는 더욱더 건강하게 하시고, 저희들 가정의 살림이 모두 활짝 피어나도록 은혜 내려 주소서.

마무리기도

오늘도 새롭게 말씀을 증거하실 ○○○ 목사님의 심신이 성령 안에서 날이 갈수록 더욱더 강건하여지게 하소서. 저희 모두 오늘 듣는 메시지를 가슴 깊이 새겨서, 올 한 해도 아버지 앞에 실족치 않고 신앙인으로서 바르고 아름답게 살아가게 하소서. 예수님의 이름으로 기도드리옵나이다. 아멘.

2006. 01. 01

143. 신년감사, 성전신축, 나라와 민족, 교회의 미래, 참회와 용서

찬양과 감사

좋은 것으로 우리의 소원을 만족하게 하셔서 우리의 청춘을 날마다 독수리같이 새롭게 하시는 아버지 하나님![164] 우리의 영혼이 여호와 하나님과 그 거룩한 이름을 무궁토록 찬송하게 하소서. 모든 것을 선대하시며 그 지으신 모든 것에 긍휼을 베푸시는 여호와 하나님![165] 우리가 매일 매시간 주를 높이오리니, 우리로 하여금 영원히 주의 이름을 송축하게 하소서.[166]

우리가 쓰러지고 넘어질 때 우리의 손을 붙잡아 일으켜 주시고 부축해 주시는 하나님! 지난 한 해를 보내면서 서늘해진 우리의 가슴에 위로의 성령이 함께하셔서 고비를 잘 이겨내고, 새해 첫날, 첫 주일에 주께 영광 돌릴 수 있게 하여 주셔서 감사합니다.

풍족케 하시는 아버지! 우리의 눈이 주를 우러러보게 하셔서 때를 따라 우리에게 먹을 것을 주시며 손을 펼치셔서 모든 생물의 소원을 만족하게 하시는 줄 믿사오니, 이 사랑과 은혜를 우리 평생에 잊지 않게 하여 주셔서 주께 감사하는 마음이 그치지 않게 하소서. 하나님! 호흡이 끊어지면 흙으로 돌아가서 그날에 그의 생각이 소멸해 도울 힘이 없는 인생을 의지하지 말며, 하나님을 우리의 도움으로 믿으며, 여호와 우리 하나님께 우리의 소망을 둠으로써, 자손만대에 복을 받게 하소서.[167]

성전신축

아버지 하나님! 새해 새롭게 시작하게 하소서. 먼저 부서지고 일그러진 심령의 성전을 새롭게 수축하게 하시고, 진정한 신앙고백으로 하루빨리 주님의 교회를 신축하여 주께 봉헌하게 하소서. 우리 앞에 가로놓인 모든 난관을 다 걷어내 주시고, 오직 주께서 명하시는 대로, 감동을 받은 그대로, 믿음의 주춧돌을 놓고 소망의 기둥을 세우며 사랑의 벽돌을 쌓아가게 하소서.

참회와 용서

  결단케 하시는 하나님! 머리가 아니라 가슴으로 주를 믿게 하소서. 이성이 아니라 소망의 눈으로 앞날을 바라보게 하소서. 다시스로 향하던 발길을 니느웨로 돌리게 하시고, 가나안을 향한 행군이 원망과 불평함으로 멈추지 않게 하소서. 애굽을 벗어나 첫발을 떼던 그 감격의 순간을 잊지 않게 하시고, 그때의 다짐을 저버리지 않게 하소서. 이제 광야의 생활에 마침표를 찍게 하소서.

나라와 교회

  부흥케 하시는 하나님! 새해에는 이지러진 나라가 바로 서게 하시고 바르게 나아가게 하시며, 우리의 형편이 좀 더 나아지게 하셔서 믿음 안에서 교회의 살림살이가 더욱 풍성하게 하여 주시며, 그리하여 주의 사업을 더욱 충실하게 이루어 나가게 하소서. 성령의 도우심으로 교회와 함께 각 기관과 단체가 더욱 성장하게 하시고, 모두가 건강한 심신으로 주의 일에 힘쓰게 하소서.

마무리기도

  목사님이 전해 주실 하나님 아버지의 귀한 은혜의 말씀으로 우리의 심령을 흡족히 적시어 주옵시고, 이 말씀 따라 정유년 한 해를 주 안에서 평온하고 알차게 살아가게 하소서. 2017년 새해에도 우리의 모든 삶을 주께서 전적으로 주관하여 주시옵기를 간절히 빌고 원하오며, 예수님의 이름으로 기도드리옵나이다. 아멘.

2017. 01. 01.

144. 신년감사, 국내외 평화와 안정, 생명존중, 성도의 화합, 성전신축

찬양과 감사

거룩하신 아버지 하나님! 사랑하는 믿음의 식구들이 새해를 맞아 새로운 마음으로 한 자리에 모여서 아버지께 예배를 드리오니, 우리가 기쁨으로 주께 드리는 찬양을 받아 주소서.

지난 한 해 험한 시험의 물속에 빠져 허우적이던 우리의 심령을 건져주시고 거센 풍랑이 다 지나도록 우리를 숨겨주셨던 아버지 하나님! 우리가 죄악의 길에 빠져 캄캄한 곳을 헤매며 아버지께 부르짖을 때, 우리의 애원을 들어주셔서 우리를 품어 주시고 인도하여 주셨던 하나님 아버지! 그 무한한 은혜에 감사드립니다. 이후로도 아버지의 그 크신 사랑을 잊지 않게 하소서. 언제나 이러한 사실을 되새기며 살게 하소서. 앞으로는 주님의 교훈과 훈계를 저버리고 방황하지 않게 하소서. 올해는 주께서 원하시는 길만 가게 하소서. 주께서 기뻐하시는 말만 하게 하소서. 주의 일에 더욱 힘쓰며, 오직 주께 영광 돌리게 하소서.

생명존중

생명의 하나님! 지금 전 세계적으로 테러와 기아와 인권유린과 전제정치가 사라지지 않고 있습니다. 경기는 계속 나빠지면서 예측할 수 없는 길로 가고 있습니다. 나라 안에서도 생활고로 인한 노숙자와 가정파탄과 자살이 끊임없이 늘어나고 있습니다.

하나님! 올해는 국내외를 막론하고 정치·경제·사회·종교 지도자들이 각성하여 사람을 더욱 소중하게 여기게 하시고, 소수의 이기심으로 죄 없고 힘없는 다수의 사람들이 죽고, 다치고, 아파하고, 슬퍼하는 일이 없게 하소서.

성전신축

성장케 하시는 하나님 아버지! 올해 우리의 지경을 넓혀주소서. 성전건축의 주춧돌을 더욱 굳건히 놓게 하소서. 믿음을 더해 주셔서 이 역사를 능히 감당케 하시고, 이 노정에서 어려움을 다 제거하여 주소서. 교회 창립 70주년에는 꼭 새로운 교회당에서 예배를 드리게 하소서.

성도의 화합

하나님! 교회의 구성원들이 한마음으로 화합하게 하소서. 서로 섬기고 위하게 하셔서 교회가 바로 천국이 되게 하소서. 우리를 주님의 눈동자같이 지켜주시고 주님의 날개 그늘 아래 숨겨주소서. 주님의 무한한 권세와 능력을 믿사오니, 그런 일이 없으면 더욱 좋겠사오나 설령 올해 우리 앞에 어떠한 고난과 역경이 닥쳐오더라도 결코 낙심하거나 좌절하지 않게 하소서. 그럴수록 아버지께 더욱 가까이 다가가 간절히 기도하게 하소서. 모든 성도가 건강하게 하시며, 경제적인 어려움을 딛고 일어서게 하소서.

마무리기도

아버지 하나님! 특별히 담임목사님을 비롯해서 모든 부목사님과 전도사님을 더욱 사랑해 주소서. 주님의 강한 팔로 붙들어 주소서. 육신의 건강을 주시고, 마음의 평안을 주시고, 풍성한 영력을 더해 주소서. 그리하여 우리 모두 양질의 꼴을 먹고 영적으로 더욱 강건하여져서, 우리 ◎◎교회 성도들이 이 사회를 주님의 나라로 변화시키는 주역이 될 수 있도록 도와주소서. 살아계신 우리 주 예수 그리스도의 이름으로 기도드립니다. 아멘.

2015. 01. 11.

145. 사순절, 참회와 용서, 은혜와 평강, 성령충만, 전도와 선교

찬양과 감사

아버지 하나님! 지난 한 주일 동안에도 저희들을 사랑과 은혜로 돌보아 주셔서 큰 어려움 없이 살게 하시고, 오늘 이렇게 주일예배를 드릴 수 있게 불러주셔서 감사합니다. 특별히 온 교회가 사순절 새벽기도회를 통해 눈물과 기쁨을 회복하게 하시고, 새롭게 도약할 수 있는 자신감을 심어 주셔서 감사합니다. 아버지! 오늘도 이 예배를 통해 큰 영광 받으소서.

참회와 용서

하나님! 저희들 세상 살면서 많은 죄를 졌습니다. 도저히 용서받을 수 없는 허물도 많습니다. 주님의 보혈의 공로만을 의지하고 나왔사오니, 저희들의 잘못을 다 용서하여 주셔서 심령을 다 바쳐 온전히 예배드리게 하소서.

마무리기도

큰 능력과 함께 온후한 품성을 허락하신 주의 사자 ○○○ 목사님을 통해 이 시간 생명의 말씀, 은혜의 말씀을 듣고자 합니다. 이 시간 성령의 폭포수 같은 말씀으로 저희들을 변화시키고 새 힘을 얻게 하셔서 기쁨과 활력이 충만하게 하소서. 그리하여 주님의 복음을 힘차게 전하게 하소서. 이번 한 주 동안에도 주님의 은혜 가운데 몸과 마음과 영혼이 모두 평안할 수 있도록 지켜주시고 인도하여 주시기 바라오며, 예수님의 이름으로 기도드리옵나이다. 아멘.

2009. 03. 08.

146. 사순절, 참회와 용서, 긍휼과 사랑, 위로와 회복, 정직한 삶

찬양과 감사

우리의 모든 환난에 동참하셔서, 우리 앞의 사자로 하여금 우리를 구원케 하신 하나님! 아버지의 사랑과 자비로 우리를 구원하시고 지나간 모든 날에 우리를 들어올리시고 우리를 안으셨던 하나님![168] 주의 은혜에 감사드리며 영광을 드리는 우리들 주의 백성들의 예배를 받아 주소서. 주께서 베풀어 주신 은총에 감사드리는 이 아침에 우리의 찬송을 기쁘게 받아 주소서.

죄악된 언행으로 아버지 앞에 똑바로 설 수 없는 우리들의 허물을 용서하여 주시고 이 예배 자리에 불러주셔서 감사합니다.

위로와 평안

하나님! 우리를 도우소서. 일찍이 다윗이 노래한 것처럼, 경건한 자들이 끊어지며 충실한 자들이 인생 중에서 없어지는[169] 이 악한 시대에, 의로우신 하나님, 의로운 일을 좋아하시는 하나님! 우리를 정직하게 하셔서 주의 얼굴을 뵙게 하소서.[170] 우리가 주께 피하오니 우리를 지켜주소서. 주는 우리의 주님이시오니 주님밖에는 복이 없나이다.[171] 오늘 말씀 중에 이 같은 진리를 깨닫게 하소서.

말씀을 증거하는 목사님에게 배나 영력을 더해 주셔서 말씀이 우리의 심령에 파고들게 하소서. 보혈을 흘리심으로 우리를 죄에서 자유케 하신 예수님의 이름으로 기도드리옵나이다. 아멘.

2016. 02. 14.

147. 사순절, 회개와 인도, 한결같은 주의 사랑, 신앙회복, 봄

찬양과 감사

　세상은 지나가고 인심은 변할지라도 영원토록 한결같으신 아버지 하나님! 무궁토록 영광과 찬송을 돌립니다. 우리가 드리는 산제사를 기쁘게 받아 주소서.

　하나님! 때에 따라 흔들리고 달라지는 세태와 사람들에게 의지하지 않고도 얼마든지 견디고 버틸 수 있는 믿음을 주시고, 오히려 그 믿음을 축복으로 알고 살아가게 하여 주셔서 감사합니다. 가진 것이 없어도 하나님의 은혜를 생각하며 가슴이 벅차게 하시고, 절망적인 상황 속에서도 주님의 사랑을 되새기면서 위로 받게 하시며, 온종일 우리와 함께하시는 성령이 새 힘을 얻게 하심으로 넘어졌다가도 다시 일어나 걷게 하여 주셔서 감사합니다.

회개와 인도

　아버지 하나님! 하지만 우리는, 아버지께서 그렇게 큰 은혜와 사랑을 베풀어 주셨는데도, 감사하기는커녕 도리어 하나님을 원망하기까지 하였습니다. 손톱 밑에 잔가시만 박혀도, 다른 사람이 조금만 싫은 소리를 해도 그렇게 아파하면서도, 주께서 십자가에서 겪으신 고난과 모욕은 생각조차 하지 않는 날이 많았습니다.

　아버지! 우리의 죄를 용서하여 주소서. 사순절마저도 아무런 찔림과 감동이 없이 멍하니 보내고 있는 우리의 무덤덤한 심령을 일깨워 주셔서, 예수님의 그 크신 헌신과 사랑의 발자취가 우리의 가슴을 요동치게 하소서. 주님을 생각하며 오늘 더욱 감사하게 하시고, 주님이 우리를 사랑하신 것처럼 우리도 주님을 간절히 사랑하게 하소서. 성령께서 우리의 곧은 목을 펴게 하시고 굳은 마음을 풀어지게 하셔서, 예수 십자가의 고난과 부활의 의미가 우리 각 사람의 맘에서 결코 헛되지 않게 하소서.

신앙회복

소생케 하시는 하나님! 다시금 허락하신 봄에 겨울잠을 자던 우리의 신앙이 되살아나게 하시고 쇠했던 믿음을 다시 불러일으켜 주셔서, 주님을 제대로 한 번 믿어 보게 하소서. 주의 백성이 된 것이 멍에가 아니라 자랑이 되게 하시고, 새로운 봄처럼 힘차게 약동하는 믿음을 소유하고 실천하게 하소서.

마무리기도

오늘 목사님께서 전해 주시는 은혜와 진리의 말씀을 아멘으로 받아서 주님의 제자로서 올바로 살아가게 하소서. 사랑으로 우리에게 다가오셔서 믿음을 북돋워 주시고, 소망 중에 기뻐하게 하시는 예수 그리스도의 이름으로 기도드립니다. 아멘.

2016. 03. 06.

148. 사순절, 회개와 인도, 사랑과 자비, 믿음의 승리, 순수한 심령

찬양과 감사

대가없이 사랑하기는커녕 받은 사랑만큼도 갚지 못하는 저희들이지만 꾸짖지 않고 사랑하시는 하나님! 어제나 오늘이나 동일하게 저희들을 긍휼히 여기시는 아버지! 거룩한 주일, 간절한 마음으로 아버지께 두 손 모아 기도드리오니, 이 시간도 홀로 영광 받으소서. 저희들이 드리는 찬양을 기쁘게 받아 주소서.

회개와 인도

지금까지 헤아릴 수 없이 많은 사랑과 자비를 베풀어 주신 하나님! 이 시간도 저희들은 감당할 수 없는 죄와 삶의 무게에 짓눌린 채 이 자리에 왔사오니, 저희들의 가련한 심령을 붙들어 주셔서 무거운 죄짐을 다 내려놓게 하소서. 주님의 보혈로 깨끗이 씻음 받게 하소서. 영과 육이 새롭게 하소서. 그리하여 깨끗한 눈으로 하나님을 바라볼 수 있게 하소서. 순결한 귀로 아버지의 말씀을 듣게 하소서. 주님의 선한 품성으로 말하고 외치게 하소서. 아버지의 창조의 뜻을 따르게 하소서. 그리스도를 닮게 하소서.

마무리기도

하나님! 이번 40일 새벽기도시간에 저희들 주 안에서 분명한 목적을 정하고 그 목적을 이루기 위해 최선을 다하게 하소서. 이 시간도 말씀을 듣고 단 위에 서신 목사님을 든든히 붙들어 주소서. 은혜로운 말씀이 전해질 때 모두가 감동하고 감화되게 하소서. 예수님의 이름으로 기도드리옵나이다. 아멘.

2009. 03. 29.

149. 사순절, 회개와 인도, 영생의 소망, 각성과 결단, 근신과 절제

찬양과 감사

저희를 죄로부터 해방시켜 주시고 친히 종으로 삼아주신 하나님! 거룩함에 이르는 열매를 맺어 영생의 소망을 갖게 하신 주께 영광 돌리옵나이다.[172] 주를 위해서 한 일이라고는 아무것도 없고 오히려 주께서 보시기에 흠과 거짓과 모순투성이인 저희들을, 탓하지 아니하시고, 벌하지 아니하시고, 멀리 하지 아니하시고 이때까지 사랑으로 품어 주셔서 감사합니다.

회개와 인도

영이신 하나님! 그런데도 저희의 시민권이 하늘에 있다는 것을 잊고, 세상 일로 근심하고 걱정하며 날을 보내고 밤을 지새웠던 허물을 용서하소서. 연중 내내 주님의 고난을 되새기면서 묵상하고 기도하며 근신하고 절제하며 몸과 마음가짐을 바르게 해야 하거늘, 사순절마저 평소와 똑같이 주님의 가르침과는 동떨어진 생활을 이어가고 있는 저희들의 잘못과 어리석음을 되풀이하지 않게 하소서.

마무리기도

의로우신 하나님! 주시는 말씀을 통해 저희들의 과오를 되돌아보고 큰 깨달음이 있게 하시며, 그러한 회개와 각성을 바탕으로 주님께 더욱 가까이 다가서게 하소서. 하나님 앞에서는 율법을 듣는 자가 의인이 아니라 오직 율법을 행하는 자라야 의롭다고 하셨사오니[173] 듣는 말씀을 가슴 깊이 새기고 잘 실천하여서 의에 이르게 하소서. 예수님의 이름으로 기도드립니다. 아멘.

2012. 03. 18.

150. 사순절, 회개와 인도, 믿음의 성숙, 영혼을 위한 기도, 은혜사모

찬양과 감사

　우리의 심령이 가난하여질 때 천국의 기쁨을 알게 하시는 하나님! 오직 주께 영광을 드리오니, 이 자리에 임하셔서 우리의 찬양을 받아 주소서.

믿음의 성숙

　살리시는 하나님! 날이 갈수록 우리의 목과 등허리는 굽어지고 휘어지며 온몸의 주름살은 늘어나고 머리털은 점점 더 희어지더라도, 우리의 믿음은 맨 처음 하나님의 은혜와 사랑에 감격하여 어린아이처럼 쿵쾅거리던 그때의 싱싱하고 해맑은 가슴으로 돌아가게 하소서. 청청한 마음으로, 청년의 기백으로 의의 길을 줄달음질치게 하소서.

　하나님! 먼저 아버지의 나라와 그 의를 구하게 하소서. 우리의 기도를 들어주시되 잘못된 욕심은 꾸짖어 주시고, 하나님을 무조건 내 편으로 만들려고 할 게 아니라 우리 자신이 하나님의 뜻에 맞춰 살게 하소서. 하나님의 마음에 합한 사람이 되게 하소서.

　하나님께서 하시는 일을, 하나님께서 원하시는 것을 볼 수 있도록 우리의 영안을 열어 주소서. 사람이 아니라, 하나님 스스로 계획하시고 운영하시고 이루어 가시는 모습을 보게 하소서.

　예수를 믿는 재미에 푹 빠져 그 기쁨을 맘껏 누리게 하소서. 주실 은혜를 기대하고 사모하며 기도하게 하소서. 날마다 때마다 우리를 붙잡고 계시는 하나님의 손길을 느끼게 하소서.

사순절의 다짐

　사람들은 모를지라도, 몰라줄지라도 괘념치 말고, 오직 하나님이 기뻐하시는 일만 하게 하소서. 아버지 하나님! 사순절을 보내면서 주님의 일생과 십자가 고난을 뚜렷이 느끼게 하시며, 우리의 심신을 깨끗케 하고 영혼을 맑게 가질 수 있도록, 우리를 보살펴 주소서.

마무리기도

 말씀을 전하시는 목사님을 크고 강건한 주님의 손으로 붙들어 주소서. 칠 배의 영력을 둘러주셔서, 말씀으로 우리의 심령이 부서지고 깨어지게 하시며, 은혜의 샘물에서 참된 생수를 맛보게 하소서. 하나님! 기도시간에, 예배시간에 우리에게 복을 주셔서 곤한 우리 마음에 기쁨이 충만하게 하소서. 예수님의 이름으로 기도드립니다. 아멘.

2015. 03. 21.

151. 사순절, 회개와 인도, 믿음의 성숙, 참된 사랑, 각성과 결단

찬양과 감사

우리는 늘 주님을 배반하지만 변함없이 우리를 부르셔서 참되신 사랑을 베풀어 주시는 아버지 하나님! 오늘도 우리에게 참 빛을 비춰주셔서 우리 영혼이 호흡할 수 있게 하여 주시니 감사합니다. 우리에게 주님을 보내주신 아버지께 영광 돌리오니 우리의 찬송을 기쁘게 받아 주소서.

우리를 지으신 아버지 하나님! 주님을 이 땅에 보내주시고, 주님이 다녀가신 뒤에는 성령이 우리 맘을 이끌게 하셔서 우리가 회개할 때 모든 죄를 사하시고 우리의 간구를 들어주심으로써, 물밀 듯이 우리 맘에 기쁨이 넘치게 하여 주시는 하나님! 우리가 드리는 감사의 예배를 받아 주소서.

회개와 인도

아버지 하나님! 사순절을 맞고 보니 주님께 도리를 다하지 못한 일들이 더욱 우리의 가슴을 아프게 합니다. 아버지! 주님이 겟세마네동산에서 땀방울이 핏방울같이 되도록 기도하실 때에, 우리는 쿨쿨 자고 있었습니다. 주님이 곧 닥칠 십자가 고난을 생각하시며 놀랍고 슬픈 마음으로 죽도록 고민하실 때, 우리는 태평하게 쉬고 있었습니다.

하나님 아버지! 주께서 골고다에서 흘리신 피가 오늘 우리의 가슴을 촉촉이 적시게 하소서. 그때의 주님의 마음을 헤아리게 하소서. 우리 주님이 어째서 그러한 욕과 고난을 달게 받으셨으며, 주께서 우리에게 무엇을 말씀하시고자 했던가를 이제 밝히 깨닫게 하소서.

믿음의 성숙

하나님! 우리에게 이전보다 더욱 성숙한 믿음을 허락하소서. 우리 몸이 약해지고 우리의 살림살이가 기울어지는 것을 원망하지 말고, 우리의 첫 믿음의 빛이 바래가는 것을 한탄하게 하소서. 오직 주님만 의지하였고 주님 외에는 바라볼 곳이 아무 데도 없었던 고난의 날에, 환난의 때에, 주님이 주셨던 그 포근한 사랑과 위로와 인도하심을 기억하게 하소서.

마무리기도

진리로 자유케 하시는 하나님! 주님의 말씀이 그리워서 이렇게 나왔습니다. 말씀을 사모하며 예배에 참여한 우리의 마음의 빗장을 활짝 열어젖히게 하여 주소서. 말씀을 아멘으로 받게 하시며, 그렇게 받은 말씀이 우리 심장을 고동치게 하소서.

특별히 노년에 이르도록 심신의 건강을 허락하셔서, 지금도 열심히 주의 말씀을 증거하고 전파하시는 목사님을 더욱 든든히 붙들어 주소서. 홀로 생활하실 때 어려움이나 외로움 없게 하시고, 목사님께서 평생을 뒷바라지하고 계시는 ☆☆☆☆의 사역이 더욱 번성하게 하셔서 하나님의 영광을 세계만방에 드높이게 하시고 주님의 은총이 지구촌 방방곡곡에 미치게 하소서.

아버지께서 항상 우리와 함께하실 줄 믿사옵고 예수님의 이름으로 기도드리옵나이다.

2017. 03. 19.

152. 사순절, 회개와 인도, 믿음과 사랑의 공동체, 사랑과 자비

찬양과 감사

  사랑과 자비가 충만하신 아버지 하나님! 죄 많고 볼품없는 저희들을 자녀 삼아주셔서 주님을 구주로 모시고 살아갈 수 있도록 큰 은혜 베풀어 주시니 무한 감사합니다. 오늘 거룩한 주일을 맞아 저희들이 드리는 이 예배를 기쁘게 받으소서.

  소생케 하시는 하나님! 다 죽게 된 마른 고목과도 같던 저희 교회를 돌아보셔서, 이렇게 신앙의 새움이 트고 새싹이 돋아나게 하시니 감사합니다. 저희들을 긍휼히 여기셔서, 슬픔과 탄식을 다 벗어던진 것은 말할 것도 없고 이전보다 더 큰 복락을 누리게 하시니 감사합니다.

회개와 인도

  하나님 아버지! 이번 일을 거울삼아서 다시는 아버지의 말씀을 거역하지 않게 하시고, 형제들의 마음을 아프게 하지 않게 하소서. 사순절 특별새벽기도회를 통해 교회를 한 차원 더 높게 이끌어 주옵시고, 우리의 열정이 더욱 뜨겁게 타오르게 하소서.

마무리기도

  이 시간에도 목사님께서 말씀을 전하실 때 성령님이 먼저 저희들의 마음을 감동·감화시켜 주셔서 은혜의 강물이 흘러넘치게 하소서. 오늘도 저희 모든 성도들, 오직 아버지 하나님께만 찬송을 드릴 수 있도록 붙들어 주시고 인도하여 주소서. 예수님의 이름으로 기도드리옵나이다. 아멘.

2009. 03. 15.

153. 사순절, 회개와 인도, 전도와 선교, 형제사랑, 목회자 축복

찬양과 감사

저희들의 죄를 대신 갚도록 하시기 위해 하나밖에 없는 아들 예수님을 십자가 위에서 희생케 하신 아버지 하나님! 저희를 위해 아낌없이 쏟으시는 아버지의 사랑에 무한감사를 드립니다. 저희가 설혹 하나님을 잊고 있을 때조차 변함없이 사랑하시고, 불평불만을 일삼고 심지어 하나님을 원망할 때도 포근하게 감싸주시고 등을 두드려 주시는 사랑의 하나님! 오늘도 저희들의 심령을 다 바쳐 주께 영광과 찬양을 드리옵나이다.

회개와 인도

하나님 아버지! 이 시간 간절히 비오니 주님의 가르침을 외면한 채 형제를 미워하고 사랑하지 못한 죄를 다 용서하여 주소서. 주님의 보혈의 공로로 깨끗이 씻어 주소서. 이제부터는 주님의 사랑을 실행·실천하는 것을 인생의 최대목표로 삼게 하시고 모든 사람, 모든 민족이 아버지께로 돌아올 수 있도록 주님 가르쳐 주신 복음전파에 앞장서게 하여 주소서.

목회자 축복

하나님! 사순절 특별새벽기도회 인도와 두 날개 컨퍼런스 참여로 심신이 지쳐있을 목사님을 강한 팔로 붙들어 주소서. 온종일 주님의 따뜻한 보살핌 속에서 주님의 일을 하면 할수록 더욱 큰 힘이 나게 하시고, 더 원대한 비전을 가슴에 품게 하시며 그러한 포부를 이룰 수 있게 도와주소서. 예수님의 이름으로 기도드립니다. 아멘.

2009. 03. 22.

154. 사순절, 은혜와 사랑, 온전한 믿음, 각성과 결단, 지혜와 명철

찬양과 감사

은혜로우신 하나님! 대속의 구주를 보내주신 아버지께 참 마음으로 예배드리오니 우리의 찬송을 받아 주소서. 우리의 성정이나 능력이 아니라 오직 주님의 보혈의 공로로 죄 씻음 받게 하여 주신 하나님! 예수님을 통해 하나님과 우리들의 관계를 회복시켜 주시고 우리의 기도와 간구를 들어주셔서 감사합니다.

온전한 믿음

아버지 하나님! 이러한 은혜와 사랑으로 새 생명을 얻은 우리가 어떻게 살아가는 것이 올바른지 깨닫게 하여 주시고, 날마다 그 깨달음대로 살아가게 하소서. 사순절을 보내며 행사와 의식에 머물지 말고 성삼위 하나님의 생각과 바람을 상고하면서 주께서 기뻐하시는 삶을 살아가게 하소서. 우리에게 명철을 허락해 주셔서 우리의 입에서 나오는 말이 깊은 물과 같게 하시고, 지혜의 샘이 솟구쳐 흐르는 시내와 같게 하소서.[174]

마무리기도

전해 주시는 말씀을 통해 주님의 오심과 우리를 위해 희생하신 십자가의 고난과 죽음, 구속의 은혜를 깊이 묵상하면서, 진정한 회개와 절제와 근신으로 우리 자신을 돌아보게 하소서. 사순절을 주님의 고난에 동참하는 마음과 함께 간절히 부활을 사모하는 절기로 삼게 하소서. 예수님의 이름으로 기도드립니다. 아멘.

2016. 02. 28.

155. 사순절, 전도와 선교, 영생의 산 소망과 믿음, 성령임재

찬양과 감사

 2천 년 전 희망과 기대가 얼어붙었던 유대 땅에 구세주로 오셔서, 인류 구원의 복음을 널리 전하시고 하늘로 돌아가신 예수 그리스도의 아버지, 우리들의 하나님! 주님의 십자가 고난과 부활·승천을 통해 우리를 구속하시고 우리에게 영생의 산 소망과 믿음을 주셔서 감사합니다. 우리의 영원한 아버지가 되시는 하나님의 사랑과 은혜에 감사드리며, 오직 아버지께 무한한 영광을 드립니다.

 자비로우신 하나님! 지난 한 주간에도 주께서 아낌없이 베풀어 주시고 빈틈없이 지켜주셔서 우리의 영혼이 안전하고 윤택해졌으며, 주님의 은혜로 우울증과 무기력에서 해방될 수 있었습니다. 성령이 항상 우리 마음에 계셔서, 슬픔이 기쁨으로 변하고 탄식이 주님을 찬양하는 노래, 곧 찬송으로 바뀌게 하여 주셔서 감사합니다.

세계선교

 고치시고 다듬어 주시는 하나님! 인류를 구원하시기 위해 이 땅에 오신 그리스도의 복음을 세상 모든 사람이 접할 수 있게 하시되, 특히 북한을 비롯한 신앙 탄압 지역과 기독교 신앙이 번성하지 못하는 국가에서 어서 빨리 믿음을 가로막는 장벽이 무너지고 소망의 다리가 이어지게 하소서.

 오늘도 말씀을 들으며 우리의 믿음이 더 자라나서, 주님의 말씀과 성령의 가르침이 달게 느껴지게 하시고 실행·실천의 의지가 더욱 굳어지게 하소서. 예수님의 이름으로 기도드립니다. 아멘.

2013. 03. 17.

156. 사순절, 3·1절, 회개와 인도, 사랑과 은혜, 믿음의 승리

찬양과 감사

　세상은 걷잡을 수 없도록 빠르게 지나가고 어지럽게 변할지라도 영원에서 영원까지 계시는 아버지, 우리 하나님! 그 높으신 이름을 찬양합니다.[175] 이 시간 하늘문을 활짝 여시고 우리의 심령에 하나님의 은혜를 흡족히 내려주소서.[176]

　전능하신 하나님! 감사합니다. 우리는 때로 으스대지만 언제 크고 놀랍고 기이한 일들이 우리의 능력으로, 우리의 공로로 이루어진 적이 있었습니까? 때로 죽음의 문턱에 이르렀을 때에도 주께서 건져주시지 않았습니까? 스스로 목숨을 내던지려고까지 했던 절박한 그 순간에, 주께서 말할 수 없는 탄식으로 지켜보시며 손을 내미셔서 멈추게 하지 않으셨습니까?

회개와 인도

　아버지! 우리를 위하여 십자가에 달려 돌아가신 주님밖에는 아무것도 자랑할 것이 없는 우리가 이 자리에 무릎 꿇었습니다.[177] 우리에게 은혜를 주신 것은 우리가 주님을 믿을 뿐만 아니라 또한 주님을 위하여 고난도 받게 하려 하신 하나님![178] 은혜와 고난이 한 밥상에 차려져 있거늘, 은혜만 취하고 주님을 위한 고난은 눈길조차 주지 않았습니다. 각각 자기 일을 돌볼 뿐, 각각 다른 사람들의 일을 돌보는 주님의 마음을 품지 못했습니다.[179] 선악을 분별하지 못했습니다. 십자가를 지고 주님을 따르지 않고 오히려 주님의 십자가의 원수로 살았습니다.[180]

　하나님 아버지! 우리의 죄를 용서하소서. 먼저 우리의 심령의 병을 고쳐주소서. 주께서 가르쳐 주신 대로 주님 기뻐하시는 삶을 살게 하소서. 우리의 근심을 덜어 주시고 주 안에서 항상 기뻐하게 하소서.[181] 감사함으로 하나님께 아뢰게 하소서.[182] 모든 지각에 뛰어나신 하나님의 평강이 그리스도 예수 안에서 우리의 마음과 생각을 지키시게 하소서.[183]

믿음의 승리

언제나 우리에게 큰 힘이 되시는 아버지 하나님! 삼일절 기미독립운동은 우리 민족에게 말로는 다 형용하기 힘든 고난의 길이었지만 마침내 해방의 기쁨을 주셨던 것처럼, 지금 우리가 주님 따라 걷는 십자가의 길, 고난의 길이 마침내 승리의 길, 구원의 길이 되게 하소서.[184] 이 일을 확실히 믿게 하소서. 우리가 이생에서 골고다의 언덕을 오를 때 우리 귀에 세상이 보내는 멸시와 천대와 조롱의 함성이 들리지 않게 하소서. 주님을 따르기 때문에 세상이 우리를 힘들게 하더라도 조금도 고통을 느끼지 않게 하소서. 오직 천국의 보좌에 앉아서 부드러운 음성으로 우리를 부르시며 따뜻하게 위로하시는 주님만 바라보게 하소서. 그 말씀을 밤낮으로 사모하게 하소서.

마무리기도

하나님! 오늘 말씀을 들으면서 우리 자신을 되돌아보고 주님께로부터 멀어진 믿음을 회복하게 하시며, 그리하여 이 땅에서 주님의 백성으로 살아가는 것이 큰 자랑이요 행복이 되게 하소서. 말씀을 들고 단 위에 선 주의 사자를 든든히 붙들어 주시고 감싸주셔서 말씀 전하는 일에 지치지 않게 하시며, 말씀을 선포하기도 하고 듣기도 하는 우리 모두의 마음의 중심에 기쁨과 활력이 넘치게 하소서. 예수님의 이름으로 기도드립니다. 아멘.

2018. 02. 25.

157. 종려주일, 고난주간, 참회와 용서, 영생과 천국의 소망, 봄

찬양과 감사

호산나! 하나님! 구하옵나니 이제 우리를 구원하소서. 하나님! 2012년 종려주일을 맞아서 인류 역사상 가장 의미 있었던 2천 년 전의 그 한 주, 우리 주님을 중심으로 숨 가쁘게 전개됐던 사건들을 회상해봅니다. 죄인들을 구하시려고 독생자까지도 아낌없이 희생시키신 성부 하나님! 우리에게 영원한 생명을 주시기 위해 하나뿐인 목숨을 바치신 성자 하나님! 그리고 그러한 사실을 믿게 해 주신 성령 하나님께 감사드리며 영광을 돌리옵나이다.

우리가 선택하여 우리의 아버지가 되신 것이 아니라, 우리를 골라서 하나님의 자녀가 되게 하신 아버지 하나님! 이 단순하고도 놀라운 사실을 되새길 때마다 하나님의 놀라운 사랑을 송축하지 않을 수 없습니다.

살을 에는 듯한 추위에 맞서면서 새봄을 기다리게 하시며, 모진 삭풍을 맞으면서도 훈훈한 봄바람을 기대하게 하시는 하나님! 인생의 폭풍우 속에서도 영생과 천국의 소망을 가슴에 품고 오직 하나님만 사모하며 그 말씀에 의지하면서, 예수님만 바라보며 무한한 사랑에 감격하면서, 성령의 인도를 간구하며 그 뜻대로 살기로 다짐하면서, 성도의 신분을 이어갈 수 있도록 도와주셔서 감사합니다.

참회와 용서

하나님! 이처럼 고마운 성삼위 하나님의 은혜에 감사드리며 일생 동안 오직 하나님께만 영광을 돌리며 살아가고 싶은데 실제 삶은 그렇지 못했습니다. 아니 정반대로 살아가는 순간들이 훨씬 더 많았습니다. 그로 인해서 아버지의 거룩한 이름을 욕되게 하고, 우리 주님을 셀 수도 없이 반복해서 십자가에 달리고 또 달리시게 하였으며, 세상이 성령의 존재를 부인하고 무시하게 하였습니다.

  우리들 이러한 죄를 생각할 때마다 너무나 송구하고 부끄럽고 염치가 없어서 앞으로 나아올 수가 없사오니, 아버지! 어찌하면 좋겠습니까? 또다시 뉘우치며 용서를 비오니 저희들의 잘못을 사하여 주소서.

자비와 위로

  사랑의 하나님! 고통을 말하여도 근심이 풀리지 않고, 잠잠하게 있어도 아픔이 줄어들지 않는 성도들을 위해[185] 기도합니다. 오직 아버지의 자비만을 바라며 사는 자녀들을 긍휼히 여겨 주소서. 위로해 주시고 일으켜 주소서.

마무리기도

  아버지께서 특별히 택해서 사역을 맡기신 목사님이 말씀을 대언하실 때 초대교회에 임했던 능력이 나타나게 하시고, 예배에 참석한 우리 모두 은혜를 체험하고 성전 문을 나서게 도와주소서. 예수님의 이름으로 기도드리옵나이다. 아멘.

2012. 04. 01.

158. 종려주일, 고난주간, 참회와 용서, 교회창립기념주일, 성령충만

찬양과 감사

　모든 영광과 찬양을 세세무궁토록 홀로 받으소서, 내 아버지 하나님! 저희들을 귀한 성전으로 불러주셔서 예배드리게 하시니 감사합니다. 오늘은 종려주일, 우리들은 특별히 주님께서 수난당하신 주간을 맞이하여 애통하는 마음으로 이 자리에 엎드렸습니다.

주님의 심정 회고

　아버지 하나님! 우리 주님은 골고다언덕에서 얼마나 괴롭고 외로우셨을까요? 십자가의 죽음, 그것은 결코 평탄한 죽음이 아니었습니다. 영예로운 죽음은 더욱 아니었습니다. 고통스럽기 짝이 없었고 치욕스럽기 이를 데 없는 최후였습니다.

　하나님! 겟세마네동산, 그 어스름 달빛 아래서 피눈물을 흘리신 우리 주님은 그때 얼마나 슬프셨을까요? '아버지의 뜻을 이루기 위해서 이토록 젊은 나이에 내가 꼭 죽어야만 하는가? 유대민족의 정치적·정신적·종교적 지도자가 될 수 있는데 정말 이 시점에서 꽃다운 생을 마감해야만 하는가?' 이런저런 생각으로 우리 주님은 얼마나 번민이 많으셨을까요? 그런데도 철없는 제자들은 잠만 쿨쿨 자고 있었습니다.

　아버지 하나님! 주님은 최후의 만찬 자리에서, 가장 똑똑하고 믿을 만하다며 그 동안 돈주머니를 몽땅 맡겼던 가룟유다를 물끄러미 바라보시면서 얼마나 큰 배신감을 느끼셨을까요? 수제자라고 떵떵 소리치던 베드로, 그가 장차 주님을 어떻게 대할 것인가를 내다보시면서 우리 주님은 얼마나 한심해하셨을까요?

시대를 넘어선 참회

하나님! 어디 이것이 2천 년 전에만 있었던 일이고 유대땅 예루살렘에서만 벌어진 사건이었겠습니까? 2007년 4월 첫 주, 종려주일, 오늘 이 ◎◎교회의 모습, 바로 제 이야기가 아니고 무엇이겠습니까? 제가, 저희들이 주님을 팔아넘겼지 누가 주님을 팔았습니까? 저희들이 주님을 모른다고 하고, 저희들이 주님께 손가락질하고, 저희들이 주님께 침을 뱉었고, 저희들이 주님을 죽였지, 누가 주님께 그렇게 했겠습니까?

하나님! 저희들은 지금, 2천 년 전 주님께서 십자가에서 돌아가신 것이 슬프고 분해서 가슴을 치는 게 아닙니다. 그저께도, 어제도, 또 오늘도, 저희들이 주님을 부인하고 배반하고, 주님이 가르치신 대로 행하지 못하고 주님이 가라고 하시는 길을 가지 못하고, 못된 일만 골라서 하고 가서는 안 될 길만 가고 있는 것이 너무나 가슴이 아파서 이렇게 땅을 치고 있는 것입니다. 아버지! 최소한 고난주간만이라도 주님의 아픔을, 주님의 슬픔을, 주님의 외로움을 온 몸으로 느끼며 통회하는 심령들 되게 하소서.

교회의 회개와 인도

하나님! ◎◎교회 60주년을 맞은 오늘, 바로 이러한 마음으로 가슴을 찢으며 머리를 뜯으며 회개하고 다짐하며, 아버지 앞에 신실한 산제사를 드리게 하소서. 전진하는 교회, 선교의 역사를 새롭게 써 내려가는 복되고 아름다운 교회 되게 하소서.

목사님께 주님의 권능의 두루마기를 입혀 주소서. 모든 예배를 성령께서 주관하여 주시고 인도하여 주셔서 은혜가 차고 넘치게 하소서. 예수님의 이름으로 기도드리옵나이다. 아멘.

2007. 04. 01.

159. 종려주일, 고난주간, 회개와 인도, 은혜와 평강, 전도와 선교

찬양과 감사

저희들 몹쓸 죄인들을 살리시기 위해서 독생성자까지도 아끼지 않으시고 골고다의 길을 걷게 하셨던 아버지 하나님! 고난주간이 시작되는 주일아침에 하나님의 구속과 구원의 은혜를 되새기면서, 아버지께 모든 영광을 돌리며 찬양을 드리옵나이다.

주님의 고난과 용서

하나님! 저희들은 바로 어제까지도 "호산나 호산나" 하면서 길바닥에 종려나무를 깔고 주님께서 그 위를 밟고 건너가시게 하다가, 막상 주님께서 십자가 위에 달리실 때는 아무런 말도 하지 못하고 잠잠히 머리를 숙이고 있었던 나약한 심령들이었습니다.

주님께서도 인간의 몸을 입으셨기에 가시면류관과 대못과 창으로 찔리셨을 때 극심한 고통을 견디기 어려우셨을 텐데, 주님께서도 사람의 심성을 지니셨었기에 자신이 치료하시고, 건져주시고, 보살펴 주셨던 제자와 유대백성들이 배반하고 변심하였을 때 섭섭한 마음을 가눌 수 없으셨을 텐데, 그 모든 것을 저들이 알지 못하기 때문이라고 하면서 오히려 아버지께 저들을 용서하시라고 간구하셨습니다.

회개와 인도

동서고금을 막론하고 이만한 사랑을 우리는 어디에서 찾아볼 수 있겠습니까? 이러하셨던 주님의 보혈의 공로로 죄악에서 해방된 저희들이, 지난 한 주간도 철없이 또 갖은 죄를 짓고 과오를 범했습니다. 아버지! 죄를 입고 태어나 죄 가운데 살아가는 저희들, 그 죄를 씻을 길 없사오나 다시 한번 용서해 주소서.

하나님! 최소한 이번 한 주간이라도 주님의 고난을 되새기면서 경건한 마음으로 살아가게 하소서. 저희들의 죄성에 대해 깊이 돌아보게 하시고, 더 이상 마귀의 종노릇하지 않게 하소서.

낙심 성도 위로와 축복

은혜로우신 하나님! 이런저런 사유로 몸과 마음이, 영혼이 아프고 지쳐 낙망하고 있는 교우들을 긍휼히 여기셔서, 어서 그 고통의 자리에서 벗어나게 하소서. 그래서 건강한 심령이 되어서 아버지를 마음껏 찬양하게 하시고, 주님의 복음을 만방에 널리 전하게 하소서.

마무리기도

아버지께서 사랑하여 주셔서 우리 교회에 보내주신 목사님이 전해 주시는 말씀을 통해 이러한 다짐을 더욱 굳게 하는 시간이 되게 하소서. 목사님께 영력을 배나 더해 주시고 육신의 질병을 포함해 세상의 모든 근심·걱정을 깨끗이 제하여 주셔서, 아버지를 섬기며 그 말씀을 전하는 데 아무런 장애가 없게 하여 주소서. 예수님의 이름으로 기도드립니다. 아멘.

2010. 03. 28.

160. 종려주일, 고난주간, 회개와 인도, 성령임재, 전도와 선교

찬양과 감사

자비로우신 하나님! 우리를 살려주셔서 감사합니다. 친아들의 목숨과 우리들 죄인들의 생명을 맞바꾸신 아버지! 그 사랑과 은혜를 우리는 도무지 감당할 길이 없습니다. 다만 아버지께 감사드리며 경배하오니 영원토록 영광 받으소서. 우리에게 베푸시는 하나님의 큰 사랑과 손수 몸 드려 우리를 구원하신 주님의 헌신을 한시라도 잊지 않게 하시고, 우리의 마음과 입술의 찬송이 그치지 않게 하소서.

살아계신 하나님! 감사합니다. 우리 주님을 다시 살리시고 주님 때문에 우리가 거듭날 수 있게 하여 주셔서 감사합니다. 죄에 깊이 빠졌던 우리의 마음을, 주께서 십자가에서 다 쏟으신 보혈의 샘으로 씻어 맑게 하시는 아버지 하나님! 우리의 찬양을 받아 주소서.

회개와 인도

아버지 하나님! 호산나, 호산나를 외치던 바로 그 입술로 주님을 십자가에 못 박으라고 소리소리 질렀던 우리의 죄를 무엇으로 없앨 수 있겠습니까? 주님은 우리를 위해서 죽으셨는데 우리는 날마다 주님이 아니라 우리를 위해서만 살아왔습니다. 주님은 핏값으로 다른 아무것 요구하지 않으시고 다만 "원수까지도 사랑하라, 이 복음을 널리 전하라." 이 말씀뿐이셨는데, 우리는 원수는커녕 가장 가까운 사람, 우리를 위해 주고 잘 되기를 바라는 사람의 마음조차 품어주지 못했습니다. 전도는 생각도 못하고, 나 하나 교회 나오는 것을 생색내며 살아왔습니다.

하나님! 고난주간이 시작되는 이 종려주일에 먼저 우리의 속사람이 새로워지게 하소서. 우리의 메마른 가슴에 단비처럼 성령을 가득 부어주셔서, 의지만으로는 어찌할 수 없는 우리의 마음밭을 갈아엎어 주소서.

마무리기도

오늘 ○○○ 목사님을 통해 전해지는 말씀에서 주님의 음성을 듣게 하소서. 하나님께서 운행하시며 섭리하심을 느끼게 하소서. 성령이 우리의 마음을 이끄시는 대로 받아들이게 하소서. 언제나 아버지의 은총을 찬양하오며, 예수님의 이름으로 기도드립니다.

2017. 04. 09.

161. 종려주일, 고난주간, 회개와 인도, 성례(세례와 성찬), 전도와 선교

찬양과 감사

아버지! 세상을 구하기 위해, 우리들 죄인들을 구원하기 위해, 이 땅에 오신 주님을 찬양합니다. 수많은 유대사람처럼 오늘 우리도 호산나 호산나를 외치며 예수님을 찬양하면서 왕 되신 우리 주께 영광을 돌립니다. 마음의 종려나무 가지를 크게 흔들며 환호하는 우리의 찬송을 받으소서.

회개와 인도

아버지! 이토록 기쁜 날에 머잖아 주님을 십자가에 못 박을 우리의 죄악을 살펴보게 하소서. 환영하던 함성이 채 가시기도 전에 주님을 배반했던 우리를 돌아보게 하소서. 아버지! 주님의 고난을 생각하며 우리의 마음이 찢어지도록 아프게 하시고 회개하게 하여 주소서. 우리를 용서하여 주소서. 오늘 우리가 성찬의 떡을 먹고 포도주를 마시기 전에 우리의 심령을 정결케 하소서. 아버지! 우리의 중심에 자리하소서. 세상 일로 흔들리지 않게 하시고 유혹에 쉽게 무너지지 않게 하소서.

마무리기도

오늘도 아버지의 말씀을 들으며 주님을 더욱 사모하게 하시고 주신 말씀을 본받기로 다짐하게 하소서. 말씀을 전하시는 목사님에게 영력을 더하여 주셔서 먼저 말씀에 은혜 받게 하시고, 그 말씀을 우리 모두 온전히 공유하고 방방곡곡에 전파하게 하소서. 예수님의 이름으로 기도드립니다.

2018. 03. 25.

162. 종려주일, 고난주간, 사랑과 은혜, 영적 각성, 회개와 인도

찬양과 감사

"우리를 구원하소서, 우리가 기도하나이다." 하나님! 가만히 눈 감고 고요히 묵상하니, 2천 년 전 어느 한 주간 유대 땅에서 벌어졌던 일들이 주마등처럼 스쳐지나갑니다. "호산나! 호산나!"

아버지! 우리를 구원하시기 위해 주님을 이 땅에 보내주셔서 감사합니다. 하나님께서 우리에게 베풀어 주신 크고 놀라운 사랑과 은혜에 감사드리며, 온몸과 마음을 다하여 찬양합니다. 단 하나뿐인 아들이 십자가 위에서 몸부림치는 모습을 하늘에서 내려다보시며, 그 아들의 목숨과 맞바꿔 구하고자 했던 몹쓸 인간들이 도리어 주님께 침을 뱉고 주님의 뺨을 때리는 배은망덕의 극치를 목도하시며, 하나님의 아들을 죽이면서도 양심의 가책이나 두려움을 느끼지 못하는 유대의 지도자들과 백성들과 로마 관원들의 뻔뻔한 모습을 다 지켜보시면서도, 끝내 죄 많은 인생들을 살리시려고 주님을 헌신케 하시고 희생케 하신 하나님께 말로는 다 할 수 없는 감사를 드리며 영광을 돌립니다.

영적 각성

하나님! 주님의 수난에 동참은 하지 못한다 해도, 그 수욕과 고난의 광경을 회상하며 그 의미를 깊이 통찰하게 하소서. 지금 우리가 무엇을 해야 하는지를 똑바로 깨닫게 하여 주소서. 깨달은 대로 주님 가신 길을 뒤따라가게 하시며, 주께서 원하시는 바를 다 이루어 드리게 하소서. 주시는 말씀을 되새기며 이번 한 주를 거룩하게 보내게 하소서. 예수님의 이름으로 기도드립니다. 아멘.

2013. 03. 24.

163. 고난주간 새벽기도 1(참회와 용서, 하나님의 사랑, 말씀 실천)

하나님의 사랑과 주님의 헌신

아버지! 저희들은 어쩌다가 아이가 아프기라도 하면 밤새도록 잠을 못 이룹니다. "차라리 내가 아픈 게 낫지…" 말뿐만 아니라 실제로도 그러기를 바랍니다. 자식을 먼저 보내면 하늘이 무너지는 듯한 슬픔을 느끼는 게 인간입니다.

죄에는 추상같으시던 엄한 아버지이셨으면서도 몸소 지으신 인간이 죗값으로 멸망하는 것을 차마 볼 수 없어, 독생자를 이 땅에 보내셔서 십자가의 제물로 삼으실 정도로 또한 사랑이 무궁무진하신 아버지 하나님! 그토록 자애로우신 하나님께서 어버이의 심정으로 심신 모두 처절하게 생을 마감하시는 아들 예수님을 내려다보실 때 피눈물을 감출 수 없으셨겠지요!

못된 다른 자녀들을 살리기 위해 가장 귀한 아들을 버려야 했던 하나님 아버지의 형언할 수 없는 아픔과, 오직 효도하는 마음으로 아버지 하나님께서 못내 사랑하셨던 인류를 구원하기 위해 십자가를 자원해서 담당하셨던 우리 주님의 끝없는 고난과 사랑을 되새기면서, 저희들 이렇게 무릎 꿇고 기도드립니다.

찬양과 감사

저희들이 모든 것을 다 드려도 그 은혜를 만분의 일도 갚을 수 없는 아버지의 사랑에 감사드리며 아버지께 무한한 영광과 찬송을 드리옵나이다.

참회와 용서

하나님! 인간의 몸과 성정을 입으시고 이 땅에 오신 주님께서 친히 심신의 병을 고쳐주시고 돌보아 주셨던 사람들로부터 받은 배신과 극도의 모멸감을 어떻게 극복하실 수 있었을까요? 우리 주님은 그들을 원망하지 않고 도리어 하나님 아버지께 저들의 잘못을 대신 사죄하시며 해가 가지 않도록 해달라고 기도하셨습니다.

  하나님! 이처럼 상상할 수조차 없는 주님의 놀라운 사랑을 눈감고 귀 막은 채, 조금 더 일찍 일어나는 작은 고통마저도 감내하기 힘들어하며 이 새벽에 무슨 장한 일이라도 한 듯이 으쓱대는 저희들의 유치한 신앙을 회개하오니, 무정하고 배은망덕한 저희들의 죄를 용서하여 주소서.

마무리기도

  이 시간 사랑하는 목사님을 통해서 전해 주시는 귀한 말씀을 가슴에 깊이 아로새기고 온전히 실천하여서, 주의 백성으로서 올바른 삶을 살게 하여 주소서. 저희들 오가는 발걸음도 주께서 지켜주옵시고 오늘 하루도 저희들을 바른길로 인도하여 주소서. 예수님의 이름으로 기도드립니다. 아멘.

2010. 04. 01.

164. 고난주간 새벽기도 2(참회와 용서, 주님의 고난과 순종, 대속)

찬양과 감사

하나님 아버지! 어린양 예수를 죽인 죄인들이 감히 아버지 앞에 나왔습니다. 아버지! 어찌하여 저희 같은 몹쓸 죄인들을 살리셨습니까? 독생성자 예수님의 생명과 맞바꾸실 정도로 저희들이 그렇게 소중하셨습니까? 맨날 하나님을 부인하고, 지키라는 것은 한사코 어기며, 세상에 나가서도 하나님을 욕되게 하는 저희들이지 않습니까? 은혜와 사랑을 저버리기를 식은 죽 먹듯 하는 저희들을 천 번이고 만 번이고 용서하시고 또 용서하시는 하나님의 은혜를 송축하오며 이 시간 고난주간 이튿날 새벽 제단을 쌓고 있사오니, 이 예배를 통해 하나님 홀로 크신 영광 받으소서.

주님의 고난과 순종

하나님! 이 아침에, 천지를 뒤흔드는 함성과 우레와 같은 환호가 한 주일도 채 되지 않아 비난과 배신 그리고 사람으로서는 도저히 견딜 수 없는 고난과 수욕으로 바뀔 줄 뻔히 아시면서도, 인류를 구원하시기 위해 예루살렘 입성을 단행하셨던 주님을 생각해봅니다. 아버지! 주님은 심신이 얼마나 고통스러우셨을까요? 얼마나 고독하고 허망하셨을까요? 그런데도 우리 주님은 아무런 원망도 불평도 하지 않으시고 극진한 효성으로 모든 것을 아버지께 맡기며 말 그대로 죽기까지 하나님의 뜻에 순종하셨습니다.

참회와 용서

하나님! 그러나 저희들은 그 역사적인 시간에 사두개인이 되어서 주님의 부활을 부정하였습니다. 자기를 높이고 외식하며 정의와 긍휼과 믿음을 저버렸던 서기관과 바리새인의 삶을 살았습니다. 예수님을 세상에 팔아넘겼고, 주님께서 땀방울이 핏방울이 되도록 기도하실 때 세상모르고 쿨쿨 깊은 잠에 빠져있었습니다. 심지어 주님을 모른다고 맹세까지 하면서 주님을 저주하고 조롱했습니다.

하나님 아버지! 저희가 주님께 돌을 던지고 침을 뱉고 욕설을 퍼부어도, 우리 주님께서는 십자가에서 저희들을 그윽이 내려다보시며 "아버지! 저들은 자기들이 하는 일을 알지 못하니 저들을 사하여 주소서." 하고 하나님께 간구하였습니다. 사람 같으면 그렇게 할 수 있을까요? 하나님의 아들이셨기에, 하나님이셨기에 그리 하셨지 않았습니까?

아버지! 그러하오매 우리는 우리의 죄가 얼마나 큰가를 이제 깨달아 알게 되었습니다. 죽음으로도 면제받지 못할 엄청난 잘못을 했습니다. 그러나 미가 선지자의 신앙고백대로 "우리가 아버지께 범죄하였으므로 마땅히 그 진노를 당해야 하겠거늘, 마침내 주께서 우리를 위해서 논쟁하시고 심판하시며 주께서 우리를 인도하셔서 광명에 이르게 하실" 줄 믿사오니,[186] 아버지! 우리를 다시금 죄 가운데서 건져주소서.

마무리기도

목사님, 새벽제단을 집례하고 있사오니 영육 간의 강건함을 덧입혀주셔서 진리와 은혜의 말씀으로 잠들어 있는 우리 영혼을 흔들어 깨우게 하소서. 함께 모여 예배를 드리고 있는 우리 모두에게 육신의 고단함을 덜어 주시고 원기 가득하게 하셔서, 주시는 말씀을 가슴에 새겨 고난주간을 헛되이 보내지 않게 하소서. 예수님의 이름으로 기도드리옵나이다. 아멘.

2012. 04. 02.

165. 고난주간 새벽기도 3(참회와 용서, 고난주간의 다짐, 대속)

찬양과 감사

사람의 부모와 똑같이, 예수님이 십자가에서 모진 고난을 다 당하시고 돌아가실 때 눈물을 흘리며 애통해하셨을 아버지 하나님! 남을 위하여 자기 자식을 죽게 하는 사람이 어디에 있겠습니까?

죄악에 순결한 주님께서 돌아가심으로, 형편없는 죄인이었다가 속죄함을 받고 새생명을 얻은 우리들이, 이 새벽 하나님 아버지께 한없는 영광을 돌리옵나이다.

아버지! 주님의 옆구리를 창으로 찌르고 손과 발에 못을 박고 머리에 가시면류관을 씌웠던 우리들이 우리를 살려주신 주님의 은혜를 잊어버리고 날마다 때마다 또다시 죄악의 구렁텅이를 헤매고 다녔는데도, 우리를 영영 버리지 아니하시고 다시금 용서하여 주시고, 불러주시고, 사랑으로 어루만져 주시니 감사합니다.

참회와 용서

아버지 하나님! 주님 없이도 살 수 있다고 말하는 사람들이 날이 갈수록 늘어나는 지금, 주님이 우리를 위해 어떻게 사시다 어떻게 돌아가셨으며 우리가 무엇을 하기를 원하시는가를 생각하지 못한 채, 믿지 않는 사람들과 똑같이 아니 그보다도 훨씬 더 못된 생각과 언행을 일삼아온 우리의 죄와 허물을 용서하여 주소서. 우리의 죄를 자복하오니, 주님의 은혜로 확실히 죄 가운데서 벗어나게 하소서. 주께서 우리를 구원하신 것에 대해 후회하거나 실망하지 않게 하소서. 주께서 우리를 살려주신 보람을 느끼게 하소서.

고난주간의 다짐

하나님! 우리 한 사람 한 사람 모두가 오늘을 사는 예수가 되어서,

예수님의 사랑을 전하고 예수님의 생각을 펼쳐 보이며 예수님이 기뻐하시는 세상으로 만들어가는 일꾼들이 되게 하소서. 그리하여 예수님이 원하셨던 대로, 하늘에서처럼 이 땅에서도 천국이 이루어지게 하소서. 오늘도 이러한 신앙으로, 경건한 마음으로, 또 굳센 사명감으로 하루를 살아가게 하시며, 이번 고난주간에 이 같은 생각을 더욱 깊게 다지게 하소서.

마무리기도

 이 시대에 예수님의 역할을 대리해서 말씀을 전하고, 양무리를 돌보고, 주님의 사업을 앞장서서 실천하시는 목사님을 강한 팔로 붙들어 주소서. 이 아침에 우리 모두 말씀을 통해 큰 찔림이 있게 하시고, 깨달음이 있게 하시고, 올바로 살기로 다짐하게 하소서. 우리를 위해 단 하나밖에 없는 목숨까지도 아낌없이 바치시고 종국엔 부활의 첫 열매가 되셔서 우리에게 진정한 기쁨과 산 소망의 주가 되신 예수 그리스도의 이름으로 기도드리옵나이다. 아멘.

2015. 04. 02.

166. 고난주간 새벽기도 4(참회와 용서, 고난주간의 다짐, 성령임재)

찬양과 감사

 아버지 하나님! 고난주간을 맞아 이 새벽에, 겟세마네 동산에서 밤새 무너져 내리는 가슴을 안고 기도하신 우리 주님을 고요히 생각해봅니다. 하나님 아버지께는 극진한 정성으로 효도를 다하시고 인류를 위해서는 몸까지 버려가며 사랑을 실천하신 우리 주님, 사람의 아들로 태어나 똑같이 아프고 괴롭고, 똑같이 슬프고 서러우셨을 텐데, 그 고난을 다 감당하신 예수 그리스도, 우리 구주의 하나님! 우리의 하나님! 독생자의 목숨을 버려가면서까지 인류에 대한 사랑의 끈을 놓지 않으셨던 아버지 하나님께 영광, 영광을 돌립니다.

참회와 용서

 하나님 아버지! 주님 고난 받으실 때 우리도 분명히 거기에 있었습니다. 호산나 노래 부르다가 그 마음이 바뀌어 주께 손가락질하며 침 뱉고 돌을 던질 때도 그 자리에 있었고, 주께서 십자가에서 극형을 받으시며 몸부림치실 때도 우리는 그곳에 있었습니다.

 아버지! 그러면서도 주께서 우리 때문에 가진 모욕을 다 당하시고 말로 할 수 없는 고통을 겪고 계신다는 사실을 깨닫지 못했습니다. 지난주에도 그랬고 바로 어제도 우리는 주님을 십자가에 못 박은 장본인이면서도 객석에 앉아서 팝콘과 콜라를 먹으면서 영화를 관람하는, 그런 구경꾼에 불과했습니다. 아버지! 용서할 가치도 없는 우리들이지만 십자가 그 사랑으로 다시 한번 우리를 돌아보소서.

고난주간의 다짐

 하나님 아버지! 고난주간, 주님의 생애와 주님의 당부를 깊이 묵상하면서 더욱 근신하고 절제하며 살 수 있도록 도와주소서. 이 새벽에 성령이 이슬처럼 우리의 마음을 적시게 하셔서, 우리의 잘못을 되돌아보고 주님의 음성에 귀 기울이게 하시며 말씀 따라 살아갈 수 있는 각오와 인내를 새롭게 다지게 하소서.

마무리기도

　보석과도 같은 주의 말씀을 전하시는 목사님에게 먼저 은혜 내려 주셔서 고령에도 말씀을 준비해 전하실 때 평소보다 더 큰 힘이 솟게 하시고, 말씀을 듣는 우리들에게도 함께하셔서 그 말씀이 잠자는 영혼을 깨우고 피곤한 심신에 활력을 제공하는 달고 오묘한 말씀이 되게 하소서. 우리를 위해 십자가의 고난을 감당하시면서도 우리를 용서하시고 사랑하셨던 우리 주 예수 그리스도의 이름 받들어 기도드립니다. 아멘.

2017. 04. 11.

167. 고난주간 새벽기도 5(참회와 용서, 고난 주간의 다짐, 참 소망)

찬양과 감사

흠과 티가 전혀 없으면서도 우리의 죄를 대속할 십자가형을 받기 위해 이 땅에 태어나신 예수 그리스도의 아버지, 우리의 하나님! 죄악 때문에 하나님을 아버지라 부를 수 없었던 우리들을, 버린 자식으로 세상에 방치하시지 않기 위해서 주님을 화목제물로 보내주신 하나님! 한량없으신 아버지의 은혜와 우리 주님의 사랑과 보혜사 성령의 도우심에 감사드리며 이 새벽에 하나님께 예배드리오니 영광, 영광을 받으소서. 하나님! 죄와 허물 때문에 영벌을 받을 수밖에 없었던 우리를, 독생자이신 예수님의 희생을 통해 살려주시고 구원의 참 소망과 믿음을 주셔서 감사합니다.

참회와 용서

하나님! 그런데도 극진한 감사의 마음 없이, 아무런 찔림과 설렘이 없이, 감동과 감격 없이 무감각한 심정으로 신앙생활을 하고 있는 우리의 죄를 용서하여 주소서.

고난주간의 다짐

하나님 아버지! 적어도 다시 맞게 된 이 고난주간만이라도, 이루 다 없이 참혹한 주님의 십자가 수욕을 가슴 깊이 되새기게 하시고, 어떻게 해야 주님께서 그 수난을 통해 구현하시고자 했던 참뜻을 되살려 주께서 기뻐하시는 삶을 살아갈 수 있는지 철저히 고민하고 굳게 다짐하는 시간들이 될 수 있게 도와주소서. 우리 죄인들의 죄를 대신 지시고 십자가에 달려 죽으신 예수 그리스도의 이름으로 기도드리옵나이다. 아멘.

2016. 03. 21.

168. 고난주간 새벽기도 6(참회와 용서, 고난 주간의 다짐, 인류애)

찬양과 감사

  의로우신 하나님! 우리로 죄에 대하여 죽고, 의에 대하여 살게 하시기 위해 주님을 보내신 아버지! 영광 받으소서.[187]

참회와 용서

  아버지! 그러나 우리는 우리를 살리러 오신 주님을 죽였습니다. 십자가에 쾅쾅 못 박았습니다. 날카로운 창으로 주님을 찔렀습니다. 그런데도 주님은 우리에게 핏값을 돌리지 아니하시고, 오히려 용서하시고 구원하셨으니, 세상에 이런 사랑이 어디 있겠습니까? 주님의 사랑과 고난의 의미를 되새기며 회개하오니 우리의 죄를 사해 주소서.

마무리기도

  이 새벽에 우리의 가슴을 열어 주님의 말씀을 바르게 받아들이게 하시고, 주님의 고난을 우리 자신의 고통으로 느끼게 하시며, 주님의 그 크신 사랑 우리도 본받게 하소서. 예수님의 이름으로 기도드립니다.

2018. 03. 27.

169. 고난주간 새벽기도 7(참회와 용서, 사랑과 배신, 충성과 헌신)

찬양과 감사

이 땅에 정의를 세우고 평화를 이루어 생명을 살리시고자 하시는 하나님! 우리를 만들어 생이 시작되게 하시고, 씻을 수 없는 죄를 저질러 삶이 마감될 처지에 놓여 있었던 우리를 주님의 보혈의 공로로 다시 살려주신 하나님께 감사드리며 영광과 찬송을 드리옵나이다. 아버지 하나님! 이 새벽에 우리의 영혼이 깊은 잠에 빠져들지 않게 하시고 몸과 마음을 흔들어 깨워 주시고 일으켜 세워 주님 성전에 나오게 하셔서, 주님의 십자가 고난과 이를 통한 대속의 사랑과 은혜를 되새기게 하시며, 고백과 회개의 시간을 갖게 하여 주시니 감사합니다.

참회와 용서

하나님! 고난주간 넷째 날, 사랑과 배신의 날을 맞아 저희 자신을 고요히 되돌아봅니다. 2천 년 전 오늘 마리아라고 하는 한 여성이 옥합을 깨뜨려 1년 치 봉급에 해당하는 값비싼 향유를 예수님의 머리에 부었습니다. 우리는 오늘날 주님께 단지 푼돈과 부스러기 시간, 소진된 정열을 바치면서도, 머뭇거리며 계산하며 대가만 바라고 있습니다. 주님이 세상 그 무엇보다 훨씬 더 소중한데도 쓸데없는 데다 쓸 돈 다 쓰고, 편안함과 게으름에 시간을 몽땅 허비하고, 쾌락과 무익한 일에 힘을 전부 쏟고 말았습니다.

그러면서 주님을 향한, 주님을 위한 헌신은 늘 뒷전이었습니다. 아버지! 우리의 옥합, 즉 우리의 심령이 주를 위해 깨어지게 하소서. 주님을 위해서라면 그 무엇도 아깝지 않게 하시고, 주님께 그저 다 바치고 싶게 하소서. 실제 그리 하게 하소서.

하나님! 오늘 우리는, 돈 보따리를 맡을 정도로 주님께 큰 신임을 받고 마리아의 헌신적인 사랑을 보면서도 배신을 생각하고 결행한 가롯 유다와, 주님의 수제자라고 뻥치고 다니면서도 주님이 위기에 처하자 한두 번도 아니고 세 번씩이나 주님을 부인한 베드로가, 우리 심령 속에 고스란히 살아있음을 들여다보며 몸서리칩니다. 가롯 유다는 고난주간의 수요일에 자신의 스승이자 벗이자 구원자이신 주님을 은 삼십 냥에 팔았거니와, 오늘 단 한 푼에도 주님을 배반하려고 하는 우리의 형편없는 신앙을 회개하오니 용서하여 주소서. 또 이 수요일에, 주님의 사랑을 한 순간에 다 잊고 양심을 저버린 채 주님을 모른다고, 주님과는 아무런 상관도 없다고 큰 소리를 쳤던 베드로가, 그냥 베드로일 뿐만 아니라 바로 우리 자신이라는 것을 똑똑히 아오니, 아버지! 우리의 죄를 사해 주소서.

마무리기도

회개케 하시는 하나님! 우리가 이제는 하나님의 교회에서 참된 복음이 선포될 수 있도록 올바른 믿음의 자세를 갖게 하소서. 목사님에게 크나큰 영성을 허락해 주시고, 그 말씀이 우리의 마음속을 적셔 흘러 영혼을 흔들게 하셔서, 우리 모두 억지로가 아니라 자원해서 신앙의 전사가 되게 하시며, 그리하여 헝클어지고 무너져 쓰러지는 이 세상을 주님의 나라, 즉 천국으로 바꿔나가는 데 우리가 앞장서게 하소서. 예배의 남은 과정도 주께 의탁하옵고, 예배를 마치고 돌아가는 발길과 오늘 하루 아니 고난주간과 나아가 우리 일생의 삶 전체를 주께서 주장하여 주시옵기를 간절히 빌고 원하오며, 예수님의 이름으로 기도드리옵나이다. 아멘.

2013. 03. 27.

170. 부활절, 참회와 용서, 대속, 보혈의 공로, 구원의 참 소망

찬양과 감사

저희들의 죄를 몸소 담당하도록 하시기 위해 독생자 예수님을 이 험한 땅에 보내신 은혜의 하나님! 저희들은 주님의 십자가 보혈의 공로로 이렇게 구원의 삶을 살아가고 있습니다.

아버지 하나님! 더욱이 우리 주님께서는 사망 권세를 이기시고 부활하심으로써, 저희들에게 영원히 살길을 열어 주셨습니다. 하나님! 저희들은 주님 때문에 생명을 이어가고 있습니다. 주님 때문에 빌 길을 얻었습니다. 참 소망을 갖게 됐습니다. 이처럼 큰 은혜를 주신 하나님께 이 시간 진심으로 감사드립니다.

참회와 용서

하나님! 그러나 저희들은 이러한 고마움을 잊어버리고 죄악된 세상과 벗하여 살면서 배반과 불순종만을 일삼아 왔습니다. 이 시간 또다시 자복하고 회개하오니 용서하여 주시고, 저희들이 드리는 이 예배를 기쁘게 받아 주소서.

부활의 참된 의미

아버지 하나님! 오늘 말씀을 통해 부활의 참된 의미를 되새기는 저희들 되게 하여 주소서.

마무리기도

말씀을 전하는 주님의 사자 위에 능력을 덧입혀 주소서. 갑절의 영감을 허락해 주소서. 성가대와 관현악단, 선교단의 찬양을 기쁘게 받아 주소서. 예수님의 이름으로 기도드립니다. 아멘.

2002. 03. 31.

171. 부활절, 회개와 인도, 전도와 선교, 천국의 소망, 참된 제자

찬양과 감사

할렐루야! 아버지 하나님! 우리 주님의 부활하심을 기뻐 찬송합니다. 무덤의 권세, 암흑의 속박을 다 깨뜨리시고 생명의 승리를 얻으신 주님을 기꺼이 경배합니다. 견딜 수 없는 고통과 슬픔을 도저히 감당할 수 없던 이틀 밤이 지나자, 당초 약속하신 대로 사흘 만에 사망의 문을 단단히 잠그고 생명의 문을 활짝 열어젖히신 예수 그리스도 우리 주님께 영광 돌립니다. 아버지! 저희를 지어 주셔서 감사합니다. 죗값으로 영 죽을 수밖에 없는 저희들을 살리시기 위해 독생자를 보내주셔서 감사합니다. 예수님께서 십자가 고난을 이기시고 다시 살아나게 하셔서, 저희들에게 영원토록 살 수 있는 부활의 산 소망을 주셔서 감사합니다.

회개와 인도

아버지 하나님! 저희 죄를 담당하시기 위해 주님께서 친히 몸 버려 피를 흘리셨건만 무지몽매한 저희들은 지난 한 주간도 주님의 고난에 동참하기는커녕 온갖 죄를 저질렀습니다. 용서하셔서 저희 손을 다시 잡아 일으켜 주소서. 회개하여 천국을 얻게 하소서. 오직 주님의 보혈의 공로를 찬양하게 하시고, 주님이 명령하신 복음증거와 전파에 온 힘을 쏟게 하소서.

말씀을 듣는 저희들에게 영안을 환히 밝혀주셔서, 주님 주신 부활의 의미와 주께서 주신 지상명령을 되새겨, 참된 주의 제자가 되게 하여 주소서. 죽은 자 가운데 부활하셔서 우리의 영원한 구주가 되시는 예수 그리스도의 이름으로 기도드립니다. 아멘.

2011. 04. 24.

172. 부활절, 교회의 회복, 전도와 선교, 참회와 용서, 기도의 응답

십자가 회고

　단 하나밖에 없는 아드님이 지상에서 가장 고통스럽고 치욕적인 모습으로 생을 마감하실 때, 억장이 무너지는 듯한 아픔과 슬픔을 참아내시며 주님 지신 십자가를 그윽이 내려다보시던 하나님! 자기를 존경하고 흠모하는 사람을 위해서도 자기 소유의 일부분마저 내놓기 아깝거든 주님께서는 자신을 조롱하고 핍박하고 멸시하는 자들을 위해 단 하나뿐인 소중한 목숨을 버리셨습니다.

　아버지 하나님! 저희들의 선조가, 아니 오늘 바로 저희들이 참으로 귀하고 거룩한 주님을 그 욕된 십자가에 매달았습니다. 이번 고난주간에도, 어제도, 바로 조금 전까지도 되풀이해서 주님의 손과 발에 못을 박고 창으로 성스러운 몸을 찌르며 주님의 귀한 머리에 가시 면류관을 씌웠습니다.

찬양과 감사

　이처럼 단숨에 멸하셔도 시원치 않을 저희들을 오히려 죄 가운데서 건지시고 일으켜 세워주신 아버지 하나님! 어찌 저희들이 아버지께 영광과 찬송을 드리지 않을 수 있겠습니까! 하나님! 무엇보다도, 사랑하는 우리 주님이 죽음과 어둠의 권세를 떨치고 다시 살아나셔서, 저희들에게 부활의 산 소망을 갖게 하여 주시니 감사합니다. 이미 오래 전에 죽어서 무덤에 장사된 신이 아니요, 책 속에서나 존재하고 박제된 채 벽에 걸려 있는 헛된 우상이 아니라, 지금도 살아계셔서 친히 역사하시는 성삼위 하나님을 믿을 수 있도록, 저희들을 성별하셔서 귀한 자녀 삼아주시니 그 은혜 너무나 감사합니다.

은혜로우신 하나님! 저희들은 지은 죄와 허물로 인해 매일, 매시간 죽고 또 죽어도 하나도 억울할 게 없는 인생이건만, 오늘 또다시 불러주셔서 주님의 부활을 환호 속에 기리고 찬양하는 이 예배에 참여할 수 있게 하여 주시니 감사합니다.

참회와 용서

아버지 하나님! 말로는 다 아뢰거나 고할 수 없는 저희들의 죄과를 전심으로 자복하고 회개하오니, 주님의 보혈로 깨끗이 씻어 주소서. 다 용서하여 주소서.

교회의 회복과 선교

이 부활의 아침에 저희 ◎◎교회를 온전히 소생시켜 주소서. 그러한 은혜가 기도 중에, 찬양 가운데, 말씀이 선포될 때 이 자리에 가득 임하게 하소서. 그리하여 우리의 몸과 마음과 영혼이 새 힘을 얻어 강건케 되어서, 주님의 수난과 부활을 세계만방에 증거하고 전파하게 하소서.

마무리기도

하나님! 이 시간 ○○○ 목사님께서 아버지의 말씀을 전하실 때에 주님의 강한 팔로 붙들어 주소서. 우리 모두가 큰 은혜 받고 돌아가게 하소서. 저희들은 세상의 온갖 근심과 걱정거리를 한 보따리씩 지고, 이고, 안고 이곳을 찾았습니다. 이 자리에 이러한 짐을 다 내려놓게 하소서. 모든 문제가 해결되게 하여 주소서. 예수님의 이름으로 기도드리옵나이다. 아멘.

2009. 04. 12.

173. 부활절, 전도와 선교, 회개와 인도, 온전한 믿음, 위로와 치유

찬양과 감사

　주님께서 우리 곁을 떠나신 후 슬퍼하고 낙담하고 두려워하던 우리에게 주님의 부활을 통해 산 소망을 주신 아버지 하나님! 우리가 세상 살면서 받는 아픔은 주님이 십자가 위에서 담당하신 고난에 비하면 아무것도 아니요, 겟세마네 동산의 주님을 생각하면 우리가 겪는 고민과 슬픔은 단지 사치에 불과한데도, 주님께서는 일마다 때마다 우리를 위로하시고 치유해 주시고 우리에게 새로운 용기를 주셔서 다시 일어나 걷고 뛰게 하시니 감사합니다.

　'할렐루야' 여호와 찬양이 우리의 생활이 되게 하시며 우리의 기도에 일일이 응답하시고 우리가 가는 길을 지켜주시고 우리가 가야할 길을 밝게 보여 주시는 아버지께, 오늘 부활절 아침 이 시간에 더 큰 영광과 찬송을 돌리옵나이다.

회개와 인도

　용서의 하나님! 아직도 골고다 언덕, 죽은 십자가 나무에 머물러 있는 우리의 어리석은 믿음을 회개하오니, 우리의 그릇된 신앙이 어서 빨리 텅 빈 묘소에서 빠져나오게 하소서. 우리를 가로막고 있는 돌덩이가 무덤 문에서 굴러 옮겨지게 하소서.

전도와 선교

　아버지! 그리하여 주님께서 부활하신 후 이르신 대로, 온 천하에 다니며 만민에게 두루 복음을 전하게 하소서. "믿고 세례를 받는 사람은 구원을 얻을 것이요 믿지 않는 사람은 정죄를 받으리라."[188]고 하신 말씀을 엄중하게 받아서 우리의 가족이, 친척이, 친구가, 이웃이 불행에 빠지지 않도록 우리 모두에게 선교의 열정이 불붙어 주체할 수 없을 정도로 활활 타오르게 하소서.

마무리기도

　하나님! 오늘 주님 부활의 큰 뜻을 선포하시는 목사님을 강한 팔로 붙드셔서 지친 심신이 날마다 새 힘을 얻어 사명 감당하는 데 어려움 없게 하시고, 우리 모두에게 성령이 끊임없이 줄기차게 흘러 넘쳐, 주님의 부활이 이미 완료된 역사가 아니요 현재진행형을 넘어 영원토록 이어지는 우리 모두의 진정한 신앙고백이 되게 하소서. 부활을 통해 우리에게 영생의 참 소망을 주신 우리 주 예수 그리스도의 이름을 받들어 기도드리옵나이다. 아멘.

2013. 03. 31.

174. 씨뿌림주일, 부활절, 교회창립기념주일, 회개와 인도, 사랑과 은혜

찬양과 감사

　아버지 하나님! 부활절 둘째주일이자 씨뿌림주일을 맞아 이 시간 먼저 아버지께 영광과 찬양을 돌립니다. 특히 4월은 부활하신 주께서 ◉◉동에 믿음의 씨앗을 뿌린 달입니다. 주님의 거룩한 보혈로 우리 ◎◎교회가 탄생했습니다. 아버지의 크신 사랑으로 주의 교회가 그 숱한 어려움과 고통을 다 이기고 이렇게 든든히 설 수 있게 하여 주셔서 감사합니다. 수많은 신앙의 선진들을 통해 ◎◎교회가 지역사회의 복음화와 나라의 민주화를 위해 헌신할 수 있게 하여 주셔서 감사합니다.

회개와 인도

　하나님! 둘러보면 온통 감사드릴 일 뿐이온데 저희들은 아버지의 은혜를 저버린 채 죄짓기에 바빴습니다. 신령한 삶은 간 데 없고 육의 생활이 전부였습니다. 가슴을 찢고 통곡하며 자신의 죄를 자복하고 회개하던 아름다웠던 신앙을 모두 다 버리고, 언젠가는 스러지고 사멸해버릴 돈과 명예와 권세와 쾌락을 탐하며 몸과 마음과 영혼을 불태우고 말았습니다.

　이 땅에서 주님 가르쳐 주신대로 살다가 아버지가 부르실 때 천국에 들어가 주님과 함께 영생복락을 누리겠다던 순수한 믿음은 어디론가 내던지고, 오늘은 무엇을 먹을까 내일은 무엇을 마실까 그리고 당장 무엇을 입을까 골몰하며 힘을 다 쏟아버렸습니다. 지난날 앞길이 꽉 막혀 사방이 캄캄하였을 때 건져주시고 인도해 주셨던 그 큰 사랑, 옴짝달싹도 할 수 없었던 시기에 기적처럼 살려주셨던 소중한 은혜들을 다 잊어버리고 말았습니다. 하나님께서 붙들어 주지 않으셨더라면 저희는 진작 이 세상 사람이 아닐 수도 있었습니다. 아버지! 질병과 사고와 극심한 가난과 잡다한 인생사에서 저희를 건져 주셨고, 때로는 스스로 생명을 내던지려는 순간에도 깨달음과 위로하심과 즉시 해결해 주심을 통해 저희를 구해 주셨지 않습니까!

  저희들의 눈물을 송두리째 받아들여 주시고, 저희들의 한숨을, 절규를 빠짐없이 다 들어주셨으며, 저희들의 아픔을 모조리 씻어 주셨던 하나님! 그러기에 지금 당장 겪고 있는 질고도 때가 되면 가실 것이고, 장차 있을 환난도 주께 맡기면 다 해결될 텐데, 닥치지도 않을 일까지 염려하고 걱정하며 밤새 몸을 뒤척이다 날이 새고, 온종일 고민하다 해가 저물었습니다. 모양만 갖추고 있을 뿐 알맹이는 사라져버린 빈껍데기뿐인 믿음을 아버지께 다 드러내놓고 회개하오니 저희 잘못을 용서해 주소서. 그리하여 홀가분한 마음으로, 순백의 심령으로 주를 찬송하며 영광 돌리게 하시고, 이 세상에서 주의 백성으로서 당당하게 살아가게 하소서.

마무리기도

  단 위에 세우신 목사님의 영혼과 심신을 늘 맑고 건강하게 하시며 영감이 샘솟듯 하게 하셔서, 말씀을 준비하고 전하는 데 조금도 지치거나 피곤하지 않게 하소서. 성가대와 관현악단, 찬양선교단, 몸찬양단을 통해 아버지의 성호를 찬양하며 그 영광을 드높이는 주의 귀한 자녀들에게 크신 복을 주시고, 이 시간 이 예배에 참석한 저희 모두에게 그리고 전국에, 해외에 흩어져있는 저희 믿음의 식구들에게 주의 사랑과 은혜를 풍족히 베풀어 주소서. 예수님의 이름으로 기도드리옵나이다. 아멘.

2010. 04. 11.

175. 성령강림절, 참회와 용서, 위로와 평화, 보호와 인도, 말씀의 은혜

찬양과 감사

곤한 인생길 걸어오는 동안 우리의 두 손을 꼭 잡아 주셨던 아버지 하나님! 오늘도 성령 하나님의 인도로 부름 받고 나왔사오니, 우리가 드리는 찬양을 받아 주소서.

참회와 용서

하나님! 이 시간 간절히 구하는 우리에게 불길 같은 주 성령께서 강림하셔서, 우리 영의 소원을 만족하게 하소서. 갈급한 우리의 심령에 성령의 단비를 흡족히 내려주셔서, 우리의 신앙이 한여름 초목처럼 무성하게 하여 주소서. 성령을 통해서 우리의 죄가 낱낱이 기억되게 하시고, 철저히 회개하게 하시며, 우리가 참회할 때마다 용서하여 주소서.

위로와 평화

아울러 세상에서 찢기고 상한 마음을 어루만져주셔서 위로와 평화를 주소서. 아버지 하나님! 우리 속에 가득한 의심과 괴롬과 슬픔을 성령의 폭포수로 다 씻어 주시고, 그 빈 마음에 성령의 은사를 가득 채워주셔서, 주님을 믿는 참 기쁨을 누리게 하소서. 그 기쁨으로 평생 주님의 말씀을 따르게 하시고, 주를 위해 살게 하시고, 오직 주만 믿으며 삶을 마치게 하소서.

마무리기도

오늘도 '성령님은 누구신가?'라는 말씀을 들으면서 성령을 제대로 깨달아, 성령이 인도하시는 대로 따르게 하소서. 말씀을 대언하시는 목사님을 성령의 강한 팔로 붙들어 주셔서 목사님이 먼저 은혜 충만케 하시고, 그 말씀을 듣는 우리에게도 동일한 은혜를 허락하여 주소서. 예수님의 이름으로 기도드립니다. 아멘.

2016. 05. 22.

176. 성령강림절, 구원의 확신, 참 기쁨, 위로와 평안, 보호와 인도

찬양과 감사

 단 한 순간도 우리 곁을 떠나 계시지 않는 보혜사 성령을 통해 우리를 돌보시고 이끌어 주시는 아버지 하나님! 성령을 통해서 하나님이 세상만물의 창조주시요 주님이 우리의 영원한 구세주시란 사실을, 머리가 아니요 가슴만으로서가 아니라 영적으로 받아들이게 하시고 따르게 하시는 아버지 하나님께 영광과 찬송을 돌리옵나이다.

성령임재

 살아계시는 하나님! 이 시간 성령 충만하게 하소서. 가물어 쩍쩍 갈라진 우리의 척박한 마음밭에 성령의 단비를 부어 주소서. 그리하여 우리의 영혼이 소생케 하소서. 한시도 성령의 지배에서 벗어나지 않게 하셔서 우리 맘속에 강물같이 흐르는 기쁨을 일평생 누리게 하소서. 흐트러지고 이지러진 우리의 행동과 자연환경을 바로잡아 주셔서, 하나님이 주신 이 땅에서 자손 대대로 길이 평화를 누리게 하소서. 이렇게 해 주신, 또 그렇게 해 주실 하나님을 찬양하오며 감사를 드리옵나이다.

 아버지 하나님! 이 시간 이 자리에 불길 같은 성령이 임하게 하소서. 충만하게 하소서. 우리의 죄악을 태워주소서. 허물을 소멸해 주소서. 탐욕과 각종 더러운 불순물로 가득한 우리의 심령을, 회개의 영을 통해 낱낱이 드러내 자백하게 하시고 돌이키게 하소서. 그리하여 순백의 심령 위에 아버지의 말씀을 오롯이 받아들이게 하소서.

마무리기도

 하나님! 오늘 예배드리는 시간, 특히 하나님의 말씀을 전해 듣는 이 한 때가 우리 삶에 있어서 가장 값지고 기쁜 시간이 되게 하소서.

억지로가 아니라 또 의지로서가 아니라 성령의 전폭적인 개입을 통해 이러한 삶이 가능하게 하소서. 말씀을 전하시는 목사님에게 성령이 충만하게 하소서. 가득 넘쳐흐르는 성령의 권능으로 목사님의 심령을 두르셔서, 말씀을 듣는 우리 모두가 성령이 주시는 참된 기쁨과 위로와 평안을 마음껏 누리게 하소서. 예수 그리스도의 이름으로 기도드리옵나이다. 아멘.

2013. 06. 02.

177. 성령강림절, 믿음의 성숙, 참회와 용서, 은혜의 물결, 지혜와 겸손

찬양과 감사

　때로는 모든 것을 태워 삼키는 불길 같은 성령으로 저희 영혼을 송두리째 휘감으시는 하나님! 또한 때로는 가물어 메마른 대지에 반가운 비를 촉촉이 내려주시듯 저희 마음에 성령의 단비를 물 붓듯이 부어 새 생명을 주시는 하나님! 이 시간도 일심으로 간구하는 저희에게 주 성령께서 강림하셔서 영광 보여 주실 줄 믿사옵고, 성삼위 하나님께 찬양과 경배를 드립니다.

참회와 용서

　완전하신 하나님! 감사합니다. 성령을 통해 저희들을 밤낮으로 깨닫게 하시고 잘못을 뉘우치게 하셔서 바른길을 향해 가게 하시니 감사합니다. 저희들의 언행심사를 되돌아보면 모든 것이 다 부끄럽고 한심스러운 것뿐이지만, 이제 다시금 머리 숙여 저희의 잘못을 고하고 회개하오니, 아버지! 세상 살면서 저희들이 저지른 죄와 허물을 사하여 주소서.

성령의 임재

　하나님! 성령이 저희 심중에 내려와 임하게 하소서. 그리하여 기쁨이 강물같이 흐르게 하소서. 주께서 저희 심령에 영원 무궁히 거하실 수 있도록 정결한 마음을 주소서.

믿음의 성숙

　아버지 하나님! 제자들의 발을 씻어 주셨던 주님의 마음을 본받아, 저희들도 높은 자리에 서게 됐을 때 한없이 낮아지게 하소서. 번성과 화려함이 극치를 이루었을 때 멸망의 불길 속에 휩싸였던 소돔과 고모라를 되새기며 안일과 타락에 젖어들지 않게 하소서. 세상풍조를 멀리하고 오직 주님만 바라보게 하소서.

　오늘 주시는 아버지의 말씀을 통해 큰 은혜 받게 하소서. 저희 인생의 바다에서 일고 있는 영혼과 심신의 거센 파도와 비바람이 잔잔해지게 하소서. 모든 고통과 슬픔이 물거품처럼 스러지게 하소서.

　성령강림주일을 맞아 저희들 이렇게 마음을 씻고 닦으며 성령의 은혜를 사모하오니, 아버지! 이 시간 이 자리에 성령이 가득하게 하소서. ◎◎교회가 마가의 다락방이 되게 하여 주소서. 완악하고 교만한 마음이 부서지고 깨어지게 하소서. 의심과 불신앙이 완전히 사라지게 하소서.

마무리기도

　목사님께 특별히 성령의 감동과 감화가 배나 임하게 하셔서 은혜의 물결이 강단에서부터 흘러나와 온 교회에 넘치게 하소서. 예수 그리스도의 이름을 받들어 간절히 바라며 기도하옵나이다. 아멘.

2011. 06. 19.

178. 성령강림절, 선교주일, 은혜와 평강, 삶의 의미, 신앙의 근본

찬양과 감사

 거룩한 주일 아침, 주 여호와 하나님께 영광을 돌리옵나이다. 저희들이 하나님께 마음 놓고 예배드릴 수 있는 나라와 시대에 태어나 살아갈 수 있게 도와주셔서 감사합니다. 오늘도 저희들을 감싸고 있는 세상의 분주한 일상으로부터 놓임을 받고 마음껏 하나님을 찬양할 수 있게 허락하여 주셔서 감사합니다.

회개와 용서

 하지만 아버지 하나님! 죄악과 허물로 일그러진 저희들의 삶을 되돌아보면 너무나 부끄럽고 수치스러워 이 귀한 성전에 발을 들여놓을 수조차 없사오니, 이 시간 저희들로 하여금 마음속 깊이 회개하게 하여 주옵시고, 지난 시간의 잘못을 뉘우치는 저희들을 용서하여 주소서.

전도와 선교

 하나님! 지금은 성령강림절기입니다. 오늘은 또한 총회선교주일입니다. 저희 모두 마가의 다락방으로 돌아가게 하셔서, 성령의 뜨거운 불길을 체험하게 하소서. 사람의 머리로 억지로 이해하려고 하는 신앙이 아니라, 거부할 수 없는 성령의 전폭적인 인도로 주께 나아가게 하소서. 예배하는 기쁨과 즐거움을 회복하게 하시고, 그러한 환희를 모든 사람이 함께 누릴 수 있도록 더 늦기 전에 우리 모두 선교의 현장으로 달려 나가게 하소서.

삶의 의미

 진리의 하나님! 갈피를 잡지 못하고 있는 이 나라를 위해, 이리 갈라지고 저리 흩어진 우리 사회를 위해 간절히 기도합니다. 전직 대통령과 우리 교단의 곧은 원로였던 ○○○ 목사님이 스스로 목숨을 끊고 세상을 등졌습니다. 무엇이 여기에 이르게 했고, 이들은 죽음을 통해 우리에게 무엇을 말하고 있으며, 살아남은 우리는 앞으로 무엇을 어떻게 해야 할지 알 수 없습니다. 무엇보다도 다음세대들에게 어떠한 삶이 바른 것이며 어떠한 죽음이 온당한 것인지, 탄압과 박해에 맞서 신앙을 지켰던 전통적 의미의 순교와 하나님께서 주신 소중한 생을 자결로 마무리한 이들의 마지막은 무엇이 같고 어떻게 다른 것인지 똑바로 설명할 방도가 없습니다.

하오니 이 혼란한 이 나라 이 시대에서 올바로 살아갈 수 있도록 저희에게 지혜를 주소서. 우리 모두 깊이 생각하지 않고 쉽게 말하는 잘못을 범하지 않게 하시고, 하나님이 주시는 말씀을 통해 제대로 깨닫고 행동하게 하소서.

은혜와 평강

하나님! 오늘도 많은 사람이 가난과 질병과 인간관계에서 빚어진 갈등으로 신음하고 있습니다. 주께서 친히 위로하시고 안수하여 주셔서 믿음을 통해 해결되고 고침 받게 하여 주소서.

말씀을 듣고 단 위에 서신 목사님을 특별한 사랑과 능력으로 붙들어 주소서. 저희 모두 말씀을 통해 신앙의 근본을 되찾게 하여 주옵시고, 새 힘을 얻어 승리하는 삶을 이어가게 하여 주소서. 성가대와 관현악단 그리고 예배를 위해 수고하는 모든 손길과 여기에 참여한 저희 모두에게 큰 은혜 베풀어 주소서. 예수님의 이름으로 기도드리옵나이다. 아멘.

2009. 06. 14.

179. 맥추감사주일, 회개와 인도, 믿음의 결실, 전도와 선교, 성령충만

찬양과 감사

거칠고 메마른 우리의 마음밭에 고운 믿음의 씨앗을 뿌려주시고 때마다 햇빛과 단비를 내려주셔서 아름답게 꽃피고 알차게 열매 맺게 하여 주시는 아버지 하나님! 지난 시절 우리가 흘린 땀과 눈물은 보잘것없이 적사오나 무려 삼십 배, 육십 배, 백 배, 때로 그 이상의 결실을 얻게 해 주신 아버지의 은혜에 감사드리오며, 창조와 생장과 번성의 주를 찬양하오니, 우리가 주께 돌리는 영광과 찬송을 받아 주소서.

황량하고 척박한 사막과 같던 우리의 마음을 성령의 샘물로 흡족히 적셔주셔서 기름진 믿음의 알곡을 거둘 수 있게 하여 주시는 아버지 하나님! 이러한 하나님의 은혜를 언제까지나 잊지 않고 감사드리게 하여 주소서.

회개와 인도

하나님! 하지만 우리의 마음밭에 거짓과 탐욕의 씨앗도 함께 싹이 나고 자라서 잡초로 가득했던 시간들도 많았었음을 고백하오니, 한눈 팔지 말고 우리의 심령의 가라지를 제때제때 뽑아내게 하시고, 애써 가꾸는 알곡에 황충이 내려앉지 않도록 믿음생활에 게으르지 않게 하소서. 그리하여 추수의 계절에 후회하거나 낙담하지 않게 하소서. 믿음의 들판에서 환희의 풍년가를 부르며 주께 영광 돌리게 하시고, 우리의 이웃과 넉넉히 나눌 수 있게 하소서.

믿음의 결실

은총의 하나님! 가난한 마음으로, 구멍 난 가슴으로, 허전한 심정으로 이 시대를 살아가는 불쌍한 영혼들이 앞다퉈 주께 나아올 수 있도록, 먼저 주의 백성들에게 심령의 부유함과 평안과 기쁨을 느낄 수 있게 하소서. 우리의 믿음의 열매를 보고 세상 사람들이 구름처럼 교회로 모여들게 하소서. 어서 온 세상이 믿음의 옥토로 바뀌어서 이 땅에 하나님의 나라가 완성되게 하여 주소서.

마무리기도

아버지 하나님! 올해의 맥추감사주일을 기념하며 하나님의 은혜에 감사드리는 오늘, 주의 말씀으로 우리의 믿음을 북돋워 주시고 이끌어 주시는 목사님에게 능력의 두루마기를 입혀주시고 목사님을 강한 팔로 붙들어 주셔서, 우리 모두 이 시간 큰 은혜 받게 하여 주시고 새 힘을 얻어 주님의 농부로서, 주님의 일꾼으로서 받은 사명을 잘 감당하게 하소서. 우리들 마음의 논밭의 영원한 주인이신 예수 그리스도의 이름 받들어 기도하옵나이다. 아멘.

2016. 07. 03.

180. 맥추감사주일, 회개와 인도, 성령강림절, 보호와 인도

찬양과 감사

저희들에게 향하신 인자하심이 크고, 진실하심이 영원하신 아버지 하나님! 지난 반년 동안에도 저희들을 자비롭게 돌봐주시고 참되게 보살펴 주신 은혜에 감사드리며, 아버지께 영광과 찬송을 드립니다. 특별히 맥추감사주일을 맞아 사랑의 햇볕과 소망의 빛과 제때 내려 주신 풍성한 비와 이슬을 통해 저희들의 믿음을 북돋워 주시고 건강을 지탱하게 하시며 일용할 양식을 공급해 주신 하나님께 감사드리옵나이다.

회개와 인도

하나님 아버지! 그러나 저희들의 삶은 회칠한 무덤처럼 위선과 가식의 언저리를 맴돌았습니다. 주님께서 가르쳐 주신 대로 살지 못했습니다. 아니 주님의 가르치심을 기억조차 하지 않으려 했습니다. 주님의 가르치심을 깨닫기 위해 성경말씀을 읽지도 않았으며, 기도와 묵상을 멀리했습니다. 아버지! 저희들의 잘못을 용서하여 주소서. 저희들의 심령을 말끔히 소제하고 그 자리를 순전한 성령으로 가득 채워주소서. 성령강림절기를 맞아 오직 성령을 사모하며 온전한 하나님의 백성으로 살게 하소서.

마무리기도

목사님께서 전해 주시는 하나님의 말씀에 힘입어 세상과 싸워 승리하는 삶을 살게 하소서. 우리 모두 주님 주시는 참된 기쁨과 복락을 누리게 하소서. 예수님의 이름으로 기도드리옵나이다. 아멘.

2010. 07. 04.

181. 맥추감사주일, 보호와 인도, 성령임재, 여름성경학교·수련회

찬양과 감사

 가물어 메마른 이 땅에 생명의 단비를 내려주신 아버지 하나님! 시들어 황폐해진 저희들의 영혼에 약속하신 성령을 물 붓듯이 부어 주실 줄 확신하고 기도하오며, 아버지께 영광 드리옵나이다. 특히 오늘 맥추감사주일을 맞아 저희를 사랑으로 이끌어 주시고 보살펴 주신 주 하나님의 풍성하신 은혜에 감사드리며 아버지께 감사 또 감사를 드리옵나이다.

여름성경학교·수련회

 충만케 하시는 하나님! 괴로우나 즐거우나 매사에 주께 감사드리며, 주님을 섬기고 따르는 일이 저희 인생의 가장 큰 의미와 기쁨이 될 수 있게 도와주소서. 여름이 절정으로 접어드는 이 7월에 유치부에서 대학부에 이르는 학생부가 성경학교와 수련회를 계획하고 있사오니, 이 기간에 그리스도의 계절을 앞당길 수 있는 성령의 대폭발이 일어나게 하소서.
 은혜 받을 사람 은혜 받고 은사 받을 사람 은사 받아서, 예수 그리스도의 위로와 자비를 만방에 널리 전할 수 있는 주님의 일꾼들이, 이번 여름행사를 통해 다시 새로워지고 더욱 알차게 가다듬어지게 도와주소서.

마무리기도

 그 선봉에 서 계신 목사님이 하나님의 메시지를 힘껏 외치며 말씀을 통해 양의 무리를 지휘하고 나가실 때 성령이 가득 임하게 하소서. 예수님의 이름으로 기도드리옵나이다. 아멘.

2012. 07. 01.

182. 맥추감사주일, 보호와 인도, 오순절, 여름수련회, 목회자 축복

찬양과 감사

아버지 하나님! 어느덧 한 해의 절반이 흐르고 우리는 이제 다시 남은 반년의 출발점에 서 있습니다. 지난 6개월 동안에도 성령을 통해 늘 우리를 포근히 감싸 안아 주시고 따뜻하게 보살펴 주신 하나님께 감사드리며, 영광과 찬송을 드립니다. 농부가 땀 흘려 농사를 지어 그 수확의 첫 단을 하나님께 바친 것처럼, 우리가 애써 일터에 뿌린 것의 첫 열매를 드리는 심정으로 맥추절을 지키오니, 아버지! 이 예배를 기쁘게 받으소서.

수고한 것은 별로 없는데 넘치도록 거두게 하여 주신 하나님께 감사드립니다. 혹은 밤낮없이 일했는데도 돌아온 것은 생각보다 많지 않을지라도 그래도 하나님께 감사드립니다. 아버지 하나님! 이후로도 언제까지고 풍족하든지 부족하든지 오직 하나님께 감사드리게 하소서.

하나님! 맥추절과 오순절을 함께 맞게 하셔서 감사와 축복이 서로 분리되어 있는 게 아니라 하나라는 사실을 깨닫게 하여 주시니 감사합니다. 이 해의 끝 무렵인 크리스마스에는 우리들 더욱더 감사하는 마음으로 심령이 풍성하게 하여 주소서.

목회자를 위한 기도

하나님으로부터 성스러운 직책을 부여 받으신 목사님과 전도사님, 또 교회학교 선생님들에게 더 큰 복을 내려주소서. 양 무리를 치는 귀한 소임을 수행하는데 거침이 없도록 영혼과 심신이 항상 건강하게 하소서. 특별히 이제 목회학 박사 학위를 받으시고 새롭게 목회를 하시게 될 담임목사님을 배나 사랑하셔서, 교회 안에서나 밖에서

나 하나님의 영광을 높이 드러낼 수 있게 하시고 이 시대에 참으로 존경 받고 사랑 받는 주의 사자가 될 수 있게 하소서.

여름수련회

하나님! 이번 달에 교회학교의 여름행사들이 집중되어 있사오니 모두가 이를 통해 하나님께서 살아계심을 체험하게 하시고 그러한 영감을 바탕으로 일생 동안 변치 않고 지치지 않을 굳센 믿음을 소유하게 하소서.

마무리기도

아버지 하나님! 우리는 늘 기도합니다. 주님의 나라가 이 땅에서 어서 빨리 이루어지기를. 그렇기를 간구하오며, 또 그렇게 될 줄 믿사오며, 예수 그리스도의 이름으로 기도드리옵나이다. 아멘.

2013. 07. 07.

183. 종교개혁주일, 참회와 용서, 성결한 마음, 온전한 믿음

찬양과 감사

긍휼이 풍성하신 하나님! 우리를 사랑하신 그 큰사랑을 인하여, 그 은혜로 구원 받게 하셔서, 허물로 죽은 우리를 그리스도와 함께 살리시고 우리를 함께 일으키사 그리스도 예수 안에서 함께 하늘에 앉히실 줄 믿습니다.[189]

아버지! 하나님처럼 전지전능하신 분이 우리의 아버지가 되어 주셔서 감사합니다. 우리가 배고플 때, 아플 때, 힘들어 죽게 생겼을 때, 우리를 살려주시고 우리의 상처를 싸매주셨던 하나님이 우리의 하나님이셔서 감사합니다. 하나님! 우리가 마음속 깊은 곳에서부터 우러나오는 찬송으로 드리는 영광을 받으소서.

참회와 용서

하나님 아버지! 종교개혁주일입니다. 저희들 철저히 회개하고 성결한 마음으로 주를 보게 하소서. 오직 주의 풍성한 사랑을 힘입어 주의 집에 들어가 주를 경외함으로 성전을 향하여 예배하게 하소서.[190] 우리의 행위로서가 아니라 주님의 은혜로 구원 받았으니, 이 믿음 결단코 소멸치 않게 하소서.[191] 하나님께서 거저 주신 선물을 욕심이나 부주의로 망가뜨리지 않게 하소서. 주를 위해 살지도 못하면서 어떻게 주를 위해 죽을 마음이라도 먹을 수 있겠습니까? 어찌 다니엘과 하나냐와 미사엘과 아사랴의 성심을 닮기라도 할 수 있겠습니까?

아버지! 오늘도 말씀을 통해 참된 위로와 평강을 얻어 세상을 이길 힘을 주소서. 예수님의 이름으로 기도드립니다. 아멘.

2017. 10. 29.

184. 종교개혁주일, 회개와 인도, 구원의 소망, 지혜와 권능

찬양과 감사

　세세토록 찬송과 영광과 감사와 존귀히 여기심을 받으실 아버지! 지혜와 권능과 힘이 충만하신 하나님을 바라보며 오늘도 성전에 나와 예배를 드립니다.[192] 하나님! 주님께서 고난을 받으심으로 우리가 구원을 받았습니다. 평화를 누리고 있습니다. 주님 부활하심으로 우리는 죽어도 다시 살 수 있다는 소망을 갖게 되었습니다. 이 모든 일에 감사드리며 주께 찬양을 드립니다.

회개와 인도

　아버지! 종교개혁주일을 맞아 엎드려 회개의 기도를 드립니다. 우리의 기도는, 그 알맹이는 다 빠져나가고 형식만 남았습니다. 생활 자체는 더욱 형식적이었습니다. 우리 심령에 십자가의 예수님은 사라지고, 복 주시는 주님만 존재하였습니다. 주님과 함께, 주님을 위해, 오직 주님만 바라보는 주님 제일의 신앙대신에 나만, 내 가족만, 내 주변만 위하고 받드는 속 좁은 인생이었습니다.

　은혜가 풍성하신 하나님! 우리에게 신앙의 내실을 기하게 하시고, 텅 빈 가슴을 주의 사랑으로 가득 채우게 하시며, 이 세계를 한 몸에 품을 수 있는 넓은 가슴을 허락하소서. 우리를 신성한 성품에 참여하게 하소서. 우리가 더욱 힘써 믿음에 덕을 세우게 하소서. 지식과 절제와 인내와 경건을 더하게 하소서. 형제 우애와 사랑으로 영원한 주의 나라에 넉넉히 들어가게 하소서.[193] 예수님의 이름으로 기도드리옵나이다. 아멘.

2013. 10. 27.

185. 종교개혁주일, 회개와 인도, 진리와 생명의 길, 목회자 이임

찬양과 감사

　이 세상에는 없는 크고 놀라운 평화를 우리에게 주신 아버지 하나님! 우리의 영혼과 몸을 주께 드립니다. 하늘에서 날마다 천군과 천사들의 경배를 받으시듯이, 오늘 우리가 드리는 이 예배를 기쁘게 받아 주소서.

회개와 인도

　하나님! 우리들은 끊임없이 죄악 된 길을 달리다가 나왔기에 주님을 뵐 낯조차 없습니다. 이 시간도 가슴을 치며 회개하면서 예수 그리스도의 보혈의 공로에 의지하여 이 자리에 엎드렸사오니 크신 사랑으로 우리를 받아 주소서.

　종교개혁을 부르짖으면서도 오히려 신앙은 더욱 퇴보하는 우리를 용서하소서. 아버지! 우리가 현실 세계에서 세상 사람들이 누리는 행복과 만족의 기준에 미치지 못한다 하여 낙망하지 않게 하시고, 우리를 매고 있는 삶이 너무 버거워서 모든 것을 다 내려놓고 싶은 그 순간에도 우리가 받는 시험과 고난을 주 예수께 아뢰기만 하면 근심에 둘러싸여있는 우리를 돌아보셔서 우리의 모든 환난을 다 맡아주실 줄 믿사오니, 무거운 짐을 혼자 지고서 견디다 못해 쓰러져 갈 때 오직 은혜의 주님인 우리 예수님께서 불쌍히 여기셔서 구해 주실 줄 믿사오니, 우리의 능력이 되시는 하나님! 우리를 친히 구해 주셔서 세상을 이길 힘을 주소서. 넓으신 사랑으로 우리를 감싸 주소서.

　아버지 하나님! 우리의 죄가 사함을 받고, 우리가 능력을 얻어 진리와 생명의 길을 달릴 수 있도록 하셨사오니, 이제는 우리가 주의 사랑과 은혜에 진정으로 보답하게 하소서. 주께서 기뻐하시는 일만 하게 하소서.

이임목회자를 위한 기도

하나님! 오늘 이 예배를 끝으로 ◎◎교회를 떠나시는 ○○○ 목사님을 든든히 붙들어 주소서. 익숙한 땅, 정든 사람들을 떠나 새로운 거처로 떠나야 했던 아브라함과 동행하셨던 아버지, 야곱의 안내자가 되어 주셨던 하나님, 모세를 이끌어 가나안을 향하게 하셨던 아버지 하나님께서, 우리 목사님이 어디에 가시든 함께하시고 지켜 주시고 갈 길을 밝히 보여 주소서. 새로운 교회에서 담임목사님을 비롯한 교역자들과 장로님들, 연로하신 분들로부터 어린이에 이르기까지 모든 성도로부터 극진한 사랑을 받게 하시고, 성공적으로 사명을 잘 감당할 수 있도록 인도해 주셔서, 장차 한국 교계가 주목하고 닮고자 하는 훌륭한 목회자가 될 수 있도록 도와주소서. ○○○ 목사님과 ▽▽▽ 사모님이 꾸려 가시는 아름다운 가정에 복에 복을 더하여 주시고, ◁◁이와 ▷▷랑 모든 가족이 건강하고 행복하게 살게 하소서.

마무리기도

오늘 우리 목사님께서 전해 주시는 '떡을 먹는 복된 사람이 되자'는 주제의 고별의 말씀이 우리 가슴에 깊이 아로새겨지게 하시고, 우리 모두 그 말씀 따라 살아가게 하소서. 우리가 어디에 있든지 항상 함께하셔서 우리를 돌보시고 이끌어 주시는 예수 그리스도의 이름으로 기도드립니다. 아멘.

2016. 10. 30.

186. 종교개혁주일, 은혜와 평강, 신유의 은사, 강단교류, 회개와 인도

찬양과 감사

 아버지 하나님! 죄악의 구렁텅이에 빠져 헤어날 길이 없던 저희들을 주님의 은혜로 건져주시고 이끌어주셔서 감사합니다. 늘 울어도 눈물로써 다 갚지 못할 아버지의 은혜를 잊은 채 세상길을 방황하던 탕자와 같은 저희들을 모른다 하지 아니하시고 다시금 아버지의 자식으로 받아 주시니 감사합니다. 추수철에 한눈만 팔고 있는 저희들을 완전히 내치지 아니하시고, 오늘 거룩한 주일예배에 참여할 수 있게 하여 주셔서 감사합니다.

회개와 인도

 아버지 하나님! 저희들 그동안 지은 죄와 허물을 이 시간 모두 다 자복하고 회개하오니 용서하여 주옵시고, 성령께서 처음부터 끝까지 함께하여 주셔서 은혜 충만한 예배시간이 되게 하여 주소서. 고목과 같은 저희 심령들이 새 힘을 얻어서 주의 일에 더욱 힘쓰게 하여 주소서.

종교개혁일

 하나님! 오늘은 종교개혁주일입니다. 지금으로부터 오백 년 전 하나님만이 인류를 구원할 수 있고, 사람은 단지 믿음에 의해서만 의롭게 되며, 그 믿음의 근거는 성서 밖에 없다는 확신을 바탕으로, 저희 개신교는 잘못된 형식과 권위를 깨뜨리고 가톨릭교회로부터 독립하였습니다. 그러나 아버지 하나님! 한때 종교개혁의 주체였던 개신교가 이제 종교개혁의 대상이 되고 말았사오니, 먼저 종교지도자들이 그리고 우리 모두가 아버지 앞에 엎드려 회개하고, 하나님 제일주의, 성서제일주의의 신앙을 회복하여서 하나님께 영광, 또 영광 돌리게 하소서.

은혜와 평강

 아버지 하나님! 여러 성도들이 병마와 힘겹게 싸우고 있습니다. 만병의 의원되신 주님께서 친히 치료하여 주셔서, 어서 빨리 병석을 박차고 일어나게 하소서.
 아버지! 교회의 많은 젊은이가 일자리가 없어서, 마땅한 혼처를 구하지 못해 낙심천만입니다. 어서 정한 일감을 주소서. 한시바삐 예비하신 배필들을 만나게 하소서.
 그리고 객지에서 또 타국에서 공부와 군무에 힘쓰고 있는 저희 자녀들에게 늘 함께하셔서, 신앙의 힘으로 모든 어려움과 외로움을 다 이기고 본분에 충실하게 하소서.

마무리기도

 홀로 어려운 교회를 위해 애쓰고 수고하시는 ○○○ 목사님, 이 시간 말씀을 전하기 위해 단 위에 세우셨사오니 성령께서 든든히 붙들어 주셔서 은혜 넘치는 시간 되게 하소서. 우리 구주 예수님의 이름으로 기도드리옵나이다. 아멘.

2006. 10. 29.

187. 종교개혁주일, 강단교류, 회개와 인도, 굳건한 믿음, 성령충만

찬양과 감사

　하늘과 땅과 그 사이에 존재하는 만물을 지으시고 다스리시는 아버지 하나님! 주일을 구별하여 간절한 마음으로 예배를 드리오니 우리의 찬양과 경배를 받아 주소서.

종교개혁 정신 회복

　하나님! 개신교를 통해 전 세계적으로 주님의 나라가 크게 확장될 수 있도록 이끌어 주셔서 감사합니다. 우리 모두 종교개혁의 정신대로, 제도나 의식이나 권위가 아니라 '오직 성서로만', '오직 은총으로만', '오직 믿음으로만' 구원 받을 수 있다는 것을 깨닫게 하소서.

회개와 인도

　하나님! 돌이켜보면 온통 감사할 일뿐인 것을 절망과 낙담과 원망 속에 보낸 시간이 적지 않았사오니, 우리의 허물을 사하여 주옵시고, 이후로는 아버지의 사랑을 믿고 의지하며 주님 앞에 굳건히 서게 하소서.

　아버지! 우리의 몸과 마음을 낮춰 주님을 높이게 하소서. 십자가 기둥에 우리의 믿음을 단단히 묶어서 나쁜 길로 나가지 않게 하시고, 성령의 닻을 바르게 내려서 우리의 심령이 폭풍우 몰아치는 검푸른 세상바다에 빠지지 않게 하소서. 주님을 믿으면 가만두지 않겠다는 억압과 핍박 때문에 신앙이 무너지는 것이 아니라 하나님을 믿지 않아도 마음껏 누릴 수 있다는 풍요로움과 안일함 때문에 믿음을 포기하는 어리석음에서 헤어나게 하소서.

마무리기도

하나님! 이 시간 말씀을 전해 주시는 ○○○ 목사님에게 주님의 은총과 축복을 배나 내려주소서. 오늘 들려주실 아버지의 말씀으로 피차 큰 은혜를 받게 하시고, 주님의 사랑 안에서 기쁨 충만한 시간이 되게 하소서. 목사님이 섬기시는 ◎◎교회를 성령으로 강하게 인치셔서 크게 부흥·발전하게 하시고, 지역과 사회를 위한 교회의 기도가 성취되게 하소서. 강단을 옮겨 말씀을 전하시는 본 교회 ○○○ 목사님을 붙들어 주셔서, ◎◎교회에서 귀하고 복된 말씀 전할 때 큰 은혜 내려지게 하소서. 예수님의 이름으로 기도하옵나이다. 아멘.

2015. 10. 25.

188. 창조절, 개천절, 참회와 용서, 주의 보혈의 공로, 생명의 빛

찬양과 감사

하나님! 저희들이 주님의 뜻대로 살려고 할 때뿐만 아니라 말씀에 어긋난 언행을 일삼고 심지어 하나님을 원망하고 배반할 때도 변함없이 사랑하여 주셔서 감사합니다. 사람의 생각으로는 도저히 측량할 수 없는 아버지의 은혜를 찬양하오며 이 거룩한 주일 아침 성삼위 하나님께 영광을 돌리옵나이다.

하나님! 오늘은 창조절 다섯째 주일이자 개천절입니다. 인류와 민족을 지으시고 세워주신 아버지! 어둠 속에서 절망하고 방황하는 수많은 불신자를 주 예수 그리스도를 통해 구원하여 주셔서 감사합니다. 실의와 낙담 속에서 살아가던 사람들을 주님의 백성으로 삼아 주셔서 생명의 빛을 볼 수 있게 하여 주셔서 감사합니다. 동아시아의 작은 땅에서 약소민족으로 살아가던 한민족을 크게 들어 쓰셔서 우리나라를 세계의 10대 강국의 반열에 올려주셔서 감사합니다.

참회와 용서

아버지 하나님! 하지만 지난 한 주의 삶을 되돌아보면 저희들은 충실한 하나님의 사람으로 살지 못했습니다. 불의와 쾌락으로 가득한 세상백성으로 밤낮을 보냈습니다. 마땅히 걸어야 할 믿음의 길을 외면하고 가서는 안 될 곳만 골라서 다녔습니다. 즐겨 기도하며 묵상하지 않고 허황된 것을 탐하며 오감을 만족시키는 데만 정신을 쏟았습니다. 가진 것 없고 세상적인 눈으로 볼 때 미래마저 불투명하다고는 하지만, 주실 은혜를 소망하며 주를 찬미한 게 아니라 당장의 괴로운 현실을 자탄하고 불평하면서 몸과 마음과 영혼을 괴롭히며 낙망하고 좌절하고 분노하고 실망하였습니다. 수고하고 무거운 짐 진 사람들은 다 주께로 오라는 사랑의 말씀을 까맣게 잊고, 세상적인 방식으로 문제를 풀고 위로를 얻고 나음을 받으려고 했습니다.

설혹 겨자씨만도 못한 믿음과 병아리 눈물만큼의 행함이 있었다 할지라도 믿음 따로 행함 따로였던 참으로 부끄러운 삶이었습니다. 구약의 그릇된 인물들을 비난하면서도, 저희들은 그들보다 훨씬 더 추하고 악한 삶을 살았습니다. 주님을 영접하지 못하고 침 뱉으며 욕하고 가두고 십자가에 매달은 예수님 시대의 사람들을 나무라면서도, 우리의 삶은 그보다 훨씬 더 못하다는 사실을 깨닫지 못했습니다. 믿지 않은 형제의 죽어가는 생명을 구원할 수 있도록 주께로 데려온 게 아니라, 저희들의 잘못된 말과 행동으로 주님의 영광을 가리고, 주께로 달려오던 사람들 심지어 주님께 속해 있던 사람들까지 교회 울타리 밖으로 밀어냈습니다.

이렇게 엄청난 죄를 지은 것을 생각하면 감히 용서해 달라는 말조차 꺼낼 수 없는 죄인 중의 괴수의 죄인들입니다. 저희 모두는 다만 한 가지, 주님의 보혈을 의지하여 저희 죄를 자백하고 회개하오니, 끝없는 주님의 사랑으로 다시금 저희들을 용서하여 주소서.

마무리기도

하나님! 말씀을 증거하기 위해 세우신 귀한 목사님에게 갑절의 영감을 허락하여 주소서. 말씀을 통해 모두가 은혜를 받아 교회와 세상을 변화시킬 수 있는 큰 힘을 얻게 하소서. 저희 심중에 있는 소원과 기도와 간구를 들어 응답해 주시길 간절히 빌고 원하오며, 예수 그리스도의 이름으로 기도드리옵나이다. 아멘.

2010. 10. 03.

189. 추수감사주일, 참회와 용서, 믿음의 성숙, 성령임재, 햇빛과 비

찬양과 감사

사랑의 하나님! 감사합니다. 저희들의 생명을 연장시켜 주시고 온전치 못한 입술로나마 밤낮으로 하나님의 성호를 찬송케 하여 주셔서 감사합니다. 오늘 주일을 거룩하게 지킬 수 있도록 믿음과 여건 허락하여 주셔서 감사합니다.

참회와 용서

아버지! 저희들은 지난 한 주간 동안에도 죄짓기에 골몰하였습니다. 저희들이 행한 것이라곤 죄밖에 없습니다. 주님의 은혜로 저희들의 몸과 맘을 깨끗하게 하여 주소서. 성령의 물로 씻겨주소서. 성령의 불로 태워주소서. 죄악된 저희 심령들, 그 안과 밖을 다 닦아주셔서, 저희들이 지은 죄를 다 멸하소서.

믿음의 성숙

은혜로우신 하나님! 오늘은 추수감사주일입니다. 철따라 햇빛과 비를 적절히 내려주셔서 필요에 따라 소출을 내게 하여 주시니 감사합니다. 저희에게 무심하고 무정한 돌과 나무에 절하지 않게 하시고 살아계신 여호와 하나님께 경배할 수 있도록 자녀로 삼아주시고 은혜 베풀어 주시는 아버지! 저희들의 감사의 마음이 천국에 이를 때까지 그치지 않게 하소서. 감사하는 마음에 걸맞게 살아가게 하소서. 형제를 향한 미움은 봄눈처럼 녹아 없어지게 하시고, 그 자리에 사랑하는 마음이 풍년 들판에 서 있는 노적가리의 볏단처럼 쌓이게 하소서.

하나님! 감사합니다. 저희에게 각양각색으로 감사할 조건들을 주셔서 감사합니다. 감사한 것을 감사하다고 할 수 있는 믿음 주셔서 감사합니다. 앞으로도 감사할 일이 있을 때만 감사하게 하지 않게 하시고, 역경과 고난 속에서도 오히려 더욱더 감사하게 하소서. 슬픔과 괴로움이 다하면 반드시 기쁨과 즐거움의 날이 찾아온다는 것을 굳게 믿으면서, 흔들리지 말고 주님만 의지하면서 감사하게 하소서. 영광의 기약에 이르도록 언제나 주님만 바라보게 하소서.

수험생·청년 축복

저희 교회의 사정을 너무도 잘 아시는 아버지, 저희들 각자의 형편을 두루 헤아리시는 하나님! 저희들의 뜻이 선하다면, 저희들이 한마음으로 드리는 기도를 들어 응답하여 주소서.

특별히 이번 주 수능시험을 치르는 수험생들에게 지혜와 총명을 주셔서 좋은 성적으로 하나님께 영광 돌리게 하시고, 가슴 졸이며 기도하고 뒷바라지해 온 부모들에게도 기쁜 소식 있게 하소서.

또한 이 추운 날에 전후방 각지에서 군무를 수행하고 있는 저희의 아이들, 본 교회 청년들을 사랑으로 보살펴 주셔서, 주님의 은혜 가운데 더욱 굳센 신앙으로 군대생활 잘 마치고 건강한 몸과 마음으로 집에 돌아오게 하소서.

마무리기도

하나님! 오늘도 아버지의 말씀을 증거하실 목사님을 성령으로 감싸 안아 주소서. 저희들은 그 말씀을 오직 아멘으로 받아서 교회 안에서나 교회 밖에서나 올바르게, 또 아름답게 살아가게 하소서. 우리의 소망되신 주 여호와 하나님! 우리의 기도를 들어주소서. 예수님의 이름으로 기도드리옵나이다. 아멘.

2005. 11. 20.

190. 추수감사주일, 참회와 용서, 담대한 믿음, 주께 봉헌, 축복 계수

찬양과 감사

성부, 성자, 성령, 삼위일체 하나님! 우리의 입을 모아 찬양과 경배를 드립니다. 태초부터 지금까지 그렇게 하신 것처럼 앞으로도 영원토록 영광, 영광을 받으소서. 아멘.[194]

하나님! 추수감사주일을 맞아, 주께서 우리에게 내려주신 복을 세어 보면서 감사드리게 하여 주셔서 감사합니다. 기쁘고 즐거울 때는 물론이요, 세상풍파가 우리를 흔들어 약한 마음이 낙심하게 될 때에도, 세상 근심 걱정이 우리를 누르고 십자가를 등에 지고 나아갈 때에도 오직 주만 보고 두려움 없이 항상 찬송하게 하시니 감사합니다.[195] 하나님! 천지 간에 주와 같으신 이가 없사오니 우리는 얼마나 큰 복을 받은 사람인지요?

아버지! 한 해를 살면서 감사한 일이 정말 많아서, 미처 다 헤아릴 수 없을 만큼 많아서, 온종일 감사해도 우리가 가진 모든 것으로 감사드려도 부족하고 미흡한 줄 아오나, 극히 작은 정성으로나마 주께 감사의 예물을 드리오니 기쁘게 받아 주소서.

참회와 용서

하나님! 간절히 기도드립니다. 우리의 모든 죄를 용서해 주옵시고, 더욱 진실한 마음으로, 더 크고 귀한 것으로 주께 감사드리게 하소서. 이 시간 목사님께서 감사를 주제로 우리에게 주님의 귀한 말씀을 전해 주실 때 우리 모두 아멘으로 받아들이게 하시고, 앞으로 일마다 때마다 감사하게 하소서. 예수님의 이름으로 기도드리옵나이다. 아멘.

2013. 11. 17.

191. 추수감사주일, 은혜와 사랑, 충성과 헌신, 나눔과 구제

찬양과 감사

하나님! 목소리를 높여서 주를 찬양합니다. 온 누리를 다스리시는 만왕의 왕, 우리 주 여호와 하나님께 영광과 권세와 존귀와 위엄을 돌리옵나이다.[196]

풍족케 하시는 하나님! 추수감사주일을 맞아 주께 감사하는 마음을 갖도록 하시니 감사합니다. 올해도 자연재해가 심했지만 이마만큼이나마 거둘 수 있도록 하여 주셔서 감사합니다.

하나님! 태풍과 폭우를 헤치고 알차게 영근 곡식과 과일은 어쩌면 우리 삶의 모습 그대로인지도 모릅니다. 비바람 불 때 온밤을 지새우며 농작물을 돌보는 농부의 심정이 바로 하나님 아버지의 마음이 아니셨습니까? 우리의 영혼이 강풍에 떨어져 내리지는 않을까 홍수에 휩쓸려가지는 않을까 노심초사하시며 지켜주시고 돌봐주신 하나님의 은혜에 진심으로 감사드립니다.

이 추수감사절 아침에 하나님께 감사드리며 경배를 드리오니 우리에게 복을 내려주소서. 하오나 우리 모두 감사하는 마음으로 그치지 않게 하시고 모든 정성을 드려 그 크신 은혜에 온전히 보답하게 하소서.

마무리기도

오늘 목사님께서 전하시는 아버지의 말씀에 은혜 받게 하소서. 우리 모두 하나님께 깊이 감사드리며, 일상생활을 통해 하나님께서 주신 사랑을 어떻게 나눌 수 있을 것인가를 모색하면서 실천방안을 찾을 수 있게 하소서. 예수님의 이름으로 기도합니다. 아멘.

2012. 11. 18.

192. 추수감사주일, 수험생과 학부모, 지혜와 계시, 전도와 선교

찬양과 감사

 만물 안에서 만물을 충만하게 하시는 하나님![197] 대대로, 영원무궁토록 우리가 드리는 영광을 받으소서. 우리에게 측량할 수 없는 그리스도의 풍성함을 허락해 주신 아버지 하나님! 우리의 가슴 깊은 곳에서부터 감사의 마음이 샘솟게 하시고, 그러한 우리의 감사를 아벨의 제사로 받아 주소서.

 오직 아버지께 무릎을 꿇고 빌었을 뿐인데 성령의 은사를 통해 우리의 속사람을 강건케 하신 아버지! 다만 믿기만 해도 그리스도께서 우리의 마음에 계시게 하시고, 우리가 사랑 가운데서 뿌리가 박히고 터가 굳어져서, 지식에 넘치는 그리스도의 사랑으로 충만하게 하셔서 감사합니다.[198]

 하나님! 교회가 정한 때에 따라 오늘 아버지께 추수감사주일로 지키오니, 먼저 우리의 마음속에 주를 향한 감사와 기쁨이 넘치게 하소서. 아버지께서 우리를 부르셔서, 우리가 더 이상 죽은 사람이 아니요 주님의 사랑 안에서 아버지의 백성이 되게 하여 주셔서 감사합니다. 성령이 시시때때로 제공해 주시는 지혜와 계시에 따라 주님의 사람으로서 당당하게 살아가게 하셨사오니, 종일토록 이러한 주님의 사랑을 깨닫게 하시고 우리의 일생에 주님에 대한 감사의 마음이 끊이지 않게 하소서.

 하나님! 돌아오는 추수감사절에는 우리 모두 더욱더 알차게 거두게 하셔서 더 큰 감사를 드리게 하소서. 하지만 우리들만 누리는 주님의 사랑에 그치지 않게 하시고, 더 많은 사람이 놀라운 주님의 은혜를 받아 감사의 대열에 동참하게 하소서.

수험생과 학부모

　형통케 하시는 하나님 아버지! 수능을 앞둔 우리 교회의 아들딸들을 위해 기도합니다. 지혜와 슬기를 더해 주셔서 그동안 힘쓰고 애쓴 수고의 열매를 온전히 거두게 하소서.

마무리기도

　하나님! 주님의 사자를 통해 '감사로 물들여진 인생'이란 주제로 말씀을 전해 듣습니다. 그 말씀 따라서 언제든지 감사, 어디를 가나 감사, 어떠한 상황에서도 감사하게 하소서. 찬양을 예비하면서부터 뜨거운 마음으로 주께 감사드리는 우리 성가대와 관현악단의 찬송을 기쁘게 받으소서. 감사와 함께 우리가 주께 드리는 간구와 기도를 들어 응답하여 주소서. 예수님의 이름으로 기도드립니다. 아멘.

2017. 11. 19.

193. 추수감사주일, 전도와 선교, 주님의 나라, 믿음의 실현

찬양과 감사

 험하고 거친 세상 밭에 사랑의 씨를 뿌려주신 하나님! 심은 대로 거두게 하시되 철따라 새싹이 돋고 꽃이 피고 열매가 맺게 하시는 하나님! 우리의 찬양을 받아 주소서. 우리가 한마음 한뜻으로 주의 영광을 찬송하오니 우리가 드리는 경배를 받아 주소서.

전도와 선교

 하나님 아버지! 주께서 우리에게 베풀어 주신 수많은 은혜에 감사드리오니, 이 감사가 우리의 참된 감사가 되게 하시고, 앞으로도 감사가 끊이지 않게 하시며, 이러한 감사가 우리들만의 감사가 아니라 모든 사람의 감사가 될 수 있도록 전도에 더욱 힘쓰게 하소서. 모두가 주께 감사드리며 주께서 가르쳐 주신 말씀대로 살게 하셔서, 이 땅이 온전한 그리스도의 나라가 되게 하소서.

 성취의 하나님! 주께서 십자가 위에서 모진 고난을 다 당하면서까지 이루시고자 했던 사랑의 나라가 어서 완성되게 하소서. 하나님! 그 길이 너무 멀고 힘해서 도저히 끝까지 갈 수 없어 보일지라도 주께서 종국에는 이 땅에 완전하고도 성스러운 주님의 나라를 세우실 줄 믿사오니, 이러한 우리의 믿음이 꼭 실현되게 하소서.

마무리기도

 오늘도 목사님이 전해 주시는 말씀을 통해 감사의 마음이 더욱 사무치게 하시고, 감사의 열매를 온전히 주께 드리게 하소서. 예수님의 이름으로 기도드립니다. 아멘.

2015. 11. 15.

194. 추수감사주일, 전도와 선교, 보호와 인도, 올바른 믿음

찬양과 감사

지금까지 우리를 지켜주신 하나님, 우리를 인도해 주신 하나님! 우리가 간구하는 날에 응답하시고 우리 영혼에 힘을 주셔서 우리를 강하게 하신 아버지 하나님께[199] 감사와 찬양을 드리오니 영광, 영광을 받으소서.

하나님! 우리를 주의 자녀로 삼아 주셔서 감사합니다. 이후로도, 무슨 일을 당하든지 주께 의지하게 하시고, 언제 어디서나 주께 감사하게 하소서. 우리 눈으로 볼 때는 당장 감사할 일이 아닐 것 같을 때도, 때로는 야속하고 원망스러울 수도 있는 상황을 만나게 되더라도, 주께 감사하게 하소서. 우리가 올바로 구할 때 주께서는 때가 되면 다 이뤄주실 줄 믿사오니, 낙심치 않게 하시고, 주저앉지 않게 하시고, 포기하지 않게 하시고, 오직 감사함으로 주의 은총을 입게 하소서. 아버지! 우리만 감사하는 데 머물지 않게 하소서. 이웃과 더불어 하나님의 은혜를 찬송하게 하소서.

아버지! 추수감사주일을 맞아 우리의 마음을 모아서 주께 감사드리오니 우리가 드리는 마음의 감사, 물질의 감사를 기쁘게 받아 주소서. 내년에는 더 풍성하고 알찬 감사가 되게 하소서.

마무리기도

목사님이 감사에 관한 말씀을 전하실 때 우리의 마음속에 그 말씀이 그대로 아로새겨지게 하시고 감사의 마음이 넘치게 하소서. 예수님의 이름으로 기도드립니다. 아멘.

2016. 11. 20.

195. 추수감사주일, 총동원주일, 실존적 고독, 바른 신앙, 기쁨 충만

찬양과 감사

하나님 아버지! 오늘도 하나님께 큰 영광 돌립니다. 하나님께서 저희들에게 베풀어 주실 한없는 은혜를 사모하면서 이 자리에 엎드렸습니다. 추수감사주일과 총동원주일로 지키는 이 날에 저희들을 이 복되고 귀한 잔치자리에 초대해 주셔서 감사합니다.

회개와 인도

아버지! 저희 모두 지난 죄와 잘못을 모두 회개하고 은혜 받는 시간 되게 하여 주소서. 지금까지 하나님으로부터 받은 각양의 은총과 은사에 감사하면서, 새로 나온 형제들과 더불어서 하나님의 일에 힘쓰기를 다짐하는 이 시간이 되게 하여 주소서.

실존적 고독

하나님! 저희들은 수많은 사람 속에 묻혀서 함께 떠들면서도 홀로 서 있다는 느낌을 가질 때가 많습니다. 때로는 가까운 사람들, 심지어 사랑하는 가족들과 한 자리에 앉아있으면서도 갑자기 찾아오는 외로움을 어찌할 수 없을 때도 있습니다. 수업이 파하고 모두가 집으로 돌아간 텅 빈 교정에 혼자 서 있을 때처럼, 철 지난 해수욕장을 홀로 거닐 때처럼 고독감을 느낄 때도 적지 않았습니다. 진정한 행복, 참된 기쁨을 맛볼 수 없었습니다. 기쁨 뒤에는, 큰 잔치가 끝난 후에 찾아오는 허전함처럼 서글픔이 있었습니다. 실컷 웃다보면 어느새 눈가에 이슬이 맺힐 때도 있었습니다.

바른 신앙생활

진리의 하나님! 저희들은 물질이, 또한 명예와 권세가, 저희들에게 참 행복을 가져다 줄 것으로 생각하면서 살 때가 많습니다. 그러나 물질은 또 다른 욕심을, 명예는 교만과 위선을, 권세는 더 큰 권력과 세도를 뒤쫓게 한다는 것을 알게 하소서. 저희들이 이처럼 허망한 것들을 목숨을 걸고 탐닉하게 될 때 부나비와 조금도 다를 바 없는 신세라는 것을 깨닫게 하소서. 세상영화는 잠깐이요 부귀와 권세도 곧 지나간다는 것을 알게 하소서.

아버지 하나님! 세상일도 중하고 또한 돈만 있으면 웬만한 일은 다 해결되는 줄도 압니다. 그러나 보다 더 귀하고 소중한 것, 하나님을 믿고 구원 받는 것, 수많은 신앙의 선진들이 목숨까지도 버려가며 지키고 이어가려고 했던 그 귀한 믿음을 저희에게도 허락하소서. 참 포도나무인 예수님을 떠나는 불행한 가지가 되지 않게 하소서.

주의 인도

하나님! 이 자리에 처음 나온 형제들, 낙심했다가 다시 마음을 다잡고 나온 자매들이 있습니다. 그저 습관적으로 교회를 왕래하기도 한 기존성도들도 있습니다. 아버지! 오늘은 총동원주일이오니, 단지 몸만이 아니라 심령을 총동원해서 예배드리게 하소서.

감사와 은혜 충만

아버지 하나님! 감사하는 마음으로 이 자리에 참석한, 또 내년 추수감사주일에는 더욱 많은 것으로 하나님께 감사드려야겠다고 다짐하는 저희 모두에게 은혜 충만한 시간이 되게 하여 주소서. 오늘 들려주실 하나님의 말씀을 푯대 삼아 매일매일 기쁨 충만한 삶, 승리하는 생활 되게 하여 주소서. 예수님의 이름으로 기도드립니다. 아멘.

2002. 11. 17.

196. 추수감사주일, 총동원주일, 온전한 믿음, 주의 빛과 진리

찬양과 감사

하나님! 마음을 모아 예배드립니다. 이 자리에 임하셔서 영광을 받아 주소서. 아버지 하나님! 깊은 어둠 속에 갇혀 살던 우리의 영혼을 값없이 구원해 주셔서 감사합니다. 우리 모두 쭉정이 같은 사람들이지만, 그런데도 우리의 아버지가 되어 주셔서 감사합니다. 주님의 마음을 아프게 하여 몸부림치며 회개할 때 새 힘을 얻게 하여 주셔서 감사합니다. 앞길이 막막하여 모든 것을 다 내려놓고 싶을 때에, 위로와 평강을 주셔서 감사합니다.

회개와 용서

긍휼하심이 풍성하신 아버지! 상하고 통회하는 마음을 주께서 못 본 체 아니 하실 줄[200] 믿사오니, 우리 죄를 사하시고 우리에게 허락하신 복을 내려 주소서.

하나님! 추수감사주일입니다. 올해도 하나님께서는 철따라 햇볕과 비를 적절히 내려주셨건만 과연 신앙의 농사를 제대로 지었는지 점검해봅니다. 거둔 알곡이 비록 적을지라도 그것은 우리가 게으르고 미련해서 그런 것이오니 우리를 나무라시고, 그렇더라도 우리를 용서하소서.

아버지! 오늘은 또한 전교인총동원주일입니다. 갈수록 늘어나는 빈자리를 보면서 하나님께 죄송한 마음으로 우리의 가슴이 뛰게 하시고, 어떻게 해야 할 것인지 스스로 묻고, 들은 답대로 신앙생활하게 하소서.

온전한 믿음

살아계신 하나님! 새 영을 우리 속에 두시고, 새 마음을 우리에게 주소서. 우리 육신에서 굳은 심성을 제거하시고 부드러운 마음을 주소서.[201] 인자와 진리로 우리의 죄악이 속하게 하시고, 여호와를 경외함으로써 악에서 떠나게 하소서.[202] 주의 빛과 주의 진리를 보내셔서 우리를 인도하시고, 주의 거룩한 산과 주께서 계시는 곳에 이르게 하소서.[203] 주의 구원의 즐거움을 우리에게 회복시켜 주소서.[204]

마무리기도

 아버지 하나님! 오늘도 세우신 목사님을 통해서 은혜와 진리의 말씀을 듣고자 합니다. 우리의 영안을 열어 주셔서 듣는 대로 깨닫게 하소서. 귀를 기울여 아버지의 말씀을 듣게 하소서. 자세히 듣게 하소서.[205] 우리 모두의 마음에 평화를 가득 채워주소서. 예수님의 이름으로 기도드립니다.

2018. 11. 18.

197. 추수감사주일, 총동원주일, 믿음과 사랑의 공동체, 회개와 인도

찬양과 감사

 아버지 하나님! 가을이 점점 깊어갑니다. 이 시간 아버지께 영광과 찬양을 돌리며 경배를 드립니다.

 저희를 이 땅에 태어나게 하시고, 이 아름다운 자연을 다스리며 만끽하게 하시는 하나님! 저희들이 농사를 짓든지 안 짓든지, 소출이 많든지 적든지, 혹은 지난 1년 동안 폭풍우와 병해충 때문에 한 톨도 수확하지 못하고 오히려 경작지와 작물이 망가지고 상해서 복구 비용이 더 들었어도, 하나님께 다만 감사드립니다.

 우리의 힘이 되시는 하나님! 우리 인생의 농사도 풍흉이 교차하기는 하지만, 철따라 알맞게 햇빛과 비를 내려주시고, 씨앗 뿌리고 김매고 거두어들일 때마다 때맞춰 돕는 손길을 보내주셔서, 추수의 기쁨을 누리게 하여 주시니 감사합니다. 아버지! 고난과 핍박 중에도 기도하게 하셔서, 좌절하지 않도록 위로해 주시고 새로운 활력을 얻게 하여 주셔서 감사합니다. 그 사랑과 은혜를 저희들 가슴 속에 고이 간직하게 하셔서, 앞으로도 아버지께서 감당할 수 없을 정도로 큰 복을 내려주실 줄 의심하지 않고 믿을 수 있는 굳은 신심을 허락하여 주셔서 더욱 감사합니다.

회개와 인도

 2010년 추수감사절에, 이처럼 하나님께 깊은 감사를 드리며 그동안 말씀에 버성겨 살았던 불순종과, 근심ㆍ걱정으로 얼룩진 불신앙과, 흡족하게 내려주셨던 은혜를 헤아리지 못한 채 가슴 가득 채웠던 불평과 불만을 모조리 내어놓고 회개하오니, 아버지 하나님! 용서하여 주소서.

하나님! 이제 믿음의 현미경으로 저희 일생에 넘치도록 부어 주신 아버지의 은총을 낱낱이 다 살필 수 있게 하여 주옵시고, 소망의 망원경으로 저희 자신과 가정과 교회와 국가와 세계를 진보하게 하시고 발전시켜 나가시는 하나님의 역사를 사모하게 하소서.

믿음과 사랑의 공동체

아버지 하나님! 총동원주일, 해피데이나눔축제가 이제 꼭 한 주 남았습니다. 남은 기간도 저희들에게 전도에 열성을 다하게 하셔서, 아버지의 은혜에 보답하고 주님 주신 명령을 잘 지키게 하소서. 교회를 새롭게 이끌어 가시는 목사님과 동역자로서 주신 사명 잘 감당하고 있는 두 분 전도사님 그리고 모든 성도들이 하나가 되어서, 기쁨이 넘치는 즐거운 잔치, 희망이 샘솟는 복된 교회를 만들어갈 수 있도록 도와주소서.

마무리기도

성령으로 말씀을 준비하고 전파하는 주님의 사자 목사님에게 갑절의 영력을 더해 주소서. 말씀을 받는 성도들에게 심신의 질병과 고통과 각양각태로 둘러싸고 있는 모든 시련과 환난이 씻은 듯이 물러가게 하소서. 감사드리며 예수님의 이름으로 기도드립니다. 아멘.

2010. 11. 21.

198. 추수감사주일, 나눔축제, 은혜와 긍휼, 인자와 진실, 기도의 응답

찬양과 감사

저희에게 은혜를 베푸시기 위해서 끝없이 기다리시고, 저희를 긍휼히 여기시려고 일부러 일어나시는 하나님! 기다리는 자마다 복을 내려주시는 정의의 하나님을 찬양하오며 영광을 돌리옵나이다.[206] 하나님을 사랑할 때 하나님의 사랑을 입게 하시고, 간절히 찾을 때마다 하나님을 만나게 하시니 감사합니다.[207]

회개와 인도

노하기를 더디 하시며 인자와 진실이 풍성하신 하나님께 부르짖어 아뢰오니,[208] 저희들을 죄악에서 건져주시고 저희의 모든 허물을 사하여 주소서. 악인에게 손으로 행한 대로 보응을 받을 것이라고 하신 하나님의 말씀이 두렵습니다.[209] 저희에게 오로지 의로운 길을 가게 하셔서, 의인으로서 행위의 열매를 맺는 복된 사람들이 되게 하소서.[210]

말씀의 은혜

하나님 아버지! 말씀에 큰 은혜 받게 하소서. 훈계를 들어서 지혜를 얻게 하소서. 그것을 버리지 말게 하소서.[211] 도를 지키는 자가 복이 있다는 말씀을 새겨듣게 하소서.[212] 말씀을 전하시는 목사님으로부터 유치부 어린이에 이르기까지 성령이 주시는 벅찬 감동과 감격의 파동을 직접 보고 듣고 느끼게 하소서.

기도의 응답

복의 근원이신 아버지 하나님! 날이 새기도 전부터 기도하며 밤에 자다가도 벌떡 일어나 간구하는 저희들의 처지를 살펴주셔서, 기도의 응답을 체험하는 환희를 맛보게 하소서. 그리고 감사하게 하소서. 늘 주님의 일에 힘쓰게 하소서.

　추수감사주일과 해피데이나눔축제를 정성껏 준비하면서 우리 각 사람이 먼저 큰 은혜 받게 하시고, 우리 ◎◎교회에서 일기 시작한 감사의 물결이 교회를 넘어 지역사회로, 전국 방방곡곡으로, 마침내 세계만방으로 넘쳐흐르게 하소서. 그리하여 모두가 예수 그리스도, 우리 주님을 영원한 구세주로 영접하게 하소서. 예수님의 이름으로 기도드립니다. 아멘.

2011. 11. 13.

199. 추수감사주일, 나눔축제, 태신자 · 새신자, 기쁨과 평화, 성령인도

찬양과 감사

 이 세상을 빚으시고, 저희들을 만드셔서 태어나 자라게 하시며 계보를 이어갈 수 있도록 이끌어 오신 우리 하나님! 저희들의 영원한 아버지가 되시는 하나님을 찬양하며 경배드립니다.
 의로우신 하나님! 아무런 생각도, 능력도 없는 자연을 숭배하지 않고 하나님만을 믿게 하여 주셔서 감사합니다. 사람이 만든 조형물 즉 우상이나 형체가 없는 귀신을 의뢰하지 않고 오직 하나님만 섬기게 하여 주셔서 감사합니다. 물질 만능의 시대에도 재화만을 쫓지 않고 힘써 말씀에 의지하여 말씀에 따라 살아갈 수 있도록 하여 주셔서 감사합니다. 무엇보다도 하나님께 감사하는 마음을 주셔서 감사합니다.

추수감사주일

 하나님 아버지! 오늘은 추수감사주일입니다. 지난 한 해도 아버지께서 저희들 인생에게 내려주신 햇빛과 비, 이슬을 통해 많은 것을 거두었습니다. 취직을 했고 결혼을 했고 아기를 얻었으며, 재산을 불리고 명성을 얻고 영향력을 넓혔습니다. 한편으로는 사랑하는 사람들을 떠나보내면서 인생의 소중함을 알았고, 힘들고 어려울 때마다 함께 아파하고 눈물을 흘려주던 이웃의 고마움을 깨달았습니다. 무엇보다도 세상일이 마음대로 흘러가지 않을 때도 낙망하거나 좌절하지 않게 하시고, 또 쓰러지거나 넘어져 있을 때 손을 내밀어 주셔서 일으켜주신 하나님을 잊지 않게 하여 주셔서 감사합니다.

참회와 용서

 하나님의 사랑을 저버리고 은혜를 잊은 채 죄 가운데 살아온 저희들이 모든 허물을 뉘우치며 주께 돌아가기를 원하오니, 다 용서하여 주시고 다시 한번 저희 심령을 받아 주소서.

태신자·새신자

 아버지 하나님! 오늘은 특히 지금까지 하나님을 전혀 모르고 살아왔거나 예수님을 그리스도로 영접할 기회를 얻지 못했거나 성령의 도우심을 깨닫지 못했던 태신자와 새신자, 그리고 이런저런 이유로 그동안 교회에 자주 나오지 않았던 낙심성도들과 함께 행복나눔축제, 천국잔치를 열어 추수의 기쁨을 나누려고 합니다. 하나님! 수확의 즐거움을 맘껏 누리시고, 농사를 지을 때 일꾼으로 불러주신 저희들에게 복을 내려주소서.

마무리기도

 오늘도 하나님의 메시지를 잘 받아들여서, 저희는 언제나 아버지의 백성이요 주님의 제자라는 사실을 잊지 말고 그 가르침대로 살아가게 도와주소서. 항상 성령이 인도하시는 대로 따라가게 하소서. 목사님에게 영성과 영력과 영감을 더욱 풍성하게 허락하셔서, 우리 모두에게 은혜와 평강이 넘치게 하소서.

 지금 저희들이 정성껏 드리는 예배와 모든 행사를 아버지께서 기뻐하시며 홀로 영광 받으시기를 간절히 원하옵고, 그동안 애써 준비한 성가대와 관현악단과 그리고 모든 봉사의 손길 위에 삶의 기쁨과 평화를 가득 채워주시기를 간구하오며, 예수님의 이름으로 기도드리옵나이다. 아멘.

2011. 11. 20.

200. 추수감사주일, 나눔축제, 태신자 · 새신자, 은혜와 사랑

찬양과 감사

 창성하셔서 저희 모두에게 추수의 즐거움을 주신 하나님![213] 저희들이 드리는 찬송과 경배를 받으소서. 하나님! 특별히 오늘 추수감사절을 맞아 행복나눔축제를 갖게 하여 주셔서 감사합니다. 지난 1년 동안에도 저희들이 자복하고 회개할 때마다 죄의 한복판에 서 있었던 잘못을 용서하여 주셔서 감사합니다.

회개와 축복

 아버지! 저희는 세상을 볼 때 그 마음이, 숲이 바람에 흔들림같이 심하게 흔들렸습니다.[214] 거짓으로 끈을 삼아서 마치 그것이 수렛줄인 것처럼 죄악을 끌었습니다.[215] 악을 선하다 하고 선을 악하다 하였으며, 흑암으로 광명을 삼고 광명으로 흑암을 삼았으며, 쓴 것으로 단 것을 삼고 단 것으로 쓴 것을 삼았습니다.[216] 하나님! 죄악을 사하여 주시는 것도 모자라 저희들에게 갖가지 은혜로 채워주시고 돌보아 주신 사랑에 감사드립니다.

태신자·새신자

 하나님! 태신자들과 새신자들을 거두어 주셔서 온전한 하나님의 백성으로 삼아주시고 기존신도들과 동일한 은혜를 베풀어 주소서.
 말씀을 전하시는 목사님께 함께해 주셔서 오늘 말씀의 씨앗이 새로 교회에 나오는 이들에게 크고 탐스럽게 열매를 맺을 수 있는 자양분이 되게 하소서. 모든 것을 주시되 남김없이 베풀어 주시는 하나님께 감사드리며, 예수님의 이름으로 기도드리옵나이다. 아멘.

2011. 11. 20.

201. 추수감사주일, 태신자·새신자, 온전한 믿음, 지혜와 명철

찬양과 감사

지혜와 명철의 하나님! 예수 그리스도로 말미암아 영광을 세세무궁토록 받으소서. 우리가 마땅히 기도할 바를 알지 못할 때, 오직 성령이 말할 수 없는 탄식으로 우리를 위하여 친히 간구하심으로 죄 가운데서 놓임을 받아 구원을 얻게 하셔서, 하나님의 자녀들이 누리는 영광의 자유에 이르게 하여 주신 은혜를 감사드립니다. 아버지! 추수감사주일을 앞두고 아버지께서 우리에게 베풀어 주신 크신 사랑과 은혜를 되돌아보게 하시고, 억지로가 아니라 감사의 마음이 심령의 한 가운데에서 샘솟게 하셔서, 한 주 내내 기쁘고 즐거운 마음으로 감사주일을 예비하게 하소서.

태신자·새신자

하나님! 주님의 보배로운 피 흘림을 믿사오니 그 보혈의 능력으로 우리들이 죄에서 자유를 얻게 하소서. 시험을 이기고 승리하게 하소서.[217] 이러한 은혜를 태신자·새신자들과 똑같이 누리게 하소서. 호흡할 때마다 주를 찬양하게 하시고, 마음이 닿는 곳마다 주께 감사하게 하소서. 아버지! 주님의 뜻을 올바로 분별하게 하소서. 주께서 우리에게 주신 시간과 기회와 건강과 열정을 허비하지 않게 하소서. 이렇게 때가 악할수록 세월을 아끼게 하소서. 주의 뜻을 거스르면서까지 세상의 명예와 권세를 탐하지 않게 하시고, 주께서 성령을 통해 우리에게 내리시는 명령을 저버리고 한시적인 기쁨과 즐거움 때문에 주께서 핏값으로 사신 우리의 몸과 마음을 내던지지 않게 하소서. 예수님의 이름으로 기도드리옵나이다.

2014. 11. 09.

202. 대림절, 구원과 인도, 심령의 치유, 말씀의 은혜, 성령임재

찬양과 감사

죄에 얽매인 우리에게 자유를 얻게 하시고, 우리를 고난의 한복판에서 건져내시기 위해, 우리 주님을 구원자로 이 땅에 보내신 아버지 하나님! 우리에게 진리의 문을 열어 주시고, 임마누엘이신 예수님을 통해서 우리의 갈 길을 밝히 보여 주신 아버지께, 영광과 찬양을 돌립니다.

성령강림

하나님! 대림절이 시작되는 이 아침에 우리는 큰 소망을 갖고 메시아를 고대하던 이스라엘 백성들과 똑같이 주님을 간절히 사모하며 기다리오니, 아버지! 주께서 어서 빨리 다시 오시기를 간구하오니, 주께서 주시는 참된 평화가 우리의 마음속에 넘치도록 성령 강림케 하소서. 성령이 우리의 심령에 강물같이 흘러서, 우리의 가슴에 기쁨이 넘치게 하소서. 우리의 마음이 영원토록 주님의 거처가 될 수 있도록 심신을 정결케 하소서.

마무리기도

오늘 우리에게 아버지의 말씀을 전해 주실 목사님에게 먼저 한없는 사랑과 은혜를 베풀어 주소서. 성령의 강한 운동력이 우리 모두의 심령을 좌우하게 하셔서, 말씀으로 치유되고 새 힘을 얻어 이 땅에서 하나님의 자녀로 온전히 살아가게 하소서. 예수님의 이름으로 기도드립니다. 아멘.

2014. 11. 30.

203. 성탄절, 회개와 인도, 천국의 소망, 이웃사랑, 굳건한 믿음

찬양과 감사

손꼽아 기다리던 주님을 이 땅에 보내주셔서 성탄의 기쁨이 넘치게 하여 주신 하나님! 교회가 하나가 되어 주님 성탄을 축하드리오니, 성부 하나님과 성자 예수님, 보혜사 성령님께서 삼위일체로 영광을 받아 주소서. 온 세상 만민이 주님의 크신 사랑을 느끼게 하시고, 주께 감사드리게 하시며, 더불어 은혜를 나누게 하소서.

회개와 인도

아버지! 주님을 알아보지 못했던 잘못을 용서하여 주소서. 이제는 주님의 마음을 아프지 않게 하시고, 온전한 구세주로 모시게 하소서. 주께서 당하신 모욕과 고초를 생각하면서 우리 자신의 일로 괴로워하지도 슬퍼하지도 않게 하소서. 주님께서 오셔서 우리와 함께 계시는데 무엇이 두려우며 무엇이 염려가 될 게 있겠습니까! 낮고 천한 우리를 구원하셔야 하겠기에 가장 비천한 마구간에서 그것도 제일 추운 계절에 태어나신 주님을, 머리를 두실 거처조차 없이 광야의 삶을 사신 주님을 사랑하오니, 우리들 가난한 심령에 천국을 허락하소서. 우리가 애통해할 때 주께서 위로해 주실 줄 믿사오니, 어서 주님을 다시 보내주소서. 마음을 청결하게 하여서 하나님을 보게 하시고, 형제를 긍휼히 여김으로써 우리도 주님께 긍휼하게 여김을 받게 하소서.

성탄절을 앞두고 더욱 마음이 쓸쓸한 사람들을 주님의 따뜻한 손으로 어루만져주소서. 지금도 살아계셔서 이 세상과 우리 가운데 역사하시는 예수 그리스도의 이름으로 기도드립니다. 아멘.

2017. 12. 24.

204. 성탄절, 은혜와 평강, 대속과 회복, 하나님의 자녀, 위로와 희망

찬양과 감사

  높고 귀한 하늘의 보좌 대신에 춥고 캄캄하고 악취가 진동하는 베들레헴의 작은 마구간에 독생자를 보내신 아버지 하나님! 예수님의 십자가 고난으로 우리가 죄에서 놓임을 받게 하시고, 아버지의 자녀가 되는 권세를 회복시켜주셔서, 참된 기쁨 속에서 살아갈 수 있도록 하신 하나님께 무궁한 영광과 찬송을 드리오니, 우리의 예배를 받아 주소서.

  사랑의 하나님! 괴롭고 슬프고 억울한 심령을 부여잡고 신음하면서도, 주님 성탄을 기다리며 소망 중에 즐겁게 살 수 있도록 은혜 베풀어 주셔서 감사합니다. 감히 바랄 수도 없는 일인데 주님이 우리의 친구가 되도록 하셔서, 우리가 지고 있는 무거운 짐을 대신 지시고 우리의 눈물을 닦아주시며 고통을 함께 나누며 우리가 낙심할 때 위로와 희망이 되게 하여 주셔서 감사합니다.

은혜와 평강

  임마누엘의 하나님! 2015년 성탄절이 옵니다. 주여! 어서 오소서. 세월호에 찢기고 메르스에 구멍 난 이 땅에 오소서. 다툼이 그치게 하시고, 눌리고 헐벗고 굶주린 사람들이 이제는 더 많이 웃으며 살아가게 하소서.

구원과 위로

  우리를 죄에서 자유롭게 하소서. 날마다 짓고 또 짓는 죄로 뻥 뚫린 우리의 가슴을 주님의 은혜와 사랑으로 싸매주시고 고쳐주소서. 2천 년 전 압제와 핍박의 땅 이스라엘에 오셨던 노엘의 하나님! 오늘 이 광막한 땅에 다시 오실 줄 믿습니다. 테러리즘과 지구온난화와 가족해체와 비민주화와 심각한 빈부의 격차가 일상화하고 더욱 만연해가는 지구에 오시는 주님을 우리 모두 두 손 번쩍 들고 환호하며 맞이하게 하소서.

은혜와 평강

아버지 하나님! 이 성전을 그리워하면서도 주의 나라에 돌아갈 날만 기다리며 요양병원의 침대에서 쓸쓸히 나날을 보내셔야만 하는 노권사님·노집사님들과 추운 날 병영에서 수고하는 우리의 젊은 아들들과 객지에서, 해외에서 일과 학업으로 고단한 시간들을 보내고 있는 우리 성도들에게 위로와 평강의 복을 내려주소서.

마무리기도

오늘 주께서 우리에게 목자로 세워주신 목사님께서 주의 말씀을 선포하실 때, 우리 모두의 가슴을 활짝 열어 아멘으로 받아들이게 하소서. 말씀을 들으며 우리의 악하고 추한 심령을 깨끗이 청소하고 성령으로 정결케 하셔서, 우리 모두 기쁨으로 주님을 맞이하게 하소서. 예수님의 이름으로 기도드립니다. 아멘.

2015. 12. 20.

205. 성탄절, 대속의 은혜, 평화와 성별, 이웃사랑, 전도와 선교

찬양과 감사

하나님 아버지! 예수 그리스도로 말미암아 영광을 세세무궁토록 받으소서. 소란한 세계를 평화롭게 하시기 위해 고요한 밤에, 죄악으로 가득 찬 세상을 깨끗하게 하시려고 거룩한 밤에, 주님을 이 땅에 보내신 하나님! 우리의 죄가 세상 어떤 것으로도 씻어낼 수 없을 정도로 깊고 악하기에, 독생자의 피가 아니면 그 무엇으로도 대신할 수 없겠다고 판단하시고 우리를 말도 못하게 사랑하셔서, 고귀한 하늘 보좌에 앉아계시던 주님을 차디 찬 겨울밤 비천한 구유에 태어나게 하신 아버지! 우리를 향한 하나님 아버지의 무한한 사랑을 우리는 다 알 길이 없사오나, 오늘 성탄절을 맞아 더욱 간절한 마음으로 아버지 하나님의 은혜에 깊이 감사드리며 다함없는 찬양과 영광을 돌리옵나이다.

자비하신 하나님! 우리가 마땅히 기도할 바를 알지 못할 때 오직 성령이 말할 수 없는 탄식으로 우리를 위하여 친히 간구하심으로, 죄 가운데서 놓임을 받아 구원을 얻게 하셔서, 하나님의 자녀들이 누리는 영광의 자유에 이르게 하여 주신 은혜를 감사드립니다.

은혜와 평강

하나님! 바라옵기는 이 자리를 그리워하면서도 병석에 누워있는 우리 믿음의 식구들을 위로하소서. 병영에서, 멀리 떨어져있는 일터에서, 학교에서 그리고 이역만리에서 혹은 군무로, 일로, 학업으로 고생하면서도 모교회를 위해 기도하는 우리의 형제자매들과 아이들을 붙들어 주소서.

이웃사랑

하나님 아버지! 예수님이 이 땅에 다녀가신 지 2천 년이 지나고, 세계 각국의 수많은 사람이 주님을 그리스도로 믿는 데도, 여태까지 예수님을 모르는 사람들, 주님을 믿지 않고 있는 우리의 이웃을 불쌍히 여겨주소서. 우리가 알고 우리가 기뻐하고 즐거워하는 우리의 예수님을, 예수님의 사랑과 은혜를, 모든 사람과 함께 영접하며 누리게 하소서.

마무리기도

오늘 목사님이 성탄의 의미에 관해 말씀 전하실 때, 우리 모두의 가슴이 성령의 감동으로 벅차오르게 오셔서, 하나님이 우리의 아버지시요 예수님이 우리의 구주시라는 사실을 영원토록 믿게 하소서. 감사드리며 예수님의 이름으로 기도드립니다. 아멘.

2014. 12. 25.

206. 성탄절, 세계선교, 회개와 축복, 국가와 민족, 화해와 일치

찬양과 감사

생명의 하나님! 천하만물을 지으시고 그 안에 있는 모든 생물에게 생명을 주시되 사람을 그 가운데 으뜸으로 살도록 복 내려 주신 하나님께 영광을 돌리옵나이다. 그러한 은혜를 저버린 채 하나님의 백성으로 존귀하게 살지 못하고, 하나님을 배반하고, 하나님께서 그렇게 멀리 하라고 말씀하셨던 세상과 짝하여 살다가 세상과 함께 멸망할 수밖에 없었던 우리를 구원해 주신 하나님을 찬양합니다.

우리 구주 예수 그리스도를 이 땅에 보내주셔서, 우리의 죄를 대신 담당케 하시고, 주께서 인간으로서는 견딜 수 없는 극한의 고통과 모멸감을 감내케 하시도록 하면서까지 우리를 살려주신 하나님께 경배와 감사를 드립니다.

회개와 축복

아버지 하나님! 조상대대로 오늘 우리에게 이르기까지 하나님 앞에서 범했던 죄악과 허물을 자백하오니 모든 잘못을 용서하셔서, 기쁨과 은총의 성탄을 맞게 하소서.

모두를 위한 성탄

이 시간 간구하오니, 주님의 귀한 성탄이 선진국과 강대국만의 성탄이 되지 않게 하소서. 아버지! 오히려 한 때 우리나라가 그러했던 것처럼 가난하고 병든 사람이 넘쳐나는, 주님의 재림을 기다리는 것 말고는 아무런 낙도 소망도 없는 못 살고 힘없는 나라의 국민들이 더 즐거워하는 성탄이 되게 하소서.

민주주의 국가만의 성탄이 아니라 공산주의 나라에서, 독재 치하에서 자유와 인권을 통제 받으며 신음하는 사람들에게도 성탄의 기쁨이 두루 미치게 하소서.

　아버지 하나님! 함께 손잡고 앞으로 나아가도 밀려날 수밖에 없는 엄중한 국제정세 속에서, 1년 내내 대립과 분열과 갈등으로 반목하고 불화하며 국가적인 에너지를 다 소모해버린 이 나라에, 화해와 일치의 성탄을 허락하여 주소서.

마무리기도

　목사님이 '성탄을 맞이하는 사람들'이라는 제목으로 아버지의 말씀을 전하실 때, 우리 모두 마음밭을 청결케 하고 주신 말씀을 온전히 받아들여서, 진정으로 주님의 성탄을 축하하고 주님의 뜻이 이 땅에서 속히 이루어지도록 하는 데에 앞장서게 하여 주소서.

　은혜로우신 하나님! 가난하고 병들고 괴롭고 힘든 현실 속에서 성탄의 기적이 일어나기를 기도하는 우리들 한 사람 한 사람의 심령에 성탄의 기쁨과 은총을 가득내려주소서. 차갑고 캄캄한 땅에 우리의 구세주로 오셔서 십자가를 통해 우리를 영원한 죄 가운데서 건져주신 우리 주 예수 그리스도의 이름 받들어 기도드리옵나이다. 아멘.

2013. 12. 25.

207. 성탄절, 송구영신(세모), 회개와 인도, 생명과 빛, 지혜와 권능

찬양과 감사

생명과 빛으로, 지혜와 권능으로 언제나 우리를 지키시는 하나님! 이 시간 간절히 구하오니 우리가 드리는 경배와 찬양을 기쁘게 받아 주소서.[218] 우리 주님을 이 땅에 보내주셔서, 슬퍼하는 사람에게 기쁨의 기름을 가득부어주시고, 찬송의 옷으로 그 근심을 대신하게 하신 하나님![219] 땅이 싹을 내며 동산에 새 움이 돋아나는 것같이 공의와 찬송을 모든 나라 앞에 솟아나게 하시는 주 여호와께 영광을 돌리옵나이다[220].

기쁨보다는 슬픔이, 즐거움보다는 괴로움이, 상쾌했던 날보다는 그렇지 못했던 시간이 훨씬 더 길었던 2012년, 한파가 몰아닥치는 한겨울 세모, 이 땅에 주님을 보내주셔서, 우리를 위로해 주시고 북돋워 주셔서, 생기를 되찾게 해 주신 하나님께 감사드립니다.

회개와 인도

하나님! 하지만 지난 1년을 되돌아볼 때 우리는 하나님을 우리 생활의 중심에 두지 않고 살았습니다. 절망과 위기의 순간에 주 여호와의 성호 대신에 다른 이름을 부르짖었고, 주께서 베풀어 주신 은혜에 감사드리지 않고 스스로의 공으로 돌렸으며, 세상을 향해 우리가 주의 백성이라고 외치기는커녕 대제사장 가야바의 집 뜰에서 예수님을 알지 못한다고 손사래를 쳤던 베드로처럼[221] 주님을 부인하며 주께로부터 자꾸만 도망치려고 했던 한 해였습니다.

아버지! 주님께서는 헐벗고 굶주린 사람, 외롭고 억눌린 이웃을 위해 이 땅에 오셨건만, 해마다 성탄의 기쁨은 춥고 가난한 뒷골목이 아니라 엉뚱하게도 술과 기름진 음식과 노래와 춤이 뒤엉킨 화려한

거리와 광장에서 더욱 큰 빛을 발했습니다. 크리스마스를 앞두고 또한 해를 마감하면서 아버지 앞에 우리의 죄와 허물을 고하며 자복하오니, 우리의 잘못을 용서하여 주소서. 아버지 하나님! 우리 모두 회개하고 새 사람이 되어서 하루 빨리 진정한 주님의 나라가 이 땅에서 펼쳐질 수 있도록 영적인 전위대가 되게 하여 주소서.

마무리기도

이 시간 단 위에 세우신 목사님에게 큰 능력을 허락하셔서 전해지는 말씀을 통해 우리의 영혼이 위로를 받고 심신이 강건케 되게 하소서. 주님을 위한 헌신과 열정을 더욱 굳게 다지게 하소서. 예수님의 이름으로 기도합니다. 아멘.

2012. 12. 23.

208. 송구영신(세모), 참회와 용서, 은총과 사랑, 믿음과 사랑의 공동체

찬양과 감사

아버지 하나님! 2008년의 막바지에 섰습니다. 가고 오는 세월 속에서 저희들을 홀로 버려두지 아니하시고 붙들어 주시고 이끌어 오신 아버지 하나님! 모든 영광을 아버지께 돌리옵나이다.

몸도, 마음도 한 없이 연약한 저희들을 올 한 해도 은총과 사랑으로 보살펴 주신 하나님! 그 사무치는 은혜를 다만 이 작은 입술로 감사드릴 뿐입니다.

저희들을 주리지 않고 연명케 하시며 병들지 않게 하신 하나님, 병석에서 일으켜주신 하나님! 때로 세상사에 지쳐 쓰러져 잠들었을 때 손을 내밀어 일으켜 주시고, 믿음이 흔들릴 때마다 등 두드려주시면서 다시 정신 차려 바른길 갈 수 있도록 인도하여 주신 하나님! 이 어려운 시대를 살면서도 주님에 대한 신앙을 지켜나갈 수 있도록 붙들어 주셔서 감사합니다. 저희들을 버리지 아니하신 것 감사드립니다.

저희를 모른다고 아니 하시고 "너는 내 사랑하는 아들이다, 내가 친히 낳은 딸이다."고 하시면서 용기와 희망을 잃지 않게 하여 주신 것 감사드립니다. 주님의 몸 된 교회가 지난날의 모든 질곡과 고난을 다 떨쳐 버리고 사랑으로 한마음 한뜻이 되어서 앞으로 나아가는 신앙을 가질 수 있게 도와 주셔서 감사합니다.

참회와 용서

하나님! 주님께 매달리기만 하면 도저히 가망 없을 것 같은 일이 하루아침에 이루어진다는 것을 깨닫지 못한 저희들을 용서하여 주소서. 주님의 사랑을 의심했던 잘못을 사하여 주소서.

믿음과 사랑의 공동체

 화합케 하시는 하나님! 저희들 이번 일을 통해서 하나님께서는 분명히 살아계시며 정말 못하실 일이 없다는 믿음을 굳게 다지게 하여 주소서. 다시는 주님의 교회가 어둠에 휩싸이지 않게 하시고, 슬픔에 잠기지 않게 하시고, 주님의 은혜 안에서 오직 성령 충만, 말씀 충만하게 하셔서, 부흥하고 성장하는 일만 이어지게 하소서. 전도와 선교에 온힘을 모으게 하소서.

 회복시키시는 하나님! 이제는 지난날의 모든 앙금을 흐르는 물에 띄워 보내고 기억조차 하지 아니하게 도와주소서. 교회의 역사를 새롭게 쓰게 하여 주소서. 후손들에게 자랑스러운 믿음의 선조가 될 수 있도록 든든히 붙들어 주소서. 이제 성령의 인도하심을 따라서 넘치는 의욕으로, 벅찬 감동으로 ◎◎교회의 새해를, 그리고 미래를 준비하고 헤쳐 나가게 하여 주소서.

마무리기도

 단 위에 세우신 ○○○ 목사님에게 갑절의 영감을 불어넣어 주시고 심신을 강건케 하셔서, 말씀을 통해 우리들의 심령이 위로받고 삶이 변화되는 은혜가 나타날 수 있게 도와주소서.

 하나님! 성도들 한 사람 한 사람 기도의 제목이 있습니다. 아버지! 보시기에 선하시다면 모두 이루어지게 도와주소서. 예수님의 이름으로 기도드리옵나이다. 아멘.

2008. 12. 28.

209. 송구영신(세모), 회개와 인도, 은혜와 평강, 헌신과 봉사

찬양과 감사

아버지 하나님! 2010년 끝자락에 서서 지난 한 해를 뒤돌아보며 크고 놀라우신 사랑을 아낌없이 베풀어 주신 은혜에 머리 숙여 감사드립니다. 저희들이 드리는 예배를 용납하셔서 하나님께서만 존귀와 영광을 받아 주시옵기를 간절히 빌고 원하옵나이다.

회개와 인도

길이 참으시는 하나님 아버지! 주의 이름을 두려워하지 아니하고 만홀히 여긴 죄를 용서하여 주소서. 아버지를 영화롭게 하지 않은 불경을, 거룩하게 모시지 못한 불손을, 주님만 의로우시다고 고백하지 못한 불찰을 사하여 주소서.

저희들은 1년간 겨우 50여 주의 주일마저 제대로 지키지 못했습니다. 온전한 십일조 생활을 하지 못하였습니다. 전도하지 않았습니다. 봉사는 남의 일이었습니다. 주신 직분마저 제대로 감당하지 못했습니다.

세모를 맞아 드리는 저희들의 회개의 기도를 받아 주소서. 새해에는 더욱 씩씩하게 전진할 수 있도록 굳센 믿음을 주소서.

믿음의 성장

하나님! 이제 저희들의 강퍅한 심령에 성령의 폭풍우가 거세게 불어닥치게 하소서. 세상적인 생각은 뿌리 채 뽑아서 다 쓰러뜨려주시고 오직 아버지의 말씀으로 거듭나서 새롭게 활착하게 하소서. 이미 흘러간 21세기 10년의 헛되고 그릇된 생을 청산하고, 다시는 그 같은 일들을 되풀이하지 않게 하옵시며, 말씀에 의지하여 새롭게 10년, 20년, 30년의 삶을 열어가게 하소서.

다시 한번 한 해를 마무리하면서 버려야 할 것은 내려놓고, 뉘우칠 것은 회개하게 하시며, 마땅히 가야할 길은 망설임 없이 힘차게 앞만 보고 나아가게 하소서.

헌신과 봉사

하나님! 여러 가지 어려움 속에서도 올해 궂은일 궂다 아니하고 자원하여, 교사로서, 찬양대원과 연주단원으로서, 남녀신도회 임원으로서, 식사당번으로서, 환경정리원으로서 몸과 시간을 드린 성도들의 헌신과 수고를 기억하여 주소서.

은혜와 평강

아버지! 간절히 기도드립니다. 우리를 병마에서 헤어나게 하소서. 가난에서 벗어나게 하소서. 사람으로 인해 고통 받는 일이 없게 하소서.

마무리기도

하나님의 말씀을 대언하는 목사님을 성령의 전신갑주로 두르셔서 말씀에 권위가 있게 하시고, 각자의 심령이 살아 움직이게 하시며, 의심의 안개가 말끔히 걷혀 심중에 추호도 다툼이 없게 하소서. 예수님의 이름으로 기도드리옵나이다. 아멘.

2010. 12. 19.

210. 송구영신(세모), 회개와 인도, 은혜와 평강, 전도와 선교

찬양과 감사

아버지 하나님! 이제 2008년 한 해가 다 저물었습니다. 올해도 나라 안팎으로 일도 많았고 어려움도 적지 않았습니다. 그러한 가운데서도 저희들을 죄악과 죽음의 땅 애굽에서 건져주시고, 원수의 손길을 피해 홍해를 건너게 하시며, 인생의 광야를 지나올 때 만나와 메추라기로 연명케 하신 하나님! 존귀와 영광, 경배와 찬양을 오직 아버지 홀로 받으소서.

한 해의 끝에서 되돌아보니 온통 아버지께 감사드릴 것뿐입니다. 저희들을 아들딸로 택해 주신 것만 해도 감사하온데, 버리지 아니하시고 끊임없이 돌봐주시고 인도하여 주셔서 감사합니다. 세상을 바라보다가 그 속에 푹 빠져 허우적댈 때도 있었지만, 따뜻하게 손 내밀어 주셔서 이끌어 주신 아버지께 감사드립니다.

인내케 하시는 하나님! 거의 다 쓰러져가던 저희 교회를 다시 일으켜 세워주신 것 감사드립니다. 황무지 같던 ◎◎교회가 장미꽃처럼 활짝 피는 것을 볼 수 있게 하여 주셔서 감사합니다. 함께 손을 맞잡고, 부둥켜안고, 새롭게 시작할 수 있도록 북돋워 주셔서 감사합니다. 우리도 할 수 있다는 참 소망을 갖게 하여 주셔서 감사합니다. 고통이 진하면 참된 평안과 기쁨이 찾아온다는 것을 깨닫게 하여 주셔서 감사합니다.

회개와 인도

하나님! 그런데도 저희들은 아버지를 온전히 믿지 못했습니다. 어려움에 부닥쳤을 때 인간의 힘으로 해결하려다 실망하고 낙담하고 좌절하였습니다. 주님께서 가르쳐 주신 삶을 본받지 못하고 청개구

리처럼 살았습니다. 저희만 아버지 하나님의 자녀로서 기쁨과 소망과 행복을 누리면서, 아버지의 큰 사랑을, 주님의 귀한 복음을 이웃들에게 전파하지는 못했습니다.

 죄악의 포로가 된 저희들을 구원하여 주신 하나님! 저희들은 요나처럼 하나님의 명령을 따르지 않고 편안한 삶을 추구하였습니다. 롯의 아내처럼 재물이 마음에 걸려 자꾸만 뒤돌아보기 일쑤였습니다. 호세아의 처 고멜처럼 방탕한 삶을 살았습니다. 베드로처럼 시시때때로 주님을 부인하였고, 엠마오로 가던 두 제자와 같이 주님의 권능을 의심하였습니다. 서로 높은 자리에 앉겠다고 다투었습니다. 심지어 가룟 유다가 되어 주님을 팔았습니다. 철저히 배신하였습니다.

 아버지 하나님! 내년 이맘때는 이 같은 후회가 없게 하소서. 새 영을 저희 속에 두시고 새 마음을 저희에게 주시되 저희 육신에서 굳은 성정을 제하고 부드러운 마음을 주소서.[222]

은혜와 평강

 하나님! 지금 세계경제는 끝 모를 바닥으로 떨어졌고, 이 나라의 정치와 사회는 몹시 불안하게 흔들리고 있습니다. 그렇잖아도 하루하루가 힘겨운 서민들의 살림살이가 더욱 고단해졌습니다. 위험천만하게도 생과 사의 갈림길에 서 있는 사람들이 너무나도 많습니다.

 저희가 상했을 때에 싸매주시고, 병들었을 때에 강하게 하신 하나님![223] 황무했던 땅이 에덴동산으로 바뀌게 하시고, 황량하고 적막하며 무너진 성읍에 성벽과 거기에 살 사람이 있게 하신 아버지![224] 새해에는 저희 모두 독수리 날개 치듯이 힘차게 날아오르게 하소서.

 이 추운 날씨에 군복무를 위해서, 혹은 직장일로, 아니면 학업 때문에 산지사방에 흩어져있는 저희 믿음의 식구들과 자녀들을 제각기 형편에 맞게 지켜주시고, 바른길 가게 하여 주소서.

마무리기도

단 위에 세우신 ○○○ 목사님에게 칠 배의 영력을 더해 주소서. 오늘도 이 자리에 은혜의 강물이 흘러넘치게 하소서. 심령이 위로받고 삶이 변화되는 역사가 나타날 수 있게 도와주소서. 하나님! 성가대와 관현악단의 찬송과 연주를 기쁘게 받아 주시고 복 내려 주소서. 예수님의 이름으로 기도드리옵나이다. 아멘.

2008. 12. 28.

211. 송구영신(심야), 회개와 인도, 믿음의 성숙, 전도와 선교

찬양과 감사

아버지 하나님! 기쁘고 즐거운 때가 많았지만 괴롭고 슬픈 일도 적지 않았던 2011년이 역사 저 편으로 완전히 사라져가고 있습니다. 한 해를 보내고 또 새로운 한 해를 맞는 경이로운 이 시간에 하나님의 성호를 찬송드리며 저희들이 바칠 수 있는 모든 정성을 다해 아버지께 영광 돌리옵나이다.

하나님! 참 감사합니다. 우주만큼이나 신비하고 오묘해서 현대의 첨단의학으로도 곳곳에 도사리고 있는 질병의 뿌리를 다 밝혀낼 수 없는 저희들의 육체를 건강하게 돌봐주셔서, 이렇게 송구영신예배를 드리는 자리에 참여할 수 있게 하여 주셔서 감사합니다. 가족도, 친척도, 친구도, 직장동료도 심지어 같은 신도까지도 때로는 저희들을 힘들게 하고 또한 반대로 저희 자신도 그들을 아프게 할 때가 셀 수 없이 많았지만, 미워하고 원망하는 마음을 가라앉히며 잘 견딜 수 있게 하여 주셔서 감사합니다. 하나님! 무엇보다도 고달픈 현실 속에서도 저희 영혼이 하나님을 사모하며, 말씀에 갈급해 하며, 은총 입기를 소망하면서 아버지 곁에 머물 수 있도록 성령을 통해 인도하여 주시고 보호하여 주셔서 감사합니다. 이처럼 저희들의 몸과 마음과 영혼을 그 넓고 따뜻한 품 안에 안으셔서 지난 일 년을 안전하게 보내게 해 주신 우리 하나님께 진정으로 감사드립니다.

회개와 인도

하나님! 하지만 저희들은 하나님께 온전히 감사할 바를 알지 못하고 제대로 감사드리지 못한 죄를 지속적으로, 반복해서 저질렀음을 고백하고 회개합니다. 돌아보면 저희가 주 앞에서 진실과 전심으로

행하거나 주의 목전에서 선하게 행한 것이라고는 도무지 기억조차 나지 않습니다.[225]

그러나 하나님께서는 하나님의 이름을 위하여 노하기를 즐겨하지 않으시며 하나님의 영광을 위하여 참으시고 저희를 영영 버리지 않으신 줄 저희가 아오니, 아버지! 이제 다시금 긍휼을 베풀어 주소서.[226] 저희 허물의 티끌을 털어버리게 하소서. 일어나 앉게 하소서. 죄악에 사로잡힌 저희들의 목에 걸린 쇠사슬이 스스로 풀리게 하소서.[227]

믿음의 성숙

아버지 하나님! 올해도 저희와 가까운 이들이 하나님의 부름을 받고 아버지께로 돌아가 영원한 안식을 누리고 있습니다. 사람은 오고 가고 시간도 흘러가며, 뽕밭이 푸른 물결이 넘실대는 바다로 변하는가 하면 해원이 논밭과 택지와 산업단지로 바뀌기는 하지만, "산들이 떠나며 언덕들은 옮겨질지라도, 나의 자비는 네게서 떠나지 아니하며 나의 화평의 언약은 흔들리지 아니하리라"[228]고 하신 아버지의 말씀을 기억하고 의지하며, 새로운 한 해, 2012년을 더욱 힘차고 당당하게 살아가게 하소서. 아버지 하나님! 새해에는 저희들의 믿음과 삶이 오직 하나님께로만 향하게 하시고, 사람의 생각과 말이 하나님의 사랑과 말씀을 뛰어넘는 그런 불충한 일이 없게 하소서. 저희들이 피곤할 때 능력을 주신 아버지! 저희들이 무능해지고 무기력해질 때마다 힘을 더해 주신 하나님! 저희 소유를 다 내놓고 저희 시간을 모두 드린들 어떻게 하나님 아버지의 은혜를 다 갚을 수 있겠습니까? 저희들 더 이상 저희들만을 위한 삶에 안주하지 않게 하소서.

전도와 선교

주여! 이 땅을 고쳐 주소서. 가르치고 전파하며 치유하게 하소서. "⊙⊙동(洞)의 광야에서 여호와의 길을 예비하게 하소서. ◈◈시(市) 사막에서 우리 하나님의 대로를 평탄하게 하소서."[229] "우리의 육체는 결국은 마르게 될 풀이요 우리 육체의 모든 아름다움은 때가 되면 시들고 말게 될 들의 꽃과 같사오나, 하나님의 말씀은 태초부터 지금까지 그리하셨던 것처럼 앞으로도 무궁토록 영원히 설 줄 믿사오니"[230] 이 아름다운 소식을 믿음의 ▲▲산에 올라 ⊙⊙동에 널리 전하게 하소서. 두려워하지 말고 소리를 높여 ◈◈도성에게 이르기를, 너희의 하나님을 보라고 외치게 하소서."[231]

마무리기도

아버지 하나님! ◎◎제단에 세우셔서 말씀을 대언케 하시고 양무리를 이끌고 나갈 소명과 책임을 주신 목사님을 이전보다 더욱 사랑하시고 넘치는 영감을 부어 주셔서, 건강을 주셔서 뛰어도 피곤치 않게 하시고, 주님을 위해, 교회 성장을 위해 용솟음치는 의욕과 정열로 무장케 하소서. 2012년을 포함한 저희들의 모든 남은 일생을 오직 하나님께 의탁하오며, 우리 구주 예수님의 이름으로 기도드리옵나이다. 아멘.

2011. 12. 31.

212. 송구영신(심야), 회개와 인도, 헌신과 봉사, 수험생과 학부모

찬양과 감사

하나님! 이제 올 한 해도 완전히 저물었습니다. 참으로 고단한 한 해였습니다. 경제는 IMF 직전 수준으로 곤두박질쳤습니다. 정치는 여전히 구태에서 벗어나지 못하고 있습니다. 매일같이 끔찍한 사건 사고가 꼬리를 물고 일어난 한 해였습니다. 힘난한 세상 속에서도 저희들을 1년 내내 사랑으로 보살펴 주시고 이끌어 주신 은혜에 무한 감사드리며 주께 영광과 찬송을 드립니다.

회개와 인도

아버지 하나님! 하지만 지난 한 해를 되돌아보면 죄와 허물밖에 떠오르지 않습니다. 저희들은 교회에서만 하나님을 찾고 세상에 나가서는 하나님을 잊은 채 살았습니다. 매일 주야로 세상 일로 근심 걱정하며 하나님 섬기기를 게을리하였습니다.

참아야 했을 때 오히려 저희들의 혀는 너무나 날카로웠습니다. 그리고 막상 용기 있는 발언이 필요했을 때 저희들은 짐짓 입을 다물고 말았습니다. 억울하게 비난받는 사람들을 위해서 기도하지 못했습니다. 위로해 주지 못했습니다. 저희를 비방하는 사람들을 위해 용서하고 기도할 수 있는 아량을 갖지 못했습니다. 이 모든 잘못을 사해 주소서. 이제 저희는 죽고 주는 살게 하여 주소서. 아버지! 저희들은 또한 환난과 곤고와 핍박에 처해 있을 때 하나님께 의지해야 한다는 것을 잊었었나이다.

믿음회복

저희들의 믿음을 회복시켜 주소서. 이제부터라도 주님을 올바로 믿고 따르게 하소서. 새 영을 부어 주소서. 새 힘을 주소서. 일하면서도 길을 걸으면서도 잠자면서도 주님을 생각하게 하소서. 주님이 기뻐하시지 않는 일들은 다 버리게 하소서.

헌신의 열매

아버지 하나님! 올해 교회 각 기관과 단체에서 아무런 대가도 없이 시간과 물질을 드리고 눈물 뿌리며 주의 일에 헌신한 믿음의 자녀들의 노고를 기억하여 주소서. 이들에게 풍성한 의의 열매를 허락하소서. 그리고 새해에는 저희 모두 독수리가 날개 치며 올라감 같이 달음박질하여도 곤비치 아니하고 걸어가도 피곤치 않게 하여 주소서.

수험생과 학부모

고등학교 입시에 실패해 실의에 젖어 있거나 선발을 앞두고 노심초사하고 있는 대입수험생들과 그 부모들에게 위로와 용기를 주소서.

마무리기도

하나님! 이 예배를 기쁘게 받아 주소서. 그리고 오늘 제직회와 앞으로 열리는 공동의회에도 함께하셔서, 이런 모든 순서를 통해 오직 하나님 홀로 영광 받으소서.

아버지! 말씀을 준비하고 증거하고 듣고 받아들이는 과정에서 엄숙한 사명감과 들을 귀를 허락하소서. 성가대, 관현악단, 하늘울림 선교단의 찬양을 통해 하나님 영광 받으소서. 예수님의 이름으로 기도드립니다. 아멘.

2000. 12. 31.

213. 송구영신(심야), 인류애, 은혜와 평강, 변함없는 주의 사랑

찬양과 감사

아버지 하나님! 이제 2017년이 다 저물었습니다. 올 한 해도 많은 일이 있었습니다. 세계적으로, 국가적으로, 또 우리의 삶속에서도 크고 작은 변화가 있었습니다. 식구가 불어나기도 했고, 사랑하는 사람을 먼저 하늘나라에 보내기도 하였습니다. 새로 일자리를 얻기도 하였고, 삶의 터전이 흔들리기도 하였습니다.

하지만 하나님 아버지의 사랑은 변함이 없었고, 하나님께서는 우리가 아파하고 힘들어할 때 우리를 더욱더 많이 안타까워하시고 우리 마음에 더 오래 머무르셨던 것을 익히 알고 있습니다. 아버지! 영원토록 우리의 찬송이 되시고, 우리 신앙의 주인이 되소서.

회개와 인도

우리 모두 다시 한 해를 보내면서 그냥 형식적인 회개와 반성에 그칠 것이 아니라, 우리 인생에서 얼마나 남아있는지 알 수 없는 연말을 맞아 우리의 영혼을 찬찬히 되돌아보게 하시고, 새해에는 주님의 뜻에 더욱 합당한 삶을 살아가게 하소서.

은혜와 평강

아버지! 병석에 있는 성도들, 군대에 있는 아이들, 배움과 일자리 때문에 떨어져 있는 가족들을 일일이 돌보아 주소서. 모두 주님의 크신 사랑을 되새기며 새롭게 믿음을 추스르고 다짐하는 그러한 시간들이 되게 하여 주소서. 오늘 주시는 말씀 속에서 큰 은혜 받게 하소서. 예수님의 이름으로 기도드립니다. 아멘.

2017. 12. 31.

7. 교회절기 주석

160	마태복음 8:26		184	찬송가 155장
161	마태복음 7:33		185	욥기 16:6
162	찬송가 550장		186	미가 7:8
163	찬송가 551장		187	베드로전서 2:23
164	시편 103:5		188	마가복음 16:15
165	시편 145:9		189	에베소서 2:46
166	시편 145:1		190	시편 5:7
167	시편 146:35		191	에베소서 2:8-9
168	이사야 63:9		192	요한계시록 7:12
169	시편 12:01		193	베드로후서 1:4-7, 11
170	시편 11:7		194	찬송가 7장
171	시편 16:1-2		195	찬송가 429장
172	로마서 21:22		196	찬송가 6장
173	로마서 2:13		197	에베소서 1:23
174	잠언 18:4		198	에베소서 4:15-9
175	찬송가 135장		199	시편 138:3
176	찬송가 136장		200	시편 51:17
177	찬송가 149장		201	에스겔 36:26
178	빌립보서 2:29		202	잠언 16:6
179	빌립보서 2:4-5		203	시편 43:3
180	빌립보서 3:18		204	시편 52:12
181	빌립보서 4:4		205	이사야 29:23
182	빌립보서 4:6		206	이사야 30:18
183	빌립보서 4:7		207	잠언 8:17

208	시편 86:14	220	이사야 6:11
209	이사야 3:11	221	마태복음 26:57-74
210	이사야 3:10	222	에스겔 37:26
211	잠언 8:33	223	에스겔 34:16
212	잠언 8:32	224	에스겔 36:35
213	이사야 9:13	225	이사야 37:10
214	이사야 7:2	226	이사야 48:11
215	이사야 5:18	227	이사야 52:21
216	이사야 5:20	228	이사야 54:10
217	찬송가 268장	229	이사야 40:3
218	찬송가 9장	230	이사야 40:7-8
219	이사야 6:13	231	이사야 40:9

8

나라와 민족

- 3·1절 388
- 4.19 394
- 호국보훈의 달 396
- 6.25 400
- 남북통일 404
- 제헌절 414
- 경술국치일 416
- 광복절 419
- 개천절 426
- 민주주의 수호 429
- 국가의 정립 438
- 사회구원 441
- 국제스포츠대회 444

214. 3·1절, 나라와 민족, 믿음의 성숙, 참회와 용서, 전도와 선교

찬양과 감사

저희 가운데 계셔서 저희들의 전 삶을 주관하시는 아버지 하나님! 아버지의 발아래 엎드려 그 거룩하신 이름을 송축하옵나이다. 저희 코에 생기를 불어넣으셔서 저희를 생령이 되게 하신 하나님!²³² 육신뿐만 아니라 우리의 영혼이 쉼 없이 호흡하게 하셔서 영육이 강건하도록 보살펴 주신 하나님께 감사드립니다. 저희들로 하여금 세상 모든 일에서 벗어나게 하시고 발걸음을 성전으로 인도하여 주셔서, 모두의 심령을 묶어 아버지께 감사예배를 드리고, 형제자매의 사랑으로 하나가 되어 은혜 받게 하여 주시니 감사합니다.

참회와 용서

하나님! 먼저 저희 잘못을 자복하고 회개하오니, 우리의 최초의 조상 아담 이래로 지은 죄와 거기에 덧붙여 우리 각자가 지은 죄악과 허물을 모두 용서하여 주소서. 저희 과오를 기억하지 마시고 너그럽게 사해 주소서.

3·1절

굳건한 반석이신 하나님! 3·1절 기념주일을 맞아 간구하옵나이다. 우리 민족이 일제 치하에서 겪었던 쓰라린 아픔과 눈물을 잊지 않게 하시고, 이 나라의 광복을 위해 애쓴 선열들의 공을 가슴에 새겨 기리게 하시되, 무엇보다도 우리에게 해방을 허락하신 하나님께 감사드리게 하소서. 다시는 우리나라가 군사적으로든 정치적으로든 경제적으로든 식민이나 속박이나 억압을 받지 않게 하소서. 사대주의에서 벗어나 자주하고 독립하게 하소서.

마무리기도

  아버지 하나님! 저희들은 은혜와 진리의 말씀을 사모하며 이렇게 마음을 모아 가다듬고 이 자리에 앉아 있습니다. 오늘 저희들에게 보내주시는 메시지를 통해 저희의 심령이 새로워지고 입술이 바르게 되고 행동이 온전해지게 하소서. 예수의 향기를 사방에 널리 전하는 진정한 그리스도인이 되게 하소서. 하나님! 담임목사님의 영육을 전적으로 책임져주소서. 담대한 영혼을 허락하시며, 육신이 피곤하지 않도록 든든한 팔로 붙잡아 주소서.

  이 예배를 통해 하나님 홀로 영광 받으시옵기를 간절히 빌고 원하오며, 예수님의 이름으로 기도드리옵나이다. 아멘.

2012. 02. 26.

215. 3·1절, 나라와 민족, 남북통일, 사순절, 성령임재, 소득 격차 해소

찬양과 감사

사랑의 하나님! 오늘 거룩한 주일, 아버지께 찬양과 경배를 드립니다. 특별히 3.1절 기념주일을 맞아 우리를 일제의 사슬에서 풀려나게 하시고 산업화와 민주화를 통해 나라의 기틀을 세우게 하여 주신 아버지께 감사드립니다.

3.1정신 회복

아버지 하나님! 우리 민족은 지금도 둘로 나눠져 서로의 가슴에 총부리를 대고 있으며, 같은 나라 안에서도 빈부격차가 날이 갈수록 크게 벌어지면서 소득의 양극화가 커다란 사회문제로 떠올랐습니다. 간절히 바라옵기는 지난날 저희들의 좁은 안목과 이기심으로 빚어졌던 무질서와 부조리가 이제는 다 청산되게 하시고, 강자는 약자를, 권세 있는 자는 소외된 이들을, 부자는 가난한 사람들을 주님의 심정으로 따뜻하게 보살피게 하소서. 온 겨레가 압박과 설움에서 벗어나 자유와 평화를 향해 나아가기를 간절히 염원하며 소망했던 3.1정신으로 되돌아가게 하소서.

사순절

하나님 아버지! 주님께서 십자가 고난을 당하신 아픔과 인류 사랑의 의미를 되새기는 사순절입니다. 저희들 특별새벽기도회를 열고자 하오니, 이 기간 동안 저희들 자신과 저희 교회가 크게 변화하게 하소서. 그리하여 이웃과 지역과 나라가 모두 구원 받게 하소서.

마무리기도

이 시간 말씀을 전하실 목사님께 엘리야의 권능의 두루마기를 입혀주셔서 우리 모두 씻음 받고 고침 받는 믿음의 역사가 이루어지게 하소서. 예배의 남은 모든 절차도 성령이 맡아 주관하여 주실 줄 믿사옵고 예수님의 이름으로 기도드리옵나이다. 아멘.

2009. 03. 01.

216. 3·1절, 나라사랑, 이웃사랑, 교회의 부흥, 은혜와 평강, 성령충만

찬양과 감사

　사랑과 은혜가 풍성하신 아버지 하나님! 오늘 이 거룩한 성일에 저희들을 아버지의 집으로 불러주셔서 아버지께 영광과 찬송을 돌리게 하여 주시니 감사합니다.

참회와 용서

　아버지 앞에 머리를 숙이고 보니 떠오르는 것이라고는 세상 살면서 지은 죄와 허물밖에 없습니다. 저희들의 모든 잘못을 엎드려 자복하고 회개하오니 주님의 보혈로 깨끗이 씻어 주소서.

3·1절

　공의로우신 하나님! 88번째 삼일절을 맞아 아버지께 감사와 간구를 드립니다. 저희 신앙의 선진들을 앞장세워서 3.1운동을 일으키게 하시고, 우리 민족의 신음소리에 귀를 기울이셔서, 마침내 해방과 독립의 새날을 맞게 하신 하나님! 대한민국은 하나님의 은혜로 이렇게 부강한 나라가 되었습니다.

　하나님! 하지만 우리나라는 지금 정치와 민생이 동떨어져 제각기 돌면서 빈부의 격차가 돌이킬 수 없을 만큼 벌어졌고, 한쪽에선 사치와 향락이 극에 다다랐으며, 인명경시 풍조는 하늘을 찌르고 있습니다. 바라옵기는 온 나라와 겨레가 한 몸, 한뜻이 되었던 3.1운동 정신을 오늘에 되살려, 나라를 사랑하고 이웃을 내 몸과 같이 아끼며, 하나님께 겸손히 엎드리게 하소서.

교회의 부흥

　하나님 아버지! 독립투사들의 희생에 힘입어 조국에 광복이 온 것처럼, 역사 60주년을 눈앞에 둔 저희 교회도 교회의 아버지, 어머니들이 피와 땀을 흘리고 눈물을 뿌려 기도하였기에 지금 여기까지 왔습니다. 하나님! 주님의 몸 된 교회가 더욱더 부흥하고 발전할 수 있도록 오늘을 사는 저희들에게 지혜를 허락하소서. 더욱 열심히 주의 일에 힘쓰게 하시되, 사명을 감당할 때 피곤치 않게 하소서.

은혜와 평강

 하나님! 어찌할 수 없는 질병으로, 헤어날 수 없는 가난으로 혹은 얽히고설킨 인간관계 때문에 근심하고 슬퍼하는 자녀들을 불쌍히 보소서. 저희들의 기도를 들어주시고 저희들을 긍휼히 여겨주소서. 슬픔이 변하여 흥겨운 춤이 되게 하시고, 베옷을 벗기시고 기쁨으로 띠를 두르게 하소서.

마무리기도

 주님의 강한 팔로 말씀을 증거하시는 ○○○ 목사님을 붙들어 주셔서 이 시간 이 자리에 성령의 은혜가 차고 넘치게 하소서. 예수님의 이름으로 기도드리옵나이다. 아멘.

2007. 02. 25.

217. 4.19, 민주주의 수호, 해방과 광복, 장애인주일, 영성 회복

찬양과 감사

작은 사람 하나를 천하보다 더 귀하게 여기시는 아버지 하나님! 우리 한민족에게 참혹한 식민의 압제와 핍박의 굴레에 빠져있지 않도록, 해방과 광복의 기쁨을 허락하셨던 하나님을 찬양합니다. 독재의 사슬을 끊고, 권력자의 압박에 굴종하지 않고, 민주의 새벽을 열어젖힌 4월혁명을 태동시키고, 승리케 하신, 눌린 자의 하나님, 우리 아버지께 영광을 돌리옵나이다.

4.19를 비롯해 5.18, 6.10 항쟁, …. 민주주의가 중대한 위기를 겪을 때 그 고비고비마다 힘없고 그늘지고 소외된 사람들의 편이 되어 주신 하나님! 감사합니다. 세계적으로 유례가 없을 정도로 빠르게 민주주의가 이 땅에 뿌리내릴 수 있도록 이끌어 주시고 도와주신 하나님! 감사합니다.

진정한 민주의 계절

하지만 아버지! 아직도 이 땅엔 빈부의 양극화가 해소되지 못하고 있고, 아니 갈수록 그 격차가 더욱 크게 벌어져가고 있고, 권력의 뒷골목에선 부정한 거래가 끊이지 않고 있으며, 그 와중에서 세월호 참사가 터져 꽃다운 우리의 젊음들이 때도 되기 훨씬 전에 피지도 못한 채 스러지고, 청년실업, 가계부채, 자살과 같은 사회병리 현상이 갈수록 더욱 심각해지고 있고 있습니다.

민주의 하나님! 사람이 사람답게 살며 하나님 기뻐하시는 삶을 누리기를 원하시는 하나님, 우리 하나님! 4.19가 더 이상 미완의 혁명에 머물지 않게 하시고, 4월 민주영령의 피가 헛되이 이 땅을 적시게 하지 마시고, 속절없이 말라가게 하지 마시고, 이대로 잊혀져가게 하지 마시고, 이 나라에 진정한 민주의 계절이 임하게 하소서.

장애인을 위한 기도

  은혜로우신 아버지 하나님! 이번 주는 장애인주일입니다. 심신의 장애를 입고 차별과 냉대의 뒤안길에서, 하나님께서 주신 인생 본연의 고귀함과 자존감에 깊은 상처를 입고 멍에를 진 채 살아가는 우리의 형제자매들을 긍휼히 여겨주소서. 정녕 몸과 마음은 부자유하나, 대신에 심령엔 다른 사람이 느끼지 못하는 더 큰 기쁨과 찬송이 넘치게 하소서.

  더불어 겉은 멀쩡해 보이지만 영성이 병들어가는, 영혼의 장애를 안고 살아가는 우리들의 중병을 아버지의 말씀으로 말끔히 치유 받게 하여 주소서. 고통 대신 기쁨이 되게 하시고, 눈물이 변하여 찬송이 되게 하셔서, 날마다 때마다 하나님을 찬양하고 영광 돌리게 하소서.

마무리기도

  오늘 사랑하시는 목사님이 전하시는 말씀을 통해 우리 모두 위로 받게 하시며, 주님 주신 참된 평안과 평화를 회복하게 하시고, 이 땅에서 주님의 백성으로서 억압과 장애에서 놓임 받게 하소서. 예수님의 이름으로 기도드립니다. 아멘.

2015. 04. 09.

218. 호국보훈의 달, 나라와 민족, 참회와 용서, 전도와 선교

찬양과 감사

아버지 하나님! 모든 영광을 주께 돌리옵나이다. 탕자와 같이 세상을 이리저리 방황하던 저희들을, 그리하였어도 버리지 아니하시고 다시금 불러주셔서 아버지께 예배드리게 하시니 감사합니다.

참회와 용서

하나님! 저희들은 이렇게도 어지러운 세태 속에서 빛과 소금의 역할을 다하지 못하고, 세상 사람들과 한 덩어리가 되어서 오히려 주님의 십자가를 욕되게 하였습니다. 정해진 날과 시간에 맞춰 교회를 오가기는 하지만, 주님이 무엇 때문에 이 땅에 다녀가셨는지 깊이 알려고도 하지 않았습니다. 주님의 십자가의 고난이 저희들에게는 아무런 아픔이 아니었습니다. 주님의 부활도, 주님의 말씀도, 주님께서 내리신 선교의 사명도 저희들에게는 그저 남의 일이었습니다. 아버지! 저희들의 죄와 허물을 용서하여 주소서. 저희들은 아버지가 계시지 않으면 이 같은 잘못을 빌 곳조차 없사오니, 저희들을 불쌍히 여겨 주소서.

나라와 민족

아버지 하나님! 이제 호국보훈의 달이 지나가고 있습니다. 동족끼리 남과 북으로 갈라서 싸운 지 60년이 다 되어가고 있습니다. 수많은 사람이 목숨을 잃고, 돌이킬 수 없는 상처를 입고, 과부가 되고, 전쟁고아가 되어 한 많은 한평생을 살았습니다. 이들의 희생이 헛되지 않도록, 국가지도자로부터 서민들에 이르기까지 모두가 서로를 헤아리고 서로의 아픔을 어루만지며, 모두가 손을 마주잡고 부강하고 복된 나라를 만들어 나갈 수 있도록 도와주소서. 지금 논란이 되고 있는 미국산 쇠고기 수입과 교과서 수정 파동도 그러한 연장선상에서 원만하게 해결될 수 있도록 저희에게 지혜와 아량을 허락하소서.

마무리기도

하나님! 말씀을 전파하기 위해 단 위에 세우신 ○○○ 목사님을 든든히 붙들어 주소서. 성령이 저희 가운데 함께하셔서 말씀이 살아 움직이게 하시고, 그 말씀을 받은 저희 모두 생기와 활력을 얻게 하여 주소서. 성가대와 관현악단의 찬양과 연주를 기쁘게 받아 주옵시고, 저희 모두에게 크신 은혜를 내려주소서. 예수님의 이름으로 기도드리옵나이다. 아멘.

2008. 06. 29.

219. 호국보훈의 달, 남북통일, 나라와 민족, 참회와 용서, 보혈의 공로

찬양과 감사

이 험난한 세상 속에서 저희들의 생명을 연장시켜 주시고 필요에 따라 일용할 양식을 허락하신 아버지 하나님! 하나님의 은혜를 진심으로 감사드리며 찬양과 경배를 드립니다.

참회와 용서

하나님! 저희들 지난 일 주일 동안도 내내 죄악의 언저리에서 방황하다 이 자리에 나왔습니다. 주님의 일은 아랑곳하지 않은 채 세상일에 골몰했었습니다. 예배시간을 거르면서도 너무나 태연했었습니다. 세상 살아가는 동안 물질을 최대한 아껴서 주님의 사업을 위해 기꺼이 바쳐야 하는데도 그렇게 하지 못했습니다. 눈물 뿌려 자복하고 회개하고서도 또다시 같은 죄를 되풀이해서 저지른 적이 한두 번이 아니었습니다. 이제는 아예 죄의식마저 무디어져 버렸습니다. 오늘도 다만 주님의 보혈의 공로를 의지하고 나왔사오니, 저희들을 용서하시고 용납하여 주소서.

호국보훈의 달

하나님 아버지! 다시 호국보훈의 달, 6월을 맞았습니다. 저희는 해마다 이맘때가 되면 조국을 위해서 싸우다 장렬히 산화한 선열들의 얼을 되새기며 그 애국충정을 기리게 됩니다. 그러나 생각해 보면 무엇 때문에 그 젊은이들이 꽃다운 나이에 이름도 모를 들판에서, 잡초 우거진 산골짜기에서 귀한 생을 마감했어야 했는지, 또 무엇 때문에 일생을 지체부자유자로 살면서 고통을 감내해야만 하는지 다 헤아리지 못했습니다.

강대국들은 자기 나라의 이익을 위해 약소민족에 대해서는 하나님께서 주신 천부의 인권마저 거들떠보지도 않았습니다. 우리나라의 정치지도자라고 하는 사람들은 말로는 통일을 앞장서 부르짖으면서도, 이른바 북풍을 앞세워 정권을 장악하고 또 유지하려고 벼르는 사이에 우리 한반도는 지구상의 유일한 냉전지대로 굳어지고 말았습니다.

나라와 민족

만유의 주인이신 하나님! 바로 이때에 역사적인 남북정상회담이 성사되도록 배려하신 하나님의 은혜를 진심으로 감사드립니다. 물론 50년의 세월을 뛰어넘어 두 정상이 단 한 차례 만나는 것으로 한꺼번에 얼마나 많은 것을 얻을 수 있겠습니까? 또한 한쪽에서는 통일비용 운운하면서 남북통일에 반대하는 목소리도 들려오고 있습니다.

하지만 아버지 하나님! 분단의 아픔을 뼈저리게 느끼고 있는 세대들이 이 땅에 남아 있는 동안에 기필코 이 민족이 하나가 될 수 있게 하여 주소서. 하나님! 남북통일을 이루기 위해 우리 민족의 대각성, 대회개운동이 일어날 수 있게 하여 주소서. '한민족은 그들의 잘못을 회개하고 하나님께로 돌아와, 21세기 초반에 마침내 통일의 대업을 이루었다'고 역사가들이 그렇게 기록할 수 있게 하여 주소서.

마무리기도

하나님 아버지! 오늘도 갖가지 모양으로 예배를 준비하고 또 참여한 저희 모두에게 넘치는 은혜 허락해 주소서. 말씀을 증거할 주님의 사자 ○○○ 목사님을 굳게 붙들어 주소서. 이 모든 말씀을 예수님의 이름으로 기도드립니다. 아멘.

2000. 06. 04.

220. 6.25, 남북통일, 회개와 인도, 믿음과 사랑의 공동체, 성령임재

찬양과 감사

하나님! 올 상반기에도 사랑과 은혜로 돌보아 주셔서 감사합니다. 이 시간 마음과 정성을 다하여 예배드리오니 기쁘게 받아 주소서.

회개와 인도

아버지! 저희들의 지난날은 죄악투성이였습니다. 하나님께 충성을 다하지 못하고 부모에게 불효하였습니다. 형제들과 불화하고 이웃들과 반목하였습니다. 주님께서는 아무런 흠과 티가 없으면서도 저희의 죄를 사하시고 저희를 사랑으로 감싸주셨건만, 저희들은 죄를 누더기처럼 짊어지고서도 자매의 티끌만한 허물마저 용서하지 못했습니다.

죄는 싫어하시되 죄인은 긍휼히 여기시는 하나님! 우리가 범죄하였을지라도 속히 정죄하지 아니하시고 길이 참으시는 하나님! 그때그때 바로 심판하시기보다는 한없이 이해하고 용서하여 주시는 하나님! 저희들의 죄가 주홍빛 같을지라도 저희들을 그대로 버리지 아니하시고 빌 길을 얻게 하시는 하나님! 저희들은 그러한 하나님 아버지의 사랑에 힘입어 이 자리에 엎드려 이 시간에도 이렇게 간절한 심정으로 아버지를 부르고 있습니다.

우리를 시시때때로 깨우쳐주시는 하나님! 괴로울 때 주님의 십자가 고난 되새기게 하소서. 슬플 때에는 주님께서 민망하고 통분하여 눈물 흘리시던 모습을 생각하게 하소서. 세상의 시험과 유혹이 저희들을 걸려 넘어지게 하려고 할 때마다, 주님께서 40일 동안이나 광야에서 시험을 당하셨으나 사탄과 맞서 싸워 마침내 완전히 승리하신 것을 기억하게 하소서.

6.25

하나님! 오늘은 6.25가 발발한 지 꼭 56주년이 되는 날입니다. 벌써 반백년이 훌쩍 지나갔지만 아직도 겨레와 강토의 통일은 여전히 멀게만 느껴집니다. 아버지! 다시는 동족상잔의 비극이 되풀이되지 않게 하시되, 어서 빨리 이 나라가 원래의 모습대로 하나 되게 하여 주소서. 더 나아가서 부여와 고구려와 발해의 옛 땅인 만주벌판까지 속히 되찾게 하소서.

믿음과 사랑의 공동체

아버지 하나님! 저희 ◎◎교회를 긍휼히 여겨 주소서. 한시라도 빨리 온전히 일어나 빛을 발하게 하소서. 주께서 주신 복음전파의 사명을 완수하게 하소서. 더 이상 홀로 버려두지 마소서. 손잡고 함께 나가게 하소서. 쟁기를 손에 쥐고 뒤돌아보지 않게 하소서. 하나님! 더 이상 교회 내부의 문제로 믿음의 빗장을 걸어 잠그지 않게 하시고, 간절한 소망을 허사로 돌리는 낙담과 절망의 벽을 세우지 않게 하시며, 주님의 사랑을 가로막는 미움의 담장을 쌓지 않게 하소서. 아버지! 사랑을 심어 은혜의 싹을 틔우게 하소서. 소망이 자라서 선교의 꽃이 피게 하소서. 믿음의 열매를 알차게 맺어 의의 창고에 가득 거둬들이게 하소서.

마무리기도

하나님! 갈급한 마음에 은혜의 단비를 흡족히 내려주소서. 성령으로 저희들의 심령이 온전히 녹아지게 하소서. 강단에서 울려 퍼지는 말씀이 우리의 영혼을 송두리째 뒤흔들고 마디마디 심금을 울리게 하셔서, 변화된 된 삶, 복된 인생을 살게 하소서. 이 모든 말씀을 예수님의 이름으로 기도드리옵나이다. 아멘.

2006. 06. 25.

221. 6.25, 6·10항쟁, 남북통일, 민주주의 수호, 은혜와 평강, 6월

찬양과 감사

저희들을 모태에서부터 지으시고 성령으로 길러주시고 이끌어 주신 하나님! 찬양과 영광을 돌리옵나이다. 저희들이 아버지의 은혜로 험한 세파를 잘 견딜 수 있게 하여 주셔서 감사합니다.

참회와 용서

세상 속에 묻혀 살기에 세상과 담을 쌓고 살아갈 수야 없겠지만 저희들은 지난 한 주도 세상일에 너무 깊이 빠져 아버지 하나님을 잊었던 시간들이 참으로 많았습니다. 하나님의 말씀대로 살지 못했습니다. 아버지께 예배드리는 것을 소홀히 하였습니다. 기도와 찬송을 멀리했습니다. 아버지 하나님! 이 시간 저희들의 잘못을 머리 숙여 회개하오니, 다시 한번 용서하여 주셔서 저희 모두 이 예배를 드리는 데 합당한 심령이 되게 하소서.

6월의 다짐

하나님! 녹음이 눈부시도록 아름다운 6월 이 땅에서 6.25가 일어났고, 6.10 항쟁이 있었습니다. 어떤 사람들은 그로 인해 정권을 손에 넣었고, 어떤 사람들은 부를 쌓기도 했습니다.

그러나 꽃다운 젊은이들이 조국 강산에 너무도 아까운 피를 뿌려야 했습니다. 숱한 사람들이 하루아침에 피맺히고 한 맺힌 과부가 되고 고아가 되고 살아생전에 만날 기약조차 없는 이산가족이 되고 말았습니다. 감옥에 갇히고 학업이 중단되고 인생의 푸른 꿈이 좌절됐습니다. 그렇게도 자랑스러웠던 자식을 먼저 보내고 가슴깊이 묻어야 했습니다.

아버지! 그러한 희생도 헛되이 아직도 이 나라는 이념의 덫에서 헤어나지 못한 채 두 동강이 나있습니다. 박종철·이한열의 염원은 아직 미완의 이상으로 남아 있습니다. 아버지! 하루빨리 우리 한민족이 민주주의로 하나가 되게 하소서. 조국 수호와 민주화 제단에 아낌없이 인생을 바친 이들의 숭고한 뜻이 속히 완벽하게 성취되게 하소서.

은혜와 평강

치유와 회복의 하나님! 병마와 가난으로 고통 받고 있는 형제자매들이 어서 그 질곡에서 벗어나게 하소서. 군문에서, 타향에서, 또 해외에서 힘들어 지치고 외로워 견디기 힘들어 하는 저희의 자녀들을 위로하시고 일으켜 세워주소서.

마무리기도

말씀을 대언하실 ○○○ 목사님에게 영력을 칠 배나 더하소서. 이 시간 이 강단에서 은혜의 생수가 흘러넘치게 하셔서, 모두가 하나님께 큰 영광을 돌리게 하시고 기쁜 마음으로 돌아갈 수 있게 하소서. 아버지께서 예배 중에 내내 함께 계시고, 오는 한 주일도 사랑과 은혜로 지켜주시고 인도하여 주시옵기를 간절히 바라오며, 예수님의 이름으로 기도드리옵나이다. 아멘.

2007. 06. 17.

222. 남북통일, 6.25, 예배의 기쁨, 영혼을 위한 기도, 참회와 용서

찬양과 감사

　아버지 하나님! 영광과 권능을 여호와 하나님께 돌리옵나이다. 우리의 영혼이 주의 장막을 사모하게 하여 주셔서 감사합니다. 우리의 발걸음을 여호와의 궁정으로 인도하여 주셔서 감사합니다. 성전에서 예배드리며 즐거움과 기쁨을 누리게 하여 주셔서 감사합니다. 오늘 주 앞에 무릎 꿇고 엎드려 지난 죄를 회개할 수 있게 하여 주셔서 감사합니다.

참회와 용서

　전능하신 하나님! 그러신데도 우리는 환난 날에 주께 부르짖지 않았습니다. 주께서 반드시 건져주실 것이라고 믿지 않았습니다. 믿지 않는 사람들과 똑같이 생각하고 행동한 저희들의 허물을 용서하여 주소서.

남북통일

　6.25를 맞아 분단의 아픔을 되새기며 하루라도 빨리 남북통일이 이루어지기를 기도합니다. 아버지 하나님! 해방공간에서 우리가 원해서 남과 북으로 갈라선 게 아니었습니다. 6.25 전쟁 당시 우리는 열강의 꼭두각시가 되어서, 같은 핏줄끼리 총을 쏘고 칼로 찔러 서로를 살상하였습니다.

　대한민국은 전보다 강성해지고 부유해졌다고 하지만, 세계적으로 이제 냉전의 시대가 끝났는데도 남북은 여전히 대다수 국민의 의지와 관계없이 휴전선을 사이에 두고 적과 적으로서 마주 서 있습니다.

　남편과 자식과 형제를 전쟁터에서 잃고 말로 다 헤아릴 수 없는 아픔과 슬픔을 가슴에 묻어야 했던 사람들, 전쟁 통에 소식이 끊긴 혈육과 다시 만날 날을 기다리며 60년이 넘도록 애타는 그리움을 가슴에 안고 살아왔던 사람들이 이제 하나둘 세상을 떠나고 있는데도, 아직 통일의 빛은 어디에서도 비쳐오지 않고 있습니다. 아니 언제부터인지 '우리의 소원은 통일'이란 노래마저 우리 곁에서 사라져가고 있습니다.

시온의 대로를 꿈속에서도 그리던 이스라엘을 회복시켜 주신 하나님! 더 늦어지기 전에 우리 민족을 평화적으로, 민주주의로 통일시켜 주소서. 신앙마저 빼앗긴 채 굶주림과 공포에 시달리고 있는 북한동포를 하루빨리 구해 주소서.

영혼을 위한 기도

하나님 아버지! 우리 모두를 위해서 기도합니다. 몸과 마음은 괴롭고 고달파도 영적으로는 언제나 결코 고독하거나 허전해 하지 않게 하소서. 그럴수록 우리의 영혼은 더욱 풍성하고 윤택해지게 하소서. 종일토록 우리 입에 가득히 주를 찬송하고 주께 영광 돌리게 하소서.[233]

마무리기도

오늘 우리에게 하나님의 말씀을 증거하실 목사님을 주님의 강한 팔로 붙들어 주시고 성령께서 인도하여 주셔서 이 자리가 은혜와 축복의 용광로가 되게 하여 주소서. 예수님의 이름으로 기도합니다. 아멘.

2012. 06. 24.

223. 남북통일, 6.25, 정의와 평화, 믿음회복, 영혼의 기쁨, 말씀의 은혜

찬양과 감사

아버지 하나님! 우리의 영혼이 하나님을 찬양하오니 지금 이곳에 오셔서 우리의 영혼을 기쁘게 하소서.²³⁴ 오늘도 말씀을 받고 말씀에 순종하고 의지하도록 하기 위하여 우리를 이 자리에 불러주셔서 감사합니다.

참회와 용서

아버지! 우리들의 죄를 용서하소서. 우리가 종일 주를 의지하오며 주께 부르짖사오니 우리에게 은혜를 베푸소서. 주께서는 선하셔서 사죄하기를 즐거워하시며 주께 부르짖는 사람에게 후하게 인자함을 베풀어 주시는 줄 우리가 믿사옵니다.

남북통일

아버지 하나님, 생명의 하나님! 이 땅을 회복하소서. 정의와 평화로 이끌어 주소서. 하나님의 사랑으로, 5천 년 이상 온갖 우상이 득시글대던 이 땅이 백 년 만에 세계에서 가장 왕성한 기독교국가가 될 수 있게 도와주셔서 감사합니다.

그러나 우리는 아직도 남북이 서로 총부리를 겨누고 있습니다. 하나님! 동서 베를린 장벽이 무너진 것처럼 어서 빨리 휴전선이 깨어지게 하소서. 이제는 비무장지대와 철조망이 지난 시대의 유물과 유적이 되게 하시고, 이 땅이 화해와 일치의 성지가 되게 하소서. 세계 모든 민족이 우리를 보고 하나님이 살아계심을 깨달아 아버지께 영광 돌리게 하소서.

믿음회복

치유하시고 소생시키시는 하나님! 우리의 심령이 부흥케 하소서. 처음 신앙을 되찾아 믿음의 기쁨과 평화를 누리게 하소서.

마무리기도

오늘도 단 위에 세우신 목사님을 통해 전해 주시는 말씀을 밝히 알게 하셔서, 하늘의 비밀을 깨닫게 하시고, 세상으로부터 자유로워질 수 있게 도와주소서. 예수 그리스도의 이름으로 기도드리옵나이다. 아멘.

2013. 06. 30.

224. 남북통일, 6.25, 진영 · 지역 · 계층 간 화합, 회개와 인도

찬양과 감사

　우리의 생명의 능력이 되시는 아버지 하나님! 무한한 영광과 찬송을 드리옵나이다. 우리를 하나님의 백성으로 선택해 주셔서, 그 인자하심을 때마다 베풀어 주시고 평생에 여호와의 펴신 팔을 사모하게 하시니 감사합니다.

진영·지역·계층 간 화합

　아버지 앞에 예배를 드리며 허물의 사함을 받고 우리의 죄가 가려져 복 받기를 원하오니, 다윗의 기도가 이루어지기를 원하오니, 우리를 용서하여 주소서. 하나의 겨레이면서도 서로의 가슴에 총과 칼을 겨누었던 6.25체제를 아직도 청산하지 못하고 있는 우리의 죄를 사해 주소서. 끝없이 되풀이되는 보수와 진보 진영 사이의 이념 논쟁과 지역분열과 계층 간 갈등 속에서 나는 옳고 너는 잘못됐다고 외치며 국력을 쇠퇴케 한 잘못을 용서하여 주소서.

남북통일

　고쳐주시는 하나님! 위기에 처한 나라를 위해 기도합니다. 우리를 건져주소서. 나라가 올바로 서게 하시며, 이를 바탕으로 평화통일의 기반을 굳게 닦아나가게 하소서.

회개와 인도

　기도하지 않고 전도하지 않고 구제에 인색했던 우리들, 권력과 물질을 탐하느라 각자의 본분은 뒷전에 내팽개친 채 오늘날 기독교가 동네북이 되는 빌미를 앞장서 제공하면서도 회개할 줄 모르는 교계의 지도자들이 각성케 하소서.

우리 기독교가 회복되게 하셔서 다시금 나라의 희망의 등불이 되게 하시며, 우리 모두 주님의 제자로서 절망하고 신음하는 국민들의 마음을 어루만지고 다독거리는 위로의 손길을 펼치게 하여 주소서. 아버지 하나님! 그렇게 하여 주실 줄 믿고 간구하오니, 우리의 기도에 속히 응답하여 주소서.

마무리기도

　아버지의 말씀을 전하도록 하시기 위해 단 위에 세우신 목사님에게 강력한 영성과 영력을 허락하셔서 은혜와 감동의 물결이 이 예배당에 가득하게 하소서. 세상으로 넘쳐흐르게 하소서. 우리 주 예수 그리스도의 이름으로 기도드립니다. 아멘.

2014. 06. 29.

225. 남북통일, 광복절, 참회와 용서, 위로와 은총, 성령임재, 여름

찬양과 감사

　아버지 하나님! 아직은 밤낮으로 남은 무더위가 기승을 부리고 있지만 2006년의 여름도 이제 서서히 물러갈 채비를 서두르고 있습니다. 더불어 올 한 해도 이제 종반에 접어들고 있습니다.
　지나간 날, 흘러간 시간들의 연속선상에서 한시도 저희 곁을 떠나지 아니하시고 방황하던 저희들을 붙잡아 주신 하나님의 은혜를 진심으로 감사드립니다. 심신이 병들어 지쳐 있던 저희들을 일으켜 세워주시고 저희들이 슬프고 외로울 때 눈물을 닦아주시며 가장 가까이 계셨던 하나님! 오늘 아버지께서 저희들에게 은총으로 허락하여 주신 거룩한 주일을 맞아 이렇게 넘치는 감사의 마음으로 아버지를 찬양하고 오직 아버지 한 분께 모든 영광을 돌리오니, 저희들의 예배를 기쁘게 받아 주소서.

참회와 용서

　하나님! 아버지 앞에 산제사를 드리는 이 시간 저희들의 지난날을 되돌아보니 죄스럽고 부끄러운 일 뿐입니다. 저희들은 수시로 말과 행동이 달랐습니다. 믿음의 다짐과 실천이 번번이 어긋났습니다. 순백해야 할 성도의 몸과 마음을 울긋불긋한 세상의 옷으로 치장하고 세속의 길로 줄달음질치기에 바빴습니다. 하나님! 저희들은 세상 사람들에 대해서는 말할 것도 없고 심지어 주님의 지체로 한 몸을 이룬 형제와 자매들에 대한 축복과 중보의 기도에 대해서마저 한없이 인색했습니다.
　아버지 하나님! 이전에도 늘 그러하셨거니와 이제 한 번 더 저희들을 용서하여 주소서. 이 시간 입술로 고백하지 못한 것까지도 다 뉘우치게 하시고 모든 죄와 허물을 다 사하여 주셔서, 저희들이 이 성회에 떳떳이 참여할 수 있도록 아버지의 자녀로서 자격과 신분을 온전히 회복시켜 주소서.

광복의 완성

 하나님 아버지! 또다시 8.15 광복기념일이 다가오고 있습니다. 61년 전, 국토가 두 동강이 난 채로 어정쩡하게 일본의 식민통치에서 벗어났기는 했지만, 우리 민족은 아직도 진정한 독립을 이루지 못하고 있습니다. 일본의 패망을 직접 목격하고 그 후 해방 공간에서 동족이 서로 찌르고 해치는 참상을 생생하게 목도했던 세대들의 의식이 더 희미해지기 전에, 어서 빨리 저희들에게 평화통일을 바탕으로 한 조국의 완전한 광복이 이뤄질 수 있도록 도와주소서.

마무리기도

 단 위에 세우신 ○○○ 목사님을 성령의 능력으로 온전히 감싸주소서. 오늘 아버지께서 저희들에게 주시는 말씀을 통해 모두가 위로받고 새 힘을 얻어서, 또 한 주일을 힘차고, 복되게 살아가게 하소서. 예수님의 이름으로 기도드리옵나이다. 아멘.

2006. 08. 13.

226. 남북통일, 광복절, 참회와 용서, 믿음과 사랑의 공동체, 여름

찬양과 감사

하나님 아버지! 일주일 동안 세상 속에 푹 잠겨 살면서도 믿음의 끈을 놓지 않게 하시고, 견디기 힘들었던 폭우와 무더위 속에서도 저희들을 온전히 지켜주신 은혜를 감사드립니다.

저희들 하나님의 부르심을 받고 이 자리에 나와 엎드렸사오니, 이 시간 세상 근심·걱정은 다 잊어버리고 오직 하나님께만 찬양과 경배를 드리고 하나님 한 분께만 영광 돌리게 하소서.

참회와 용서

은혜로우신 아버지 하나님! 저희들의 죄와 허물을 스스로 고백하면서 엎드려 참회합니다. 교회 밖에서는 말할 것도 없고 믿음의 공동체 안에서도 저희 자신들만 생각하며 남에게 피해를 주며 살았습니다. 형제의 가슴속에 겹겹이 쌓여있는 한을 미처 살피지 못했습니다. 자매의 눈 속에 가득 고여 있는 눈물을 깊이 들여다보지 못했습니다. 하나님의 교회가 모진 시련을 당하고 있는데도 그저 팔짱만 낀 채 바라보고 있었습니다. 일을 자꾸 어렵게 만들었습니다. 아버지! 저희들의 잘못을 다 용서하여 주셔서 이 시간 하나님 아버지를 온전히 아버지라 부를 수 있게 하여 주소서.

광복절

하나님! 내일은 광복절입니다. 우리 온 겨레가 일본의 압제와 핍박에서 해방된 지 올해로 꼭 60주년이 됐습니다. 일제 치하 35년은 한민족에게는 너무나 치욕적이고 쓰라렸던 고통의 시간들이었고, 지금도 식민지 시절의 깊고 아픈 상처가 아물 줄 모른 채 도처에 지울 수 없는 흔적으로 남아 있습니다.

남북통일

　이 시간 주권과 강토를 빼앗기고 자그마치 2천 년의 세월을 세계 각국을 유랑하면서도, 여호와 하나님에 대한 믿음을 저버리지 않고 시온의 영광을 간절히 사모하며, 마침내 적의 땅 한복판에 가나안복지를 일궈 세운 이스라엘을 생각합니다. 이미 맞은 21세기는 대한민국의 시대가 되게 하시고, 우리나라가 이제 아시아의 울타리를 벗어나 세계열강들과 당당히 어깨를 겨룰 수 있도록 도와주소서. 그러기 위해서는 무엇보다도 먼저 남과 북이 자유민주주의의 깃발 아래 하나가 되게 하소서.

믿음과 사랑의 공동체

　아버지 하나님! 저희들은 늘 복 받기 원합니다. 하오나 복 받기 위해서는 복 받을 일만 하게 하소서. 아버지! 저희들의 기도를 들어주소서. 저희들이 부르짖을 때 귀를 기울이소서. 저희들이 하염없이 눈물 흘릴 때 저희들을 돌아보소서. 잠잠하지 마소서. 담임목사의 청빙문제도 아버지께서 바로 이러한 바탕 위에서 곧 해결하여 주실 줄 믿습니다.

마무리기도

　하나님! 단 위에 세우신 ○○○ 목사님을 통해 예배시간마다 저희들에게 은혜와 진리의 말씀을 깨우쳐주셔서 감사합니다. 목사님의 심신이 늘 강건케 하시고 오늘도 성령의 돌보심 가운데 모두가 큰 은혜 받게 하소서. 예수님의 이름으로 기도드립니다. 아멘.

2005. 08. 14.

227. 제헌절, 맥추감사주일, 참회와 용서, 성령의 역사, 담임목사 청빙

찬양과 감사

아버지 하나님! 지난 한 주간도 파란곡절이 적지 않았지만 저희들의 몸과 마음을 온전히 지켜 주셔서 이 시간 거룩한 주일예배에 참여할 수 있도록 도와주신 은혜 감사드립니다.

참회와 용서

아버지! 저희들이 행한 것이라고는 죄뿐이고 내세울 것 역시 온갖 허물밖에 없습니다. 주님의 백성으로서 늘 저희들을 쳐서 무너뜨리려는 세상의 유혹과 또 내면의 흔들림과 맞서 싸워 이겨야 하거늘, 엉뚱하게도 교회 안에서 형제와 형제가 서로 원망하고 핍박하며 자매가 자매를 미워하고 등 돌리는 생활을 하였습니다. 저희들을 지으시고 다스리시는 하나님의 영광을 가렸습니다. 단 하나뿐인 몸을 버리고 피 흘려 저희들의 죄를 대속하신 주님의 십자가의 고난을 무의미한 일로 만들고 말았습니다. 하나님! 용서하여 주소서. 성령의 강권적인 역사를 통해서 저희들의 굽은 마음을 바로 펴주시고 주님 기뻐하시는 길로 어서 돌이키게 하소서.

맥추감사절

오늘은 맥추감사절입니다. 철 따라 햇빛과 비를 적절히 허락하셔서 곡식이 자라 이삭이 패고 여무는 것처럼, 우리의 신앙이 주님의 은총 가운데 무럭무럭 자라서 알찬 열매를 맺기를 기원하면서 맥추감사의 예물을 드리오니 기쁘게 받아 주소서.

아버지 하나님! 맥추절을 지키며 한 가지 더 기도합니다. 어느 곳에서는 식물이 남아돌면서 제값을 받지 못해 걱정인데도 또 다른 곳에서는 먹을 것이 없어서 굶주리는 일이 없게 하시고, 여기 모인 저희 가운데 어느 누구도 자손대대로 양식 때문에 염려하는 일이 없게 하소서.

제헌절

하나님! 오늘은 또한 제헌절입니다. 먼저 하나님의 법을 잊지 않게 하시고 진정으로 아버지의 명령을 지키게 하소서. 그리하여 아버지께서 약속하신 대로 장수하여 많은 해를 누리게 하며, 평강을 더하게 하소서. 또한 신앙의 공동체가 정한 여러 가지 법규와 국가가 제정한 각종 법령을 올바로 지키게 하소서.

담임목사 청빙

하나님! 주님께서는, 무릇 사람이 할 수 없는 것을 하나님께서는 하실 수 있다고 하셨사오니[235] 저희 교회 담임목사 청빙 문제도 아버지께서 친히 해결하여 주소서. 압살롬도 아니요 아도니야도 아니요 솔로몬을 온 이스라엘과 유다의 왕으로 삼으신 아버지 하나님! 저희 모두 옷깃을 단단히 여미고 경건하고 겸허한 마음으로 아버지께서 예비하신 주의 사자를 기다려 맞이하게 하소서. 사람의 생각으로 섣불리 나섰다가 아버지의 노여움을 사지 않게 하시고, 잘못된 선택과 판단으로 성도들에게 상처와 부담을 주지 않게 하소서.

마무리기도

이 시간 ○○○ 목사님 단 위에 세우셨사오니 성령께서 함께하셔서 피곤치 않게 하시고, 저희 모두 주시는 말씀을 아멘으로 받아서 세상에서 빛 되고 복된 생활 이어가게 하소서. 예수님의 이름으로 기도드립니다. 아멘.

2005. 07. 17.

228. 경술국치일, 참회와 용서, 전도와 선교, 믿음의 승리(아테네올림픽)

찬양과 감사

거룩하신 하나님! 오늘도 주일을 정성껏 지킬 수 있도록 저희들을 불러주셔서 감사합니다. 유난히도 무덥고 길게 느껴지는 올 여름을 무사히 지내게 하시고 결실의 계절을 맞게 해 주셔서 감사합니다.

참회와 용서

하지만 하나님 아버지! 추수할 때가 다가오는 데도 저희들은 거둘 것이 너무나 없습니다. 하나님을 믿는다고 하면서도 시선은 늘 세상의 부귀·영화라는 과녁에 고정돼 있었습니다. 주님께서 가신 길을 따르겠다고 다짐하고 또 맹세도 하였건만 발걸음은 예외 없이 세속적인 명예와 권세라는 덧없는 결승점을 향하고 있었습니다. '주의 종'이라는 이름조차 부끄러울 정도로 주님을 배반하고 주님을 욕되게 하는 데 맨 앞장서서 날마다 신기록을 세우려고 했던 저희들이었습니다. 믿지 않는 형제들에게 참된 믿음과 바람직한 소망과 온전한 사랑의 본을 보이지 못했습니다.

저희들 이렇게 살다가 천국에 들어갈 수 있을까요? 과연 저희들 마음속에 하나님이 살아계시며 하나님을 두려워하는 마음이 있기나 한 것일까요?

하나님! 정말 세상 무섭게 달라졌습니다. 정신을 차릴 수 없을 정도로 빠르게 변해가고 있습니다. 21세기 초, 이 땅에 서서 앞날을 내다볼 때, 10년 후, 20년 후, …, 50년 후, …, 백 년 후의 저희 ◎◎교회의 모습이, 한국 교회·세계교회의 미래가 도무지 그려지지 않습니다.

캄캄합니다. 막막하기 짝이 없습니다. 아버지 하나님! 저희들 살아생전에는, 아니 자손대대에 이르기까지 '소돔과 고모라의 멸망'이 재현되지 않게 하소서. 입에 되뇌기조차 부끄럽고 머리로 떠올리기는 더욱더 민망한 저희들의 모든 죄를 주님의 십자가 보혈로 깨끗이 씻어 주옵시기를 간절히 빌고 원하옵나이다.

믿음의 성숙

저희들 이제는 골방으로 들어가게 하시고 옷깃을 더욱 단단히 여미게 하소서. 저희들 앞에 놓여 있는 죄악 가득한 현실과 불투명한 미래를 맑고 밝은 눈으로 직시하면서 신앙의 원점으로 되돌아가게 하소서. 그리고 천국잔치에 우리의 가족과 우리의 친지와 우리의 이웃이 동행할 수 있도록 전도에 더욱 힘쓰게 하소서.

경술국치

아버지 하나님! 오늘은 반만 년 우리 역사상 가장 치욕스러운 날로 꼽히고 있는, 한국과 일본이 합병된 날, 경술국치일입니다. 다시는 이 나라와 우리 민족의 정기를 빼앗기는 아픔과 슬픔을 결코 겪지 않도록, 우리 기독교인들이 앞장서서 깨어 기도하게 하시고 위정자를 비롯해서 온 국민이 크게 각성하게 하소서.

은혜와 평강

하나님! 올 여름, 이런저런 모습으로 주님을 위해 땀흘리고 눈물 뿌린 성도들의 삶을 양적으로 보다 풍성하게 그리고 질적으로는 좀 더 윤택하게 하여 주소서. 불치의 병을 안고, 헤어날 수 없는 가난에서 허덕이며, 어찌할 수 없는 인간관계 때문에 이모저모로 시달리고 있는 불쌍한 영혼들을 구원하소서. 오늘, 이 주일에 우리 모두 참으로 큰 위로를 받게 하소서.

믿음의 승리

만군의 하나님! 오늘은 지난 17일간 전 세계를 뜨겁게 달궜던 아테네 올림픽 마지막 날입니다. 자랑스러운 대한의 아들딸들이 이번 올림픽에서 금메달, 은메달, 동메달을 목에 걸고 머리에 월계관을 쓰고 감격했던 것처럼, 여기 모인 우리 모두, 한 사람도 빠짐없이 신앙의 승리자가 되어서 주님 앞에서 의와 영예로 빛나는 면류관을 쓰게 하소서.

마무리기도

아버지 하나님! 이 시간 목사님을 통해서 듣는 말씀이 바로 평안과 위로의 삶이 되게 하는 축복의 메시지가 되게 하시고, 주님을 위해 다시 달려갈 길을 힘차게 달려가게 하는 진군의 나팔소리가 되게 하소서. 저희들 각자의 심령을 한데 모아서 하나님 아버지의 제단 앞에 온전히 바치오며, 예수님의 이름으로 기도드리옵나이다. 아멘.

2004. 08. 29.

229. 광복절, 회개와 인도, 나라와 민족, 남북통일, 진영·지역 화합

찬양과 감사

우리나라를 지켜주신 하나님께 찬양을 드립니다. 하나님 아버지! 우리를 이민족의 압제와 핍박에서 건져주셔서 감사합니다. 권력을 쥔 사람들이 제대로 정치를 하지 못하고 백성은 힘이 약하여 빼앗긴 나라를 우리 힘만으로는 도저히 되찾을 가망이 없었을 때에, 하나님께서 국제질서의 재편을 통해서 우리를 해방시켜주시고 국가와 민족이 독립할 수 있게 하여 주셔서 감사합니다. 광복기념주일을 맞아 우리에게 말로 다 표현할 수 없을 정도로 큰 은혜를 베풀어 주신 하나님께 감사드립니다.

회개와 인도

하나님! 그러나 우리는 해방 직후에 우왕좌왕하다가 좌우와 남북으로 분단되고 말았습니다. 그동안 남한의 경제는 눈부시게 발전했지만 빈부의 격차는 날로 심해져가고 있고 인정과 예의와 염치는 땅에 떨어지고 말았습니다. 또한 보수와 진보, 동과 서로 나뉘어 망국적인 패거리 싸움을 반복하고 있습니다. 하나님께서 되찾아주신 우리나라, 수많은 선열이 목숨 바쳐 세운 대한민국이 부디 올바른 방향으로 나아가게 하소서.

말씀을 전하시는 목사님에게 권능의 두루마기를 입혀주셔서 이 시대를 사는 우리들이 나라를 올바로 사랑하고, 이를 통해 하나님께 영광 돌릴 수 있는 믿음을 가질 수 있도록 권세 있게 말씀을 전하게 하소서. 우리 주 예수 그리스도의 이름으로 기도드립니다. 아멘.

2014. 08. 10.

230. 광복절, 나라와 민족, 신앙의 각성, 전도와 선교, 여름수련회

찬양과 감사

　우리 민족을 해방시켜주시고 융성케 하신 아버지 하나님! 우리의 찬양을 받아 주소서. 지구상에 하나님의 사랑과 은혜를 받은 나라와 민족이 적지 않지만 특별히 한민족을 사랑하여 주셔서, 끝없이 이어질 것만 같았던 일제 식민통치의 사슬을 끊으시고 마침내 광복의 기쁨을 선물로 주신 하나님! 우리의 찬송을 흔쾌히 받아 주소서.

신앙의 각성

　은총의 하나님! 70년이라는 짧은 시기에 건국과 산업화와 민주화를 동시에 이루게 하신 하나님의 사랑을 우리가 잊지 않게 하소서. 무엇보다도 역사 이래 수천 년간 허망한 신과 각종 우상으로 가득 찼던 이 나라 방방곡곡에 십자가가 세워지고 믿음의 성도들이 구름처럼 몰려들어 주께 경배 드리며 주 뜻대로 살겠다고 다짐하게 하시고, 우리 민족을 세계복음화를 선도할 씨앗으로 삼아주신 귀하고 복된 은혜를 저버리지 않게 하소서.

　우리들이 풍족한 가운데서도 타락하지 않게 하시고, 하나님을 멀리 하며 말씀 보고 찬송 부르기를 게을리하지 않게 하시고, 행여라도 이제 하나님이 안 계셔도 살만하겠구나 하는 어리석은 생각에 빠져들지 않게 하소서. 우리를 구원해 주신 하나님! 이집트 치하에서 4백여 년이나 이민족의 압박과 설움을 받고서도 40년 광야생활을 시작으로 몇 해가 멀다 하고 배반과 배신을 일삼았던 이스라엘 백성들의 잘못을 따르지 않게 하소서. 하나님! 각성케 하소서. 우리 모두 순수하고 올곧았던 초기 신앙으로 되돌아가게 하셔서, 우리나라가 다시는 외세의 억압에 시달리지 않도록 깨어 기도하게 하소서.

여름수련회

하나님! 교회의 모든 여름행사를 순조롭게 마칠 수 있게 하셔서 감사합니다. 더욱 굳센 믿음과 바른 행실로 신앙의 열매를 충실하게 맺을 수 있게 하시고, 그 결실을 목도하고 수많은 사람이 주께로 다가오게 하소서.

마무리기도

오늘도 주실 말씀을 통해 받게 될 크실 은혜를 사모하오며, 우리 주 예수 그리스도의 이름으로 기도하옵나이다. 아멘.

2015. 08. 16.

231. 광복절, 나라와 민족, 세계선교, 참회와 용서, 성령인도

찬양과 감사

이 땅에 주님의 복음이 널리 전파될 수 있도록 은혜 베풀어 주신 아버지! 일본의 식민통치에서 우리 민족을 구해 주신 우리 하나님! 존귀와 영광과 찬송을 돌리옵나이다. 아버지 하나님! 지난 한 주 동안도 저희들을 주님의 사랑 가운데 거할 수 있도록 도와주셔서 감사합니다. 하나님의 백성이라 일컬음을 받으며 살 수 있게 이끌어주셔서 감사합니다.

참회와 용서

그러나 저희들은 이 같은 하나님의 은혜를 저버리고 마음대로 살았습니다. 하나님의 거룩한 성호를 욕되게 하는 어리석음을 저지르고 말았습니다. 하나님! 용서하여 주소서. 이 시간 예배드리는 데 합당한 심령들이 될 수 있도록 도와주소서.

나라와민족

복의 근원이신 하나님 아버지! 우리나라와 민족을 위해서 기도드립니다. 우리 민족은 한 때 일본을 다스리고, 아프리카와 경계를 이루는 서남아시아를 거쳐 북유럽까지 진출한 것으로 전해지고 있습니다. 한민족의 후예들이 로마까지 빙판길처럼 지쳐 들어가 영국왕조의 생성에 영향을 미쳤습니다. 아메리카 인디언과 우리 민족이 맥이 닿는다고 주장하는 사람들도 있습니다.

하나님 아버지! 그러나 일찍이 아시아의 황금시기에 동방의 등불가운데 하나로 칭송되던 우리나라가 한때 일본의 침략으로 언어를 빼앗기고 이름을 잃고 문화와 전통마저 고스란히 내놓아야 했습니다.

하나님! 우리나라가 영토와 주권을 되찾은 지 63년이 지났습니다. 그러나 독도문제와 무역역조의 심화처럼 한국과 일본 사이에는 아직도 해결해야할 문제들이 적지 않습니다. 우리나라가 지금보다 훨씬 부강한 나라가 되어서, 다시는 외세가 우리를 결코 넘보지 못하게 하소서.

세계선교

한걸음 더 나아가 우리나라가 세계 11대 경제대국에 걸맞은 신앙을 회복해서, 이제는 힘이 아니라 선교로 오대양 육대주까지 뻗어나갈 수 있도록 도와주소서. 저희 교회도 전 세계를 하나의 선교지로 삼아서 땅끝까지 이르러 주님의 복음이 전파될 수 있도록 힘쓰게 도와주소서. 이념과 물질과 정욕과 그릇된 관습과 같은 우상에 젖어 헤어나지 못하는 몽매한 사람들에게 진정한 신앙의 해방과 독립을 누릴 수 있도록 하는 데 앞장서게 하소서. 이를 다짐하고 실천하는 광복절, 해방주일이 되게 하여 주소서.

마무리기도

하나님의 말씀을 증거하기 위해 단 위에 세우신 목사님께서 성령의 인도하심으로 먼저 감동을 받은 말씀이 이 시간 전파될 때, 저희들도 같은 감명과 감화를 받아 이 땅에서 주님의 백성으로 살아가는 데 어려움이 없게 도와주소서. 교회학교를 비롯한 모든 기관과 단체 그리고 성가대와 관현악단이 한마음 한뜻으로 주님께 영광 돌릴 수 있도록 인도해 주소서. 끝까지 함께하여 주시기를 간절히 빌고 원하오며, 예수님의 이름으로 기도드리옵나이다. 아멘.

2008. 08. 10.

232. 광복절, 나라와 민족, 불평등·불안정 해소, 참회와 용서

찬양과 감사

　모든 지각에 뛰어나신 아버지 하나님! 하나님의 평강이 그리스도 예수 안에서 우리의 마음과 생각을 지키심으로 우리를 참포도나무에 연결되게 하시고, 뜨거운 햇볕과 심한 비바람 속에서도 알알이 영글어가는 포도송이처럼 우리의 믿음이 충실하게 자라게 하여 주셔서 감사합니다.

　우리가 단지 믿기만 해도 실없는 생활을 미더운 삶으로 변화시켜 주시는 하나님! 이처럼 멋진 하나님을 찬송하오며 오늘도 마음과 정성을 다하여 예배를 드리오니 우리의 찬양을 받아 주소서.

참회와 용서

　하나님! 우리는 세상에서 엉망진창으로 살다가 왔지만, 아버지의 부르심에 응해서 이 자리에 나왔사오니, 우리의 잘못을 아뢰고 사함을 구하는 이 시간 우리의 죄와 허물을 다 용서하여 주셔서, 주님의 보혈로 우리의 심령이 이 예배에 참여하기에 합당하여질 수 있도록 정결하게 하여 주소서.

진정한 광복

　아버지 하나님! 광복절 71주년을 맞아 조국의 현실과 냉엄한 국제질서를 되돌아보면서 주님의 자비가 이 땅에 더욱 충만하기를 비오니, 우리 한민족이 지난 역사에서 뼈아픈 교훈을 얻어 다시는 나라 잃은 설움을 겪지 않게 하소서. 무엇보다도 먼저 이 나라의 권력을 담당하고 있는 세력들이 참회하고 각성하게 하시고 국민들을 참 주인으로 섬기게 하시며, 대안세력들도 반대를 위한 반대가 아니라 진정으로 국리민복을 위한 주장과 실천을 펼치게 하소서.

온갖 비리와 불평등의 온상인 재벌구조의 폐해가 가시게 하시고 경제와 사회의 양극화를 바로잡아 주셔서, 불평등이 심해져 우리 사회가 불안정해지지 않도록 하소서. 주님이 이 땅에 계실 때나 지금이나 여전히 의와 일용할 양식에 주리고 목말라 하는, 심신이 가난한 사람들을 배나 사랑하여 주소서. 그리하여 우리 모두의 광복, 우리 모두의 해방이 되게 하소서.

마무리기도

오늘도 목사님께서 전하시는 하나님의 말씀이 갈급한 우리의 심령을 촉촉이 적시게 하여 주옵시고, 나라의 독립을 위해 맨 앞에 섰던 선배 크리스천들의 애국애족의 삶을 본받게 하여 주소서. 우리를 둘러싸고 있는 모든 위험과 위협과 그릇된 믿음으로부터 우리를 구해 주소서. 예수님의 이름으로 기도드립니다. 아멘.

2016. 08. 14.

233. 개천절, 참회와 용서, 믿음과 사랑의 공동체, 인도와 위로

찬양과 감사

하나님! 오늘도 저희들의 발길을 세상으로 향하지 않게 하시고 이렇게 아버지의 전으로 불러모아 주셔서 감사합니다. 저희 모두 아버지의 부르심을 받고 이 자리에 나와 엎드렸사오니 이 시간 이 세상 근심 걱정은 다 잊어버리고 오직 하나님께 찬양과 경배를 드리고 하나님 한 분께만 영광 돌리게 하소서.

참회와 용서

아버지 하나님! 지금 저희들의 죄와 허물을 아버지 앞에 낱낱이 고백하고 회개합니다. 저희들은 죄악이 가득한 세상을 향해 주님의 복음을 외치지 못했습니다. 하나님 나라의 터를 넓히기는커녕 오히려 하나님의 영광을 가리는 일에 골몰하였습니다. 물 건너 생명줄 던져서 거센 풍파에 휩쓸려가는 형제들을 구하기도 바쁜 때에, 저희들은 생명의 밧줄은 한쪽 구석에 내팽개치고 배안에서 형제끼리 싸웠습니다. 추수하기 바쁜 이때 일손이 모자라 부지깽이라도 나서야 할 이 시기에, 너도나도 다 낫을 내던지고 일꾼끼리 다투기에 바빴습니다.

하나님! 이러다가는 물에 빠져 헤매는 사람들을 건져내서 살리기도 전에 저희가 탄 배가 난파하게 생겼습니다. 짧은 가을햇볕 속에 온종일 부대끼고 시달리다 날이 저물고 계절이 진하여 여름내 애써 지은 농사를 다 망칠까 두렵습니다.

아버지! 저희들은 하나님께 감사드린다고 말하면서도 그 감사를 형제들과 나누지 못했습니다. 하나님께 넘치는 사랑을 받고서도 자매들에게 그 사랑을 전해 주지 못했습니다.

믿음과 사랑의 공동체

하나님 아버지! 세상 살면서 겪는 고통으로 아파도 신음소리조차 제대로 내지 못하는 성도들이 여기 있습니다. 밖에서 상처받고 따돌림 받고 냉대 받은 심령들이 위로 받고 새 힘 얻기 위해서 교회에 나왔다가, 낙담하고 실망하여 오히려 더욱 무거워진 마음으로 되돌아가고 있습니다.

아버지 하나님, 아버지 하나님! 아버지께서는 이러한 일 때문에 얼마나 마음 아파하실지 성령께서 말없는 탄식을 언제까지 되풀이하실지… 두렵고 떨리는 마음을 가눌 길이 없습니다. 교회가 이 지경이 됐는데 저희들이 어떻게 얼굴을 들고 다닐 수 있겠습니까? 저희는 약하고 악합니다. 늘 넘어질 수밖에 없습니다. 남 앞에 바로 설 수가 없습니다.

인도와 위로

공의로우신 하나님 아버지! 인력으로는 할 수 없사오니 성령께서 고쳐주소서. 성령께서 바로잡아 주소서. 아무런 염려도 걱정도 없게 하소서. 성령 안에서 오직 기쁨으로 충만하게 하소서. 용기를 주소서. 그러나 객기가 아니라 하나님의 참된 용기를 주소서. 소망을 품게 하소서.

지혜와 명철의 하나님! 말을 지나치게 발하지 않게 하시고, 마음을 많이 내놓게 하소서. 우리가 주님 앞에서 간구하옵는 것은 우리의 의에 기대고자 함이 아니요 주님의 한없이 큰 긍휼을 의지함이오니, 아버지 하나님! 저희들을 불쌍히 보소서. 우리는 주밖에 의지할 수 없고, 주님을 통해서만 아버지께 빌 뿐입니다. 오직 믿음이 능력이오니 믿음으로만 구원 받게 하소서. 믿음으로만 만사가 해결되게 하소서.

개천절

아버지 하나님! 내일은 사천삼백서른일곱 번째 개천절입니다. 지금 중국과 일본은 우리나라와 관련된 역사왜곡에 혈안이 돼있습니다. 중국은 동북공정이라고 해서 우리나라의 고대사를 자기네 역사 속에 가둬놓으려고 하고 있습니다. 일본은 식민지 시대의 폭정과 억압에 대해 반성하기는커녕 한사코 현대사를 먹칠하고 분을 바르느라 정신이 없습니다.

역사상 중국 주변에 있던 수많은 나라가 일어났다가 스러졌지만 우리를 단일민족으로서 꾸준히 명맥을 유지할 수 있게 하여 주셔서 감사합니다. 한때 세계를 제패하겠다고 나섰던 일본의 식민통치를 받았지만 이제 일본과 당당히 겨룰 수 있을 정도로 국력을 키워주셔서 감사합니다.

마무리기도

아버지 하나님! 주께서 사랑하시는 ○○○ 목사님을 단 위에 세워주셔서 저희들에게 꼭 필요한 말씀을 공급 받게 하여 주시니 감사합니다. 주신 말씀을 통해 저희들의 심령을 더욱 건강해지게 하여 주소서. 예수님의 이름으로 기도드립니다. 아멘.

2005. 10. 02.

234. 민주주의 수호, 남북통일, 기념과 다짐, 불평등 해소, 5월

찬양과 감사

아버지! 저희에게 눈부신 5월을 주셔서 하나님의 은혜를 찬양할 수 있게 하여 주셔서 감사합니다. 저희들이 주께 드리는 영광을 기쁨으로 받아 주소서.

민주주의 수호

이번 주엔 성년의 날, 부부의 날 등 축하할 날도 들어있지만, 5.16, 5.17, 5.18 등 뼈아프게 반성하고 다시는 그 같은 일이 되풀이되지 않도록 두 눈 부릅뜨고 지켜봐야 할 날들이 이어지고 있습니다. 어두운 한국 역사에서 암울한 현실을 깨뜨릴 수 있는 용기와 실행·실천력을 주신 하나님! 마침내 그 어둠이 걷히고 민주화의 시대를 맞을 수 있도록 도와주셔서 감사합니다.

남북통일

하나님 아버지! 하지만 아직도 이 나라에선 극심한 빈부의 차이로 수많은 사람이 견딜 수 없는 고통과 불편을 겪고 있으며, 지금 북녘의 동포들은 공산주의 치하에서 끼니조차 제대로 잇지 못하고 있습니다. 전근대적인 반상제도와 남존여비사상의 볼모에서 벗어나게 하시고 우상을 타파하도록 이끌어 한민족에게 참된 자유를 주신 아버지 하나님! 어서 빨리 남북이 자유민주주의로 통일되게 하셔서 하나님께서 선물로 주신 금수강산을 더욱 빛내게 하시고 주님 주신 복락을 마음껏 누릴 수 있게 하소서. 예수님의 이름으로 기도드립니다.

2010. 05. 16.

235. 민주주의 수호, 위정자의 각성, 나라와 민족, 6.25, 여름

찬양과 감사

생명의 하나님! 감사합니다. 만물이 소생하여 새롭게 약동하는 봄을 주시고, 이어서 초목이 무성한 여름을 주셔서 우리 영혼을 살리시고 소담하게 가꾸어 가시는 하나님의 은혜를 깨닫게 하여 주시니 감사합니다. 아버지 하나님! 우리들이 감사의 마음을 가득 담아서 드리는 경배를 받아 주소서. 일생토록 성령이 우리를 주장하게 하셔서 오직 하나님께만 영광 돌리게 하소서. 오늘 예배도 주께서 주관하여 주소서.

회개와 인도

아버지! 평생토록 오직 주만 찬양해야 할 우리들이 주께 영광 돌리지 못하고 주의 거룩한 이름을 더럽히면서 살았습니다. 우리의 잘못된 행위를 부끄럽게 생각하면서 한탄하며[236] 회개하는 우리의 심령을 용서하여 주소서.

새 영을 우리 속에 두게 하시고 새 마음을 우리에게 허락하소서.[237] 우리 육신에서 굳은 심성을 제거하여 주시고 부드러운 마음을 주소서.[238] 우리의 입은 지혜를 말하게 하시고 우리의 마음은 명철을 노래하게 하소서.[239]

나라와 민족

하나님! 6월은 6.25와 6.10항쟁이 함께 들어있어, 우리에게 열강의 각축장이었던 한반도의 안보현실과 함께 독재정권과 국정농단 세력에 의해 유린되었던 민주주의를 동시에 생각하게 합니다.

바벨론의 여러 강가에 앉아서 정복자들의 강요에 못 이겨 민요를 부르고 수금을 타며 슬피 울었던 이스라엘의 고초가 우리 한민족에게 다시는 되풀이되지 않게 하소서. 일제 35년의 강압과 살을 에는 듯한 강추위와 찌는 듯한 삼복더위에 굶고 목 말라하며 떠나야 했던 피난길, 병자호란, 임진왜란, 몽골의 지배 … 지금 당장 편안하다고 나라의 어려움을 잊지 않게 하소서. 과거와 달리 군사적 위협뿐만 아니라 경제적 윽박과 사이버 폭력까지 다각도로 침입해 오는 외세에 맞서, 오직 하나님만 믿으며 지혜롭게 대처하게 하소서.

민주주의 수호

 4.19, 부마항쟁, 5.18, 6월 항쟁, 김주열, 박종철, 이한열, …. 민주주의의 제단에 고귀한 피를 뿌려야 했던 수많은 영령들이 있었기에 촛불혁명을 통해 우리나라가 다시 일어설 토대를 만들어 주신 하나님! 새로운 민주정부가 우리의 한숨과 좌절과 무기력을 모조리 내다 버릴 수 있도록 양심적이고 용기 있는 정부가 될 수 있게 도와주소서. 항상 초심을 잃지 않게 하셔서 국가의 백년대계를 바라보며 나아갈 수 있게 하여 주시고, 이제는 정치인들이 국민들의 희망과 염원을 잘 헤아려서 그 후진성에서 벗어나게 하소서.

마무리기도

 아버지 하나님! 우리에게 올바른 신앙생활과 삶의 지표가 될 귀한 말씀을 전해 주실 목사님을 사랑해 주소서. 성령이 그 마음과 입술을 주관하여 주셔서 이 시간 서로가 큰 은혜를 받고 하나님께 영광을 돌리게 하소서. 예수님의 이름으로 기도드립니다. 아멘.

2017. 06. 18.

236. 민주주의 수호: 국가와 민족을 위한 특별기도[240]

찬양과 감사

정의로우신 하나님! 유신체제라고 하는 이름의 엄혹한 현실 속에서도 이 밤에 저희들이 한 자리에 모여 국가와 민족을 위해서 기도드릴 수 있게 하여 주셔서 감사합니다. 바라옵기는 먼저 저희들의 심령을 깨끗하게 하여 주셔서 이 시간 이 예배에 합당한 제물들로만 써주소서.

민족통일

하나님! 자기 나라의 이익을 위해서는 어제의 우방도, 혈맹도 헌신짝처럼 내던져버리는 급변하는 국제정세 하에서, 사방이 온통 군사적인 적과 사상적인 적과 경제적인 적으로 둘러싸인 한반도를 굽어 살피소서. 일제의 사슬을 끊고 피로 세운 조국이 30년 가까이 서로 갈라선 채 좀처럼 하나가 될 기미조차 엿보이지 않고 있습니다. 아버지 하나님! 어서 빨리 우리나라가 자유민주주의 국가로 통일이 되어서, 잃었던 부모형제를 되찾고 북녘 땅에도 구석구석 하나님의 복음이 전파되게 하소서. 겨레가 한목소리로 소리 높여 찬송하며 예배를 드릴 수 있게 도와주소서. 남북이 자유롭게 왕래하며, 세계에 우뚝 서는 나라를 만들어 가게 하소서.

신앙의 자유 회복

진리로 자유하게 하시는 아버지 하나님! 사이비 민주주의 체제를 떠받들고 있는 불의의 세력에 억압 받고 있는 이 민족을 불쌍히 여겨주소서. 사회의 부조리 속에서도 육신이 약해서 입도 달싹 못하고 있는 저희들입니다. 가지가지의 형태로 박탈당한 신앙의 자유를, 아직까지 얼마나 빼앗긴 줄도 모르는 저희들입니다.

주의 종 탄압 중지

공의로우신 하나님! 조국과 민족의 양심을 배반하고 사회를 좀먹는 위인들은 버젓이 활개를 치고 돌아다니는데, 나라의 장래를 염려하고 민족을 아끼는 하나님의 종들은 바른말을 하다가 지금 옥중에 갇혀 있습니다. 아버지 하나님의 말씀을 증거하는 목자들의 선교활동이 종교를 빙자한 공산주의 운동으로 뒤집어씌워지고 있습니다. 명예와 지위를 양심과 맞바꾸지 않고서는 도저히 살아갈 수조차 없는 세상입니다.

위정자들의 회개

결단케 하시는 하나님! 이 나라 위정자들이 마음을 바로잡을 수 있게 하소서. 탄압하면 할수록 탄압 받는 자는 더욱 굳세게 뭉친다는 것을 그들이 알게 하소서. 국민에게 불의에 대한 항거심을 심어 주지 못했기 때문에 외부세력이 쳐들어왔을 때도 막아내지 못하고 고스란히 스러져간 저 월남[241]의 사태를 그들로 하여금 교훈으로 삼을 수 있게 하소서.

언론자유 신장

아버지 하나님! 물이 흐려지면 곧 물고기가 숨이 가빠서 물위로 떠오르고야 만다는 것을 그들이 깨닫게 하소서. 3천 2백만 국민들의 입을 어찌 섬진강 둑 쌓은 식으로 해서 시멘트로 모조리 틀어막을 수 있겠습니까? 백성은 나라의 근본인데 그 근본을 제멋대로 짓밟고 두들겨 부수고서도 어찌 그 사회가 온전하기를 바랄 수 있겠습니까?

어용법령 철폐

어용국회는 국민이야 어떻게 되든 아랑곳없이 자기들 멋대로 법을 만들었다 없앴다 뜯었다 고쳤다 하는 것을 일삼고 있습니다.[242] 민주주의에서 최저권리인 선거권마저 권력의 마수에 얽매여 이제는 옴칠 수도 뛸 수도 없게 되었습니다.[243]

권세 있는 자들을 그 자리에서 내치시고, 그들이 볼 때 보잘 것 없는 이들을 높이시는 하나님! 애당초 법을 제정한 취지 자체가 극도로 불순·부당해서 사라질 때가 훨씬 지났는데도 아직도 서슬이 퍼렇게 살아 있는 법[244]은 또 무슨 법입니까? 힘없는 자를 몰아내고 가진 자를 보호하라는 법입니까? 법을 만능으로 여기며 정의를 버린다는 것은 모자와 신발만 생각하다가 머리와 발을 잃어버리는 것과 무엇이 다를 바 있겠습니까?[245]

민주적 대통령 선거 촉구

의로우신 하나님! 국민이 정부를 소유하는 나라가 민주국가지 정부가 국민을 지배하는 나라는 독재국가라는 것을 최고권력자가 스스로 깨달을 수 있게 하소서. 우리는 우리들을 위해서 지도자[246]를 뽑은 것이지 지도자를 위해서 지도자를 뽑은 것은 아닙니다. 천하는 곧 천하의 천하지 어떻게 대통령 한 사람[247]의 천하가 될 수 있겠습니까?

아버지 하나님! 지도자는 배고 국민은 물과 같으니 물은 곧 배를 띄우기도 하지만 뒤엎을 수도 있다는 것을 알아차리게 하소서. 민주주의 국가에서는 국민이 주인이라고 합니다. 아버지 하나님! 몹쓸 일꾼 하나도 제대로 몰아낼 수 없는 사람을 과연 상전이라고 할 수 있겠습니까?

국민운동으로 민주주의 회복

하나님! 전 세계역사를 통해서 참된 자유가 위에서부터 밑으로 주어진 예는 단 한 번도 없었습니다. 언제나 밑에서부터 일어나기 시작한 위대한 국민운동에 의해서 쟁취되었다는 것을 저들이 똑똑히 알게 하소서. 셀 수도 없이 많은 사람의 피와 땀과 눈물로 얼룩진 민주주의 역사의 수레바퀴를 뒷전으로 돌리려는 저들의 수고가 결단코 헛된 것이라는 것을 어서 빨리 보여 주소서. 민주주의가 살아 숨 쉬는 나라, 정의가 강물처럼 흐르는 사회가 속히 이루어지게 하소서.

민주주의 파수꾼

하나님! 죄악의 밤은 갈수록 깊어갑니다. 어둠이 짙어질수록 그 고통도 점점 더 심해가고 있습니다. 그러나 아버지 하나님! 저희들은 반드시 새 아침[248]이 밝아 오리라고 굳게 믿고 있습니다. 주님께서 그 아침에 이 한국 땅에 오셔서 "너희는 내가 고난 받던 그 밤에 어디에 있었느냐"고 물으실 때, 저희들은 무어라고 대답할 수 있겠습니까? "사랑하는 나의 형제들아! 압제 받는 너의 민족들을 다 어찌했느냐"고 말씀하실 때, "주님! 내가 내 민족을 지키는 자니이까" 할 것입니까? 참으로 두렵고 떨릴 뿐입니다.

독재에 대한 항거

아버지 하나님! 우리 주님께서는 "불의와 더불어 싸우라. 나는 세상에 화평을 주려고 온 것이 아니라 검을 주려고 왔노라."라고 외치셨습니다. 헤롯왕의 불의와 부정을 서릿발처럼 차갑게 꾸짖던 세례 요한의 음성이 오늘 황량한 한국의 광야에 회오리쳐 오고 있습니다. 우리의 굳건한 힘이 되시는 아버지 하나님! 나사로와 같이, 나인성 과부의 아들과 같이 축 늘어져 맥빠진 저희들에게 "일어나라, 청년아, 일어나라!"고 외치시는 주님의 다급한 음성을 지금 이 시간 들을 수 있게 도와주소서.

자기헌신과 희생

"십자가를 보지만 말고 지고 가라. 누구든지 나를 따르려거든 자기를 부인하고 자기 십자가를 지고 나를 쫓으라."고 주님은 말씀하셨습니다. 저희들 한국 강토에 떨어져 썩어지는 한 알의 밀알이 되게 붙들어 주소서. 한 덩어리의 누룩이 되게 이끌어 주소서.

정의와 진리에 대한 확신

아버지! 저희들 각자의 심령에서 타오르는 자유의 불꽃이 한 데 뭉쳐 타오를 때 강압과 독재의 힘으로서는 결코 그 정의와 진리의 횃불을 끌 수 없으리라는 것을 확실히 믿습니다. 언제나 아버지의 백성을 사랑하시는 하나님! 저희들이 저 강퍅한 바로의 무리에게 끝까지 굴복하지 않기 위해서는 굳센 믿음 밖에는 의지할 것이 없습니다.

양심과 용기

용기 있는 자를 버리시지 않는 하나님! 저희들이 의를 보고도 행하지 않는 것은 용기가 없기 때문입니다. 두려움을 알되 두려움을 겁내지 않는 용기를 허락해 주소서. 우리의 양심이 명하는 바에 따라서 움직일 수 있게 인도하소서. 악인은 쫓아오는 자가 없어도 도망하지만 의인은 우는 사자같이 담대하리라고 하신 하나님! 저희들 처음에는 기세 좋게 나아갔으나 막상 양심을 결단하는 자리에 이르러서는 주님을 세 번씩이나 부인했던 비겁한 베드로가 되지 않게 하여 주소서.

저희가 바른길 가기를 원하시는 아버지 하나님! "무릎을 꿇고 사느니 차라리 서서 죽기를 원한다."는 짜파타의 외침이 오늘 이 자리에 모인 저희 모두의 신앙고백이 될 수 있게 도와주소서.

가고 오는 역사와 온 세상을 주관하시고 다스리시는 우리 주 예수 그리스도의 이름으로 기도드립니다. 아멘.

1977. 08. 28.

237. 국가의 정립, 참회와 용서, 보호와 인도, 보혈의 공로, 여름

찬양과 감사

하나님! 감사합니다. 만물의 주인 되시고 만왕의 왕이 되시는 우리 주 여호와 하나님께 영광과 존귀와 찬양을 돌리옵나이다. 저희들을 찌는 듯한 무더위와 폭우 속에서 안전하게 지낼 수 있도록 지켜주시고 인도하여 주셔서 감사합니다.

참회와 용서

아버지 하나님! 저희들은 지난 한 주일 동안에도 세상 사람들과 똑같이 어둠의 생활을 하였습니다. 어떤 때는 그들보다 한 술 더 떠 아버지의 영광을 가릴 때가 많았습니다. 간절히 회개하오니 주님의 보혈의 공로로 죄와 허물을 깨끗케 하여 주소서.

국가의 정립(正立)

하나님 아버지! 근래 들어 온 나라가 평온한 날이 없을 정도로 큰 일들이 잇따라 발생하고 있습니다. 미국산 쇠고기 수입을 둘러싸고 촛불시위가 잇따르고 있습니다. 한반도 대운하 사업과 정실인사, 역사교과서 파동도 심상치 않습니다. 아버지께서 친히 이 나라의 정사를 주재하셔서, 많은 사람의 피와 땀과 눈물로 다시 일어선 이 나라의 국체가 흔들리지 않게 하여 주소서. 그렇지 않아도 형편이 곤궁한 서민들의 처지를 보살펴 주셔서 어서 빨리 이 나라의 정치와 경제가 제 자리를 찾게 하여 주소서.

말씀을 전하시는 목사님에게 영력을 더하여 주옵시고, 저희 모두 큰 은혜 받게 하소서. 예수님의 이름으로 기도드리옵나이다. 아멘.

2008. 07. 20.

238. 국가의 정립, 사회재난(세월호 참사), 회개와 인도, 구원과 위로

찬양과 감사

하늘에 계시는 아버지! 우리가 눈을 들어 하나님께 향하게 하시니 감사합니다. 은혜를 베푸시고 또 은혜를 베푸시는 아버지 하나님께 영광과 찬송을 드리오니, 우리의 예배를 받아 주소서.

회개와 인도

쓰라린 일도 많고, 기념해야 할 일, 잊지 말아야 할 일이 적지 않은 4월과 5월이 흘러 지나가고 있습니다. 올해는 어린이날, 어버이날, 스승의 날, 부부의 날, 성년의 날, 근로자의 날처럼 고마워하고 감사해야 할 날에 우리는 그저 기뻐하고 즐거워할 수만 없습니다. 4.19, 5.16, 5.17, 5.18의 의미와 교훈을 되새길 여유도 없습니다. 대신 세월호의 거칠고 시커먼 물결이 한 달이 넘도록 온 나라와 모든 국민의 몸과 마음을 거세게 휩쓸고 지나갔습니다.

아버지 하나님! 우리가 회개하오니 우리를 용서하소서. 우리를 붙들어 주소서. 건져주소서. 일으켜주소서. 위로해 주소서.

국가의 정립(正立)

하나님! 이제 우리들 기독교인들이 팔을 걷어붙이고 일어나 국가 개조에 앞장서게 하여 주소서. 주님께서 몸소 보여 주신 희생과 헌신과 개혁과 부활을 오늘 이 땅에서 되살리게 하소서. 그리하여 나라가 바로 서게 하소서. 주님의 말씀을 전하고 듣고 배우는 이 자리에 성령이 친히 임하셔서 감동과 감화의 바람이 밀려들게 하소서. 예수님의 이름으로 기도드립니다. 아멘.

2014. 05. 25.

239. 국가의 정립, 민주주의 수호(국정농단), 영적각성, 평안과 위로

찬양과 감사

하나님! 지난 한 주 동안에도 우리와 함께하여 주셔서 평안과 위로를 주셔서 감사합니다. 은혜와 사랑으로 시련과 유혹을 극복할 수 있게 하여 주셔서 감사합니다. 우리의 찬양을 받으소서.

국가의 정립(正立)

아버지 하나님! 특별히 사랑하셔서 단기간에 눈부시게 발전하게 하신 우리나라가 국정농단사태와 부끄럽게 마주하게 됐습니다. 이 나라와 이 민족을 불쌍하게 여겨 주소서. 특히 더 큰 권력과 더 많은 재물을 손에 쥐고 불의한 일을 일삼아 온 사람들이 철저히 회개하게 하여 주시고, 힘없는 국민들의 피와 눈물이 얼룩진 바탕 위에서 땀도 흘리지 않고 누리고 즐기던 자리에서 내려 와, 이제 국민들의 분노와 아픔이 가시게 하시고, 나라가 올바른 방향으로 나아갈 수 있도록 도와주소서.

출애굽하는 이스라엘 백성을 가로막았던 홍해를 가르셔서 마른 땅에 굳게 서게 하시고 가나안으로 향하는 길을 트셨던 하나님! 언약궤를 매고 나팔 불며 성곽을 돌 때 그 견고했던 여리고성을 일시에 무너뜨리신 아버지! 오늘 이 나라에서 불통의 홍해를 갈라 주시고, 절망의 여리고성을 무너뜨려 주소서. 우리나라에 진정한 민주주의의 꽃이 활짝 피게 하시고, 대한민국이 영혼의 젖과 꿀이 넉넉하게 흐르는 풍요로운 나라가 될 수 있게 하소서.

귀한 말씀을 듣게 해 주셔서 감사합니다. 우리 모두 주님의 말씀 따라 살게 하소서. 예수님의 이름으로 기도드립니다. 아멘.

2016. 11. 27.

240. 사회구원, 은혜와 평강, 성령임재, 헌신의 기쁨, 교회의 역할

찬양과 감사

고마우신 아버지 하나님! 우리 구주 예수 그리스도를 보내주셔서 우리가 죄에서 놓임을 받게 하시고, 보혜사 성령을 통해 우리의 삶을 주관하셔서, 이 땅에서 주의 거룩한 백성으로 살아가게 하여 주시니 감사합니다. 우리의 영광을 받아 주시고, 우리에게 더욱 감사하게 하시며, 헌신하게 하시며, 신앙의 참 기쁨을 맛보게 하소서.

교회와 사회

은혜로우신 하나님! 우리 교회와 우리 고장과 우리나라가 부흥케 하시고 번영하게 하시고 발전하게 하소서. 교회가 이 사회에서 제대로 공헌하게 하소서.

은혜와 평강

세상이 어떻게 달라져도, 우리의 몸이 아무리 낡아져도 주님과 우리 사이에 놓여 있는 기도와 축복의 통로가 견고하게 유지되게 하시고, 날마다 때마다 더 큰 하나님의 사랑을 체험하게 하시고, 용기와 위로를 얻게 하소서.

마무리기도

목사님께서 전하시는 말씀이 우리의 심령을 변화시키고 삶의 틀을 바꾸며, 그래서 주님의 나라가 어서 이 땅에 임하는 데 도움이 되게 하소서. 이번 한 주도 주님 우선, 주님 제일주의의 삶을 살아가게 하소서. 예수님의 이름으로 기도드립니다. 아멘.

2015. 11. 01.

241. 사회구원, 빛과 소금의 역할, 참회와 용서, 기도의 응답, 성령임재

찬양과 감사

선하시며 그 인자하심이 영원하신 아버지 하나님![249] 낮고 볼품없는 우리가 작은 입술을 열어 크고 높으신 하나님을 송축하고 찬양하오니 한없는 영광을 받으소서. 우리를 주의 백성으로 삼아주셔서 그 큰 사랑과 은혜로 폭풍우가 거세게 이는 바다와 눈보라가 휘몰아치는 광야를 통과할 수 있게 하시니 감사합니다.[250] 환난 중에 절망하지 않게 하시고, 오히려 무릎을 꿇고 두 손을 모아 주께 기도드리며 전폭을 바쳐 주께 의지하게 하여 주시니 감사합니다. 우리를 인도하여 주시고 북돋워 주시며, 때가 이르면 우리가 소망하는 선한 일들을 반드시 이루어 주시는 우리 아버지께 오늘도 감사드리며 찬송을 드리옵나이다.

참회와 용서

이러한데도 우리는 징계와 책망을 받을 일만 되풀이하였습니다. 아버지 하나님! 죄를 안고 태어나 죄의 한복판에서 성장하여 죄짓기를 밥 먹듯이 하면서, 이제 웬만한 잘못에는 죄의식조차 없이 죄에 대한 면역과 죄성만 키워가고 있는 우리들을 용서하여 주소서. 아버지 하나님! 우리가 죄와 허물을 자복하고 회개할 때 우리의 어리석고 불쌍한 심령을 돌아보셔서 모든 잘못을 말끔히 사하여 주소서.

사회안정

하나님 아버지! 도저히 수그러들 것 같지 않던 한여름의 불볕더위도 이제 한풀 꺾여가고 있습니다. 그러나 각종 사회문제로 이 땅의 잘못된 열기는 도무지 식을 줄 모르고 있습니다. 날이 갈수록 빈부격차가 더욱 크게 벌어지고 실업률은 떨어질 기미를 보이지 않고 있습니다. 가정해체, 학교폭력, 성폭행, 강도, 엽기적인 살인이 이제 전혀 낯설지 않은 일상이 되어버렸습니다. 정계와 재계는 말할 것도 없고 가장 신성하고 아름다워야 할 교계마저 부정부패가 만연하고, 지도자들이 성업을 내팽개친 채 자기 잇속 챙기기에 바빠서, 스스로 모범을 보여 구원해야 할 사회로부터 도리어 지탄을 받고 있습니다. 이념투쟁과 복지논쟁이 가열되면서, 또다시 대통령 선거가 다가왔지만 정작 주권자인 국민은 구경꾼이 되어버린, 그래서 선거 후에는 무거운 삶의 짐과 고통을 도맡아 안고 살아가야만 하는 악순환이 되풀이되고 있습니다.

빛과 소금의 역할

아버지 하나님! 우리들 크리스천이 제몫을 다하지 못하고, 오히려 온갖 모순 덩어리를 재료 삼아 펄펄 끓는 도가니에 마구 퍼붓는 기름이 되지 않게 하소서. 이러한 때 우리들이 빛과 소금이 되어 세상을 밝히고 변화시키는 데 앞장서게 하여 주소서. 때 되면 그저 교회에 왔다 갔다 하면서 그것으로 할 일을 다 했다고 안도할 것이 아니라, 말씀을 통해 우리가 해야 할 일을 확실히 깨닫고 실천을 다짐하게 하소서.

마무리기도

이 시간 성령께서 우리를 지배하소서. 목사님에게 영성과 영감과 영력을 더해 주시고, 우리에게 들을 귀와 느낄 가슴을 허락하셔서, 진정한 그리스도인으로서 살아가게 하소서. 따로 구하지 못한 일들을 주께서 다 아시기에 형편과 처지에 따라 들어 응답하여 주실 줄 믿사옵고, 예수님의 이름으로 기도합니다. 아멘.

2012. 08. 26.

242. 국제스포츠대회, 나라와 민족, 세계선교, 바른 신앙생활

찬양과 감사

　나이어린 요셉을 혈혈단신으로 애굽에 보내 나중에 이스라엘 민족의 대기근을 면케 하시고, 양치기소년 다윗으로 하여금 블레셋 대장 골리앗을 물리치게 하셔서 국가의 기틀을 굳게 다지게 하신 아버지 하나님! 이제 대한민국을 통해서 홀로 영광 받으소서. 저희 한민족으로 말미암아 세세무궁토록 찬양 받으소서.

　하나님 아버지! 지나간 역사의 길목에서 숱한 나날을 이민족의 압제에 시달리고 고통 받아야 했던 우리 민족, 불과 오륙십 년 전만 해도 남의 나라의 식민지가 돼서 민족의 앞날을 기약할 수 없었던 우리나라가 이제는 월드컵을 유치해서 이렇게 훌륭하게 치러낼 수 있을 정도로 눈부시게 성장했습니다.

　이 민족을 불쌍하게 여기셔서 잿더미에서 일으켜 세워주시고 이 날까지 사랑과 인내로 이끌어 주시고 보살펴 주신 하나님께 이 시간 진심으로 감사와 찬송을 드립니다. 승리의 하나님! 50년 전만 해도 전쟁의 폐허 속에서 남의 나라의 원조를 받아 연명해야 했던 저희들, 만나는 사람마다 안부인사로 끼니걱정을 하지 않으면 안됐던 이 나라가, 이제는 쟁쟁한 세계의 열강들을 보기 좋게 물리치고, 월드컵에서 한 번만 이겨도 좋다고 했던 겨레의 염원을 이룬 것은 물론이고, 16강과 8강을 넘어 4강까지 진출할 수 있게 도와주셔서 감사합니다.

나라와 민족

　아버지 하나님! 이제 한민족이라는 것이 한없이 자랑스럽습니다. 대한민국 국민이라는 것에 끝없는 자부심을 느낍니다. 하나님! 이러한 자신감을 바탕으로 이제 우리나라의 정치와 경제와 사회발전이 함께 이루어져서, 명실상부한 세계선진국의 대열에 합류할 수 있게 하여 주소서. 국력 또한 나무랄 데 없는 4강에 진입할 수 있게 하여 주소서.

세계선교

하지만 아버지 하나님! 남의 나라, 다른 민족을 지배하고 억압하기 위해서가 아니라, 최단 시일 내에 하나님을 영접해 이처럼 알차게 전국 복음화를 이룬 이 나라, 이 민족이 세계 복음화의 최선봉에 설 수 있도록 하기 위해, 우리나라가 초강대국이 되게 하여 주소서. 하나님을 전심전력으로 섬기는 나라가, 하나님을 온전히 믿고 따르는 국민이, 어떻게 복을 받고 살아가는가를 세계만민이 여실히 보고 듣고 느끼고 그대로 따르게 하소서.

바른 신앙

하나님! 우리는 이처럼 세상에서 이길 때 크게 기뻐합니다. 원하옵기는 저희들 마음속에 도사리고 있는 불신앙과 나태한 믿음과 교만과 이기심과 싸워 이길 때 더욱 큰 기쁨을 누리게 하소서.

은혜 감사

오늘도 저희들을 불러주셔서 감사합니다. 나그네 된 세상 살 동안 지켜주신 것 감사합니다. 병마의 질곡에서, 각종 안전사고의 위험에서, 세상의 유혹에서 건져주신 것 감사합니다.

회개와 인도

이렇게 왔사오니 저희들의 모든 죄를 용서하여 주시고 오늘도 넘치는 은혜를 내려 주소서.

마무리기도

하나님! 말씀을 전하실 목사님을 도와주소서. 갑절의 영감과 건강을 주셔서 영적으로나 육적으로나 주님께서 주신 사명을 온전히 감당하는데 조금도 어려움 없게 하여 주소서. 오늘도 저희들의 간절한 기도가 이뤄질 줄 믿사옵고 예수님의 이름으로 기도드립니다. 아멘.

2002. 06. 23.

8. 나라와 민족 주석

- 232 창세기 2:7
- 233 시편 71:8
- 234 시편 86:4
- 235 누가복음 18:27
- 236 에스겔 36:32
- 237 에스겔 36:26
- 238 에스겔 36:26
- 239 시편 49:3
- 240 조국통일, 한국의 인권과 민주주의의 회복 특별기도회 (□□□□□장로회 청년회)
- 241 남부베트남
- 242 유신헌법
- 243 통일주체대의원에 의한 대통령 간접선거
- 244 유신헌법, 긴급조치 9호
- 245 긴급조치 위반자 구속 말라
- 246 대통령
- 247 박정희대통령
- 248 독재정권이 붕괴되는 날
- 249 시편 136:1
- 250 시편 136:14-16

9

사랑과 보은

- **가정의 달** 450
- **어린이주일** 458
- **어버이주일** 466
- **부부의 날** 475
- **스승의 날** 476

243. 가정의 달, 참회와 용서, 신유의 은사, 위로와 평강, 빛나는 꿈

찬양과 감사

은혜로우신 하나님! 감사합니다. 이 시간 저희들 무덤이나 감옥에 갇혀있지 않게 하시고, 원치 않는 병마나 도저히 빠져나올 수 없는 일감에 매이지 않게 하시고, 미신이나 우상에게 붙들리지 않게 하시고, 이렇게 거룩한 성전에 나와 여호와 하나님께 기뻐 뛰며 찬양으로 영광 돌릴 수 있게 하여 주셔서 감사합니다. 사랑하는 믿음의 형제자매들과 한자리에 모여 아버지께 한뜻과 한마음으로 경배드릴 수 있게 하여 주셔서 감사합니다. 세상에서 슬프고 괴로워 지친 몸과 마음이 위로 받고 평강을 되찾아 새 힘과 기쁨을 얻을 수 있도록 저희들을 불러주시니 감사합니다.

참회와 용서

아버지 하나님! 저희들은 지난 한 주일도 죄의 한복판을 헤매느라고 정신이 없었습니다. 목이 곧았던 노아 때의 사람들처럼 하나님의 말씀을 사모하지 않았고,[251] 말씀에 귀를 기울여 그 가르침대로 살려고 하지 않았습니다. 못난 요셉의 형들처럼 빛나는 꿈을 꾸지 못했으므로, 따라서 그 꿈을 실현하려는 노력조차 기울이지 않았습니다.[252] 여호수아와 갈렙을 제외한 다른 열 명의 가나안 정탐꾼처럼 전지전능하신 하나님의 능력을 깨닫지 못하고 하나님을 힘없고 시시한 분으로 여긴 나머지, 역경과 환난에 부닥쳤을 때 맞서 싸워보려고도 하지 않은 채 지레 겁을 먹고 넘어지거나 쓰러지고 말았습니다.[253]

하나님 아버지! 세상 사람들이 아끼는 시간과 물질과 재능을 하나님께 바친다고 하면서도, 가엾은 가인처럼 진심을 드리지 못하고,

정성을 담지 못하고, 기쁨을 곁들이지 못했기에, 아버지로부터 칭찬은커녕 도리어 꾸중들을 일만 반복하였습니다.[254] 하나님! 이스라엘이 아닌 야곱의 삶을 살기에 바빴습니다. 겨루어 이기는 삶이 아닌 붙잡는 삶을 살았습니다. 다윗의 삶이 아니라 사울의 삶을 살았습니다. 회개하고 용서하고 더불어 기뻐하는 삶이 아니라 시기하고 미워하고 질투하는 삶을 살았습니다. 저희들은 바울이 사도되기 전 사울의 삶을 살았습니다. 스스로 큰 자로 살았습니다.

아버지! 저희들의 죄와 허물을 엎드려 자복하고 회개하오니 불쌍히 여겨주소서. 이 모습 이대로는 이 예배에 참여할 수 없사오니 저희들의 잘못을 다시 한번 용서하여 주소서.

가정의 달

아버지 하나님! 이제 올해의 가정의 달이 지나갑니다. 저희들 1년, 365일 내내 가정의 소중함과 가족에 대한 감사의 마음으로 살아가게 하소서. 한걸음 더 나아가 모든 가정들이 기쁨과 희망 속에 살아갈 수 있도록, 주님의 가르치심대로 사랑과 믿음과 소망을 이웃과 함께 나눌 수 있도록 도와주소서.

마무리기도

하나님! 말씀을 전하실 목사님을 주님의 강한 팔로 붙들어 주시고 엘리야 선지에게 허락하셨던 권능의 두루마기를 입혀주셔서, 강하고 담대하게 주의 말씀을 선포하게 하시며 말씀의 능력이 나타나게 하셔서, 변화 받고 치유 받는 믿음의 역사가 있게 하소서. 성령께서 온 예배를 주재하시고 주관하여 주시옵기를 간절히 빌고 원하오며, 예수님의 이름으로 기도드리옵나이다. 아멘.

2008. 05. 25.

244. 가정의 달, 믿음의 진보, 충성과 헌신, 성령임재, 감화와 감동

찬양과 감사

하나님 아버지! 우리 심령에 임하셔서 우리를 감화시켜주소서. 가슴을 치며 회개하오니, 우리의 마음을 성령으로 충만케 하소서. 세상이 줄 수 없는 감동과 위로와 기쁨을 주소서. 우리가 주께 드리는 찬양을 받아 주소서.

믿음의 진보

사랑의 하나님! 비록 힘이 없고 연약하지만 예수님의 보혈의 공로 의지하여 주께 나온 우리를 용납하여 주시고, 영원토록 주의 백성으로 살게 하여 주소서. 세상에서는 힘들더라도 주께 의지하여 잘 견디게 하시고, 낙심하거나 좌절함으로 믿음을 소멸치 않게 하소서.

하나님! 날마다 신앙이 성장하고 더욱 성숙해지게 하소서. 처음보다 나중이 더 아름다운 성도가 되게 하소서. 연합하여 교회를 이룬 우리들이 힘을 모아 주께 영광 돌리게 하시고, 끝까지 주께 충성하게 하소서.

아버지! 가정의 달을 보내면서 가족의 소중함을 절실히 깨닫게 하시고, 아울러 믿음 안에서 한 가족이 된 형제자매의 삶을 돌보며 즐거움도 같이 누리고 고통도 함께 나누게 하소서.

마무리기도

하나님 아버지! 오늘 목사님이 전하시는 말씀을 통해 우리의 허물을 깊이 깨닫게 하여 주시고, 말씀으로 치유 받고 온전케 하시며, 오직 말씀을 붙들고 새로운 한 주를 힘차고 아름답게 살아가게 하소서.

우리가 그리스도인인 것을 크나큰 자랑으로 여기게 하시고, 그리스도인답게 주님께서 기뻐하시는 생각과 말과 행동을 하면서 세상에서 주님의 나라를 이루어가게 하소서. 주님의 영광을 높이 드러내는 한 주가 되게 하소서. 예수님의 이름으로 기도드리옵나이다. 아멘.

2016. 05. 29.

245. 가정의 달, 어버이주일, 스승의 날, 회개와 인도, 참된 복락

찬양과 감사

하나님 아버지! 지난 주일은 어버이주일이었고, 어제는 스승의 날이었습니다. 저희에게 오월을 주셔서 기념할 일 기념하게 하시고, 반성할 일 반성하게 하시며, 다짐할 것 다짐하게 하여 주신 아버지께 영광과 찬송과 감사를 드립니다.

회개와 인도

하나님! 되돌아보면 저희들은 각각 영과 육의 어버이 되시는 하나님과 양친부모를 그 은혜와 사랑이 정말 고마워서 받들고 섬기기보다는, 그저 복 받기 위해, 남들에게 인정받기 위해 공경하는 시늉만 했을 뿐이었습니다.

저희들은 육신의 부모에게 제대로 효도하지 못했습니다. 저희가 웃음 짓도록 하기 위해 부모가 피눈물을 흘렸다는 사실을 한평생 깨닫지 못했습니다. 밤새도록 숨죽여 흐느끼는 소리를 한 번도 듣지 못했습니다.

영의 아버지인 하나님께는 더더욱 불효·불충한 기억밖에 없습니다. 하나님! 저희들을 생각하시며 기뻐하고 자랑스러워하시기보다는 낙심하며 한탄하실 때가 더 많으셨지요!

저희들은 또한 지금까지 참되게 살라고 가르쳐 주신 수많은 선생님, 교회 안팎에서 저희를 사랑으로 훈계하셨던 어른들의 말씀을 따르지 못했습니다.

무엇보다도 인류의 영원한 스승이신 우리 주님의 뜻을 한사코 거스르며 살았습니다. 저희 죄인들을 살리시려고 주님이 십자가형을 자원하셨다는 사실을 수없이 귀로 듣고 눈으로는 읽었지만, 아직까지도 마음속으로 완전히 받아들이지는 못하고 있습니다. 아버지 하나님! 저희들은 저희 죄를 갚기 위해 대신 돌아가신 주님께 감사하며 그 가르침과 몸소 행함을 온전히 따르려고 하기보다는, 병 낫고, 부자 되고, 취직 잘 하고, 참한 며느리와 그럴 듯한 사위 보는 복을 누리려고 예수님을 믿는 척 했을 뿐이었습니다.

　하나님 아버지! 성삼위 하나님은 물론이요 부모와 스승을 비롯한 모든 이의 고마움을 되새기고 그 분들에게 감사를 드리는 5월을 맞아서, 우리 모두 지난 잘못을 뉘우치고 바른길 가겠다고 다짐하게 하소서.

마무리기도

　하나님! 이 땅에서 우리에게 영적인 부모와 스승으로 세워주신 목사님을 통해 오늘도 내려주실 아버지의 말씀을 남김없이 잘 받아들여서, 주님의 백성으로서 손색없이 살아가게 하여 주소서. 하나님을 아버지로, 예수님을 참 스승으로 섬기기로 작정하고 성가대와 관현악단, 워십 팀에서 수고하는 모든 자녀, 식사제공과 환경미화로, 또 아무도 모르게 그저 주님 기뻐하실 모습만 상상하며 이모저모 봉사하는 성도들에게 영육 간에 참된 복락이 충만케 하소서. 예수님의 이름으로 기도드립니다. 아멘.

2010. 05. 16.

246. 가정의 달, 스승의 날, 참회와 용서, 전도와 선교, 본분 수행

찬양과 감사

아버지 하나님! 이 시간 모든 영광을 홀로 받으소서. 저희들의 정성을 다해서 주께 감사드리며 주를 소리 높여 찬양합니다.

참회와 용서

하나님! 저희들 오늘도 부끄러운 마음으로 이 자리에 엎드렸습니다. 지금까지 너무 어리석고 추하게 살아왔기 때문입니다.

저희들은 사랑해서는 안 될 것을 극진히 사랑하면서, 정작 사랑해야 할 것은 철저하게 외면하면서 살았습니다. 헛된 세상일에 너무 깊이 빠져있었습니다. 내내 재물을 쫓아다녔습니다. 한사코 명예를 탐했습니다. 권력을 지나치게 사모하며 단 한 줌이라도 더 움켜쥐기 위해 바빴습니다. 도움이 필요한 사람들에게 손을 내밀지 못했습니다. 가족조차 마음을 멀리하면서 살아왔습니다. 하나님의 교회를 몸 바쳐 사랑하지 못했습니다.

하나님! 저희들 철저히 참회하게 하여 주소서. 이제는 마땅히 사랑해야 할 것만 사랑하게 하시고, 멀리해야 할 것은 아예 바라다보지도 말게 하소서. 우리들이 온 마음을 다해 주를 찾게 하시고, 주의 계명에서 떠나지 않게 하소서.[255]

회개와 인도

아버지 하나님! 가정의 달입니다. 저희들 지금까지 가깝다고 가족들을 너무 함부로 대했습니다. 귀한 줄 몰랐습니다. 진정으로 사랑하지 못했습니다. 내키는 대로, 내 좋을 대로만 해도 되는 줄 착각하면서 살아왔습니다. 가족도 사랑하지 못하면서 남을 사랑하겠다고 나설 때가 많았습니다.

하나님! 그렇다고 오직 가족만 사랑하지는 않게 하소서. 우선 가족부터 온전히 사랑하고 내 주변부터 제대로 보살피게 하시되, 이웃과 더 넓은 세계로 보다 큰 사랑의 싹을 틔워가게 하소서. 왜 믿음, 소망, 사랑 가운데 사랑이 가장 중요한지를 온몸으로 깨닫고 실천하게 하소서. 널리 전파하게 하소서.

바른 신앙생활

하나님! 오월은 스승의 달이기도 합니다. 온 인류의 영원한 사표가 되시는 예수님의 삶을 본받아 주님 걸으셨던 길을 따르게 하소서. 각자 본분을 저버리지 않게 하소서. 주 안에서 마땅히 할 바를 먼저 다하고 자신이 하고 싶은 일을 하게 하소서.

마무리기도

오늘도 귀한 하나님의 말씀을 전하고 받습니다. 단 위에 세우신 ○○ 목사님을 깊은 사랑으로 두르셔서 힘차게 말씀을 전하게 하시고, 이 시간 말씀을 통해 모든 성도가 큰 감동과 감화를 받게 하소서. 예수님의 이름으로 기도드립니다. 아멘.

2002. 05. 19.

247. 어린이주일, 회개와 인도, 온전한 믿음, 신앙의 모범, 성령감화

찬양과 감사

 우리의 영원한 아버지가 되시는 하나님! 우리가 아무리 나이가 들고 오래 믿었어도 우리를 언제나 물가에 내 놓은 어린아이처럼 애태우며 지키시고 바른길 가기를 원하시는 아버지 하나님께 감사드리며 영광을 돌립니다.

 하나님! 우리의 어버이가 되어 주셔서 감사합니다. 세상 천하에 의지할 데가 한 군데도 없었던 막막한 시절에도 바로 우리 곁에 함께 계셔서 우리를 따뜻한 품에 안아 주시고, 모든 것을 다 내려놓고 싶었던 순간에도 어느덧 찾아오셔서 우리를 손잡아 일으키신 하나님! 감사합니다.

온전한 믿음

 고마우신 하나님! 어린이가 부모에게 참 기쁨과 행복을 선사하듯이, 우리도 항상 하나님을 즐겁게 하고 하나님께서 보람을 느끼실 일만 하면서 살아가게 하소서.

회개와 인도

 하나님 아버지! 육신의 눈으로 주변을 둘러 볼 때 우리들은 아이들이 마음을 놓고 살아갈 수 있는 환경을 만들지 못하고 있습니다. 하나님께서 천하보다도 더 귀하게 여기시는 어린 생명들이 세계 곳곳에서 먹을 음식이 없어서, 제대로 마실 물이 없어서 지금 이 시간에도 하나둘 스러져가는 데도, 우리는 그 아이들을 제대로 돌아보지 못하고 있습니다. 아니 관심조차 갖지 못한 채 하루하루 우리들의 배만 불리고 우리의 눈과 귀의 쾌락을 위해 분주했습니다.

 아버지 하나님! 우리는 아이들의 입을 통해 말씀하시는 하나님의 음성을 올바로 듣지 못했습니다. 어린이들의 신앙이 바르게 자라도록 지도하지 못했습니다.

신앙의 모범

 어른으로서 부끄러운 모습을 회개하오니 이제부터라도 아이들에게 본이 되고, 주님께서 그리 하셨듯이 아이들을 진정으로 아끼고 사랑함으로써 주님 뜻에 합당한 삶을 살아가게 하소서.

마무리기도

 평생 굶주리고 헐벗은 아이들을 위해 애써 오신 ○○○ 목사님을 통해 오늘도 주님의 귀한 생명의 말씀을 들을 때, 성령께서 우리의 마음을 감동시켜주셔서 넘치는 은혜를 받게 하시고 말씀을 실천할 수 있는 의지를 함께 주소서. 예수님의 이름으로 기도드립니다. 아멘.

2017. 05. 07.

248. 어린이주일, 은혜와 사랑, 자녀 · 손자녀 축복, 믿음과 지혜

찬양과 감사

 어린 나이에 부모와 형제 곁을 떠나 기나긴 나그네 생활을 할 때, 외롭고 슬프고 괴로울 때도 항상 함께하셨던 야곱의 하나님, 요셉의 하나님, 사무엘의 하나님, 우리 어린이들의 영원하신 하나님 아버지! 철없던 시절부터 우리를 사랑하여 주셔서 오늘에까지 이를 수 있도록 돌봐주시고 이끌어 주신 하나님께 영광을 돌립니다.

 하나님! 지난날을 되돌아 볼 때 하나님의 은혜가 아니었다면 우리가 인생길에서 어찌 위험한 고비고비를 잘 넘길 수 있었겠으며, 단순히 행운이라고 생각했던 그런 일들이 어떻게 우리에게 겹겹이 일어날 수 있었을까요! 우리를 항상 갓난아이처럼 고이 품어 안아주시고 우리가 신앙 안에서 올바로 성장할 수 있도록 길러주시고 가르쳐 주신 하나님께 감사와 찬송을 드립니다.

자손 축복

 은혜로우신 하나님! 어린이주일을 맞이하여 우리 모두 다함없는 사랑을 받는 자녀로서 하나님께 감사드리게 하시며, 어버이이신 하나님의 마음으로 우리의 어린 자식들을 온전하게 양육할 수 있는 믿음과 지혜를 허락하여 주소서.

 어린아이들이 어려서부터 하나님을 가슴속 가장 소중한 곳에 간직하게 하시고, 일생동안 하나님의 가르침에서 떠나지 않게 하시며, 혹시 하나님을 멀리 하거나 하나님의 말씀대로 살아가지 않을 때에는 곧바로 회개하고 다시 아버지께로 돌아와 아버지와 동행하는 삶을 최고로 가치 있게 느끼게 하시고, 신앙 안에서만 참된 기쁨을 누리게 하소서.

오늘 어린이주일을 맞이하여 목사님께서 우리에게 어린이 사랑에 관한 말씀을 전해 주실 때, 예수님께서 참으로 사랑하셨던 아이들의 마음을 어른으로서 제대로 헤아리지 못하고 아이들에게 상처 주고, 기를 펴지 못하게 하고, 아이들이 염려와 걱정을 안고 살도록 한 잘못을 다 뉘우치게 하시고, 우리들의 어린 시절을 떠올리며 우리 아이들이 하나님께서 창조하신 그 뜻대로 선하고 바르게, 구김살 없이 자랄 수 있도록 올바로 뒷바라지하게 하소서.

마무리기도

하나님 아버지! 말씀을 전하시는 담임목사님에게 영육 간의 강건함을 허락하셔서 독수리 날개 치듯 힘찬 기백으로 주신 사명 잘 감당하게 하소서. 우리를 옥죄고 있는 모든 근심과 고통의 사슬에서 헤어날 수 있도록 우리의 간절한 기도를 들어주셔서, 우리 모두 천진난만한 어린아이의 마음으로 밝게 웃고 즐거워하며 남은 인생을 살아가게 하소서. 예수님의 이름으로 기도드립니다. 아멘.

2015. 05. 03.

249. 어린이주일, 믿음의 성숙, 회개와 인도, 신앙의 성장과 진보

찬양과 감사

　우리의 영원한 아버지가 되시는 하나님! 우리를 구원하여 주시고 자녀삼아주신 아버지 하나님! 우리가 드리는 예배를 열납하여 주시고 홀로 영광을 받으소서.
　어린아이와 같이 작은 일에도 넘어지고 쓰러지는 우리의 유치한 신앙을 꾸짖지 아니하시고, 우리가 일어서서 걷고 뛸 수 있도록 안아주시고 손 내밀어 이끌어 주시는 하나님께 감사드립니다.

회개와 인도

　하나님 아버지! 우리의 어린 시절을 되돌아보면서, 또 지금도 여전히 유약한 우리의 믿음을 회개하면서 아버지의 용서와 위로와 격려를 간구하오니 우리를 돌아보소서. 매일 매시간 신앙의 성장과 진보를 이루게 하소서.

신앙의 모범

　은총의 하나님! 어린이주일을 맞았습니다. 주님께서 그토록 사랑하시던 어린 아이들이 주 안에서 참되고 아름답게 살아갈 수 있도록 충분히 뒷바라지 할 수 있게 하소서. 한편으로는 성인된 우리들 스스로 미숙한 신앙에서 벗어날 수 있도록 성령을 통해 날마다 가르치시고 깨우쳐주소서.

마무리기도

　오늘도 목사님이 '약속하신 성령을 기다리라'는 주제로 주님의 말씀을 선포하실 때 그 말씀을 우리의 마음속에 고스란히 받아들여서 성숙한 신앙인이 되게 하소서. 우리의 가정이, 자녀가, 손자녀가 주님의 온전한 사랑을 받을 수 있도록 인도하여 주소서. 우리 주 예수 그리스도의 이름으로 기도드립니다. 아멘.

2014. 05. 04.

250. 어린이주일, 동심 회복, 온전한 믿음, 자녀 · 손자녀 축복

찬양과 감사

사랑의 하나님! 갓난아이가 엄마의 품을 찾듯이 늘 하나님 아버지를 사모하게 하시며 오늘도 이렇게 아버지의 집으로 달려 나오게 하여 주셔서 감사합니다. 강요에 의해서가 아니요 의무감 때문에도 아니라 그저 반가운 마음으로, 어린아이와 같이 순진무구한 심정으로 아버지 앞에 나왔사오니 어설프지만 이 믿음 통해 하나님 큰 영광 받으소서.

온전한 믿음

예수님께로만 오면 기쁘고, 걱정·근심 없이 정말 즐거운 마음이 우리 일생에 떠나지 않게 하소서. 우리가 세상에서 방황하며 죄를 짓고 주님의 얼굴을 피할지라도 우리를 사랑하시는 그 마음으로 용서하여 주실 줄 믿사오니, 주님께로 오기만 하면 우리의 손을 붙잡고 어디서나 우리를 인도하여 주실 줄 믿사오니, 우리의 마음을 동심으로 되돌리셔서 주님의 음성을 듣게 하여 주시고, 주께서 명하시는 대로 살아가게 하시며, 주께서 원하시는 일이라면 일신의 유·불리를 따지지 말고 흔쾌히 따르게 하소서.

자손 축복

하나님! 우리의 자녀들, 손자녀들도 이런 믿음을 갖게 하소서. 우리가 신앙의 모범을 보여 우리의 자손들이 이를 따르게 하소서. 생각에서부터 흘러나오는 언행을 통해, 특히 말보다는 행동을 보고, 우리아이들의 신앙이 올바로 자라나게 하소서. 우리의 자녀가 온전한 주의 백성이 되고, 주께서 기뻐하시는 참된 제자가 될 수 있도록 기도하는 우리들이, 먼저 그러한 사람이 되게 하소서.

마무리기도

 아버지 하나님! 오늘 어린이주일에 축복과 격려의 메시지를 전하시는 목사님을 특별히 복 주시고 힘차게 북돋워 주셔서 아버지가 주신 사명을 기쁘고 즐겁게 감당하게 하시며, 우리 모두 어린아이의 마음과 같이 순수하게 하셔서 주의 일에 합심·협력하여 아름다운 ◎◎교회를 만들어가게 하소서. 예수님의 이름으로 기도드립니다. 아멘.

2016. 05. 01.

251. 어버이주일, 가정의 의미, 보호와 인도, 성령임재, 각성과 결단

찬양과 감사

하나님! 우리의 전심을 기울여 영광과 찬송을 드리옵나이다. 우리를 자녀로 삼아주시고 우리의 아버지가 되어 주셔서 감사합니다.

우리에게 첫 믿음을 심어 주신 이래로 지금까지, 아니 그보다 훨씬 전부터 우리를 보살펴 주시고 인도하여 주신 아버지! 하나님께서 우리 곁에 계시기에 우리는 언제나 든든하고 행복합니다. 어떠한 어려움과 고통이 있더라도 하나님께서는 우리에게 겁과 두려움에 사로잡히지 않는 담대한 신앙을 갖기를 바라시면서 우리를 건져주시고 회복시켜주실 것을 믿으며 감사를 드립니다.

가정의 의미

하나님의 사랑과 은혜를 우리는 육신의 부모를 통해 보고 듣고 느낍니다. 그러나 우리의 부모는 우리에게 헌신적으로 베풀었던 사랑을 극히 일부도 되돌려 받지 못한 채 이미 우리의 곁을 떠났고, 우리를 안고 업고 손잡아 이끌던 그 강성한 힘을 다 내려놓은 채 좁은 병상을 전체 삶의 공간으로 삼아 하루하루를 그저 연명해가고 있을 뿐입니다. 이 세상에서는 유례를 찾아보기 힘든 부모의 사랑을 되새기게 하시고, 이제부터라도 온전히 효도할 수 있는 마음의 각성이 일어나게 하소서.

성령이 인도하시는 우리의 가정이 거친 삶 속에서 노아의 방주가 되게 하시고, 하나님께서 주신 사명을 감당할 수 있는 믿음의 원동력을 재충전할 수 있는 전진기지가 될 수 있도록 도와주시옵기를 간구하오며, 예수님의 이름으로 기도드리옵나이다. 아멘.

2014. 05. 11.

252. 어버이주일, 진정한 효도 실천, 사랑과 헌신, 회개와 인도

찬양과 감사

　우리의 영원한 어버이이신 여호와 하나님! 그 크신 이름과 권능을 찬양하오며 전심을 다해 영광을 돌리옵나이다.

효도 실천

　아버지 하나님! 우리는 몹쓸 불효자였습니다. 아버지가 주신 소중한 자산인 깨끗한 몸과 마음과 영혼을 진흙 밭에서 모조리 망가뜨리고 인생의 두엄자리에서 허덕이던 탕자였습니다. 그런데도 우리를 하루아침에 내치지 않으시고 버선발로 뛰어나와 맞아주시는 아버지 하나님! 지난 한 주 동안에도 죄 가운데 파묻혀 지냈던 우리들이 아버지의 지극한 사랑과 주님의 온전한 헌신으로 죄 씻음 받고 이 자리에 설 수 있도록 이끌어 주셔서 감사합니다.

　어버이주일을 맞아 우리 자신들을 되돌아볼 때 영의 아버지이신 하나님께나 우리를 낳아주신 부모에게나 불효막심했음을 고백하지 않을 수 없습니다. 우리의 잘못을 회개하오니 용서하여 주소서. 이후로는 하나님과 부모에게 진정으로 효도하는 자녀가 되게 하소서. 영혼과 육신의 어버이가 기뻐하시고 즐거워하시며 보람을 느끼실 수 있도록 바르게 살아가게 하소서.

　하나님! 말씀을 통해 효도를 깨닫게 하시고 실천하게 하소서. 말씀을 전하실 목사님에게 더 큰 영력을 베풀어 주시고, 아버지의 자녀인 우리를 언제까지나 사랑과 은혜로 돌봐주소서. 예수님의 이름으로 기도드립니다. 아멘.

2015. 05. 10.

253. 어버이주일, 효도 실천, 자비와 은총, 천국안내, 회개와 인도

찬양과 감사

생명의 하나님! 사랑합니다. 하나님의 사랑이 얼마나 크고 깊은지 우리는 다 헤아릴 수 없지만 우리가 부모로부터 받아온 사랑, 있는 것은 말할 것도 없고 없는 것까지도 다 주고 싶은 자식에 대한 사랑에 비추어 조금은 미루어 짐작할 뿐입니다. 우리 중에 어느 누구도 자식의 목숨을 원수는커녕 은인의 생명을 구하기 위해서조차도 맞바꾸는 사람이 없고, 틈만 나면 등을 돌리고 당부하는 말을 어기기를 밥 먹듯 하는 사람을 한사코 품어 주는 이가 없으니, 주님의 목숨과 우리들 죄인의 생명을 교환하신 하나님의 그 놀라운 사랑을 우리가 어찌 다 깨달을 수 있겠습니까!

땅의 어버이를 통해서 우리를 세상에 태어나게 하시고 부모의 사랑을 보고 하나님의 자비와 은총을 깨닫게 하시는 하나님! 우리가 드리는 모든 영광을 받으소서. 하나님께서 간섭하지 않으셨다면 우리가 어찌 육을 입고 나올 수 있었겠으며 하나님께서 예정하지 않으셨다면 우리가 어떻게 주의 백성이 될 수 있었겠습니까?

회개와 인도

우리는 하나님을 대리하고 대신해서 우리를 양육한 육신의 부모에게마저 불효막심한 삶을 살았으니 생의 근원이신 하나님께는 더 드릴 말씀조차 없습니다.[256] 하나님의 명령은 등불이요 하나님의 법은 빛이며 하나님의 책망은 곧 생명의 길이거늘, 우리는 눈을 감고 귀를 막고 가슴을 꽉꽉 닫아 그 말씀을 외면하고 세상으로 세상으로 줄달음쳤습니다. 아버지 하나님! 우리의 그릇된 발걸음을 멈추게 하시고 올바른 길로 돌아서게 하소서.

효도 실천

하나님! 어버이주일을 맞아 기도합니다. 자나 깨나 자식이 바른길을 걷기를 간구하는 육의 부모와 주신 말씀 안에서 참 빛을 얻게 하시려는 아버지 하나님의 사랑이 결코 둘이 아닌 줄 우리가 아오니, 보이는 어버이를 공경함으로써 보이는 부모뿐만 아니라 하나님을 기쁘시게 하소서. 육신의 부모를 노엽게 함으로써 영의 아버지로부터 버림받지 않게 하소서. 하나님! 특별히 우리 가운데 믿지 않는 부모가 주를 영접하도록 도와주셔서 영원한 생명을 얻어 장차 천국에서 함께 생활하게 하소서.

아버지 하나님! 효도가 어버이날, 어버이주일, 가정의 달만의 행사에 그치지 않게 하시고, 부모로부터 물려받아 이 시간도 우리의 가슴속에서 쉼 없이 박동하는 심장처럼 생애 내내 멈추지 않고 이어지게 하소서. 부모는 언젠가는 홀연히 우리 곁을 떠날 것이거늘, 오늘도 어제까지처럼, 또 바로 잠시 잠깐 전과 같이 계속해서 우리와 함께 있을 것이라는 착각에서 벗어나게 하소서. 돌아가시고 나면 밤낮으로 그 영정을 붙들고 아무리 오랫동안 바라본들 단 한 순간도 직접 볼 수 없고, 목이 터지라고 어머니, 아버지를 불러본들 그 대답을 들을 수 없다는 것을 머리로만 말고 가슴으로 깨닫게 하소서.

마무리기도

오늘 목사님의 말씀을 통해 우리의 잘못된 효심을 바로잡고 주신 복을 다 누리게 하시며, 영적으로나 육적으로나 올바른 자녀로서 살아가게 하소서. 우리 주 예수 그리스도의 이름 받들어 기도 올리옵나이다. 아멘.

2013. 05. 12.

254. 어버이주일, 스승의 날, 민주주의 수호, 회개와 인도, 5월

찬양과 감사

　은혜가 풍성하신 하나님 아버지! 우리에게 5월을 주셔서 부모와 스승의 은혜를 되돌아보게 하시니 감사합니다. 영적으로 우리를 이 땅에 태어나게 하시고 사랑으로 길러 주시고 보살펴 주신 성부 하나님께 영광을 돌립니다. 우리 죄를 친히 지시고 말씀과 행적을 통해 인류의 영원한 사표가 되신 성자 예수님을 무궁토록 찬양합니다. 지금도 우리 안에 계셔서 마음을 살피시고 이끌어 주시는 성령 하나님께 감사를 드립니다.

회개와 인도

　아버지 하나님! 사람은 모두 필연적으로 하나님 곁으로 돌아가야 하기 때문에 언젠가는 육신의 부모와 헤어져야 하는 게 기정사실인데도 우리는 효도하기를 게을리하였습니다. 아니 아예 불효를 일삼았습니다. 부모를 힘입어 세상에 나와 부모로부터 아낌없는 사랑을 받고 성장하였는데도 부모 고마운 마음을 잊고 살았습니다.
　더 늦어지게 전에 부모를 정성껏 봉양하게 하시고, 부모가 행여 우리를 섭섭하게 한 것이 있다고 하더라도 어쩔 수 없는 상황이 있었을 것이라는 점을 깨닫게 하소서.
　하나님! 주 안에서 우리의 믿음을 북돋워 주시고 우리가 올바른 신앙의 길을 걷도록 인도하여 주시는 여러 목사님과 교회학교 선생님들을 위해 기도드립니다. 우리가 제대로 모시지 못하고 있사오니 주께서 부족함이 없도록 넉넉히 채워주소서.

민주주의 수호

　의로우신 하나님 아버지! 깊은 어둠에 잠겨 있던 우리나라에 새로운 희망이 싹트게 하여 주셔서 감사합니다. 다시는 5.18과 같은 비극과 어처구니없는 국정농단사태가 되풀이 되지 않게 하셔서 민주주의가 후퇴하지 않게 하소서.

마무리기도

  오늘도 귀하신 목사님이 우리에게 길이요 진리요 생명이신 주님의 말씀을 전하실 때 크고 넘치는 은혜가 이곳에 가득하게 하소서. 예수님의 이름으로 기도드립니다. 아멘.

2017. 05. 14.

255. 어버이주일, 스승의 날, 민주주의 수호, 지도자의 회개, 5월

찬양과 감사

감사와 보은의 달, 5월을 주신 하나님! 먼저 저희를 불러주셔서 자녀로 삼아주신 존귀하신 성부 하나님께 영광을 돌립니다. 시대와 공간을 초월해서 온 인류의 영원한 스승이 되신 성자 하나님, 우리 주 예수 그리스도께 경배드립니다. 앞으로 나아갈 수도 없고 그렇다고 뒤로 물러설 수도 없으며 사방을 둘러봐도 도움의 손길을 전혀 찾을 수 없을 때조차, 저희와 함께하셔서 보호자가 되시며 안내자가 되시는 보혜사 성령 하나님을 찬양합니다.

하나님! 육신의 부모를 통해 세상에 태어나게 하시고 양육 받게 하시며, 자녀를 통해 생명의 환희와 장래에 대한 희망을 갖게 하셔서 감사합니다. 인생의 수많은 선생님과 선배들의 가르침을 통해 무지몽매에서 벗어날 수 있도록 도와주셔서 감사합니다. 특별히 이 땅에서 주님의 역할을 대신 수행하고 있는 주의 사자들을 통해 진리와 생명의 길을 안내 받게 하여 주셔서 감사합니다.

참회와 용서

하나님! 그러나 저희들은 그동안 하나님께 불충하고, 부모에게 불효했으며, 스승에게 불손하고, 형제와 불화·불목했으며, 사랑하는 자녀들을 주님의 가르침대로 기르지 못했습니다. 저희들의 모든 죄와 허물을 자복하고 회개하오니 용서하여 주소서.

민주주의 수호

하나님 아버지! 기도합니다. 5.16과 5.18처럼 우리나라의 민주주의를 퇴보시키고 수많은 사람이 목숨과 양심을 위협받았던 뼈아픈 일들이 다시는 이 땅에서 재현되지 않게 하소서.

지도자의 회개

정치·경제·사회 지도자들이, 가장 낮은 사람들과 함께하셨던 우리 주님의 삶을 본받아 주권자인 국민을 지성으로 섬기고 받들게 하소서. 약속한 말은 반드시 지키고 스스로 모범된 삶을 살게 하소서. 그리하여 국민들이 마음에서 우러나 존경하고 따르게 하소서.

믿음회복

아버지 하나님! 무엇보다도 그리스도인인 저희들이 억압이나 박해에 의해서가 아니라 물질만능과 쾌락지상주의가 판을 치는 세상 풍조를 좇아 주님을 떠나 타락하고 좌절하는 그릇된 신앙자세를 바로잡아 주소서. 낮에나 밤에나 "너희는 마음에 근심하지 말고 오직 하나님과 나만을 믿으라."고 하신 주님의 말씀을 기억하게 하소서. 나그네 된 세상 삶을 사는 데 골몰한 나머지 저희들의 영원한 본향을 잊지 않게 하소서. 언제 어디서든 십자가 고난을 통해 저희 죄를 다 담당하시고 부활·승천하신 주님께서 저희를 위해 예비하신 천국만을 사모하게 하소서. 이 땅에서 짊어지고 있는 삶의 무게가 너무 과중해 고달프고, 때로 불편하고 어처구니없는 인간관계 때문에 지쳐 고단해질지라도, 주께서 세상 계실 때 느끼셨던 고독과 쓰라림을 되새기면서 인생의 모든 고통과 슬픔을 인내하고 극복하게 하소서.

오늘도 목사님께서 전해 주시는 생명의 말씀을 통해 저희들의 곤한 영혼과 심신을 따뜻하게 어루만져 주시고 치유해 주실 줄 믿사오며, 다만 예수님의 이름으로 기도드리옵나이다. 아멘.

2011. 05. 22.

256. 어버이주일, 은혜와 평강, 진실한 효도 실천, 위로와 평안

찬양과 감사

　육신의 부모가 베푸는 사랑을 통해서 하나님 아버지의 자비를 눈으로 보게 하시고 귀로 듣게 하시며 가슴으로 느끼게 하시는 하나님! 하나님의 은혜로 부모와 우리가 만나게 하시고 하나님의 사랑에 버금가는 사랑으로 양육 받고, 보호 받고, 인도 받게 하여 주셔서 감사합니다. 하나님의 은혜와 사랑을 어찌 한두 마디로 다 칭송할 수 있겠습니까! 우리의 한정된 생각으로나마 하나님께 영광을 드리오니, 우리의 찬양을 받아 주소서.

회개와 인도

　아버지 하나님! 우리는 큰 죄인으로 살고 있습니다. 하나님과 부모의 사랑을 제대로 깨닫지 못하고 하나님과 부모가 원하는 삶을 살지 못했습니다. 오히려 정반대로 살아왔습니다. 영육의 부모에게 불효한 죄를 자복하고 회개하오니, 용서의 하나님! 우리를 용서하여 주소서. 아버지 하나님! 뒤늦게나마 부모에게 효도하고 싶은 마음이 이렇게 간절한데도 부모는 이미 우리의 곁을 떠나갔음을 통탄해하는 우리를, 위로의 하나님! 위로해 주소서.

　불효를 거듭해온 우리를 셀 수 없을 정도로 많이 용서하고 안아주었던 양친보다 더 큰 사랑으로 우리를 돌보시는 하나님의 은혜를 평생 잊지 않게 하소서. 부모에게 효도하는 길은 부모가 바라는 대로 사는 것임과 같이, 하나님께서 원하시는 대로 살아서 영의 어버이이신 하나님께 진실한 효도를 하게 하소서. 이후로는 올바른 삶을 살게 하소서. 예수님의 이름으로 기도드립니다. 아멘.

2016. 05. 08.

257. 부부의 날, 끝없는 찬송, 온전한 믿음, 순종과 인도, 기도의 응답

찬양과 감사

사랑으로 이 세상이 평화롭고 모든 사람이 화평하게 지내기를 원하시는 하나님! 주께서 몸 바쳐 친히 하나님과 우리 사이에 화목제가 되심으로 우리의 죄가 용서받게 하시고, 하나님을 아버지라고 부를 수 있는 특권을 허락하여 주셔서 감사합니다.

순종과 인도

우리는 오직 아버지를 찬양하는 것 외에는 그 크고 넓은 은혜를 갚을 길이 없사오니, 우리 마음과 입술에서 밤낮으로 주를 향한 찬송이 끊이지 않게 하소서. 아버지! 우리의 삶을 온전히 주관하여 주소서. 우리의 모든 근심과 걱정과 소망과 기대를 주 앞에 고하오니, 우리의 기도를 들어 응답해 주소서. 우리 각자가 주님이 가라 하시면 가고 주께서 멈추라 하시면 멈추게 하소서. 세상이 아니라 주님의 십자가가 우리 눈에 보이게 하시며, 우리의 눈이 아니라 주님의 눈으로, 우리의 가슴이 아니라 주님의 가슴으로 형제를 바라보고 그 마음을 품게 하소서.

온전한 믿음

하나님! 오늘은 부부의 날입니다. 둘이 하나가 되어서 두 손 꼭 잡고 주의 영광을 찬양하게 하소서. 하나님 기뻐하시는 일들을 힘을 합쳐 함께 이룰 수 있게 하소서.

가정의 달에 소외와 차별과 영과 육의 굶주림과 목마름에 힘겨워하는 모든 영혼들을, 아버지! 굽어 살피소서. 예수님의 이름으로 기도드립니다. 아멘.

2017. 05. 21.

258. 스승의 날, 사랑과 은혜, 성령강림절, 초청과 동행, 온전한 믿음

찬양과 감사

영원토록 우리와 함께 있게 할 진리의 영을 우리에게 보내주셔서 성령을 통해 하나님 아버지의 사랑과 은혜를 깨닫게 하시는 하나님! 우리를 초청해 주시고 우리와 동행해 주시는 성령 하나님께 찬양과 감사를 드립니다.

인류의 구원자이시자 영원한 스승이신 주님을 이 땅에 보내주셔서 우리를 살리시고 우리가 살아가야 할 길을 온전히 보여 주신 아버지 하나님! 스승의 날을 맞아 아버지의 사랑과 주님께서 보여 주신 모범을 찬양하오며 이 자리에 엎드렸사오니, 우리가 드리는 예배를 받아 주소서.

온전한 믿음

지혜와 명철의 하나님! 우리가 세상에서 살아갈 때 주님께서 어떻게 말씀하시고 행하시며 스스로 본을 보이셨는지를 늘 기억하게 하시고, 주님의 가르침에 따라 살아가게 하여 주소서. 성경에 나오는 선지자들의 바른 삶을 본받아 주께서 기뻐하시는 성도가 되게 하여 주옵시고, 목사님을 비롯해 우리에게 주님을 대신하여 스승으로 세워주신 분들을 공경하며 전하는 성경말씀을 주님의 음성으로 새겨서 올바른 인생을 살아가게 하여 주소서.

하나님! 또한 우리 각자가 우리의 자녀를 포함해서 우리와 인연을 맺고 살아가는 사람들에게 주님의 교훈과 사랑을 증거할 수 있는 작은 선생이 되어서, 땅끝까지 주의 나라가 건설될 수 있도록 힘쓰게 하여 주시고, 그래서 주님께서 기뻐하실 수 있도록 인도하여 주소서.

마무리기도

오늘도 말씀을 통해 모두가 은혜 받게 하여 주시고, 하나님의 사랑 속에 새로운 한 주를 보람되게 살게 하여 주소서. 예수님의 이름으로 기도드립니다. 아멘.

2016. 05. 15.

259. 스승의 날, 기쁨과 소망, 말씀의 은혜, 회개와 인도, 성령충만

찬양과 감사

크고 놀라운 일을 행하시는 하나님! 아버지께 영광과 찬송을 드리기 위해 이 자리에 나온 우리에게 은총을 베풀어 주소서.

아버지께 나아올 때 기쁨과 소망을 주셔서 감사합니다. 아버지의 사랑과 은혜를 생각하면서 험한 세파를 잘 헤쳐 나갈 수 있게 하여 주셔서 감사합니다. 마음에 흡족하지 않은 일이 많을지라도 하나님께서 채워주시고 위로하여 주실 줄 믿고 오히려 기뻐할 수 있는 신앙을 주신 아버지 하나님! 감사합니다.

회개와 인도

하나님! 우리가 지은 죄가 주홍빛같이 붉을지라도 주님의 십자가 보혈로 우리의 잘못을 씻어 주소서. 살아계신 하나님을 전폭적으로 의지하지 못하고 세상적인 근심과 걱정에 휩싸였던 불신앙을 용서하여 주소서.

오늘도 아버지의 말씀을 그리워하며 예배드리고 있사오니, 말씀으로 우리의 거친 영혼이 부드러워지고 굳은 마음이 제대로 풀려서 아버지께 진정한 감사와 찬양을 드리게 하소서.

마무리기도

말씀을 전하실 목사님과 말씀을 전해 듣는 우리 모두에게 성령이 함께하셔서 오늘 예배시간이 성령으로 가득한 은혜의 시간이 되게 하소서. 우리의 영원한 구주가 되시며 모든 인류의 참스승이신 예수님의 이름으로 기도드립니다. 아멘.

2015. 05. 17.

9. 사랑과 보은 주석

251 창세기 6:5
252 창세기 37:5-11
253 민수기 14:4-10
254 창세기 4:5-6
255 시편 119:10
256 잠언 6:20

10

계절과 명절

계절

- 봄 482
- 여름 498
- 가을 508
- 겨울 514

월별

- 1월 518
- 2월 522
- 3월 524
- 4월 528
- 5월 532
- 6월 536
- 7월 540
- 8월 544
- 9월 548
- 10월 554
- 11월 558
- 12월 562

명절

- 설 566
- 추석 572

260. 봄, 참회와 용서, 성령임재, 심령부흥회, 성전신축, 3·1절

찬양과 감사

다시금 만물이 약동하는 새로운 계절을 주신 하나님! 오늘 즐거운 성일에, 마음을 하나로 모아서 주께 영광 돌리오니 우리가 드리는 예배를 기쁘게 받아 주소서. 봄이 시작되는 삼월의 첫 주일, 첫 날을 맞아 우리의 심령을 새롭게 할 부흥성회를 허락하여 주셔서 감사합니다.

참회와 용서

아버지 하나님! 이 시간 기도하오니 은혜 충만한 말씀을 받기 전에 먼저 우리의 마음을 깨끗이 비우게 하소서. 아버지의 말씀을 저버리고 주께서 기뻐하시는 일을 멀리하고 우리의 고집대로, 또 세상이 손짓하는 대로 유혹과 쾌락에 젖어 살면서 아버지를 실망시킨 우리의 죄를 모두 자복하고 용서받게 하여 주소서. 오직 주님의 보혈의 공로밖에 의지할 길 없는 우리를 긍휼히 여겨주셔서 이 은혜의 잔치에 합당한 심령으로 변화시켜 주소서.

성령임재

이번 성회 기간에 우리 모두에게 성령의 강한 바람이 폭풍처럼 임하게 하소서. 주님을 제대로 알지 못하여 갈팡질팡하는 마음을 붙들어 주소서. 작은 비바람에도 쓰러지고 넘어졌던 신앙을 굳건히 세워 주소서. 질병과 가난과 외로움으로 몸과 마음이 너무도 괴롭고 아파서 때로는 주님을 원망하기까지도 했던 우리의 옅은 신앙을 바로 잡아 주소서. 이번 부흥회에서 아버지의 말씀으로 심령이 새롭게 태어나서, 이제는 오직 신앙의 기쁨만이 우리의 일생을 힘차게 감돌게 하소서. 언제 어디서나 주님이 우리와 함께하신다는 믿음이 우리를 떠나지 않게 하시고, 무엇보다도 아직도 주님을 영접하지 못한 이들을, 또한 주를 이제 막 믿기 시작한 성도들을 배나 사랑하여 주셔서, 이번 심령부흥회 기간 동안에 우리 예수님을 온전한 구주로 확실히 받아들이게 하소서.

3·1절

오늘은 아흔 여섯 번째 삼일절입니다. 지난 시대 우리들의 잘못으로 나라를 넘겨주고 성씨와 나랏말마저 빼앗겼던 괴로움과 쓰라림을 다시는 되풀이하지 않도록 우리를 크게 일깨워주시고, 과거의 교훈을 잊어버린 채 또다시 전쟁의 길로 접어들려고 하는 일본의 그릇된 시도가 한낱 헛된 물거품으로 사라지게 하소서.

성전신축

하나님! 이번 부흥회를 위해 우리 교회에 보내주신 목사님에게 더욱 크신 사랑과 권능을 베풀어 주셔서, 말씀을 듣는 우리에게 깊은 깨달음과 울림이 있게 하소서. 설레는 마음으로 부흥회를 기다리며 기도해온 우리 모두가 큰 은혜를 받고, 이제는 주님을 제대로 한 번 믿을 수 있도록 신앙을 온전히 갈무리하게 도와주소서.

연말까지 백 개 이상의 교회를 새롭게 세우겠다고 하는 목사님의 간절한 기도가 꼭 이뤄질 수 있도록 주께서 보살펴 주옵시고, 우리 교회도 창립 70주년이 되는 2017년에는 어김없이 새로운 성전을 주님께 바치고 새로운 교회 개척에 힘을 합칠 수 있도록 각 사람에게 놀라운 신앙과 살림의 진보가 있게 하소서. 풍성한 은혜를 사모하오며, 예수님의 이름으로 기도드립니다. 아멘.

2015. 03. 01.

261. 봄, 참회와 용서, 믿음의 약동, 은혜와 평강, 성령임재, 3월

찬양과 감사

그리스도 안에서 저희를 부르셔서 아버지의 영원한 영광에 들어갈 수 있도록 하신 모든 은혜의 하나님! 때때로 고난을 당하는 저희를 친히 온전하게 하시며, 굳건하게 하시며, 강하게 하시며, 터를 견고하게 하신 아버지 하나님께 영광을 돌리옵나이다.[257] 하나님과 예수님을 앎으로써 은혜와 평강이 저희에게 넘치게 하여 주신 하나님을 찬양하오며 감사드리옵나이다.[258]

참회와 용서

사랑의 하나님! 이 시간 말씀을 듣기 전에 저희들의 잘못을 회개하오니, 우리 주 예수 그리스도를 알려고 하는 데 있어서 게으름을 피우고 열매를 맺지 못하는 신앙을 용서하여 주소서.[259] 저희들은 눈이 어두워 멀리 보지 못하고 저희의 옛 죄가 깨끗하게 된 것을 잊었사오니, 저희들의 허물을 사하여 주소서.[260]

마무리기도

말씀을 전하시는 목사님에게 영감이 넘쳐흐르게 하시고 직분을 수행하는 과정에서 기쁨이 충만하게 하소서. 전도사님께도 동일한 은혜를 허락하셔서 건강한 몸과 마음과 영혼으로 일생동안 그리스도의 사역을 감당하는 데 어려움 없게 하여 주소서.

성령이 함께하셔서, 3월과 함께 다시 찾아온 새봄에 저희들의 믿음이 새롭게 돋아나, 장차 아름답게 꽃피고 튼튼하게 자랄 수 있게 하여 주소서. 예수님의 이름으로 기도드리옵나이다. 아멘.

2012. 03. 04.

262. 봄, 회개와 인도, 은혜와 사랑, 온전한 믿음, 충성과 헌신

찬양과 감사

한 주 내내 한 일이라고는 죄 지은 것밖에 없고, 죄인이라는 것 말고는 내세울 것 하나 없는 저희들을 내치지 아니하시고 포근히 안아주시고 감싸주시는 하나님! 그 은혜와 사랑에 깊이 감사드리며 오직 주 여호와 하나님께만 영광과 찬송을 돌리옵나이다.

회개와 인도

소생케 하시는 하나님! 저희 모든 잘못을, 허물을 자복하고 회개하오니 용서하여 주소서. 그래서 만물이 약동하는 새봄을 맞아 더욱더 활기찬 모습으로 주님 기뻐하시는 일만 하게 하소서. 저희들 몸도 마음도 영혼도 모두 주의 일을 첫 번째 자리에 놓게 하시고, 주님 뜻이 아니라면 아무리 저희에게 유익한 일이라도 멀리하게 하소서. 세상의 방법으로 생각하거나 세상의 이해관계에 따라 지내지 않게 하시고, 주님께서 기뻐하시는 방식, 주님께서 가르쳐 주신 말씀에 따라 살아가게 하소서. 주님의 삶을 본받아 하나님께서 창조하시고 구원하신 그 뜻대로 살아가게 하소서.

마무리기도

하나님! 오늘 말씀을 전하시는 목사님의 심신을 강건케 하셔서 주신 사명 잘 감당하게 하시고, 이 자리에 둘러앉아 함께 예배드리는 모든 심령이 큰 은혜와 축복을 누리게 하소서. 예수님의 이름으로 기도드리옵나이다. 아멘.

2011. 03. 06.

263. 봄, 믿음회복, 은혜와 평강, 참회와 용서, 성령임재, 3월

찬양과 감사

아버지 하나님! 학생들은 새롭게 입학을 하거나 새 학기를 시작하고, 농민들은 씨앗 뿌릴 채비를 서두르고 있으며, 겨우내 포구에서 닻을 내리고 있던 어선들도 본격적으로 고기잡이에 나서는 봄입니다.

저희에게 새봄을 주신 하나님께 영광 돌리며 거룩한 주일아침예배를 드리옵나이다. 아버지 하나님! 만물과 만사가 새로 시작되는, 생동하는 봄을 주셔서 감사합니다.

참회와 용서

하나님! 오늘 아버지 앞에 나와서 지난겨울의 묵은 때, 그동안 짓고 저질렀던 갖가지 죄악과 허물을 자백합니다. 생각만 해도 부끄러운 잘못을 아버지께 고하며 용서해 주시기를 간구하오니, 아버지! 이 시간 저희들의 모든 죄를 사하여 주소서.

믿음회복

새로 시작하는 이 춘삼월에 저희들의 신앙도 오랜 겨울잠에서 깨어나 풋풋한 새봄을 맞게 하소서. 저희들 허망한 생각을 할 시간에 기도하고 묵상하게 하시며, 남의 험담을 할 여유가 있으면 전도하게 하시고, 세상의 즐거움에 취할 짬이 날 때마다 주님을 찬송하고 말씀을 깊이 상고하게 하소서.

은혜와 평강

아버지 하나님! 주님 아니시면 어느 누구에게도, 그 무엇에도 의지할 바 없고, 빌 길이 없는 성도들, 심령이 가난하거나 육신이 고달픈 형제자매들을 위로하여 주시고 일으켜 세워주셔서, 주님께서 기뻐하시는 신앙의 길을 뛰고 달리게 하소서.

마무리기도

 오늘 주시는 말씀을 통해서 회개하고 용서 받고 결단하는 은혜를 체험케 하소서. 말씀을 증거하시는 목사님에게, 준비하실 때부터 성령께서 인도하시고 말씀을 전할 때에도 성령이 살아 역사하셔서 힘 있는 말씀이 되게 하소. 모든 것을 주님께 의탁하오며 예수님의 이름으로 기도드립니다. 아멘.

2010. 03. 21.

264. 봄, 사순절, 참회와 용서, 믿음회복, 전도와 선교, 절대고독

찬양과 감사

겨울이 가고 봄이 오면서 추위가 가시고 다시 따뜻한 기운이 대지에 감도는 이 엄연한 자연의 질서와 조화를 부여하신 아버지 하나님! 연년세세와 온누리의 주인이 되시는 아버지 하나님의 높으신 이름을 찬송하고 찬송합니다. 때로 아무에게도 또 그 무엇에도 의지할 길이 없고 또 의존할 마음마저도 생기지 않는 절대고독의 순간에도 우리 곁에 찾아오셔서, 우리를 위로해 주시고 격려해 주시고 그래서 새 힘을 얻게 해 주시는 하나님의 은혜에 감사드립니다.

참회와 용서

하나님! 우리는 생활의 중심에 하나님을 모시지 못했습니다. 하나님을 성실히 섬기겠다고 마음을 먹고 또 입술로는 고백했지만 그러한 다짐이 우리 삶의 순간순간들을 온전히 지배하지는 못했습니다. 우리의 어리석은 믿음과 생활을 엎드려 회개하오니 용서하여 주소서.

믿음회복

회복시키시는 하나님! 만물이 새로워지는 봄이 되었으니 우리도 이제는 움츠러든 믿음의 기세를 활짝 펴게 하소서. 고목처럼 말라 비틀어져 겨우 명맥만 유지하고 있는 신앙의 근본을 되찾게 하소서. 메마른 심령의 밭을 갈아엎어 다시 믿음의 새움이 돋게 하시며, 그 싹이 성령의 빛과 영양분으로 무럭무럭 자라게 하소서. 그리하여 사랑과 소망의 열매를 넉넉하게 맺어서, 모든 사람이 그 결실을 보고 주께로 달려 나오게 하소서.

전도와 선교

　질서의 하나님! 경제적 침체와 사회적 파탄과 정치의 실종으로 갈피를 잡지 못하고 희망을 잃어버린 금세기 세계 만민들이 모두 다 주께로 다가와, 주님만 바라보며 서로 돕고 의지하게 하소서. 이스라엘뿐만 아니라 전 세계의 역사를 통해서 주께서 실존해 계심을 여실히 보여 주시고 깨닫게 하신 아버지 하나님! 오히려 모든 것이 뒤죽박죽 범벅이 되어버린 이 시기야말로 모두가 주께 나와 회개하고 새로운 갈 길을 얻을 수 있는 좋은 기회이오니, 우리의 중심을 붙들어 주시고 바른길로 인도하여 주소서.

마무리기도

　오늘도 목사님을 통해 전해 주시는 말씀을 받아 우리의 잘못된 신앙을 바로잡고 심령을 온전케 하셔서, 주의 성실한 십자가 군병이 되어 세상을 정복하게 하소서. 사순절을 보내며, 또 새로운 봄을 맞아, 신앙의 각성과 전진을 염원하는 우리 모두의 기도에 응답하여 주실 줄 믿고, 예수님의 이름으로 기도드립니다. 아멘.

2013. 03. 03.

265. 봄, 사순절, 회개와 인도, 영적 각성과 결단, 온전한 믿음

찬양과 감사

하나님! 추위가 물러가고 새봄을 맞게 하여 주시니 감사합니다. 우리 인생길에 있어서도 높은 산을 오르고 또 깊은 계곡에 들어간다고 하더라도, 빛 가운데로 걸어가기만 하면 주께서 언제나 지켜주실 것이라고 하는 믿음에 의지하여 살아가게 하여 주시니 감사합니다. 분주한 세상일을 잠시라도 내려놓고 아버지의 전으로 나왔사오니, 우리의 심령을 붙들어 주셔서 주께 온전한 마음으로 예배드리게 하소서. 우리가 드리는 찬송을 통해 큰 영광을 받으소서.

회개와 인도

구원의 하나님! 저희는 큰 추위가 닥쳤을 때 주께서 다시 따뜻한 봄을 주실 것이라는 믿음을 갖지 못했습니다. 높이 솟은 산봉우리와 험한 골짜기를 만났을 때 주님께 간절히 매달리지 않고 세상의 방식대로만 해결하려고 하였습니다.

하나님! 용서하여 주소서. 우리가 진 짐이 아무리 무겁다고 하더라도 주께 아뢰면 다 덜어 주실 줄 믿사오니, 이후로도 오직 주님만 바라보게 하소서. 이 사순절이 주님의 십자가의 고난을 바로 우리의 고통으로 실감하고, 주님 가신 길을 본받고 따르겠다고 다짐하는 각성의 절기가 되게 하소서.

마무리기도

목사님께로부터 듣는 아버지의 말씀이 우리의 심령을 변화시켜 주님을 온전히 믿게 하소서. 예수님의 이름으로 기도드립니다.

2018. 03. 11.

266. 봄, 전도와 선교, 3·1절, 위정자의 각성, 회개와 인도, 사회재난

찬양과 감사

하나님! 아직도 아침저녁으로는 찬 기운이 감돌기는 하지만 절기는 이제 어느 덧 봄의 문턱에 들어섰습니다. 세월이 참 빠르게 지나가고 있습니다. 저희들 이처럼 새롭게 맞은 봄날에 하나님께 영광 돌리고 감사드리며 아름답게 살아갈 수 있게 하여 주소서.

하나님! 지난겨울에는 유난히도 눈이 많이 왔고 날씨도 무척 추웠습니다. 하지만 계절이 됐든 인생이 됐든 춥고 괴로웠던 시절, 서럽고 아픈 기억들은 이제는 모두 다 접고, 오직 하나님 기뻐하시는 삶을 이어가게 하여 주소서.

형통케 하시는 하나님! 둘러보면 모든 것이 다 하나님께 감사드릴 것뿐입니다. 하나님께서는 너무나 막막해서 앞이 캄캄할 때도 저희들을 그냥 좌절하게만 하지는 아니하셨습니다. 희망을 갖고 인내하게 하셨고, 고난 바로 뒤에 다가올 영광의 날들을 바라보게 하여 주셨습니다. 한없이 고통 받을 때도 세상 사람들과는 달리 가만히 앉아서 신세한탄만 하게 하지는 아니하셨습니다.

회개와 인도

저희들은 이처럼 지난날을 되돌아볼 때마다 사람의 힘으로는 도저히 이루어질 수 없는 숱한 일들이 성령의 도우심으로 결국은 은혜롭게 마무리된 것을 보고 느끼면서도, 일만 생기면 또다시 산술적으로 셈하는 버릇을 여전히 버리지 못하고 있습니다.

치유의 하나님! 앞으로도 힘겨운 날에는 하나님께서 장차 주실 더 큰 상급을 보게 하시고, 기쁜 날에는 하나님께서 주신 넘치는 복과 은혜를 찬양하게 하소서. 늘 기뻐하고 즐거워하게 하소서. 가난할 때도 하나님의 약속을 굳게 믿고 의지하면서 하나님께 영광 돌리게 하소서. 병상에서도 간절한 마음으로 기도하고 뜨겁게 찬송을 부르는 동안에 병마가 씻은 듯이 물러나고 병든 몸과 마음이 곧바로 회복되게 하소서.

나라와 민족

아버지 하나님! 어제는 삼일절이었습니다. 기미년 독립만세를 부른 지도 84년이 지났습니다. 세월이 흐르면서 항일과 반일 그리고 극일에 이어서 이제는 한일 간에 새로운 공존의 틀을 마련해 가고 있는 중입니다.

하나님! 하지만 일본을 용서할 수 있을지는 몰라도 우리 조상들이 당했던 그 모진 억압과 고난을 잊지는 않게 하여 주소서. 그래서 다시는 우리 한민족이 다른 나라로부터 압제나 식민통치를 받는 일이 결코 일어나지 않게 하여 주소서. 우리나라가 정치적 또는 군사적으로 뿐만 아니라 경제나 문화를 포함한 모든 분야에서 세세무궁토록 면면히 민족의 자존을 이어나갈 수 있게 하여 주소서.

위정자를 위한 기도

따라서 아버지 하나님! 이제 갓 출범한 ◇◇정부를 사랑과 은혜로 온전히 지켜 돌봐 주소서. 대통령이나 소수의 집권세력을 위해서가 아니라 모든 국민이 평화롭게 잘살고 더불어 번영을 누릴 수 있도록 이번부터는 이 나라에 반드시 성공하는 정권들이 이어지게 하여 주소서.

사회재난

하나님! 또한 삼일절을 맞아서 신앙적으로도 일대 회개운동이 일어나기를 간절히 기도합니다. 일본은 삼십 오년 만에 해방과 함께 우리나라에서 완전히 물러갔지만, 저희들은 지금 물질만능으로 대표되는 거대한 세속의 힘과 불신앙의 늪에 빠져 헤어나지 못하고 있습니다. 삼일독립만세를 외쳤던 그 담대하고 처절한 심정으로 이제는 죄악된 생각과 행동으로부터 철저하게 해방되고 단절되게 하여 주소서.

그리하여서 아무런 잘못도 없는 귀중한 생명들을 송두리째 앗아간 대구지하철 참사와 같은 너무나 어처구니없는 일들이 다시는 일어나지 않게 하여 주소서. 아버지 하나님! 결과적으로 저희들이 전도를 게을리해서 이런 일이 생겼습니다. 빗나간 염세주의와 세상을 향해 무모하게 터뜨린 분노를 저희들이 미리 껴안지 못해 이처럼 엄청난 일이 벌어졌습니다. 아직도 슬픔을 가누지 못하는 유족과 부상자들의 눈물을 씻어 주시고, 이 험난한 세태를 아무런 손도 쓰지 못한 채 그대로 방치한 저희들의 잘못을 용서해 주소서.

마무리기도

하나님! 말씀을 전하기 위해 단 위에 세우신 목사님을 강한 팔로 붙들어 주옵시고 이전보다 더욱더 사랑해 주소서. 갑절의 영감과 활력으로 이 시간 피차 큰 은혜 받게 하여 주소서. 예수님의 이름으로 기도드립니다. 아멘.

2003. 03. 02.

267. 봄, 총동원주일, 하나님의 섭리, 교회의 부흥, 인도와 위로

찬양과 감사

천지를 지으시고 가꾸시는 하나님! 때는 바야흐로 날로 푸른빛을 더해가는 신록이 꽃보다도 더 아름다운 계절입니다. 저희들에게 또다시 이러한 좋은 시절을 허락해 주셔서, 철따라 새롭게 변해가는 대자연의 풍경을 통해 하나님의 위대한 섭리를 깨닫게 하시고, 그 경관을 마음껏 즐기게 하여 주셔서 감사합니다.

참회와 용서

하나님! 세상에서 보내는 날들이 주의 전에서 머무는 시간보다 훨씬 더 많기 때문에, 저희는 잡다한 세상사에서 벗어나지 못한 채 세상과 더불어 먹고 마시며 주님을 잊고 살았습니다. 죄짓기에 골몰한 나머지 하나님의 은혜를 헤아려 볼 시간이 없었습니다. 바쁘다고, 번거롭다고 핑계하며 전도할 틈을 내지 못했습니다. 기도를 게을리하고 성경을 멀리했습니다. 그러면서도 하나님이 우리 아버지라고 자랑하고 다녔습니다. 이 시간 저희들은 다만 주님의 십자가 보혈의 공로만을 힘입고 엎드렸사오니, 저희 모든 죄를 용서하여 주셔서 이 예배를 드리는 데 합당하게 하소서.

인도와 위로

아버지 하나님! 지금 우리나라는 역사상 가장 풍요로운 한 때를 맞았지만 경제난으로, 각종 질병으로 그리고 헤어나기 힘든 가정사 때문에 고통을 받고 있는 심령들이 너무나 많습니다. 모든 은혜의 하나님께서 잠깐 고난을 당한 저희를 친히 온전하게 하시며, 굳건하게 하시며, 강하게 하시며, 그 터를 견고하게 하실 줄 믿사오니,[261] 아버지 하나님! 천지간에 하나님 한 분밖에는 의지할 데가 없는 저희들을 붙들어 주소서. 위로하여 주소서. 갈 길을 밝히 보여 주소서. 저희가 이렇게 힘든 것은 주님의 능력이 저희에게 머물러 있도록 하려는 것임을 굳게 믿고 오히려 약해지고, 괴롭고 슬퍼서 견디기 힘들 때, 하나님의 은혜를 더욱더 사모하면서 크게 기뻐하게 하소서.[262]

총동원주일

하나님! 저희들은 교회가 더 이상 퇴보해서는 안 된다는 절박한 심정으로 이번 총동원전도주일을 준비하고 있습니다. 이 일이 단순한 연례행사로만 그치지 않게 하소서. 회심하고 마음과 뜻을 하나로 모으는 미스바대성회가 되게 하소서.[263]

모두가 회개하고 일심으로 전도하며 하나님에 대한 믿음과 주님 사랑을 나타내고 보여 주는, 실행·실천하는 집회가 되게 하소서. 뒤에 숨어서 주저하며 머뭇거리며 마지못해 따라가지 않게 하시고, 기쁜 마음으로 앞장서서 나아가게 하소서.

은총의 하나님! 이 총동원주일이 교회발전의 일대 전환점이 되게 하소서. 교회부흥의 기폭제가 되게 하소서. 이제는 떠나는 교회, 오기 꺼려하는 교회가 되지 않게 하시고, 설레는 마음으로 모여드는 교회, 기쁨으로 다시 찾는 교회, 간절한 심정으로 되돌아오는 교회가 되게 하소서.

이 강단에서 울려 퍼지는 말씀이 살아 움직이는 말씀이 되게 하소서. 잠자는 영혼을 깨워 일으켜 세우고, 새 힘을 얻게 하시며, 주를 위해 온 몸과 마음을 바치겠다고 다짐하는 결단의 원동력이 되게 하여 주소서. 예수님의 이름으로 기도드립니다. 아멘.

2004. 05. 23.

268. 봄, 자연재해(지진과 쓰나미), 초월적 신앙, 교회학교 교사 축복

찬양과 감사

하나님 아버지! 만물이 소생하는 새봄을 맞게 하셔서 삶의 신비를 깨닫게 하여 주시니 감사합니다. 대자연을 새롭게 회복시켜 주시는 섭리를 통해서 실의와 좌절을 딛고 일어설 힘을 주시고, 정연한 순환의 질서를 통해서 흐트러진 마음을 다잡을 수 있게 하여 주시니 감사합니다.

우주를 오묘하게 창조하시고 천지를 이치에 따라 다스리시는 하나님께 영광과 찬송을 돌리며, 거룩한 주일 아침 저희들의 몸과 마음과 영혼을 주께 모두 바치오니, 저희 죄를 다 씻어 정결케 하시고 심령이 오직 주님의 말씀으로 충만케 하소서.

회개와 용서

아버지! 온 도시를 가라앉히며 덮친 대지진과 쓰나미를 보면서, 인류의 가장 큰 걸작 가운데 하나라고 외치기도 하는 원자력의 부산물인 방사능의 유출소식을 접하면서, 하나님 앞에서 인간이 얼마나 나약한 존재인지 절감하며 교만했던 마음을 회개합니다.

하나님! 일시에 가족과 재산, 삶의 터전을 잃고 망연자실해 하는 심령들을 위로하시고, 더 이상의 피해가 없도록 크신 자비를 베풀어 주소서. 아울러 기독교신자가 1퍼센트도 안 되는 일본이 어서 빨리 과거의 모든 잘못을 뉘우치고 하나님께로 나아오게 하소서.

기도의 결실

저희 심중에 있는 자그마한 소망까지도 모두 다 헤아리시는 아버지 하나님! 교회를 위해, 사회를 위해, 나라와 세계평화를 위해 그리고 더욱 솔직하게는 자신과 가족을 위해 간절히 드리는 기도가, 아버지 보시기에 선하시거든 시일을 지체 말고 어서 속히 이루어 주소서. 주님의 뜻에 합당하다면 기한이 되기 전에, 더 늦어지기 전에 모두 이루어 주소서.

초월적 신앙

하나님 아버지! 물질을 넉넉히 허락해 주셔서 맘껏 주님의 사업을 펼칠 수 있게 하시되 주님의 것을 성별케 하셔서, 소유로 인해 낙망하거나 시험에 들지 않게 하소서. 주님의 백성이 너무 없어서 고통 받거나 업신여김 당하지 않게 하소서. 그러나 지나치게 풍족하여서 하나님께서 현존하신다는 사실을 망각하거나 도외시하지 않게 하소서. 소유가 많든지 적든지 육신이 평안하든지 괴롭든지 오직 아버지만 섬기고 따르게 하소서.

교회학교 교사 축복

하나님! 말씀을 통해 이러한 다짐을 새롭게 하는 이 시간 되게 하소서. 말씀을 전하시는 우리 목사님의 영혼과 심신이 강건하도록 도와주소서. 지치지 않게 하시고 고통 받는 일 없게 하소서.

하나님께서 누구보다도 사랑하시는 어린이들과 청소년들을 지도하시는 교회학교 선생님들에게 큰 복을 내리셔서, 하나님을 영화롭게 하고 사람들에게 은혜를 나누어 주게 하소서. 예수님의 이름으로 기도드립니다. 아멘.

2011. 03. 13.

269. 여름, 참회와 용서, 범사에 감사, 나라와 민족, 인류공영

찬양과 감사

아버지 하나님! 유난히 견디기 힘든 올여름도, 아직 무더위가 남아 있기는 하지만 이제 막바지에 접어들었습니다. 찌는 듯한 더위와 거센 비바람 속에서 저희들을 보호하여 주신 아버지께 감사를 드리며 영광을 돌립니다.

참회와 용서

하나님! 그러나 십자가 군병이 되어서 선한 싸움의 맨 앞장에 서야 할 저희들은 반대로 사탄 마귀의 괴수가 되어 주님과 대적하였습니다. 헐벗고 굶주리고 짓눌렸을 때 입혀주시고 먹여주시고 사방의 돌을 치우고 일으켜 세워주신 하나님의 은혜는 까맣게 다 잊어버리고, 하나님의 자비와 권능의 손길을 망각한 채, 당장의 병고와 궁핍과 상대적 불평등을 원망하면서, 그나마 가지고 있던 얕은 믿음마저 다 까먹고 말았습니다.

"내 영혼아 네가 어찌하여 낙망하며 어찌하여 내 속에서 불안하여 하는고! 너는 하나님을 바라라. 그 얼굴의 도우심을 인하여 오히려 찬송하라."고 한 성경구절[264]을 아침저녁으로 줄줄이 외우면서도, 저희들은 슬퍼했습니다. 낙심했습니다. 기도하지 않았습니다.

하나님! 저희들은 인류 역사상 그 어느 때보다도 풍족한 물질생활을 누리면서도 정신적으로, 영적으로는 가장 황폐하고 타락한 삶을 살아가고 있습니다. 콩 한 조각이라도 나눠먹으려고 했던 고운 인심은 다 사라지고, 어떻게 하면 다른 사람이 가진 것을 더 빼앗을 수 있을까 내가 움켜지고 있는 것을 한 톨이라도 더 고이 간직할 수 있을 것인가 하는 것에 골몰하였습니다. 봄에 씨앗을 뿌리지 않고, 땀 흘려 일해야 할 여름에 실컷 놀고 즐기며, 풍성한 가을을 꿈꾸었던 어리석은 죄인들이었습니다. 아버지! 곧 닥쳐올 추운 겨울을 재대로 대비하지 못했습니다.

회개와 인도

하나님! 이제 처음 믿음으로 돌아가게 하소서. 참된 각성과 회개가 있게 하소서. 잃었던 영성을 되찾게 하소서. 잠자는 신앙을 흔들어 깨워주소서. 더욱 강한 믿음 갖게 하소서. 일어나 빛을 발하게 하소서. 주님의 십자가를 단단히 둘러매고 아버지의 말씀에 의지해 어둠을 밝히는 횃불이 되게 하소서. 한민족의 생존과 대한민국의 영속과 인류의 공동 번영을 위해 기도하게 하소서.

범사에 감사

아버지! 저희들 실패하고 실수하고 짜증날 때도 감사하게 하소서. 속아도 감사, 잃어도 감사, 배신당할 때도 그래서 아프고 쓰라릴 때도 감사, 매사에 감사하게 하소서. 감사가 넘치게 하소서.

마무리기도

하나님! 오늘 주께서 ◎◎교회에 파송하신 목자를 통해 귀한 말씀 들을 때에 영안이 활짝 열리게 하셔서, 세상의 어떤 지식과 교훈으로도 깨달을 수 없었던 달고 오묘한 말씀의 신비를 체험하고 돌아가게 하소서. 저희의 아픔과 눈물과 걱정·근심을 다 헤아리셔서 저희보다 더 아파하시고 슬퍼하시며 더 염려하시며 해결해 주시려고 하는 우리 주님께 모든 짐을 다 내려놓고 맡기오며, 다만 예수 그리스도의 이름으로 기도드리옵나이다. 아멘.

2010. 08. 29.

270. 여름, 참회와 용서, 주님의 보혈, 한결같은 신앙, 각성과 결단

찬양과 감사

우리를 주님 안에 있는 구속으로 말미암아 하나님의 은혜로 값없이 의롭다 하심을 얻은 자가 되게 하여 주신 아버지 하나님! 이 끝없는 사랑과 은혜에 감사드리며 머리 숙인 우리를 받아들여 주시고, 우리가 주께 드리는 찬양을 기쁘게 받아 주소서.

참회와 용서

하나님! 감사드릴 일 천지인데도 은혜 까먹기를 밥 먹듯이 하고, 주께 다짐하고 나서 돌아서자마자 죄 짓는 게 일상이 되어버린 우리들 죄인들을 용서하여 주소서. 염치없사오나 또다시 주의 보혈에 의지하오니 우리를 용납하여 주소서.

한결같은 신앙

올여름의 유례없는 더위를 잘 견딜 수 있게 하여 주신 하나님! 그러나 날씨가 덥든지 춥든지, 생활이 풍족하든지 부족하든지, 몸과 마음이 건강하든지 그렇지 않든지 관계없이 우리의 신앙이 한결같게 하셔서 오직 하나님께 영광 돌리게 하소서.

마무리기도

이 시간도 목사님을 통해 아버지께서 주시는 말씀을 고대합니다. 우리 마음의 생각과 뜻을 감찰하시는 하나님의 말씀을 사모하오니, 말씀 듣고 우리가 미처 생각하지 못한 잘못까지 다 깨닫게 하셔서 뉘우치게 하시고, 그 바탕 위에서 새로운 삶을 살아가게 하소서. 예수님의 이름으로 기도드립니다. 아멘.

2016. 08. 28.

271. 여름(장마철), 참회와 용서, 한결같은 신앙, 여름수련회

찬양과 감사

　요즘 날씨만큼이나 변화가 심해 도무지 종잡을 수 없는 이 세상에서 저희들이 중심을 잡고 꿋꿋이 살아갈 수 있도록 푯대가 되시는 아버지 하나님! 오늘도 이렇게 무릎 꿇고 아버지께 영광과 찬송을 돌립니다. 모든 날을 하루처럼 조금도 변치 않으시고 저희를 사랑해 주시는 하나님! 시시때때로 믿음의 변덕이 죽 끓듯 하는 저희들을 멀리 하지 아니하시고 항상 따뜻이 품어 주시고 다독거리시며 신앙의 바른길을 가게 하여 주셔서 감사합니다.

참회와 용서

　아버지 하나님! 저희들은 지난 한 주도 하나님의 자녀라는 말을 꺼내기가 부끄러울 만큼 많은 죄를 졌습니다. 예수님을 믿고 그 가르치신 도를 따르는 사람이라는 흔적조차 드러내지 못한 채 무의미하고 무가치한 삶을 살았습니다. 아버지! 이 모든 죄와 허물을 자복하고 회개하오니, 저희들의 잘못을 용서하여 주소서.

마무리기도

　하나님 아버지! 오늘도 말씀을 통해 세상과 싸워 이길 힘 주옵시고, 그리하여 저희들이 주님의 나라가 이 땅에 하루빨리 임할 수 있도록 맨 앞장에 서는 선봉이 되게 하여 주소서. 말씀을 전하시는 목사님에게 갑절의 영감을 부어 주셔서, 모두가 말씀에 큰 은혜를 받고 주님 뜻대로 살아가게 하소서. 모든 기도제목을 주님 지셨던 십자가 앞에 내려놓으며, 예수님의 이름으로 기도드리옵나이다. 아멘.

2010. 07. 18.

272. 여름, 여름수련회, 회개와 인도, 겸손한 마음, 바른 신앙

찬양과 감사

　참으로 신실하신 하나님! 우리가 신령과 진정으로 주께 드리는 영광과 찬송을 받아 주소서. 강렬한 햇빛과 무성한 수풀을 이 여름에 동시에 펼쳐주셔서, 하나님께서 몸소 지으신 자연 안에서 겸손케 하시고 선물로 주신 청량감을 누리게 하시며, 다가올 가을의 풍성함과 쾌적함을 기대하게 하여 주셔서 감사합니다.

회개와 인도

　아버지! 우리의 나쁜 행실을 회개하오니 바른 마음으로 주님을 믿게 하셔서, 즐거워도 감사하게 하시고 괴로워도 감사하게 하소서. 힘들 때 낙심하지 않게 하시고 편안할 때도 주님을 잊지 않게 하소서. 이러한 신앙을 바라면서 온전한 깨달음으로 은혜주시기를 간구하오니, 이 기도가 우리 평생의 기도가 되게 하소서.

여름수련회

　아버지 하나님! 이 여름에 믿음을 수련하는 교회의 어린이와 젊은 이들의 신앙이 더욱 씩씩하고 튼튼하게 성장할 수 있도록 이끌어 주소서. 세 분 목사님을 비롯해 가르침과 봉사와 후원을 아끼지 않는 모든 성도에게 은혜를 베풀어 주소서.

마무리기도

　단 위에 서신 목사님을 성령의 강한 팔로 두르셔서 우리 모두 축복의 메시지에 흠뻑 취해 위로와 평강을 얻게 하소서. 예수님의 이름으로 기도드립니다. 아멘.

2015. 08. 02.

273. 여름, 여름수련회, 성령임재, 한결같은 사랑, 말씀의 지혜

찬양과 감사

구원의 하나님! 늘 함께하셔서 어떤 일에도 두려움이 없게 하여 주시니 감사합니다. 그 사랑 변함없이 우리를 지키시며 어제나 오늘이나 한결 같으신 하나님께 무한한 영광과 찬송을 돌리옵나이다.[265] 자연뿐만 아니라 인생의 뙤약볕과 장대비 속에서도 우리에게 상쾌함 주시기를 아까워하지 않으시고, 무더위 끝의 시원한 가을과 비온 후 쾌청한 날씨를 내다보면서 참고 견디게 하시는 하나님께 감사드립니다.

여름수련회

하나님 아버지! 여름의 한복판에서 특별성경학교와 수련회를 통해서 신앙을 굳게 다지게 하시니 감사합니다. 장차 주님의 교회를 든든히 받칠 우리의 아이들이, 이 여름에 일생 흔들리지 않을 귀한 믿음의 체험과 결단을 하게 하소서.

우리들 교사의 힘으로는 벅찰 때가 많사오니, 먼저 우리를 성령으로 중무장하게 하소서. 말씀의 지혜를 주시고 우리의 아이들을 선하게 품을 수 있는 온화함을 허락하소서. 아이들을 지도하며 우리 스스로 큰 은혜를 받게 하소서.

마무리기도

하나님! 오늘도 신앙의 진보와 내실을 기할 수 있도록 귀한 말씀을 전해 주실 목사님을 강한 팔로 붙들어 주소서. 모든 여름행사를 은혜롭게 마칠 수 있도록 도와주시옵기를 간절히 빌고 원하오며, 예수님의 이름으로 기도드리옵나이다. 아멘.

2013. 07. 21.

274. 여름, 여름수련회, 해외선교, 성령임재, 회개와 인도, 사랑과 은혜

찬양과 감사

 견디기 힘든 무더위 속에서도 저희들을 사랑과 은혜로 지켜 보호하여 주신 하나님! 이렇게 성전에 나와 아버지께 영광과 찬양을 돌릴 수 있게 하여 주셔서 감사합니다. 특히 7월 한 달 동안 필리핀 선교를 비롯해서 여름성경학교와 중·고등부 수련회, 대학·청년부 전도여행을 무사히 마칠 수 있게 하여 주셔서 감사합니다. 모두가 앞 다퉈 피서지를 찾아 더위를 식히려고 하는 이 때, 선교현장의 한복판에서 구슬땀을 흘리며 신앙을 다지게 하시고 풍성한 믿음의 열매를 맺도록 도와주셔서 감사합니다.

회개와 인도

 하나님! 하지만 저희들의 지난 인생을 돌이켜보면 바람 부는 대로 물결치는 대로 정처 없이 보낸 나날이었습니다. 하염없이 죄악의 길로 줄달음질치면서 보냈습니다. 당장 눈앞의 세상만 바라보느라고 자신이 어디에서 왔는지, 지금 어디에 서 있는지, 도대체 어디로 가고 있는지 생각조차 하지 않았습니다. 어차피 언젠가는 접어야 할 이 땅에서의 생활이 끝없이 펼쳐질 것으로 생각하고 꼭 해야 할 일을 뒷전으로 미룬 채, 해도 되고 안 해도 그만인 일들, 해서는 안 될 일들만 골라서 하면서 살아왔습니다.

 하나님 아버지께서 일어나 큰 성읍 니느웨로 가서 그것을 쳐서 외치라고 하실 때, 저희는 안일하게 살기 위해서 다시스로 발길을 돌렸습니다. 하나님의 얼굴을 피해 엉뚱한 길로 가다가 크고 작은 풍랑을 만난 적이 한 두 번이 아니었지만 그것마저 제대로 깨닫지 못했습니다.

영이신 하나님! 어리석고 나약한 저희들을 용서하여 주소서. 이리저리 요동하는 이 험난한 세상, 성령의 권능에 의지하지 않고는 도저히 살아갈 수 없사오니, 성령님께서 내주(內住)하시고 저희들의 삶 전체에서 강권적으로 역사하여 주소서. 우리의 육신은 들의 풀같이 날로 쇠잔해지고 기력도 갈수록 떨어져가지만 영력은 하루하루 더욱더 강해지게 하소서.

지금까지 저희들을 보호하여 주신 하나님! 일생동안 저희들과 동행·동거하여 주셔서 이 어지러운 세상에서 불신앙의 돌부리에 걸려 넘어지거나 쓰러지지 않게 하소서. 아버지! 설혹 쓰러지거나 넘어지더라도 바로 일으켜 세워주셔서 가야할 길, 바로 가게 하소서. 굳건한 반석 같은 믿음 주소서. 한 눈 팔지 않게 하소서. 말씀에 의지해 험한 세상 바로 살게 하소서.

아버지 하나님! 저희들 어딜 가나 하나님의 자녀라는 것을 잊지 않게 하여 주소서. 세상 속에 살되 세상에 묻혀 살지 않게 하소서. 세상 사람들이 죄악에 휩쓸려 떠내려갈 때 함께 떠내려가지 않게 하소서. 인간의 냄새- 탐욕과 거짓의 악취를 버리고, 그리스도의 향기를 내며 살게 하소서. 세상을 이기게 하소서. 하나님의 말씀으로 세상을 바르게 이끌게 하소서.

마무리기도

이 시간 말씀을 증거하시는 목사님에게 먼저 은혜 내려주소서. 성령의 위로하심을 받아 어려움을 이기고 새 힘을 얻어서 성도들의 삶을 축복하게 하소서. 저희들은 오늘도 하나님께서 이 예배를 기쁘게 받아 주실 줄 믿사옵고, 예수님의 이름으로 기도드립니다. 아멘.

2002. 07. 28.

275. 여름, 여름수련회, 자연재해, 참회와 용서, 각성과 결단, 성령임재

찬양과 감사

은혜로우신 하나님! 찌는 듯한 무더위와 전국적인 물난리 속에서도 저희들을 돌보아 주셔서 생명과 건강을 유지하게 하시고, 이렇게 비가 내리는 날씨에도 저희들을 다시 불러 주셔서, 하나님께 예배드릴 수 있게 하여 주셔서 감사합니다.

여름수련회

하나님 아버지! 무엇보다도 이 여름에 교회에서 계획한 모든 일들이 주님의 은혜 가운데 순조롭게 이뤄질 수 있도록 도와 주셔서 감사합니다. 주님을 믿지 않는 사람들은 폭염과 혹서에 지쳐 해변으로, 강가로 나가 더위를 식히기에 바쁜 이 계절에, 여름성경학교와 각종 수련회를 통해 오히려 저희들의 신앙을 다지고 살찌울 수 있는 좋은 기회를 허락해 주셔서 감사합니다. 놀라운 성령의 바람을 체험할 수 있게 해 주셔서 감사합니다.

참회와 용서

이처럼 하나님께서는 저희들에게 넘치는 은혜를 베풀어 주시는데도 저희들은 늘 죄만 짓고 삽니다. 내가 너를 구속하였고 내가 너를 지명하여 불렀나니 너는 내 것이라고 하신 아버지 하나님! 저희들은 주님께서 피로 사신 주님의 백성인데도 이를 잊은 채 살아가고 있습니다. 천국백성으로서 저희들의 처지를 외면한 채, 세상 사람들과 똑같이 먹고 마시며 불신자들이 짓는 모든 죄를 다 같이 지으면서, 하나님의 영광을 가렸습니다. 하나님께서 주신 시간과 물질과 지식과 열정을 하나님께 돌려드리지 못하고, 이 모든 것을 대부분 저희들을 위해서 썼습니다.

용서하여 주소서, 아버지 하나님! 저희들은 몸과 마음이 너무 아파서 잠 못 이루고 잠시도 편히 쉴 수 없는 형제자매들을 위해서 기도하지 못했습니다. 같이 괴로워하지 않았습니다. 함께 울지 못했습니다. 오직 자기만 생각했습니다. 자신이 편하기만을 바랐습니다. 내가 복 받고 우리 가정이 잘 되고 주변만 편안하기를 기도하느라고, 교회를 위해서, 고통의 한가운데서 고난 받는 형제자매들을 위해서 간구하지 못했습니다.

각성과 결단

하나님 아버지! 우리의 잘못을 사하여 주소서. 오늘 이 예배가 저희들의 모든 죄와 허물을 낱낱이 회개하고 주님 앞에 똑바로 서겠다고 다짐하는 결단의 자리가 되게 하여 주소서.

마무리기도

오늘 선포되는 하나님의 말씀을 통해 큰 은혜 받게 하여 주소서. 말씀을 증거하시는 목사님을 주님의 강한 팔로 붙들어 주소서. 또한 가만히 있어도 견딜 수 없는 이 무더위에 애쓰고 수고한 하나님의 일꾼들을 기억하셔서 큰 은혜 내려주소서. 성가대와 관현악단이 정성껏 드리는 찬양을 기쁘게 받아 주소서. 예수님의 이름으로 기도드립니다. 아멘.

2001. 08. 05.

276. 가을, 참회와 용서, 범사에 감사, 영생의 길, 굳건한 믿음

찬양과 감사

하나님! 우리가 태어나게 하시고 주님을 통해 우리가 영생할 수 있는 길을 열어 주시고 성령으로 우리를 밤낮없이 주장하여 주셔서 감사합니다. 우리가 영원무궁토록 하나님을 아버지라 부르며 찬송과 경배를 드릴 수 있는 자격을 주셔서 감사합니다.

아버지! 자연의 가을을 통해 인생의 가을을 내다보게 하시며, 많이 거둔 사람은 많이 거둔 것을 감사하게 하시고, 적게 거둔 사람은 그럴지라도 하나님께 감사하게 하시며 앞으로 더 많은 것을 거둘 수 있도록 주께서 도와주시기를 기도할 수 있게 하여 주셔서 감사합니다. 거둔 것이 많든지 적든지 오직 여호와 하나님께 감사드리고 영광 돌릴 수 있는 믿음을 주셔서 감사합니다.

어떠한 처지가 되더라도, 어떤 순간에라도 우리에게 하나님만 의지하며 하나님께만 감사드릴 수 있는 굳센 믿음을 주소서.

참회와 용서

하나님 아버지! 우리가 세상 살면서 지은 죄를 고백하며 회개할 때마다 다 용서해 주시고 똑같은 죄로 반복해서 머리를 쥐어뜯고 가슴을 치는 일이 없게 하소서.

주의 말씀을 증거하도록 하기 위해 단 위에 세우신 목사님으로부터 귀한 말씀을 들을 때에, 그 말씀을 진리의 말씀으로 받아들이게 하시고, 생명의 말씀으로 받아들이게 하시고, 온전한 영의 양식으로 받아들여서, 우리의 영혼이 부유해지고 풍성해지고 평안케 하여 주소서. 예수님의 이름으로 기도드리옵나이다. 아멘.

2013. 11. 10.

277. 가을, 회개와 인도, 은혜와 평강, 믿음의 실천, 성령임재

찬양과 감사

 하나님 아버지! 태양이 뜨겁게 타오르던 여름이 지나가게 하시고, 시원한 가을을 맞게 하여 주셔서 감사합니다. 우리의 인생 가운데서도 항상 무더위 속에서만 힘겹게 지내지 않게 하시고, 수고와 괴로움의 끝이 있게 하여 주시며, 또 주께서 그러한 은혜를 주실 것을 믿게 하여 주시니 감사합니다.

회개와 인도

 하나님! 그런데도 우리는 지난 세월 고난의 시기를 보낼 때 주께서 형통케 하셨던 사실을 잊고 살았습니다. 이러한 불신앙을 용서하여 주소서. 우리 눈의 들보를 뽑게 하소서. 남의 눈의 티는 보이지 않게 하소서. 언제나 주만 바라보게 하소서. 세상은 눈에 들어오지 않게 하소서. 세상의 한가운데서도 주의 말씀 따라 살게 하소서. 세상에 주의 사랑과 주의 말씀과 주의 행적을, 말이 아니라 행동으로 펼치게 하소서. 주의 영광을 가리지 말고 주의 성호를 드높이게 하소서. 우리는 악하고 추해서 우리 힘만으로는, 우리의 능만으로는 할 수 없사오니, 주 성령이 함께하셔서 우리의 그릇된 성정을 쓰러뜨려 주소서. 주께 영광 돌리고 찬송하는 것만으로도 부족한 시간을 여기저기 허비하지 않게 하소서.

마무리기도

 하나님! 주님의 말씀을 전해 주실 목사님과 함께하소서. 말씀이 힘이 되고 운동력이 있게 하소서. 예수님의 이름으로 기도드립니다. 아멘.

2017. 09. 03.

278. 가을, 회개와 인도, 은혜와 평강, 전도와 선교, 성령임재

찬양과 감사

하나님! 가을비가 내리면서 날씨가 꽤 선선해졌습니다. 우리 일생에 단 한 번뿐인 2009년 여름도 이제 저물어가고 있습니다. 온 우주를 지으시고 이처럼 친히 다스리시는 아버지 하나님! 8월의 마지막 주일, 이 거룩한 성전에서 저희들의 맘과 힘을 다하여 아버지의 성호를 찬양하며 아버지께 영광을 돌립니다. 변화무쌍한 세상 속에서 저희들이 안전하게 살아갈 수 있도록 지켜주시고 이끌어 주신 하나님! 그 은혜 참으로 감사합니다.

회개와 인도

하나님 아버지! 하나님의 끝없는 사랑을 생각하면 저희들에게 허락해 주신 모든 날들을 온전히 하나님께 바치는 게 올바른 도리이지만, 저희들은 대부분의 시간을 심신의 즐거움과 편안함을 위해 다 써버렸습니다. 하나님께서 원하시는 삶을 내팽개치고, 주님께서 가르쳐 주신 교훈을 저버리며, 성령이 인도하는 바른길을 외면하며 살았습니다. 아무런 자각 없이 아침을 맞고 별다른 의미 없이 하루를 마감하였습니다. 아버지! 그리스도의 복음을 전하기 위해, 이 사회의 진보를 위해, 절망 중에 신음하고 고통 받는 이들을 위해, 한 줄기 미소와 단 한 마디의 따뜻한 위로의 말과 남는 손길과 힘을 보태려는 부스러기 틈조차 내지 못하였습니다.

하나님! 후회와 아쉬움뿐인 저희들의 인생을 불쌍히 여기시고, 저희들의 죄와 잘못을 주님의 보혈로 다 씻어 용서하여 주소서. 아버지의 절대적인 권능과 사랑을 추호도 의심치 않게 하시고, 선한 싸움을 싸우다 뒤돌아보며 한숨짓지 않게 하소서.

돌이켜보면 주님께 이렇다하게 헌신·봉사하지도 않았으면서도 "주께 바친 내 삶이 왜 이 모양이냐"고, "왜 나만 아프고 못살고 버림받아야 하느냐"고 원망하고 불평할 게 아니라, 세상 아무것도 의지할 것 없게 하셔서 오직 주님만 바라보며 주님으로부터 독점적으로 위로 받고 사랑 받게 하신 것을 감사하게 하소서.

하오나 하나님! 이 시간 저희들에게 긍휼과 자비를 남김없이 베풀어 주셔서, 즉시로 해로운 병마의 사슬에서 놓임 받게 하시고, 지긋지긋한 가난의 굴레에서 벗어나게 하시며, 소외와 학대의 올무에서 풀려나게 하소서.

여름수련회

아버지! 주님의 사업을 위해 여름내 땀 흘린 교회학교 선생님들과 각 기관 단체 직분자들의 노고를 기억하여 주소서. 그 열매 알알이 영글어, 다가오는 가을에 신앙의 풍년을 누리게 하소서.

마무리기도

하나님! 젊은 사자 ○○○ 목사님을 주님의 강한 팔로 든든히 붙들어 주시고 그 영혼에 윤택함을 더해 주셔서 아버지의 말씀이 권위 있게 펼쳐지게 하소서. 이 시간 저희에게 치유와 회복과 영육 간의 강건함을 은혜로 내려 주소서. 저희 모두 성령의 단비로 생기와 활력을 되찾아 가득 안고 돌아가게 하소서. 성가대와 관현악단이 아름답게 드리는 찬양을 기쁘게 받으시고, 예배의 모든 순서가 은혜롭게 이어지기를 바라오며, 예수님의 이름으로 기도드리옵나이다. 아멘.

2009. 08. 30.

279. 가을, 회개와 인도, 나라와 민족, 은혜와 평강, 성령충만

찬양과 감사

아버지 하나님! 가을입니다. 봄·여름 수고의 결실을 뿌듯한 마음으로 바라보면서도, 한편으로는 다시 저물어가는 한 해를 되돌아보느라 사색과 성찰이 깊어지고, 또 길어지게 되는 계절입니다. 아버지! 우리를 자녀로 삼아주시고 이 자리에 불러주셔서 은혜와 축복의 시간에 동참할 수 있게 하여 주시니 감사합니다. 온종일 주를 찬송해도 아쉽고 부족하기만 한 우리의 마음을 모아서 주께 전폭적으로 영광을 돌리오니 우리가 드리는 향기로운 예배를 기쁘게 받으소서.

하나님! 주께서 한결같이 베풀어 주시는 사랑에 감사드리며, 주님의 사랑과 은혜가 이 민족, 이 나라에 영원토록 충만하게 이어지기를 간구하면서 이 시간 겸손히 엎드립니다.

회개와 용서

공의로우신 하나님 아버지! 우리나라에 교회가 이리 많고 사방 어디를 둘러봐도 온통 십자가상이며 기독교신자가 국민의 절반 가까이 되는데도, 왜 우리는 지금도 국토가 두 동강이 나있으며, 정치는 어쩌면 이렇게 후진적인지요? 경제는 어째서 이처럼 엉망으로 내려앉아 있고, 강포하고 엽기적인 사건이 낯설지 않을 정도로 연일 줄을 잇고 있으며, 말도 안 되는 재해가 되풀이되는지요? 지금 역사상 가장 풍요로운 시대를 살고 있으면서도 우리의 맘은 무엇 때문에 감사할 줄 모르고 강퍅하고 공허하며 이리저리 흔들리고 있을까요?

결단케 하시는 하나님! 지금이야말로 우리 모두가 머리에 재를 뒤집어쓰고 옷을 찢으며 회개하고 회심하고 개심해야 할 때이거늘, 우리는 더 많이 갖고 더욱 풍족하게 누리는데 걸림돌이 된다면 신앙까지도 헌신짝처럼 내던지는 두렵고 떨리는 오늘을 살고 있습니다. 은혜를 받기 전에 먼저 마음을 철저히 비우게 하시고, 당장 복을 받지 못하는 한이 있더라도 하나님과 세상을 맞바꾸지 않게 하소서.

인도와 위로

화합케 하시는 하나님! 우리의 텅 빈 가슴이 주님의 은혜로 가득 채워지게 하시고, 우리의 슬픈 마음이 주님의 사랑으로 온전히 위로받게 하시며, 주님을 날이 갈수록 더욱 가까이 모셔서, 낙심과 절망과 좌절이 소망과 기대와 희열로 확실히 바꿔지게 하소서. 이 세상의 어떠한 쾌락보다도 주님을 믿는 기쁨이 더욱 승하게 하시고, 어느 때 어느 자리에 있는 것보다 주님의 교회에서 주의 성도들과 함께 찬송하고 기도하고 오순도순 둘러앉아 아버지의 말씀을 듣는 것이 훨씬 더 귀하고 아름답게 느껴지게 하소서.

마무리기도

아버지 하나님! 단 위에 목사님을 세워주셔서 대신 전해 주시는 주님의 말씀을 통해 우리의 고갈된 신앙이 재충전을 받게 하여 주실 줄 믿고 감사드립니다. 우리 모두 이 말씀으로 새 활력을 얻어서 세상과 싸워 이길 수 있도록 이 시간 이 자리에 성령의 단비를 흡족히 내려주소서. 우리 기도의 통로가 되시며 모든 소망의 열매가 되시는 우리 주 예수 그리스도의 이름으로 기도드리옵나이다. 아멘.

2013. 09. 01.

280. 겨울, 참회와 용서, 은혜와 평강, 하나님의 섭리, 수험생

찬양과 감사

  천지만물을 다스리시며 인간의 생사화복을 주관하시는 아버지 하나님! 자연환경도, 인심도 날로 나빠져 가는 이 시대를 저희들도 한데 휩쓸려 살아갈 수밖에 없지만, 그러한 가운데서도 아버지의 선한 뜻을 사모하며 닮아가려고 하는 마음을 주셔서 감사합니다. 저희 조상들이나 저희 자신이 잘나고 의로워서가 아니라 아버지 하나님께서 베풀어 주신 전폭적인 은혜로 택함을 받게 하시고, 이루 다 표현할 수 없고 감당하기에 벅찬 사랑을 시시때때로 펼쳐주시니 참으로 감사합니다. 이 시간도 하나님께 모든 영광과 찬송과 감사를 드리옵나이다.

참회와 용서

  하나님! 저희들은 그동안 하나님을 절대자로 섬기려고 하기보다는 단순히 저희들의 후원자로 삼아서 세상적인 욕심을 채우려고 했습니다. 순수한 마음으로 아버지의 사랑에 감사하기보다는 조건을 붙인 서원을 통해 아버지와 거래를 하려고 하였습니다. 아버지! 저희가 아무것도 바치지 않고 아무런 일도 하지 않아도 아버지께서는 스스로 존재하시고 홀로 자족하실 텐데, 아버지께 선심 쓰듯 하고 당연히 해야 할 일을 과대포장하며 신앙의 자만과 위선의 한 가운데를 헤매고 있습니다. 아버지 하나님! 본질적으로 약하고 악해서 쉽게 무너지고 넘어지는 저희 죄 많은 인생들을 용서하여 주소서.

믿음의 성숙

  하나님! 어느덧 절기는 겨울로 접어들었습니다. 그러나 저희들의 심령만큼은 헐벗고 메마르지 않게 하소서. 특별히 사랑하는 중·고등부 청소년들이 어려서부터 싱싱하고 윤기 있는 신앙, 깊이 있고 품격 높은 믿음생활을 할 수 있게 도와주셔서, 장차 주님의 나라를 복원하고 확장하는 데 선두에 서게 하소서.

마무리기도

오늘도 주님의 귀한 사자, ○○○ 목사님이 성령에 사로잡혀 아버지의 말씀을 권위 있게, 담대히 외치게 하시며, 저희들은 전하는 말씀을 온전히 이해하고 소화할 뿐만 아니라 실행하고 실천하겠다는 의지를 굳게 다지게 하소서. 수능시험을 앞두고 있는 수험생과 병마와 가난에 맞서 싸우는 성도들에게 더욱 큰 은혜 베풀어 주시기를 원하옵고 예수님의 이름으로 기도드립니다. 아멘.

2009. 11. 08.

281. 겨울, 회개와 인도, 믿음과 사랑의 공동체, 헌신과 봉사

찬양과 감사

　자비로우신 하나님! 저희들을 사랑과 은혜로 보살펴 주셔서 감사합니다. 이 험한 세상에서 몸과 마음을 온전히 보전할 수 있게 하여 주셔서 감사합니다. 믿음이 꺾이지 않게 하여 주셔서 감사합니다. 어설프기는 했지만 하나님 기쁘시게 하려고 힘쓰게 하신 것 감사드립니다. 무엇보다도 오늘 거룩한 주일을 맞아서 성전에 나와 아버지께 영광 돌릴 수 있게 하여 주셔서 감사합니다.

회개와 인도

　하나님! 저희들은 지난 주간에도 아버지 앞에 잘못한 일이 한두 가지가 아니었습니다. 매일매일 손과 발은 씻으면서도 마음의 때는 벗겨내지 못했습니다. 얼굴과 머리는 말끔히 손질하면서도 거칠어질 대로 거칠어진 심령의 매무새는 제대로 가다듬지 못했습니다. 육신의 일에 골몰하느라 영혼은 돌 볼 겨를이 없었습니다. 생각만 해도 부끄러운 일이 많았습니다.

　저희들의 죄와 허물을 다 고백하오니 용서하여 주소서. 그리고 저희들 날이 갈수록 죄악에서 더욱더 멀어지게 하소서. 죄의식에 사로잡혀서 아버지께서 주신 자존감을 망가뜨리지 않게 하소서.

믿음과 사랑의 공동체

　아버지 하나님! 아직은 한겨울이지만 봄이 오는 소리가 들리는 듯합니다. ◎◎교회에도 어서 빨리 새봄이 찾아오게 하여 주소서. 저희의 잘못으로 교회가 하나님께 영광 돌리지 못하고 사람들에게 은혜도 끼칠 수 없는 명예롭지 못한 교회가 됐습니다. 그리스도의 향기를 잃어버린 교회가 되고 말았습니다.

하나님! 이제 새롭게 되게 하소서. 살아 움직이는 교회가 되게 하소서. 그러나 그 전에 철저히 부서지게 하소서. 모두가 다 몸을 한층 더 낮추게 하소서. 제자들의 발을 씻겼던 주님을 닮게 하소서. 마음 문을 더 활짝 열게 하소서.

　의로우신 하나님! 직분자들이 앞장서서 아버지 앞에 무릎 꿇게 하소서. 눈물 뿌려 회개하며 대의를 회복하게 하소서. 가슴을 치며 통곡하게 하소서. 자신이 아니라 성도들을 먼저 생각하게 하소서. 성도들의 아픈 마음을 씻어 주지는 못할지언정 오히려 상처를 더 크게 한 것을 용서하여 주소서.

　화해의 하나님! 하나님께서 이 벌판에 ◎◎교회를 세우신 것을 후회하지 않으시도록, 신앙 안에서 골육과 지친 된 저희들이 어서 빨리 화합하게 하시되 하나님의 공의로 하나 되게 하소서. 교회가 얼마나 더 어려워져야 정신을 차릴지 모르는 저희들의 심령에 이제 강권적으로 역사하여 주소서. 더 이상 사람들의 뜻에 이 교회를 맡기지 마시고, 더 늦어지기 전에 아버지께서 이 사태에 전폭적으로 개입하셔서 은혜롭게 해결하여 주소서.

마무리기도

　오늘도 이 강단에서 선포되는 말씀을 통해 큰 깨달음을 허락하소서. 말씀을 전하는 목사님과 말씀을 듣는 성도 모두에게 큰 은혜 베풀어 주소서. 예수님의 이름으로 기도드리옵나이다. 아멘.

2005. 02. 17.

282. 1월, 참회와 용서, 믿음의 회복과 성장, 기도의 응답, 부흥회

찬양과 감사

아버지 하나님! 앞만 보고 전속력으로 철길을 달려야 하는 KTX열차나 지하철도 역주행할 때가 있고, 곧게 뻗어있는 넓은 도로를 따라서 반듯이 나아가야만 하는 고속버스도 언덕 아래로 구를 때가 있지만, 세월과 시간은 한 치의 오차도 없이 지나고 흘러서, 2012년도 벌써 한 달이 다 가고 있습니다. 이 1월에, 새해를 맞아 지난날의 잘못을 뉘우치며 새로운 삶을 살도록 다짐하게 하시고, 신년부흥회를 통해 심령이 거듭날 수 있게 인도하여 주신 하나님께 영광과 찬송을 드리옵나이다. 하나님! 저희들도 괴롭고 험한 인생길에서 정주행하지 못하고 빗나갈 때가 많지만, 우리 주님을 신앙의 푯대 삼아 어그러진 길을 버리고 되돌아오게 하시며, 그때마다 천 번이고 만 번이고 용서해 주시고 다시 넓은 품안에 안아주시는 아버지께 감사 또 감사를 드립니다.

참회와 용서

하나님! 저희들이 지었던 죄를 되돌아보며 회개하고 반성합니다. 저희는 세상을 향하여, "너는 나의 아버지"라고 외쳤습니다. 재물에게는, "너는 나를 낳았다, 그러니 나의 어머니다."라고 하였습니다. 그러면서 저희들의 등을 하나님께 돌렸습니다. 자연히 저희들의 얼굴은 하나님께로 향하지 않았었지요. 그러다가 환난을 당했을 때는 "하나님이여 나를 구원하소서."라고 목청을 돋우었습니다."[266] 저희들은 이처럼 하나님께 송구한 마음을 갖지 못하고 부끄러움을 몰랐던 몰염치한 인생들이었습니다. 예레미야서 2장 27절에 나오는 비유 그대로였습니다.

믿음의 회복과 성장

은혜가 풍성하신 하나님! 하지만 "너무 분노하지 마옵시며, 죄악을 영원히 기억하지 마소서. 보소서, 저희는 다 주의 백성이니이다."[267] 하나님! 저희를 용서하소서. "저희를 위해서, 저희들이 신앙의 청년기에 아버지께 드렸던 인애를 기억하소서. 믿음의 신혼시절 저희들이 주께 아낌없이 바쳤던 사랑을 되살리게 하소서."[268] 저희가 청춘의 광야에서 아버지께 충성하고 헌신하였던 가장 눈부시게 아름다웠던 동행과 동반의 날들을 되돌아보소서. 이제 이 불신과 나태의 자리를 박차고 일어나게 하소서. 다시 일으켜 세워주소서. 아버지께로 전속력으로 달려가게 하소서.

마무리기도

아버지 하나님! 이 시간 저희들에게 주실 말씀을 사모하오니 은혜 베풀어 주소서. "저희의 마음을 다 비워 철저히 가난하게 하소서. 심령이 통회하게 하소서. 하나님의 말씀으로 말미암아 온몸이 떨리게 하소서. 그리하여 하나님이 돌보는 진정한 자녀가 되게 하소서."[269]

아버지의 말씀을 전하실 목사님을 이전보다 더욱더 크게 사랑해 주소서. 언제나 성령께서 든든한 울타리가 되어 감싸 안아주시고, 진리의 횃불이 되어 앞장서서 이끌어 주소서. 주께 바친 일생이오니 주께서 목사님의 전 삶을 책임지고 인도하여 주소서. 이 시간 저희가 드리는 모든 기도가 하나님께서 옳다고 여기시기만 하면 알맞은 시기에 다 이뤄주실 줄 믿사옵고, 우리 구주 예수님의 이름으로 기도드리옵나이다. 아멘.

2012. 01. 29.

283. 1월, 회개와 인도, 용서와 화해, 믿음과 사랑의 공동체, 성령임재

찬양과 감사

아버지 하나님! 이 시간 모든 영광을 하나님께 드립니다. 지난 한 주도 저희들을 사랑과 은혜로 지켜 주셔서 감사합니다.

회개와 인도

저희들 지난날의 모든 잘못을 회개하면서, 1월을 보내며 지금 다시 새로운 마음으로 기도드립니다. 그 동안 저희들은 입술로는 사랑을 말하면서 가슴속 깊은 곳에서는 오히려 미움의 싹을 키워왔습니다. 서로가 가슴을 열어놓고 다가선 게 아니라 차가워질 대로 차가워진 머리와 머리로 만났습니다.

아버지 하나님! 이제는 이기적인 욕심과 욕심이 맞부딪치게 하지 마시고 용서와 화해가 서로의 골과 틈을 메우게 하소서. 그래서 정말 힘들기는 하지만 모든 일을 결국은 사랑으로 해결하게 하소서. 교회가 고단한 세파를 헤쳐 가며 힘겹게 살아가는 형제들을 위로하면서 그 상처를 싸매주고 어루만져 주지는 못할지언정 몸과 마음의 병이 도지게 하지는 말게 하소서.

마땅히 말을 해야 할 자리에서 두려움 때문에 몸을 사리지 않게 하여 주시되, 말할 수 있다고 해서 아무런 분별없이 모든 것을 다 말하게 하지는 않게 하소서. 그래서 매사가 하나님께 영광 돌리고 성도들에게 덕이 되는 방향으로 해결되게 하소서.

위로의 하나님! 실패하고 버림받았을 때라도 다만 홀로 가슴을 치며 애통하지 않게 하시고, 환난 날에 주님의 이름을 부르며 주님을 더욱더 굳게 의지하게 하소서. 고통의 순간에 한층 더 가까이 계시는 주님을 바라보게 하소서. 슬프고 괴로울 때 오히려 신앙이 더더욱 크게 성장하게 하소서. 결코 쉬운 일은 아니지만 잊을 것은 모두 잊고, 버릴 것은 다 버리고, 오직 앞만 보고 나아가게 하소서. 수없이 배신당하고, 믿고 사랑했던 사람들로부터 버림받았던 아픈 기억이야 주님보다 더 한 이가 어디 있겠습니까?

아버지 하나님! 매일매일 죄를 짓지 않을 수는 없다고 하더라도 자복하고 회개하는 일마저 게을리하지는 않게 하소서. 날마다 낮아지고 또 낮아지게 하소서. 한없이 낮아지게 하소서. 일마다 참고 참고 또 참게 하소서.

믿음과 사랑의 공동체

하나님! 올해도 전 교회적으로, 기관과 부서별로, 꼭 이루고 싶은 일들이 있습니다. 저희들은 부족하고 연약해서 쉽게 낙담하거나 포기합니다. 성령께서 친히 인도하여 주셔서 모든 일을 잘 마무리할 수 있게 하여 주소서.

하나님! 숱한 우여곡절 속에 저희 교회도 창립 60주년을 눈앞에 두고 있습니다. 이제는 우리의 신앙도 한 단계 더 성숙해지게 하여 주소서. 있어야 할 것, 있어야 할 자리에 있게 하시고, 모두가 자기 본분에 충실하게 하소서. 우리 모두 주의 길을 예비하게 하소서. 주님의 첩경을 평탄하게 하소서.

마무리기도

하나님께서 귀히 쓰시는 ○○○ 목사님을 단 위에 세우셨습니다. 하나님의 말씀을 통해 서로가 은혜 받는 시간 되게 하여 주소서. 성가대와 관현악단, 선교단이 드리는 찬양을 통해 하나님 홀로 영광 받으소서. 예수 그리스도 이름으로 기도드립니다. 아멘.

2003. 01. 26.

284. 2월, 회개와 인도, 무한한 사랑, 각성과 결단, 기도의 응답

찬양과 감사

　예수님을 통해서 우리를 구원해 주신 하나님! 아버지의 무한한 사랑을 찬양하오니 우리의 예배를 받아 주소서.

　아버지 하나님! 우리를 지켜주시고 인도하여 주셔서 오늘까지 이 땅에서 살아가게 하여 주셔서 감사합니다. 우리의 기도를 들어주셔서 감사합니다. 우리의 기도를 들어주시되 계속해서 기도하게 하여 주셔서 감사합니다. 끊임없이 기도할 제목을 주셔서 소망 중에 겸손하게 쉬지 않고 기도하게 하셔서 감사합니다. 자그마한 유혹과 시련에도 쓰러지고 넘어지고 불평하고 불만스러워 해도, 저희를 탓하지 아니하시고 버리지 아니하시고 계속해서 자녀로 살아가게 하여 주셔서 감사합니다.

회개와 인도

　아버지! 우리의 잘못을 용서해 주소서. 우리의 속죄의 기도를 들어 주소서. 신년 첫 달을 속절없이 보내고 짧은 달 2월을 맞은 우리의 신앙을 제대로 점검하게 하시고, 다시 새롭게 한 달을 주님 뜻 안에서 살아가게 하소서.

마무리기도

　하나님! 주께서 사랑하시는 목사님께서 오늘도 귀한 진리의 말씀을 선포하실 때 갑절의 영력을 허락하셔서 우리 모두 큰 은혜를 받게 하여 주소서. 예수님의 이름으로 기도드립니다. 아멘.

2015. 02. 01.

285. 2월, 회개와 인도, 말씀의 은혜, 영적 각성, 전도와 선교

찬양과 감사

십자가 보혈로 우리의 죄를 씻어 주신 주의 이름을 찬송합니다. 우리의 기쁨과 정성을 다해서 갈보리의 주님을 찬양합니다.

아버지 하나님! 감사합니다. 주님을 우리에게 보내주시고, 우리를 주님의 백성이 되게 하시고, 우리가 연합하여 한 교회를 이뤄서 아버지께 영광 돌리게 하시고, 그 은혜를 찬미하게 하여 주시니 감사합니다.

회개와 인도

주의 얼굴을 피하여 세상에서 정신없이 살다가 오늘 주의 전을 허겁지겁 찾은 우리의 심령을 맑고 밝게 하여 주셔서, 순결한 몸과 마음으로 주를 찬양하게 하시고, 주께 감사드리게 하시고, 주께서 우리에게 주시는 말씀을 바로 알게 하소서. 먼저 우리의 잠자는 영혼이 깨어나게 하시고, 말씀을 통해 우리에게 베푸시는 주님의 사랑을 흡족히 받게 하소서.

전도와 선교

아버지 하나님! 벌써 2월입니다. 겨울의 막바지에 파종기를 고대하던 농부의 심정으로 이 땅의 방방곡곡에 주님의 복음의 씨앗을 널리널리 뿌릴 수 있는 믿음을 주시고, 주님이 기뻐하시는 일을 앞장서 실천할 수 있게 이끌어 주소서.

이 시간 목사님이 전하시는 말씀에서 성령이 우리에게 주시는 깨우침을 얻게 하소서. 예수님의 이름으로 기도드립니다. 아멘.

2017. 02. 05.

286. 3월, 봄, 참회와 용서, 은혜와 평강, 믿음과 사랑의 공동체

찬양과 감사

하나님! 영광과 찬송을 올려드립니다. 이제 3월 하순입니다. 아버지께서 몸소 지으시고 밤낮으로 가꾸시는 천하 만물이 약동하는 봄을 맞아서 점점 무르익어 가고 있습니다. 아버지 하나님! 저희들에게 이처럼 좋은 계절을 주셔서 감사합니다.

참회와 용서

그러나 저희들은 지난 한 주일 동안도 세상과 벗하여 살면서 하나님을 거의 잊고 살았습니다. 하나님께서 원하시는 길을 애써 외면한 채 부귀영화를 탐하고 안일만 도모했습니다. 하나님을 섬기며 하나님의 뜻이 이 땅에서 이뤄지도록 하는 것을 삶의 최대의 목적으로 삼지 않고, 하나님을 그저 세상 복락을 누리기 위한 수단으로 또 그 방편으로 여기면서 헛되게 살아왔습니다.

하나님 아버지! 저희들은 이처럼 세상 살면서 제대로 살지 못해 주님의 마음을 더욱 아프게 했습니다. 주님의 손발에 난 못 자국을 가슴 아파하기는커녕 바로 그 자리에 날마다 더 큰 못질을 하면서 살아가고 있습니다. 하나님! 주님을 영접한 지 많게는 수십 년이 지났으면서도 아직도 유아적 신앙에서 벗어나지 못하는 저희들의 잘못을 용서하여 주소서. 날마다 때마다 믿음이 성장하기를 간구하면서도 불신의 늪에서 한발자국도 벗어나지 못하고, 눈앞의 현실에 눈이 어두워져 영원한 소망을 바라보지 못하는 저희들의 어리석음을 철저히 깨닫게 하여 주소서. 끊임없이 사랑을 말하고 듣고 배우며 실천하겠다고 다짐하면서도, 조금도 깨지지 못한 채 미움만 키워가는 저희들을 용서하여 주소서.

은혜와 평강

사랑이 많으신 아버지 하나님! 오늘도 은혜 받기 위해 이 자리에 나왔습니다. 몸과 마음이 아파서 견디기 어려운 성도들, 일자리가 없어 삶이 너무나 고단한 형제들, 모두 다 위로 받고 치유 받고 해결의 실마리를 얻고 돌아가는 시간이 되게 하여 주소서. 이 아름다운 봄이 예외 없이 모든 성도의 기쁘고 즐거운 봄이 되게 하여 주소서.

믿음과 사랑의 공동체

하나님! 저희들의 갈급한 심령 위에 한여름 폭포수처럼 시원한 은혜의 물줄기를 허락하여 주옵시고, 주신 말씀을 오직 아멘으로 받아들이게 하여 주소서. 말씀을 전하는 주님의 사자 위에 갑절의 영감을 부어 주소서.

아버지 하나님! 우리 ◎◎교회가 늘 찬양과 기쁨이 넘치게 하셔서, 세상 모든 교회가 부러워하고 닮기 원하는 교회로 바꿔지게 하소서. 이 예배의 모든 순서를 주께서 주관하여 주실 줄로 믿사옵고, 사랑이 많으신 예수님의 이름으로 기도드렸습니다. 아멘.

2001. 03. 25.

287. 3월, 봄, 각성과 결단, 교회학교 교사, 청소년, 희망과 용기

찬양과 감사

　세상은 언제나 어수선하지만 우리에게 3월과 함께 새봄을 맞게 하셔서 새로운 희망과 용기를 갖고 살아가게 하시는 아버지 하나님! 조그만 일로도 낙담하고 좌절하는 우리들의 생의 한복판에 들어오셔서, 우리를 부둥켜안아 주시며 한마음으로 아파하시고 위로해 주시고 격려해 주시는 아버지의 은혜에 감사드리며 영광을 돌리옵나이다.

　하나님 아버지께서는 한결같이 우리에게 아낌없는 사랑을 베풀어 주시는데도, 그 사랑을 잊고 아버지를 배신하고 배반하고 배역하기를 밥 먹듯 하는 우리를 탓하지 아니하시고, 또다시 불러주셔서 품에 안아주시고 다독여주시는 그 은혜를 우리가 어찌 감사하지 않을 수 있겠습니까? 세상 끝 날까지 우리를 지켜주시며 장차 우리를 천국에 들어올리실 아버지의 사랑과 은혜를 어찌 찬송하지 않을 수 있겠습니까? 아버지! 오늘 주일 아침에 우리가 드리는 경배와 찬양을 받으시고 큰 복을 내려주소서.

참회와 용서

　그 이전에 아버지의 말씀에 순종하지 못하고 세상과 벗하여 살면서 지은 모든 죄와 허물을 회개하오니, 저희들의 잘못을 용서하여 주소서.

마무리기도

　아버지 하나님! 사랑하시는 목사님께서 전해 주시는 말씀을 통해 우리의 심령이 뜨거워져서 영과 육이 새롭게 변화하게 하옵시고, 이후로는 어떤 일을 만나든지 실망하거나 위축된 삶을 살지 않게 하소서. 같이 예배를 드리는 교회학교 선생님들의 영력을 더해 주셔서 선생님과 어린이, 또 청소년들의 심령이 함께 소생하게 하여 주소서. 우리의 모든 염려를 십자가 앞에 내려놓고, 우리에게 필요한 온갖 일을 주님을 중보로 간구하오며, 예수 그리스도의 이름으로 기도 드리옵나이다. 아멘.

2012. 03. 25.

288. 4월, 봄, 참회와 용서, 은혜와 평강, 진리의 말씀, 기도의 응답

찬양과 감사

저희의 믿음이 아주 연약했던 유아기 때부터 걸음을 가르치시고 그 거룩한 팔로 안아 주시며 상한 몸과 마음을 고쳐주신 아버지 하나님![270] 4월 하순 이 아름다운 봄날에 모든 영광과 찬송을 아버지께 드리옵나이다. 하나님! 지난 한 주일도 세상 속에 푹 파묻혀 살던 저희들을 홀로 두지 아니하시고 지켜주시고 인도하여 주셔서 감사합니다.

참회와 용서

아버지! 그러나 저희들은 내내 주님의 가르침을 외면한 채 어둠의 골짜기를 헤맸습니다. 해묵은 죄악을 청산하지 못했습니다. 아니 오히려 날이 갈수록 새로운 죄와 허물을 보태며 살았습니다. 인생의 높은 산, 깊은 강을 만날 때마다 하나님께 부르짖지 않고 부평초 같은 세상을 의지하였습니다.

아버지 하나님! 저희들은 이 시간 다만 "에브라임아 내가 어찌 너를 놓겠으며, 이스라엘아 내가 어찌 너를 버리겠느냐?"[271]는 말씀을 붙들고 이 자리에 나왔사오니, 저희들을 이 험한 죄악세상에서 건져 주소서. 저희 죄를 용서하셔서 온전한 하나님의 백성으로 살아가게 하소서.

마무리기도

그리하여 이러한 청결한 심령에 이 시간 목사님께서 전하시는 진리의 말씀을 가득 담아서, 아버지의 자녀로서 이 세상에서 똑바로 살아가게 도와주소서.

우리가 의지할 데라고는 아버지 하나님밖에 없사오니 우리의 곤궁한 처지를 돌아보셔서 우리의 기도를 들어주소서. 하나님 앞에 무릎을 꿇기만 해도, 하나님을 아버지라고 부르기만 해도, 두 손 번쩍 들고 천부여 의지 없어서 하고 입술만 달싹여도, 저희 간구에 응답하셔서 해결해 주시옵기를 간절히 빌고 원하오며, 또 그렇게 해 주실 줄 확실히 믿사옵고, 우리 주 예수님의 이름으로 기도합니다. 아멘.

2012. 04. 29.

289. 4월, 봄, 참회와 용서, 믿음과 사랑의 공동체, 성전신축

찬양과 감사

하나님! 4월입니다. 봄빛이 짙어지고 있습니다. 지난겨울 저희들을 모진 한파와 거센 눈보라로부터 지켜주신 하나님! 대지도, 저희 교회도 유난히 길고 길었던 겨울을 마감하고, 만물이 회생하는 새봄을 맞이할 수 있게 도와주셔서 감사합니다. 주 앞에 기뻐 뛰며 찬양과 경배를 드릴 수 있게 도와주셔서 감사합니다.

참회와 용서

하지만 지난날 저희들이 저지른 과오를 엎드려 자백하오니, 저희들의 모든 죄와 허물을 다 용서하여 주소서. 그리하여 이 시간 정결한 심령으로 예배드리게 하소서.

믿음과 사랑의 공동체

하나님! 저희들은 아버지께서 저희 교회를 얼마나 사랑하시는지를 이번에 똑똑히 깨달았습니다. 출구가 막혀버린 긴 터널처럼 암울하게 이어지던 시련의 끝을 마침내 보게 하시고, 교회가 두 갈래, 세 갈래로 나눠질 위기에서 벗어나게 하시며, 무엇보다도 젊고 신실한 목자를 더 이상 지체하지 아니하시고 보내주셔서 감사합니다.

저희들 어렵사리 하나가 된 이 감격, 이 감동을 길이 간직하게 하시고, 저희들 믿음의 공동체에 다시는 이번과 같은 어려움이 찾아오지 않게 하소서. 더 이상 ◎◎교회가 한국 교회와 교단 그리고 지역사회에 부담이 되지 않게 하소서. 이제는 저희들의 눈이 주체할 수 없이 흐르는 눈물로 짓무르는 일이 없게 하시고, 저희들의 긴 탄식이 변하여 끊이지 않는 찬송이 되게 하소서.

아버지 하나님! 지난 일 년 반 동안 저희들 어느 누구 한 사람 예외 없이 모두가 너무도 힘들었습니다. 유다가 바벨론에 의해 멸망한 이후 예루살렘 도성이 폐허가 된 것처럼, 저희 교회는 황폐해질 대로 황폐해졌고, 대부분의 양들이 흔들리고 방황하였으며, 일부는 아예 울타리를 넘어 우리를 떠나가고 말았습니다.

하나님! 저희들이 느꼈던 고통과 슬픔을 어찌 주님께서 십자가 위에서 겪으신 간고와 아픔에 견줄 수 있겠습니까! 다만 고난도 유익이라고 하셨사오니, 저희들 지난 세월을 통해 얻은 값진 교훈을 결코 잊지 않게 하소서. 이제는 그 동안 부실했던 믿음의 새싹을 틔워서 아름답게 꽃을 피우고, 알차게 열매 맺게 하소서. 그리하여 가을날 믿음의 창고가 차고 또 넘치게 하소서. 아버지 하나님! 이제는 떠났던 성도들이 모두 다 되돌아오게 하소서. 그리하여 퇴락한 영혼의 성전을 수축하고 재건하여서 하나님께 영광, 영광 또 영광 돌리게 하소서.

하나님 아버지! 앞으로 꼭 1년 뒤면 ◎◎교회가 이 땅에 세워진 지 60주년이 됩니다. 그때까지는 모든 것이 정상화해서, 이전과는 비교가 되지 않을 정도로 교회가 부흥하고 성장하게 하셔서, 성대한 회갑잔치를 치를 수 있게 도와주소서.

마무리기도

목사님을 성령의 강한 팔로 굳게 붙들어 주소서. 시대적으로, 공간적으로 할 일이 많사오니, 주님의 크신 사명을 잘 감당할 수 있는 능력 있는 사역자가 되게 하소서. 그리고 저희들의 마음밭이 모두 옥토가 되어서 말씀의 씨앗을 온전히 받아 큰 결실을 이루게 하여 주소서. 예수님의 이름으로 기도드리옵나이다. 아멘.

2006. 04. 02.

290. 5월, 성령임재, 교회의 부흥, 해외선교, 민주주의 수호

찬양과 감사

 우리가 사모할 때마다 우리의 심령에 친히 강림하셔서 모든 의심이 사라지게 하시고 주의 평강을 흡족히 누리게 하시는 하나님 아버지! 보잘 것 없는 우리가 때로 고통과 슬픔으로 범벅이 된 거센 풍랑의 한가운데에 서 있을 때조차 강물같이 흐르는 기쁨을 느끼게 하시니 감사합니다. 우리 맘속에 참된 평화를 차고 넘치게 허락하신 성삼위 하나님께 영광과 찬송을 드립니다.

회개와 성령인도

 아버지 하나님! 불길 같은 성령으로 우리의 죄악을 낱낱이 다 태워주소서. 폭포수 같은 성령으로 우리의 허물이 모조리 씻겨 내려가게 하소서. 아버지! 주시는 성령을 남김없이, 고스란히 받을 수 있도록 먼저 우리의 잘못을 철저히 회개하게 하소서.

교회의 부흥

 이루시는 하나님! 정체를 넘어 퇴보를 거듭하며 위기에 빠져있는 오늘 우리 교회의 현실을 목도하면서, 이 자리에 엎드려있는 우리 각 사람이 이는 바로 내 탓이라는 점을 뼈저리게 느끼게 하시고, 주님 앞에 회개하게 하시고, 우리의 완악한 마음을 깨뜨려주셔서, 교회의 부흥을 선도하게 하소서. 우리는 이 세상에 잠시 동안 머물다 떠나겠지만, 주님의 교회, 우리 ◎◎교회는 주께서 이 땅에 다시 오실 때까지 대대에 걸쳐 영원히 서 있게 하소서.

마무리기도

 오늘 목사님이 전해 주시는 말씀을 통해 우리의 마음 중심이 찔리게 하시고, 울리게 하시고, 고쳐지게 하시고, 새로워지게 하소서. 목사님이 이번 중국 선교사역을 은혜 가운데 마치고 돌아오실 수 있도록 내내 앞서 인도하여 주시고 크신 사랑으로 보살펴 주소서.

　아버지 하나님! 올해 5월을 끝으로, 앞으로는 5월이 오직 기쁨과 희망과 사랑으로 가득한 계절의 여왕으로 되돌아가게 하소서. 예수님의 이름으로 기도드립니다. 아멘.

2015. 05. 31.

291. 5월, 어버이주일, 가정의 달, 전도와 선교, 참회와 용서

찬양과 감사

대자연을 친히 지으시고 저희들에게 천하 만물을 다스릴 수 있는 권세를 주신 아버지 하나님! 신록이 눈부시도록 아름다운 5월을 맞게 하셔서 하나님의 성호를 찬양할 수 있는 은혜 베풀어 주시니 감사합니다.

참회와 용서

하나님! 저희들은 아버지께서 주신 자유의지와 건강과 물질과 시간을 아버지의 영광을 높이기 위해 사용하지 못하고, 죄악된 생각과 말과 행동으로 형제들의 마음을 아프게 하고, 믿지 않는 사람들에게 본이 되지 못했습니다. 다시는 그렇게 하지 않겠다고 굳게 다짐하였으면서도 죄악의 굴레에서 벗어나지 못하는 저희를 용서하여 주소서.

어버이주일

하나님 아버지! 지난주는 어버이 주일이었습니다. 모세를 통해 제 오계명을 주시면서 "네 부모를 공경하라. 그리하면 너의 하나님 나 여호와가 네게 준 땅에서 네 생명이 길리라."고 말씀하신 아버지! 그러나 저희 자신이 오래 살기 위해서가 아니라, 저희들 한 사람 한 사람 모두 부모의 몸을 입어 이 땅에 왔기에, 저희들은 각각 어버이의 고통과 슬픔을 넘어선 기쁨과 희망 그 자체이기에, 육신의 아버지와 어머니는 저희들을 주님의 사랑으로 헌신하고 희생하며 고이고이 길러오셨기에, 이 시간 다시 한번 어버이의 사랑과 은혜를 되새기며 하나님 앞에 감사드립니다.

하나님! 그러나 정말 슬프게도 저희들의 부모는 이미 하나님의 부르심을 받아 이 땅을 떠났습니다. 살아계신다고 하더라도 늙고 병든 몸으로 거동조차 불편하고, 맛있는 음식, 아름다운 경치마저 제대로 즐기지 못하고 있습니다. 어버이 살아계실 때 그 은혜를 깊이 깨달아 하나님 섬기듯이 성심으로 모시게 하소서.

가정의 달

평강의 하나님! 또한 5월은 가정의 달입니다. 부모와 자식이, 형제와 형제가 반목하고 불화하는 가정이 너무나 많습니다. 도대체 인류 역사상 어느 시대에 가정파괴, 가족해체란 말이 이렇듯 거리낌 없이 나돌았는지 오늘을 함께 살아가는 저희 모두 그 잘못을 하나님께 고하지 않을 수 없습니다.

전도와 선교

하나님 아버지! 이 사회의 최소 단위인 가정의 평화와 행복을 위해서라도 저희들 우선 가족전도부터 힘쓰게 하소서. 그리고 더 나아가 가정의 담장을 넘어 믿지 않는 이웃들에게 그리스도의 도를 전하게 하시고, 믿다가 낙심한 형제들에게 주님의 사랑을 되새기게 하소서.

마무리기도

하나님! 저희들은 오늘도 말씀을 간절히 사모하며 이 전을 찾았습니다. 이 시간도 성령의 단비가 흡족히 이 제단을 적시게 하셔서 저희 모두 은혜 충만케 하소서. 말씀을 증거하실 ○○○ 목사님을 주님의 오른팔로 굳게 붙들어 주셔서 그 심신과 영혼이 고단하지 않게 도와주소서. 예수님의 이름으로 기도드리옵나이다. 아멘.

2006. 05. 14.

292. 6월, 나라와 민족, 전도와 선교, 은혜와 평강, 자녀 축복

찬양과 감사

저희들을 사랑하셔서 늘 복 주시기를 원하시는 하나님! 크신 은혜로 지난 한 주일도 저희들을 지켜주시고 인도하여 주신 아버지! 저희들에게 하나님의 자녀가 될 수 있는 권세를 허락하신 하나님 아버지께 찬양과 영광을 돌리옵나이다.

참회와 용서

하나님! 저희들은 시시때때로 하나님의 말씀을 어기고 세상과 벗하여 살면서 온갖 죄악을 저질렀습니다. 도저히 주님의 백성이라고 말할 수 없을 정도로 패역한 삶을 살았습니다. 엎드려 비오니 저희들의 죄와 허물을 사하여 주소서.

전도와 선교

아버지 하나님! 오늘은 총회가 정한 선교주일입니다. 선교사들을 통해 이 나라에 믿음의 씨앗을 뿌리시고 철따라 햇빛과 비와 이슬을 내려 열매 맺게 하신 아버지 하나님! 이제는 저희들로 하여금 그 빚을 7배나 갚게 하시되 우리 ◎◎교회가 그 맨 앞에 서게 하소서. 하나님의 은혜로 교회가 정상 궤도에 들어섰사오니, 이제는 주님의 지상명령을 완수하게 하소서.

나라와 민족

"여호와를 경외하는 사람은 생명에 이르게 되어 족하게 지내고 재앙을 만나지 아니하리라"[272]고 하신 하나님! 우리 민족이 하나님만을 섬기고, 하나님께서 기뻐하시는 일만 하게 하소서.

아버지 하나님! 수많은 애국선열들의 핏값으로 세운 이 나라, 동족끼리 피를 흩뿌려야했던 이 강토가 또다시 위기를 맞았습니다. 올림픽·월드컵 개최와 선진국 진입이라는 자랑거리가 빛을 잃을 정도로 요즘 국가가 뿌리째 흔들리고 있습니다. 미국산 쇠고기 수입문제와 유가파동 그리고 새로운 교육정책으로 온 나라가 아우성입니다.

  하나님! 이 나라의 정치를 책임지고 있는 세력들로부터 그날그날 힘겹게 살아가야만 하는 극빈층 서민들에 이르기까지 모두가 하나가 되어 이 난국을 헤쳐 나갈 수 있도록 힘과 지혜를 모으게 하소서. 원치 않는 불상사로 인해서 6월의 달력이 잘못 덧칠되지 않도록 도와주소서.

마무리기도

  하나님께서 참으로 아끼셔서 이 시대를 위해 따로 구별해 놓으신 ○○○ 목사님을 단 위에 세우셨사오니, 전하는 말씀에 권능을 덧입혀 주옵시고 은혜에 은사를 더하여 주셔서 모두가 감화·감동 받는 이 시간 되게 하여 주소서. 저희 성도들 오늘도 주 앞에 나와서 예배드리게 하여 주신 하나님! 산지사방에 흩어져있는 저희 자녀들에게도 주일을 지키며 주님의 뜻대로 살 수 있도록 동일한 사랑과 은혜를 베풀어 주소서. 아버지의 은혜를 간절히 사모하면서 예수님의 이름으로 기도드리옵나이다. 아멘.

2008. 06. 08.

293. 6월, 나라사랑, 인류애, 용서와 회복, 온전한 믿음, 성령임재

찬양과 감사

  사랑의 하나님, 구원의 하나님! 변함없는 사랑으로, 큰 죄에 빠진 우리의 허물을 용서하여 주시고, 우리를 다시 주님의 거룩하신 품에 안아주셔서 감사합니다. 세상에서 때로 기쁨도, 기대도 상실하고 풀죽은 채 살아가는 우리에게 하나님의 약속의 말씀을 기억나게 하시고 회생의 소망을 품고 살아가게 하여 주셔서 감사합니다. 아버지 하나님! 영원토록 우리의 하나님이 되셔서 우리가 드리는 영광을 받아 주소서.

온전한 믿음

  은총의 하나님! 아무리 힘들어도 결코 자포자기하지 않게 하소서. 사람의 능력이 한계에 부닥치는 바로 그 순간부터 주께서 본격적으로 일하신다는 것을 알게 하소서. 아니 아버지께서는 이미 그 전부터 안쓰럽게 우리를 지켜보시고 돌보고 계셨다는 것을 깨닫게 하소서.

  주님과 우리가 분리된 두 존재가 아니라 언제나 주님이 우리 안에, 우리가 주님의 말씀 안에 거하는 합일의 삶을 꿈꾸게 하소서. 그렇게 살지는 못하더라도 그렇게 살아가려고 힘쓰게 하소서.

나라와 인류

  아버지 하나님! 전쟁과 항쟁과 격변과 화해의 6월을 보내면서 우리나라와 이 세계를 위해서 기도합니다. 우리 한민족이 인류공영의 핵심주체가 될 수 있도록 하나 되어 밝은 길을 내달릴 수 있게 하여 주소서.

마무리기도

 오늘도 목사님께서 아버지의 말씀을 전하실 때 성령이 비둘기처럼 임하셔서, 우리의 가슴에 희망이 넘치게 하시고, 온전치 못한 몸과 마음이 회복되게 하시며, 말씀이 내내 우리의 심령을 인도하는 복된 삶을 살게 하소서. 예수님의 이름으로 기도합니다. 아멘.

2018. 06. 10.

294. 7월, 은혜와 평강, 믿음과 사랑의 공동체, 여름수련회

찬양과 감사

아버지 하나님! 세상 어떤 일보다도 아버지 앞에 나오는 것을 귀하게 여기고 이 자리에 나와 하나님께 영광 돌릴 수 있는 은혜 베풀어 주셔서 감사합니다.

참회와 용서

이 시간 저희들이 세상사는 동안에 지은 모든 죄를 용서하여 주셔서 죄 사함 받고 새 힘을 얻게 하여 주소서.

은혜와 평강

사랑과 은혜가 충만하신 하나님! 저희 각 사람을 형편과 처지대로 보살펴 주소서. 가난 때문에, 현실이 너무 고달프고 내일에 대한 희망마저 전혀 보이지 않아 괴로워하는 성도들을 불쌍히 여겨 주소서. 질병으로 고통을 겪는 이들을 주님께서 몸소 치료하여 주시고, 때가 지나가는데도 배우자를 찾지 못해 애 태우는 젊은이들의 앞길을 열어 주소서. 입시를 앞두고도 방황하는 자녀를 그저 지켜만 보아야하는 쓰라린 심령들을 위로하여 주시고, 아이를 군대에 보내 놓고 허전해 하고 염려하는 마음들을 헤아려 주소서. 저희들의 수고와 염려와 무거운 짐을 덜어 주소서.

믿음과 사랑의 공동체

하나님! 주님께서 피로 세우신 ◎◎교회를 위해서 기도합니다. 악신에 사로잡혀서 비극적인 최후를 맞이한 사울의 교회- 천천(千千)의 교회가 되지 않게 하소서. 처음에는 비록 미약했으나 결국에는 창대케 된 다윗의 교회- 만만(萬萬)의 교회가 되게 하소서. 바닷물을 바라보다가 물속에 빠진 처음 베드로가 되지 않게 하시고, 예수님을 보며, 소망을 보며 물위를 능히 걸었던 변화된 베드로의 교회가 되게 하소서. 옛사람이 산산이 깨어지는 교회, 새로워지는 교회, 삭개오의 교회가 되게 하소서. 가시밭, 자갈밭에 파종하는 교회 되지 않게 하소서. 옥토에 씨앗을 뿌리는 현명한 농부들이 모여드는 교회가 되게 하소서.

여름수련회

 아버지 하나님! 7월부터 시작되는 이 여름철에 교회에서 계획한 모든 일들이 아무런 어려움 없이 잘 마무리 되어서 풍성한 열매를 거둘 수 있게 하여 주소서. 땀 흘려 일하게 될 귀한 믿음의 일꾼들에게 크신 은혜 내려 주소서.

마무리기도

 하나님! 찬양으로 영광 드릴 성가대와 관현악단, 선교단 위에 함께 하시고, 단 위에 세우신 주님의 사자에게 굳건한 말씀의 영을 부어 주소서. 진리의 말씀 전하게 하셔서 오직 하나님 홀로 영광 받으소서. 그리고 듣는 성도들을 성령으로 흠뻑 감동·감화시켜 주소서. 예수님의 이름으로 기도드립니다. 아멘.

2000. 07. 16.

295. 7월, 맥추감사주일, 온전한 믿음, 헌신과 봉사, 성전신축

찬양과 감사

아버지! 이제 7월, 일 년의 절반을 훌쩍 보내고 다시 반년을 새롭게 시작하는 출발선에 섰습니다. 주님 앞에 변변찮게 시간만 보내는 우리지만, 심신을 가다듬고 특별히 오늘 맥추감사절 예배를 드리오니 영광을 받아 주소서. 아버지! 철따라 우리에게 필요한 것으로 채워 주사 오늘에 이르게 하여 주셔서 감사합니다.

참회와 용서

하나님! 우리의 죄를 사하여 주소서. 주님을 최상의 자리에 모셔야 할 우리의 마음을 이기와 탐욕과 허구와 거짓변명으로 가득 채웠습니다. 교회안팎에서 받은 상처가 타인을 괴롭힘으로 낫는 것이 아니라, 주님사랑으로 용서를 구하고 자신을 낮추고 서로의 아픔과 고통을 껴안고 덮어가며 더불어 살아갈 때 말끔히 치유됨을 깨우쳐 주소서.

온전한 믿음

아버지 하나님! 가슴을 열어 좀 더 넓은 마음으로 형제의 허물을 품게 하시고 자매의 실책을 감싸게 하소서. 인력으로는 어렵더라도 성령의 감화로 우리의 혈기를 다스릴 수 있게 하시고, 주님의 자비롭고 인애 가득하신 언행을 본받게 하소서. 우리의 눈물과 한숨을 어루만져 주시고, 가슴속 분노와 억울함을 은혜로 가라앉혀 주소서. 좀 더 크고 장구한 소망을 지니고 눈앞의 작은 일에 매달리지 않게 하소서. 쉬운 길을 버리고 빙빙 돌아가느라 세월과 열정을 낭비하지 않게 하소서.

헌신과 봉사

아버지! 목회자와 장로를 비롯해 교회에서 받은 우리의 직책과 소임이 다른 사람들로부터 존경과 지지와 사랑을 받기 위해서가 아니라, 주님께 헌신하고 주님을 위해 봉사하며 주님 가신 길을 앞장서서 따르기 위해서라는 사실을 깨닫게 하소서.

하나님! 세례 요한의 교훈이 우리들 신앙의 바탕이 되게 하소서. 주님은, 주님의 교회는 흥하게 하시고, 우리는 쇠하게 하소서. 우리는 죽고 주는 살게 하여 주시고, 우리의 믿음이 불쏘시개가 되어서 주의 찬란한 영광이 더욱더 빛나게 하소서.

성전신축

아버지 하나님! 교회를 생각할 때마다 성전신축의 과제가 우리의 마음을 짓누릅니다. 모르는 이는 모를지라도 그동안 많은 변수가 있었고, 결코 쉬운 일이 아니며, 행여 그릇된 선택으로 교회의 안녕을 그르칠까 걱정되는 것도 사실입니다. 아버지! 우리는 아둔합니다. 앞날을 내다볼 수 있는 혜안도 없습니다. 무엇이 주님을 진정으로 기쁘시게 할지도 당장은 알 수 없습니다.

하나님! 평안하고 즐거운 마음으로 이 성업을 감당할 수 있도록, 우리의 눈을 띄워주셔서 바로 보게 하시고, 우리의 귀를 열어 주셔서 온전히 이뤄 주소서. 우리가 엎드러질지라도 일으켜 주소서. 어두운 데 앉을지라도 우리의 빛이 되소서.[273] 아버지, 그렇게 될 줄 믿습니다. 우리의 믿음을 키워주소서.

마무리기도

하나님! 주님의 말씀을 들으며 우리의 편협하고 옹졸한 생각과 이기심이 잦아들게 하시고, 모든 일을 좀 더 폭넓게 바라볼 수 있는 아량을 허락하소서. 예수님의 이름으로 기도드립니다. 아멘.

2018. 07. 01.

296. 8월, 참회와 용서, 보호와 인도, 은혜와 평강, 인내의 축복

찬양과 감사

하나님! 오늘도 저희들을 불러 주셔서 감사합니다. 8월까지 계속된 여름철 무더위와 폭풍우 속에서 저희들을 안전하게 지켜주셔서 감사합니다. 이 예배를 통해서 하나님 홀로 영광 받아 주소서.

참회와 용서

저희들이 세상에 사는 동안 범했던 온갖 죄악을 이 시간 자복하고 회개하오니, 저희들의 죄를 다 용서하여 주소서. 이 예배를 드리는 데 합당한 심령이 되게 하소서.

은혜와 평강

마음이 가난한 자, 또 애통하는 자는 복이 있다고 하신 하나님! 오늘도 슬픔과 고통으로 낙심천만하여 이 자리에 엎드려 있는 저희들을 위로하여 주소서. 고난의 한 가운데 있을 때 도저히 헤어나기 힘든 수렁 그 자체를 보게 하지 마시고 고통의 끝을 바라보게 하시며, 절망의 터널을 통과한 뒤 기쁨으로 맞게 될 새로운 세상을, 로마의 압제에서 시달리며 메시아의 출현을 간절히 염원했던 유대인의 심정으로 돌아가 소망 중에 인내하며 기다리게 하소서.

아버지 하나님! 여인이 어찌 그 젖 먹는 자식을 잊겠습니까? 자기 태에서 난 자녀를 어떻게 긍휼히 여기지 않겠습니까? 그러나 비록 어미가 그 젖먹이를 잊을지라도 나는 너를 잊지 않을 것이라고 하신 아버지 하나님![274] 저희들은 이 말씀 의지하여서 험하고 고달픈 세파를 견뎌내고 있습니다. 세상 모든 사람이 저희들을 버릴지라도 오직 하나님께서는 끝까지 저희들을 지켜주시고 인도하여 주실 줄 간절히 믿기 때문에, 아무도 돌아보지 않는 사면초가의 지경에서 쓰러지고 넘어져도 결코 낙심하지 않겠습니다. 절망하지 않겠습니다.

하오니 주께서 저희와 함께 계시고 저희들이 주님 안에 거하는 이 복되고 은혜로운 삶이 일생 동안 이어지게 하소서. 영원한 천국을 사모하면서 하나님을 향한 믿음의 대열에서 결단코 이탈하거나 낙오하지 않게 하소서. 하나님을 떠난 삶은 생각하지도 말게 하소서.

의를 위하여 핍박을 받은 자는 복이 있다고 하신 아버지 하나님! 저희는 이미 그리스도와 함께 못 박혀 죽었고 또 그리스도와 함께 다시 살아났사오니, 영광의 기약이 이르도록 언제나 주님만 바라보게 하소서.

마무리기도

하나님! 오늘도 갈급한 저희들의 심령 위에 은혜의 단비를 흡족히 내려주소서. 단 위에 세우신 목사님을 주님의 강한 팔로 붙들어 주소서. 이 시간 말씀을 전하고 들으면서 저희 모두 큰 은혜 받게 하소서. 예수님의 이름으로 기도드립니다. 아멘.

2002. 08. 25.

297. 8월, 임마누엘, 믿음의 회복, 섬김과 겸손, 은혜와 평강

찬양과 감사

하나님 아버지! 연일 쉼 없이 내리는 빗속에서 이제 한여름을 보내고 또 한 차례의 가을을 맞는 8월말, 계절의 길목에 서 있습니다. 이 여름 찌는 듯한 무더위와 비바람 속에서도 저희들을 안전하게 지켜주신 아버지께 영광과 찬송을 드립니다. 아버지 하나님! 둘러보면 모든 것이 주께 감사드릴 것뿐입니다.

회개와 인도

하나님! 그러나 저희들은 늘 죄만 짓고 삽니다. 저희들은 지금까지 거룩한 하나님의 백성으로서가 아니라 이 허탄한 세상의 종노릇하며 살았습니다. 하나님! 이제 저희들의 육은 죽어 장사지내게 하소서. 그리하여 영이 온전히 살게 하소서. 잠만 자지 말고 꿈을 꾸게 하소서. 임마누엘 하소서. 말씀이 육신이 되어 저희 가운데 거하소서.

섬김과 겸손

하나님! 주님께서는 섬김의 본을 보여 주시기 위해 이 땅에 오셨습니다. 그렇게 사셨습니다. 그렇게도 섬김을 받기 원하면서도 섬기는 것은 지독히 싫어하는 저희들의 완악한 심령이 성령의 힘으로 부서지고 깨어지게 하여 주소서. 하나님! 저희들을 더욱 낮아지게 하셔서 겸손으로 허리띠를 동여매게 하시고, 이 가을에 좀 더 넉넉한 마음으로 주변을 차분히 둘러보게 하여 주소서.

마무리기도

정성껏 찬양을 준비한 믿음의 자녀들을 기억하시고 하늘의 보화를 내려 주소서. 또한 말씀을 증거할 ○○○ 목사님에게 능력과 건강 주셔서 맡겨진 사명 잘 감당케 하여 주소서.

　하나님 아버지! 이 시간 험한 세파에 상하고 찢긴 영혼을 부여안고 이 자리에 나와, 교회에서나마 위로 받고 새 힘 얻기를 원하오며 간절한 마음으로 머리 숙인 갈급한 심령들 위에 넘치는 은혜 허락하여 주소서. 예수님의 이름으로 기도합니다. 아멘.

2000. 08. 27.

298. 9월, 가을, 믿음의 성숙, 은혜와 평강, 청년, 전도와 선교

찬양과 감사

아버지 하나님! 이 힘난한 세상 속에서 저희들의 생명을 연장시켜 주시고, 이 시간도 저희들을 고단한 일상사에서 놓임 받게 하여 주셔서, 귀한 예배에 참여해 하나님께 영광과 찬양을 드릴 수 있도록 도와주시니 감사합니다.

참회와 용서

하나님! 저희들은 지난 한 주일 동안에도 죄악의 한복판을 맴돌다가 이렇게 허둥지둥 나와서 아버지 앞에 엎드렸습니다. 그 동안 저희들이 알고 지은 죄, 모르고 범한 허물 모두 다 회개하오니 저희들의 잘못을 다 용서하여 주소서. 저희들을 깨끗케 하여 주셔서 이 예배에 합당한 심령이 되게 하소서.

믿음의 성숙

지혜와 명철의 하나님! 태양이 눈부시게 내리쬐던 여름이 지나고 비로소 찾아온 가을이 9월말을 맞으면서 더욱 깊어가고 있습니다. 힘겹게 무더위와 폭풍우 속을 헤쳐 왔던 지난여름을 뒤돌아보며 이제는 차곡차곡 내면의 세계를 알차게 채워가게 하여 주소서. 이 가을에 벼가 익을수록 더욱 고개를 숙이는 이치를 깨닫게 하소서. 몸과 마음을 한층 더 낮추게 하소서. 주변을 더욱 따뜻한 눈길로 바라보게 하소서. 환난 당할 때 저자거리를 헤매며 목청을 돋우지 않게 하시고, 대신에 골방에 고요히 무릎 꿇고 앉아 통절한 심정으로 자신을 되돌아보며 하나님께 눈물로 호소하게 하소서.

은혜와 평강

능력의 하나님! 저희들이 부르기 전에 응답하시고 저희들이 미처 말을 마치기도 전에 들으시는 하나님![275] 저희들의 기도를 들어 응답하여 주소서. 병석에서 일으켜 세워 주소서. 가난의 질곡을 떨쳐버리게 하소서. 몸과 마음을 짓누르는 번민과 고뇌에서 건져 주소서.

청년을 위한 기도

아버지 하나님! 대학졸업장이 바로 실업자 증명서가 되는 세상을 살고 있는 젊은이들을 위로해 주소서. 이들의 앞길을 열어 주시고 평탄케 하소서. 국방의 의무를 다하기 위해 군문에 들어가 있는 저희 아이들, 직장일 때문에 또 학업 때문에 객지에서 그리고 해외에서 고생하는 저희 아들딸들의 심령을 포근하게 감싸 주소서. 언제 어디서든지 신앙생활을 게을리하지 않도록 이끌어 주시고, 고난 받지 않게 보살펴 주소서. 그러나 설사 원치 않는 어려움을 겪게 되더라도 굳센 믿음으로 이기게 하시고, 그러한 고난을 더 큰 연단의 계기로 삼게 하소서.

전도와 선교

어머니의 복중에 짓기 전부터 저희들을 아시고 저희들이 태에서 나오기 전에 저희들을 구별하신 하나님![276] 저희들을 택하신 것은 선교의 사명을 다하라고 하심인 줄 아오니, 힘써서 전도해 이 땅에서 하나님의 지경을 더욱더 넓히게 하소서. 하나님! 오늘 이 강단에서 울려 퍼지는 말씀이 공허한 메아리가 되지 않도록 말씀을 전하고 듣는 저희 모두 피차 엄숙한 마음으로 옷깃을 단단히 여미게 하소서. 예수님의 이름으로 기도드립니다. 아멘.

2003. 09. 28.

299. 9월, 참회와 용서, 믿음과 사랑의 공동체, 합심기도, 담임목사 청빙

찬양과 감사

　말로는 다할 수 없는 사랑을 베풀어 주시는 하나님! 세세무궁토록 영광을 받으소서. 그 무엇으로도 속죄할 길이 없는 죄 범한 영혼들을 구하시기 위해 외아들을 이 땅에 보내셔서 화목제물로 삼으시고 죄를 용서해 주신 아버지! 측량할 수 없는 크신 사랑, 영원히 변치 않을 사랑을 찬양합니다.[277]

　영광 받기 위해서가 아니라 낮을 대로 낮아져서 멸시와 천대를 달게 받으면서까지 우리를 구원하시려고 사람의 몸으로 이 땅에 오신 성자 하나님, 곧 우리 주 예수 그리스도의 수욕과 고난을 통해 우리를 살려주시고 부활하심으로 천국의 소망을 갖게 하신 아버지 하나님! 우리의 찬송을 받아 주소서.

　하나님! 8월을 보내고 다시 9월을 맞았습니다. 저희들에게 오늘 거룩한 주일에 주님의 몸 된 성전에서 예배드릴 수 있게 허락하여 주신 은혜를 진심으로 감사드립니다. 지난 한 주일도 교회 안팎으로 어렵고 힘든 일이 많았었지만 저희들을 안전하게 지켜주셔서 감사합니다.

참회와 용서

　하나님 아버지! 저희들은 아버지의 은혜에 감사하기도 바쁜 시간들을 죄 짓는 데 다 쓰고 말았습니다. 저희들은 죄인 중의 괴수의 죄인입니다. 하나님! 우선 저희들은 주님을 사랑하지 않았습니다. "네 이웃을 네 몸과 같이 사랑하라"고 하신 주님의 말씀을 따르지 않은 것은 말할 것도 없고 그 말씀을 정면으로 거역했으니, 어찌 주님을 사랑한다고 할 수 있겠습니까?

아버지 하나님! 거리에 나가, 오지를 찾아 전도하고 선교하기는커녕, 주일마다, 삼일 밤마다 얼굴을 마주하고 슬픔과 괴로움을, 기쁨과 즐거움을 함께 나누었던 사랑하는 본 교회 성도들의 가슴에 대못을 박고 채찍을 들이댔으니, 저희들 어찌 주님을 사랑한다고 말이나 꺼낼 수 있겠습니까? 아버지 하나님! 세상살이가 너무 힘들고 고달파서 조금이라도 위로받고 격려받기 위해 어렵게 교회에 찾아온 성도들에게, 더 큰 마음의 짐을 지워서 험악한 세상에 내보냈습니다. 아버지! 그러니 저희들 이러한 죄를 어찌 다 감당할 수 있겠나이까?

하나님! 저희들은 또한 주님보다 저희 자신을 더 사랑했습니다. 저희들의 가족, 재산, 산업, 명예, 권세를 주님보다 훨씬 더 소중하게 생각했습니다. "섬겨라, 낮아져라, 온몸을 던져 충성하라."고 하시며 주신 직분을 망각하고, 오히려 그것을 이용해 주님의 영광을 송두리째 가로막았습니다.

교회를 힘들게 했습니다. 성도들을 아프게 했습니다. 슬퍼 눈물짓게 하였습니다. 아버지! 돌이켜보면 전·현직 할 것 없이 교회의 주요 직분자들의 잘못이 너무나 큽니다. 특히 평신도들과, 아무런 영문도 모르는 초신자들의 마음을 아프게 하고 흔들리게 한 잘못을 씻을 길이 없습니다.

아버지 하나님! 저희들은 교회에서 티 없이 맑게 자라나야 할 어린 아이들의 동심을 멍들게 했습니다. 또한 주님의 사랑을 맘껏 맛보며 오직 주님의 성호를 찬양해야 할 청소년들에게 믿음과 소망과 사랑을 가르쳐 주지 못하고 좌절과 분노를 심어줬습니다. 하나님! 이러한 죄들 때문에 잠자리에 누워도 쉽게 잠을 이룰 수 없습니다.

합심기도

하나님! 교회에 이처럼 큰 위기가 닥쳐왔는데도 저희들은 서로 무릎을 맞대고, 손잡고, 합심해서 눈물 뿌려 기도드리지 못했습니다. 전도를 하지 않고 오히려 전도 길을 가로막았습니다. 저희들 이러한 죄들을 어찌 다 감당할 수 있겠습니까?

믿음과 사랑의 공동체

온전케 하시는 하나님! 이 시간 저희들의 모든 죄와 허물을 다 용서하여 주옵시고, 어서 저희 ◎◎교회가 똑바로 서게 하셔서, 이제 다툼이 그치게 하시고, 더는 편을 가르지 않게 하시고, 더 이상 우격다짐을 하지 않게 하소서.

담임목사 청빙

회복시켜주시는 하나님! 교회 마룻바닥에서, 산속에서, 골방에서 기도하는 저희 성도들의 간절하고 애달픈 기도가 속히 이루어지게 하소서. 어서 빨리 담임목사 청빙절차가 순조롭게 이루어지게 하시되, 저희들의 마음이 하나 되게 하셔서 먼저 성도들 간에 화해를 통해 화합을 굳게 다지고, 그러한 바탕 위에서 하나님 기뻐하시는 신실한 목회자를 영접하게 하소서.

마무리기도

아버지 하나님! 지금 마른 막대기와 같이 형체뿐인 저희 교회를 그래도 아주 버리지는 않으셔서 성령 충만, 말씀의 은사 충만한 ○○○ 목사님을 보내주신 은혜를 감사드립니다. 저희로 하여금 말씀을 통해 잘못된 언행심사를 되돌아보게 하시고 잘못을 깨닫게 하시며 마음을 비우고 주님의 가르침으로 돌아올 수 있도록 깨우쳐 주시니 감사합니다. 이 시간도 목사님에게 영육 간에 강건함 허락하여 주셔서 은혜의 생수가 흘러넘치게 하소서. 모든 말씀을 우리 주 예수님의 이름으로 기도드리옵나이다. 아멘.

2007. 09. 02.

300. 10월, 회개와 인도, 믿음의 회복, 기도의 응답, 성령임재

찬양과 감사

　우리를 하나님의 사람으로 삼아주셔서 말할 수 없는 은혜와 사랑을 베풀어 주시는 아버지 하나님! 오늘도 진리의 동산으로 우리를 초청해 주셔서 거룩하신 하나님을 찬양하게 하시니 감사합니다. 우리가 드리는 경배를 받아 주소서.
　하나님! 맑고 선선한 계절을 주셔서 감사합니다. 가을빛이 짙어지는 10월에 우리의 믿음이 더욱 알차게 열매 맺게 하소서. 그렇게 되기를 바라면서 먼저 우리의 영혼이 정결케 되기를 원하오니 우리의 기도를 들어주소서.

회개와 인도

　아버지 하나님! 가난한 영혼, 지친 영혼을 주님께 인도하기는커녕 그러한 마음조차 품지 못했던 우리를 용서하여 주소서. 오히려 멀쩡한 영혼까지 가난하게 하고 지치게 한 잘못을 사하여 주소서.
　무엇이 올바른 신앙생활인지, 주님이 우리에게 원하시는 것이 무엇인지, 어떻게 하면 주님이 기뻐하실지 이런 것은 생각조차 하지 않고 그저 "복 내려 주소서, 우리의 간구를 들어주소서." 이렇게만 기도했던 우리의 허물을 씻어 주소서.
　물위에 떠다니는 부초처럼, 방향키를 잃어버린 돛단배처럼 갈 길을 제대로 못가는 우리의 심령을 통절하게 회개하게 하여 주시고, 신앙의 바른길, 그 원점을 향해 줄달음치게 하소서.

마무리기도

　단 위에 세우신 목사님, 성령의 강한 팔에 의탁하여 말씀을 증거하게 하소서. 우리 심령의 폐부를 꿰뚫고 그 관절을 쪼개는 그러한 말씀이 되게 하소서. 아버지께서는 우리의 심중을 다 헤아리고 계시오니, 선히 여기시거든 따로 구하지 않을지라도 꼭 이뤄져야 할 기도는 제 때 빠짐없이 다 들어 응답하여 주시옵기를 간절히 원하옵나이다. 예수 그리스도의 이름으로 기도드립니다. 아멘.

2014. 10. 05.

301. 10월, 구원의 소망, 위로와 평안, 온전한 믿음, 교회의 회복

찬양과 감사

영원하신 아버지 하나님! 우리의 마음을 모아서 찬양드립니다. 영광을 받으소서. 사랑의 하나님! 우리를 지켜주셔서 감사합니다. 생명의 하나님! 우리를 살려주셔서 감사합니다. 능력의 하나님! 우리를 다시 일으켜주셔서 감사합니다.

구원의 소망

아버지! 주께서는 내일 일을 위하여 염려하지 말라고 하셨는데, 우리는 어찌하여 오늘도 근심함으로 이렇게 가슴을 태우며 괴로워해야 하는지 모르겠습니다.[278] 우리들이 먼저 하나님의 나라와 하나님의 의를 구하게 하소서.[279] 그리하면 우리에게 먹을 것, 마실 것, 입을 것을 더하시리라고 하신 주의 말씀을 믿게 하소서.[280]

온전한 믿음

아버지 하나님! 머리로는 끄덕이면서도 가슴으로는 제대로 헤아리지 못하는 우리의 아둔함을 깨우쳐 주소서. 시간이 흐를 대로 흘러서 이제는 지칠 대로 지쳤는데도 우리의 기도가 이뤄지지 않는다고 해서 낙심하지 말게 하소서. 그럴수록 우리 자신을 완전히 내려놓고, 우리의 마음을 철저히 비우고, 더욱 간절함으로 하나님께 전적으로 매달리게 하소서. 더욱 부지런히 기도하게 하소서. 그리고 마침내 아버지께서 우리의 간구에 응답하시는 놀라운 은혜를 체험하게 하소서. 형통한 날에는 기뻐하고 곤고한 날에는 생각하게 하소서.[281]

위로와 평안

하나님 아버지! 우리가 기도할 때 우리의 마음에 평안을 주소서. 노하시려고 우리를 세우신 것이 아니라 오직 주 예수 그리스도로 말미암아 구원을 받게 하시기 위해 우리를 자녀로 삼으신 아버지![282] 예수님께서 우리를 위해 죽으신 것은 우리로 하여금 깨어 있든지 자든지 주님과 함께 살게 하려 하심이라는 것을 깨닫게 하소서.[283]

마무리기도

아버지! 교회를 다시 일으켜주소서. 오랜 잠에서 깨어나게 하소서. 단 위에 목사님을 세우셨사오니 그 중심을 온전히 붙들어 주옵시고, 저희 모두 주시는 말씀을 통해 큰 은혜 받게 하소서. 하나님께서 아시오매 여기저기에 널려 있는 세상의 말이 아니라 참된 주의 말씀의 거울에 비추어 모든 잘못된 요소들은 하나하나 청산하고 새롭게 거듭나게 하소서.

하나님! 벌써 10월 중순입니다. 추수철이 다 되었습니다. 우리 인생에서도 주의 일에 더욱 힘써서 많은 것으로 거두게 하소서. 그리하여 주님의 마음을 흡족하게 하소서. 예수님의 이름으로 기도드립니다. 아멘.

2018. 10. 21.

302. 11월, 성령임재, 온전한 믿음, 기쁨과 위로, 목회자 이임

찬양과 감사

하나님! 벌써 11월입니다. 숨가쁘게 흐르는 세월 속에서도 믿음의 뿌리를 지탱할 수 있게 하여 주셔서 감사합니다. 오늘도 곧은 목을 펴고 겸손하게 이 자리에 나와서 아버지께 영광을 드리는 우리에게 복을 내려주소서.

회개와 인도

새롭게 하시는 하나님! 세상에 발을 딛고 그 속에서 살아가기 때문에 아무리 거룩하려고 해도 거룩할 수 없는 우리들이지만, 마음 깊이 회개하며 오직 주님의 보혈의 공로로 아버지께 나왔사오니, 우리가 드리는 산제사를 받아 주소서. 낡고 해어진, 누더기 같은 우리의 심령에 성령의 새 바람을 불어넣어 주셔서, 주께서 주시는 참된 기쁨과 위로를 받게 하소서.

온전한 믿음

진리의 하나님! 주님의 크신 은혜와 사랑으로 새 생명을 얻은 우리가 어떻게 살아가는 것이 올바른지 깨우쳐 주시고, 날마다 그 깨달음대로 살아가게 하소서. 세상의 방법이 아니라 주님이 기뻐하시는 방식, 주께서 가르쳐 주신 말씀에 따라 살아가게 하소서. 주님의 삶을 본받아, 하나님께서 창조하시고 구원하신 그 뜻대로 살아가게 하소서.

이임목회자 축복

아버지 하나님! 그동안 몸 된 교회에서 우리와 함께 예배를 드리다 오늘 이임하시는 ○○○ 목사님을 사랑과 은혜로 붙들어 주시고 인도하여 주소서. 주님 앞에 크게 영광 돌리는 귀한 믿음의 사역자가 되게 하시고, 교단과 한국 교회가 주목하는 큰 일꾼이 되게 하소서. 교회 일로, 가정 일로, 목사님과 연결돼 있는 모든 일로 어려움 없게 하시고, 어서 태의 문을 열어 주셔서 자손대대로 주께 영광 돌리게 하소서. 사랑으로 우리를 감싸주시는 예수님의 이름으로 기도드립니다. 아멘.

2015. 11. 29.

303. 11월, 추수감사주일, 참회와 용서, 믿음의 성장, 은혜와 평강

찬양과 감사

하나님! 11월도 중순으로 접어들면서 한 해가 저물어갑니다. 주님의 크신 은혜에 감사드리며 영광을 돌립니다. 아버지! 저희들을 불러 자녀 삼아주셔서 감사합니다. 그렇지 않았더라면 저희들이 힘들 때, 도저히 견딜 수 없을 때, 몸과 마음이 너무 아파서 제대로 가눌 수 없을 때, 저희들이 누구를 부르며 의지할 수 있겠습니까? 저희들은 이것만 생각해도 가슴이 벅찹니다. 아버지 하나님! 저희들에게 갖가지 감사의 조건들을 주셔서 감사합니다. 감사하는 마음을 갖게 해 주셔서 감사합니다. 감사의 뜻을 표현할 수 있게 해 주셔서 감사합니다.

참회와 용서

하나님! 그러나 저희들은, 저희들에게 없는 것만을 둘러보며 불평·불만할 때가 있었습니다. 심지어 하나님을 원망할 때도 있었습니다. 용서해 주소서. 넉넉하면 넉넉한 대로 또한 모자라면 모자란 대로 형편과 처지에 따라 감사드려야 하는 데도, 있을 땐 더 있어야 한다고 하면서, 또 없을 땐 없기 때문이라고 하면서, 제대로 감사의 생활을 하지 못했습니다.

믿음의 성장

저희들 믿음의 씨앗을 너무 적게 뿌렸습니다. 그마저 정성껏 돌보고 가꾸지 못했습니다. 그리고 가을이 되어서 들판을 바라보니 절로 한숨만 나옵니다. 어서 신앙의 봄을 되찾게 하소서. 돌아오는 계절에는 더욱 많이 거둘 수 있도록 열심을 내게 하소서.

믿음과 사랑의 공동체

여기에 모인 저희들에게 복 주시기를 원하시는 아버지 하나님! ◎◎교회를 새롭게 하소서. 버릴 것은 아낌없이 버리게 하시고, 새롭게 취해야 할 것은 주저 없이 취하게 하소서. 그리하여 한 차원 더 높은 믿음의 단계로 솟아오르는 하나님의 교회가 되게 하소서.

은혜와 평강

하나님 아버지! 수능시험을 마치고 또 연합고사를 앞두고 마음 졸이고 있는 수험생과 학부모들을 위로하고 격려하여 주소서. 교회와 부모형제를 떠나 국토방위에 여념이 없는 저희 아이들, 아무 탈 없이 병영생활을 잘 마칠 수 있도록 도와주소서. 그리고 본 교회를 그리워하면서도 객지에서 예배를 드려야 하는 저희 성도들, 이 시간 어쩔 수 없이 일터에 나가있는 형제자매들을 기억하여 주소서.

마무리기도

오늘도 저희들은 하나님께 경배드리고 큰 은혜 받기 위해서 이 자리에 나왔습니다. 말씀을 전하시는 목사님, 날로 영력을 더해 주소서. 심신이 피곤치 않도록 온전히 붙들어 주소서. 또한 말씀을 듣는 성도들에게 말씀을 받아들이기 전에 먼저 마음문을 활짝 열어놓게 하여 주소서.

교회를 위해 음으로 양으로 수고하는 모든 성도에게 추수감사주일을 맞아 더 큰 기쁨과 소망으로 가득 채워주실 줄 믿사옵고, 예수님의 이름으로 기도드립니다. 아멘.

2003. 11. 16.

304. 12월, 회개와 인도, 은혜와 평강, 말씀의 은혜, 기도의 응답

찬양과 감사

　우리의 모든 죄악을 사하시며 갖가지 병을 고치시는 아버지! 우리의 생명을 파멸에서 건져주시고 인자와 긍휼로 관을 씌우시는 하나님![284] 우리의 영혼이 여호와를 송축하며 그 모든 은택을 잊지 않게 하소서.[285]

　아버지 하나님! 이제 12월도 중순을 맞이하면서 격동의 한 해가 서서히 저물어가고 있습니다. 세월은 흐르고 또 흘러 사람들의 마음도 세상 형편도 예전과 똑같지 않지만, 어제나 오늘이나 한결같이 우리를 사랑하여 주시는 하나님! 어지러운 세상 속에서도, 또 각자가 처해 있는 여러 힘들고 고달픈 상황 속에서도, 주님의 사랑으로 일 년을 잘 견딜 수 있게 하여 주셔서 감사합니다. 그 은혜를 한시라도 잊지 않게 하여 주소서. 오직 감사하게 하소서.

회개와 인도

　너그러우신 하나님 아버지! 우리의 죄를 속속들이 회개하게 하여 주시고 우리가 잘못을 자복하고 참회할 때 허물과 과오를 용서하여 주소서. 하나님! 우리는 주의 일에 열심을 내지 못했습니다. 그저 세상일에 분주하고 몰두하느라 늘 주님의 일은 뒷전이었습니다. 때로 주의 백성이라는 사실마저 망각한 채 허둥지둥 살았던 한 해였습니다. 연말을 앞두고 우리들 각자가 냉정하게 자신들의 신앙을 되돌아보게 하시고, 새해에는 새롭게 마음을 가다듬고 주의 일에 힘쓰게 하소서.

은혜와 평강

　모든 행위에 의로우시며 모든 일에 은혜로우신 우리 하나님! 진실하게 간구하는 우리에게 가까이 하시고, 하나님을 경외하는 우리의 소원을 이루어 주소서. 우리의 부르짖음을 들으셔서 우리를 구원하여 주소서.[286]

특별히 기도하옵기는 담임목사님을 든든히 붙들어 주셔서 어서 빨리 원치 않는 병마에서 회복되게 하여 주소서. 주께서 세워 주셨사오니 만병의 의원 되시는 주께서 책임져 주소서. 성도들 가운데서도 질병과 실직과 가난과 가족 간의 불화 등으로 주께 부르짖는 기도에 귀를 열어 들어주시고, 주님의 이름으로 모두 해결되게 하여 주소서.

우리들은 주님만 믿습니다. 주님 아니면 갈 곳도, 의지할 데도 없습니다. 우리를 돌아보소서. 주님을 믿는 우리들이 너무 힘겹게 살아가지 않게 하소서. 우리 성도들과 그 가족들이 이 시간 어쩔 수 없이 일터에 있든지, 군문에 있든지, 병원에 있든지, 객지에 있든지, 어디에 있든지 우리가 누리는 동일한 은혜를 허락해 주소서. 이번 한 주일도 내내 주께서 동행하시고 인도해 주소서.

마무리기도

이 시간 우리에게 달고 오묘한 아버지의 말씀을 대신 전해 주실 ○○○ 목사님에게 영력을 더해 주셔서 힘 있게 말씀을 전하게 하시고, 우리 모두 그 말씀을 받아 주 안에서 힘차게 살아가게 하소서. 오직 주님께 의지하오며 예수 그리스도 이름 받들어 기도하옵나이다. 아멘.

2016. 12. 11.

305. 12월, 세월의 무상함, 각성과 결단, 믿음과 사랑의 공동체

찬양과 감사

하나님! 철모르던 어린 시절엔 하루하루가 마치 영원처럼 길고도 지루하게만 여겨지더니 이제는 지나간 모든 날이 한바탕 꿈처럼 느껴집니다. 아버지 하나님! 12월이 되었습니다. 올해도 어김없이 모진 겨울바람에 이리저리 나부끼는 앙상한 나뭇가지의 마지막 잎새와 같은 달력의 맨 뒷장과 마주 대하게 됐습니다.

하나님! 저희가 드리는 찬양과 경배를 기쁘게 받아 주소서. 지난 일 년도 저희들을 크신 사랑과 은혜로 지켜주시고 인도하여 주셔서 정말 감사합니다.

참회와 용서

저희들과 늘 함께하시며 저희들의 걸음걸이를 때로는 불안하게 때로는 안쓰럽게 지켜보시는 하나님! 저희들의 죄와 허물을 생각한다면 저희가 어떻게 이 성전문 안에 들어설 수 있겠으며, 하나님을 아버지라고 부를 수 있겠습니까? 저희는 다만 주님의 보혈의 공로를 힘입어 이 자리에 엎드렸사오니, 저희 모든 죄를 다 용서하여 주소서. 깨끗이 씻어 주소서.

각성과 결단

열한 달을 사랑과 은혜로 보살펴 주신 하나님! 올해의 남은 햇볕을 더욱 소중하게 갈무리하게 하시고, 한 해를 잘 마무리할 수 있도록 결단과 실행의 시간을 허락하소서. 세상을 폭넓게 바라보게 하소서. 깊이 있게 성찰하게 하소서. 단순한 바람이 아니라 실제 말과 행동으로 이어지는 소망이 되게 하소서. 주님처럼 완벽하게 살 수는 없다고 하더라도 주님처럼 살려고 매일 매순간 힘써 최선을 다하게 하소서. 어느 누구도 결코 흠 없는 사람이 될 수는 없겠지만 똑같은 실수는 되풀이하지 않게 하소서.

하나님! 저희들을 항상 밝은 곳으로 인도하여 주소서. 그리하여 메마른 곳에서도 저희들의 영혼을 흡족하게 하시고 저희들의 뼈를 굳세게 하소서. 저희들의 영혼이 물을 가득히 댄 동산 같게 하시고 물이 끊어지지 않는 샘 같게 하소서.[287]

믿음과 사랑의 공동체

아버지 하나님! ◎◎교회를 사랑하여 주소서. 당회에서 유치부에 이르기까지 모든 기관과 조직을 든든히 붙들어 주소서. 성도들 모두 믿음 안에 굳게 서서 결코 흔들리지 않게 하여 주소서. 매사에 신중하게 하소서. 소망을 갖고 인내하며 오로지 주님만을 사모하게 하소서. 오직 앞만 보고 달려가게 하소서.

부디 이제는 참된 목회자, 말씀의 은혜와 사랑이 충만한 담임목사를 맞게 하여 주셔서 갈라지고 흐트러진 마음들을 하나로 모으게 하소서. 그래서 바로 지금이 역사 60년을 앞두고 있는 ◎◎교회가 새롭게 도약하고, 부흥하고, 발전하는 일대 전기가 되게 하여 주소서.

하나님! 임시당회장을 맡으신 ○○○ 목사님 단 위에 세우셨사오니, 말씀을 전하실 목사님과 말씀을 듣는 성도 모두 성령 충만하게 하셔서, 이 시간 다 같이 큰 은혜 받게 하소서. 또한 교회의 모든 일정이 공의롭게 또 한 점 차질 없이 진행될 수 있도록 저희들을 바른 길로 이끌어 주소서. 지혜를 주옵시고 사심 없는 마음들을 허락하여 주소서. 예수님의 이름으로 기도드리옵나이다. 아멘.

2004. 12. 05.

306. 설, 참회와 용서, 온전한 믿음, 겸손과 인내, 은혜와 평강

찬양과 감사

우리를 기가 막힐 웅덩이와 수렁에서 끌어올리시고 우리의 발을 반석 위에 두셔서 우리의 걸음을 견고하게 하시는 아버지 하나님![288] 우리의 능력이 되시는 하나님께 기쁜 마음으로 노래하오니[289] 우리의 찬송을 받아 주소서.

우리의 말에 귀를 기울이셔서 우리의 심정을 헤아려주시는 하나님! 우리가 기도드릴 때에 우리의 부르짖음을 들으시고[290] 우리를 구해 주신 아버지! 감사합니다. 우리가 마음이 상해 있을 때 가까이하시고 충심으로 통회할 때 구원해 주시는 하나님 아버지![291] 우리 영혼이 평생토록 여호와를 즐거워하며 하나님의 구원을 기뻐하게 하소서.[292]

참회와 용서

은혜로우신 아버지! 설명절을 쇠면서 우리에게 가정의 소중함을 되새기게 하여 주셔서 감사합니다. 아버지! 그동안 가족과 화목하지 못하고, 부모와 배우자와 자녀의 아픔을 따뜻하게 감싸주지 못하고, 이기적으로 생각하고 솔선수범하지 못한 잘못을 용서하여 주소서. 주님의 사랑을 가족과 이웃과 함께 나누지 못하고, 자신의 평안과 즐거움만을 쫓았던 허물을 사하여 주소서.

온전한 믿음

아버지 하나님! 새로운 각오와 다짐으로 새해에는 올바르게 신앙생활하게 하소서. 매사에 스스로 겸손하게 하시고, 웬만하면 참게 하시고, 참 어려운 일이겠지만 주님의 성품을 닮아가게 하소서. 최소한 작년보다는 주께로 한 걸음 더 나아가게 하소서. 하지만 그렇지 못할지라도 우리는 하나님의 사랑하는 아들딸이요 주께서 목숨을 버려가면서까지 아끼시는 주의 백성이라는 사실을 잊지 않게 하시고, 어떠한 시련과 압박 속에서도 주님의 보혈, 주님의 사랑, 주님의 은혜를 기억하게 하소서.

하나님이 우리의 아버지시요 주님이 우리의 구주시거늘 무엇이 두렵고 무엇이 염려가 되겠습니까! 다만 전폭적으로 믿지 못해 생기는 근심과 걱정이오니, 세상에서 희망이 사라져갈수록, 기쁨과 즐거움이 줄어들수록, 더욱더 주님께 간절히 의지하며 위로와 희망을 받으며 살아가게 하소서. 주님의 은혜 안에서 모든 시험을 잘 이겨내게 하시고 주와 함께 동행하는 특권을 더욱 톡톡히 누리게 하소서.

은혜와 평강

평강케 하시는 하나님! 연로하신 성도님으로부터 갓난아이들에 이르기까지 우리 모두 건강한 한 해가 되게 하시고, 주님 사랑으로 모든 걸 용서하고, 모든 걸 이해하며, 참된 삶을 살아가게 하소서.

마무리기도

오늘도 예비하신 말씀을 아멘으로 받게 하시고, 강단에서 전해지는 말씀을 생명의 말씀, 위로의 말씀, 희망의 말씀으로 받게 하소서. 지금 예배드리는 성도들과 명절을 맞아 오고가는 모든 발길들, 또 설날이 되어 모교회를 더욱더 그리워하는 교회 밖의 모든 ◎◎교회 식구들에게 주님의 평화와 축복이 함께 임할 수 있도록 성령이 인도하여 주소서. 예수님의 이름으로 기도드립니다. 아멘.

2017. 01. 29.

307. 설, 은혜와 평강, 보호와 인도, 믿음과 사랑의 공동체, 성령임재

찬양과 감사

아버지 하나님! 세월이 쉼 없이 흘러 아이가 자라서 청년이 되고, 어른이 되고, 노년이 되도록 변치 않고 보살펴 주시는 아버지께 감사와 찬양을 돌리오니 우리의 예배를 받아 주소서.

평안과 위로

명절이 되었어도, 육신의 부모는 이제 하나님 나라로 떠났고 피를 나눈 형제도 각각 흩어져 살다가 어쩌다 한 번씩이나 만나야 해서 외롭고 서글픈 사람이 많지만, 생사와 고락 간에 한결같이 우리를 사랑하시는 하나님이 계시기에 하나님 아버지의 은혜에 의지하여 이 세상을 살아가오니, 언제나 우리의 어버이가 되셔서 우리를 보살펴 주소서.

인내케 하시는 하나님! 우리에게 설사 어떠한 어려움과 괴로움이 닥치더라도, 요셉을 통해 야곱의 가문이 극심한 가뭄에 미리 대비하게 하시고, 애굽 땅에 모세를 보내주셔서 이스라엘 백성들을 구하셨으며, 나약한 여인 에스더를 통해 한 민족을 건져주신 것처럼, 우리도 환난과 위기에서 놓임 받게 하소서.

아버지 하나님! 명절을 맞아 모두가 풍성하고 즐거워야 하겠지만 그렇지 못한 사람들이 많습니다. 우리 모두 억눌리고 허기진 사람들을 위해 이 땅에 오신 주님의 제자로서, 그들에게 주님께서 몸소 보여 주신 사랑을 전하고 나누게 하소서. 우리의 형편에 관계없이 우리를 돌봐 주시되, 특별히 풍성하고 즐거워야 할 명절에 곤궁한 처지에 있는 이들을 배나 사랑하셔서 더 큰 위로와 긍휼을 베풀어 주소서.

설을 맞아 고향에 오고가는 발걸음을 주께서 안전하게 지켜주시고 돌봐주셔서 기쁜 마음으로 왕래하게 하소서.

믿음과 사랑의 공동체

공의로우신 하나님! ◎◎교회를 사랑하여 주소서. 어떤 사람에 의해서도 우리 교회가 흔들리지 않게 하시고, 반석 위에 굳게 서서 무궁토록 하나님의 영광을 떨치게 하여 주소서. 오직 하나님의 영광을 위해서만 우리 각자가 기능하게 하시고, 어느 누구도 하나님의 백성들의 마음을 불편하게 하는 일이 없게 하소서.

마무리기도

목사님에게 영감과 용기를 더해 주옵시고 우리에게 전해 주시는 말씀말씀이 우리의 영혼을 감화시켜 주셔서 지치고 가난한 마음이 위로 받고 쉼을 얻게 하소서. 성령의 도우심에 의지하면서 성자 예수님의 이름으로 성부 하나님께 간절히 기도드립니다. 아멘.

2016. 02. 07.

308. 설, 성령임재, 은혜와 평강, 해결과 위로, 경제회복, 참회와 용서

찬양과 감사

  이 땅에 ◎◎교회를 세워주시고 그동안 헤아릴 수 없는 사랑과 은총으로 저희들을 보살펴 주시고 인도하여 주신 하나님! 우리 주 여호와 하나님께 경배와 찬양을 드립니다. 특별히 오늘은 우리 민족이 연년세세 명절로 지키고 있는 설을 맞아 오랫동안 곳곳에 흩어져 지내던 부모형제, 가족들이 한 자리에 모여서 아버지께 영광 돌리며 감사드리오니 이 예배를 기쁘게 받아 주소서.

참회와 용서

  관대하신 하나님! 주님의 성전에 나와서 참회기도를 드릴 때마다 '다시는 죄를 짓지 말아야지. 아버지의 말씀을 잘 따라야지. 주님의 삶을 온전히 본받아야지.' 하고 뉘우치며 또 다짐을 하고서도 반복해서 행악하고 범죄하는 잘못을 이 시간 거듭해서 자복하고 회개하오니 저희들의 죄와 허물을 용서하여 주소서.

은혜와 평강

  저희들이 걷지 못할 때도 저희 대신 앞서 걸으시고, 그래서 저희들이 몸부림치며 껴안고 있던 문제를 제때 해결해 주시고 저희들을 따뜻하게 위로해 주시는 주님을 이 땅에 보내신 아버지 하나님! 참으로 감사합니다.

  환난과 핍박 중에도 저희 믿음의 선진들과 저희들을 구하여 주신 하나님! 온 세계에 몰아닥친 경제한파가 언제까지 이어질지 알 수 없사오나 이전에 그랬던 것처럼 지금도, 또 앞으로도 언제까지나 하나님께서 저희들의 일용할 양식을 공급해 주시고 저희들에게 꼭 필요한 것을 넉넉히 채워주실 줄 믿습니다. 저희들을 붙들어 주실 줄 믿습니다. 저희들의 앞날을 활짝 열어 주실 줄 믿습니다. 저희들이 안고 있는 크고 작은 문제를 반드시 해결하여 주실 줄 믿습니다.

만군의 하나님! 오직 이같이 굳센 믿음으로 저희 앞길을 가로막는 모든 난관을 물리치고 헤쳐 나가게 하여 주소서. 주님을 떠나서는 아무것도 할 수 없사오니, 저희들에게 성령의 전신갑주를 입혀주셔서, 가난이든지, 질병이든지, 그 어떤 두려움이든지, 그 무엇이든지 다 주의 권능으로 물리치게 하여 주소서.

마무리기도

목사님이 아버지의 말씀을 대신 전하실 때에 말씀에 능력을 더하여 주옵시고, 듣는 저희들에게 들을 귀를 허락하여 주셔서 말씀의 울림으로 찔림이 있게 하시고 떨림이 있게 하소서. 아버지! 이 시간 성가대와 관현악단을 비롯해서 예배를 돕는 손길들을 기억하시고 그 정성을 받아 주소서.

그리고 어쩔 수 없이 객지에서, 타국에서 이 명절을 보내야하는 저희들 믿음의 식구들과 헐벗고 굶주린 모든 이웃에게 주님의 위로와 평강을 내려주소서. 주님의 사랑을 스스로 체험하고 함께 나누는 설이 될 수 있도록 도와주소서. 예수님의 이름으로 기도드리옵나이다. 아멘.

2009. 01. 25.

309. 추석, 참회와 용서, 자연재해, 인류애, 구원과 위로, 양극화 해소

찬양과 감사

영원하신 우리 하나님, 세세무궁토록 단 한 분뿐이신 하나님! 우리가 마음 놓고 아버지라고 부를 수 있도록 은혜 베풀어 주신 하나님께 영광과 찬양을 드립니다. 아버지! 지난 한 주도 안전하게 지낼 수 있도록 돌봐주셔서 감사합니다. 지난 주일과 똑같이 오늘도 이 자리에서 예배드릴 수 있는 은총을 허락해 주셔서 감사합니다. 지난밤에도 평안히 눕고 단잠을 자게 하셔서 이 시간 정갈한 몸과 마음으로 예배에 전념하게 하여 주시니 감사합니다.

참회와 용서

아버지! 그러나 우리의 삶은 예전과 조금도 다름이 없었습니다. 고생의 날을 보내는 형제를 위해 울지 않았습니다. 빈궁한 자매를 위해 근심하지 않았습니다.[293] 특히 정겹게 맞이해야 할 명절을 준비하고 또 나면서 우리 자신과 가장 가까운 사람들과도 다투고 서로에게 크고 작은 상처를 입혔습니다. 이 모든 잘못을 회개하오니 주님의 은혜로 용서해 주소서. 아버지! 이제는 어느 누구라도 사람을 미워하지 않게 하소서. 우리를 태속에 만드신 하나님이 그 사람도 만들었고, 우리 모두를 뱃속에 지으신 이는 똑같은 한 분, 바로 하나님이 아니십니까![294]

재해와 재난

아버지! 올 여름에도 많은 재해가 우리를 위협했습니다. 또한 선진 경제대국들, 그토록 부강했던 유럽과 미국과 일본의 경제가 차례로 무너져 내리면서 우리의 살림살이는 더욱 곤궁해져 가고 있습니다. 정치는 경제에 도움을 주지는 못하고 오히려 악화시키고 왜곡시키며 우리의 삶을 더욱더 깊은 수렁 속으로 몰아넣고 있습니다.

하나님! 예부터 내려오던 아름다운 전통과 미덕은 바닥까지 떨어져 사랑도, 이해도, 도움도 기대할 수 없는 사회를 살고 있습니다. 오늘 우리는, 북한 동포를 포함해 기아를 넘어 아사상태에서 헤매고 있는 사람들이 부지기수인데도 다른 한쪽에서는 과음과 과식으로 성인병을 걱정하면서 다이어트에 돈과 시간을 쏟아 붓는 기막힌 양극화 시대에 살고 있습니다.

구원과 위로

아버지! 이처럼 몸과 마음이 병든 우리 시대를 구원하소서. 사람이 넘어질 때에 머리나 몸통을 보호하기 위해서 손을 펴는 것처럼, 우리들이 재앙을 만났을 때 주께 부르짖지 않을 수 없사오니 그러할 때 우리를 외면하지 마시고 자비롭게 돌아보소서.[295] 하나님께서는 반드시 그리 하셔서 우리가 고난과 역경을 딛고 굳세게 일어서게 하실 줄 믿습니다. 아버지! 우리의 뿌리는, 물이 넉넉한 시냇가로 뻗어나가게 하시고, 농사를 돕는 이슬, 이슬방울이 우리의 나뭇가지에서 밤을 지내고 가게 하소서.[296]

마무리기도

하나님! 말씀을 증거할 목사님과 성도들 모두 주의 성령으로 인도하소서. 오랜 가뭄으로 메마른 대지가 단비를 맞이하듯이 마음 문을 활짝 열게 하시고, 달고 오묘한 생명의 말씀이 우리의 마음밭에 촉촉이 스며들게 하셔서, 우리의 영혼이 신나게 춤추도록 하시고, 우리의 심신이 새 힘을 얻어 소망 가운데 즐거워하게 하소서.[297] 예수님의 이름으로 기도드립니다. 아멘

2011. 09. 18.

310. 추석, 이웃사랑, 위로와 평안, 믿음의 결실, 가을, 풍족한 말씀

찬양과 감사

주 안에서 주님의 은혜의 풍성함을 따라 주님의 피로 말미암아 구속, 곧 죄 사함을 받게 하여 주신 아버지 하나님! 주님을 우리에게 보내셔서 우리를 살리시고, 지금은 성령을 통해 우리에게 참된 소망을 주신 아버지의 은혜를 찬송하오니, 우리가 드리는 예배를 받아 주소서.

믿음의 결실

하나님! 성숙과 결실과 수확의 계절 가을입니다. 우리의 믿음도 날로 더욱 깊어지게 하시고, 더욱 튼실하게 하여 주시고, 그래서 믿음의 들판에서 주를 찬양하는 풍년가를 흥겹게 부를 수 있게 하소서. 아버지 하나님! 과실을 많이 맺으면 내 아버지께서 영광을 받으실 것이요 너희가 내 제자가 되리라고 하신 주님의 말씀 따라서 믿음의 알찬 열매를 주렁주렁 맺게 하소서. 우리의 삶을 통해, 하나님! 큰 영광 받으소서. 우리가 주님의 제자임을 천하가 알게 하소서.

위로와 평안

추석을 맞아 우리의 가족들이 오고가는 찻길을 안전하게 보살펴 주시고, 사람들이 왕래하는 길마다 웃음꽃이 가득 피게 하셔서, 기쁨과 즐거움이 가득한 명절이 되게 하소서. 없는 사람의 마음이 더 이상 쓸쓸해지지 않도록 적더라도 함께 나누게 하시고, 생활의 풍요로움보다 믿음의 부요함을 더욱 사모하게 하소서. 가까운 사람끼리 먹고 마시며 즐기는 재미도 있겠지만 하나님이 지으시고, 주님께서 하나뿐인 목숨을 바쳐 살리신 우리의 이웃들과 더불어 기뻐하는 명절이 되게 하여 주소서.

아버지 하나님! 마음을 높이지 말고, 정함이 없는 재물이 아니라 오직 우리에게 모든 것을 후하게 주셔서 누리게 하시는 하나님께 소망을 두라고 하신 그 명령을 되새기게 하시고, 우리의 가난한 마음에 풍족한 말씀을 내려주소서.

마무리기도

하나님 아버지! 오늘도 말씀을 사모하며 갈급한 우리들의 심령 위에 따스한 9월의 햇살과 청량한 가을바람과 같은 상쾌한 말씀을 선물로 주소서. 목사님이 성령의 감동 속에 준비하신 말씀을 아낌없이 전하실 때, 똑같은 감동의 물결이 우리의 가슴에 밀려들게 하셔서, 세상 어떤 것으로도 대신할 수 없는 기쁨과 즐거움이 우리의 심령을 감싸게 하소서. 먼저 우리의 마음을 깨끗이 비워서 하늘의 신비와 영화로 가득 채우게 하소서. 우리를 택하여 주셔서 세상이 줄 수 없는 천국잔치의 기쁨을 맛보고 즐기게 하시는 예수님의 이름으로 기도드리옵나이다. 아멘.

2016. 09. 11.

311. 추석, 가족사랑, 이웃사랑, 회개와 인도, 말씀 중심의 신앙

찬양과 감사

견고한 성에서 그 놀라운 사랑을 우리에게 보이셨던 여호와 하나님![298] 우리가 드리는 찬송을 받으소서. 우리들 인생이 주께 피하였을 때 우리에게 베풀어 주셨던[299] 큰 은혜에 감사드립니다.

회개와 인도

아버지 하나님! 주의 얼굴을 주의 종인 우리들에게 비추시고, 주의 사랑하심으로 우리를 구원하소서.[300] 우리의 앞날이 주의 손에 있사오니, 우리를 곤란하게 하는 사람들의 손에서 우리를 건져주소서.[301] 우리가 죽은 자처럼 잊히지 않게 하시고, 깨진 그릇처럼 버려지지 않게 하소서.[302] 아버지 하나님! 우리의 영혼을 주의 손에 의탁하오니, 진리의 하나님! 우리를 속량하소서.[303] 하나님 아버지! 우리가 주께 피하오니 우리를 영원히 부끄럽게 하지 마시고, 주의 공의로 우리를 건지소서.[304]

주의 사랑 실천

추석절에 오고가는 발걸음을 지켜주시고 가족 간에 화목함으로, 이웃과 더 많이 나눔으로, 주의 사랑을 참되게 실천하게 하소서.

마무리기도

오늘도 목마른 우리의 심령에 아버지의 말씀을 듬뿍 채워주셔서 그 말씀을 푯대 삼아, 말씀을 의지하여 온전한 믿음생활 하게 하소서. 예수님의 이름으로 기도드립니다. 아멘.

2018. 09. 23.

10. 계절과 명절 주석

257	베드로전서 5:10	281	전도서 7:14
258	베드로후서 1:2	282	데살로니가전서 5:9
259	베드로후서 1:8	283	데살로니가전서 5:10
260	베드로후서 1:9	284	시편 103:3-4
261	베드로전서 5:10	285	시편 103:2
262	고린도후서 12:9	286	시편 146:17-19
263	사무엘상 7:6	287	이사야 58:10-11
264	시편 4:25	288	시편 40:2
265	찬송가 393장	289	시편 81:1
266	예레미야 2:27	290	시편 5:1-2
267	이사야 65:9	291	시편 34:18
268	예레미야 2:2	292	시편 35:9
269	이사야 66:2	293	욥기 30:24
270	호세아 11:2	294	욥기 31:15
271	호세아 11:8	295	욥기 30:23
272	잠언 19:23	296	욥기 29:19
273	미가 7:7	297	욥기 29:22-23
274	이사야 49:15	298	시편 31:21
275	이사야 65:14	299	시편 31:19
276	예레미야 1:5	300	시편 31:16
277	찬송가 304장	301	시편 31:15
278	마태복음 6:34	302	시편 31:12
279	마태복음 6:33	303	시편 31:5
280	마태복음 6:33	304	시편 31:1

11

봉헌기도

- 참회와 용서 580
- 회개와 인도 584
- 은혜와 평강 586
- 축복의 열매 590
- 보호와 인도 592
- 성령임재 593
- 말씀중심교회 594
- 세례와 성찬 595
- 구원의 확신 596
- 온전한 믿음 597
- 굳건한 믿음 603
- 헌신과 봉사 604
- 전도와 선교 608
- 총동원주일 610
- 직장선교 611
- 사순절 612
- 고난주간 613
- 부활절 614
- 3·1절 616
- 사회구원 617
- 추석 618

312. 봉헌기도(참회와 용서, 각성과 결단, 충성과 헌신, 성령임재)

아버지 하나님! 전쟁과 자연재해와 인재로 무고한 인명들이 스러질 때마다 우리는 하나님이 어디에 계시는지만 물었습니다. 이를 통해서 우리가 어떠한 반성을 하고 교훈을 얻어야 하는지를 등한시했습니다. 나라가 올바른 방향으로 나아가지 못할 때, 세상이 바른길로 행진할 여건이 조성되지 않을 때도, 우리는 그저 낙담하고 실망만 했을 뿐 적극적으로 기도하지 못했습니다. 그리스도인의 본분을 다하지 못하고 있는 우리의 죄를 용서하여 주소서.

아버지 하나님! 오늘도 목사님을 통해서 달고 오묘한 하나님의 말씀을 듣고 은혜 받게 하여 주셔서 감사합니다. 이 말씀 따라서 저희들의 영안이 활짝 열리게 하소서. 믿음의 복스러운 눈으로 보다 멀리 보게 하소서. 넓게 보게 하소서. 깊게 보게 하소서. 탐심을 버리고 하나님의 말씀에 의지하여서 물질도 시간도 정열도 아낌없이 아버지께 바치게 하소서.

다니엘을 구원하여 사자의 입에서 벗어나게 하신 하나님![305] 저희들을 믿음 안에서 담대하게 하시며, 선을 행하되 끝까지 낙심하지 않게 하소서. 악에는 어린아이가 되고 지혜에는 장성한 사람이 되게 하소서.[306] 오직 하나님께만 충성하게 하소서. 그리하여 주께서 주시는 생명의 면류관을 받게 하소서.[307] 아버지! 성령으로 믿음을 좇아 의와 소망을 기다리게 하소서.[308]

출애굽의 시대에 모세를 통하여 "너는 거짓 소문을 퍼뜨리지 말며 악인과 연합하여 다른 사람들을 헛되이 모함하는 증인이 되지 말라"고 하신 아버지 하나님![309] 저희들 이 말씀을 가슴깊이 아로새기고 그대로 실천하여서 이 땅에 있는 동안 하나님의 백성으로서 복된 삶을 살아가게 하소서.

하나님! 이 시간 저희들의 정성을 모아 물질을 바칩니다. 늘 감사하는 마음으로 살게 하시고, 세상 끝 날까지 감사의 생활을 이어가게 하소서. 예수님의 이름으로 기도드리옵나이다. 아멘.

2005. 04. 24.

313. 봉헌기도(참회와 용서, 구원의 확신, 각성과 결단, 인내의 열매)

하나님! 우리에게 육신의 건강과 몰두할 수 있는 일거리와 그 일을 능히 감당할 수 있는 지혜를 주셔서, 많든지 적든지 세상에서 사는 동안 물질을 얻게 하시고 이처럼 기꺼이 바칠 수 있는 믿음을 주셔서 감사합니다.

아버지 하나님! 둘러보면 모든 것이 감사드릴 것뿐인 것을, 그것을 깨닫지 못한 채 주변 환경과 여건만을 탓하며, 때로 원망하며 살아가고 있는 우리의 어리석음을 용서해 주소서. 언젠가는 끝나게 될 땅의 일에 지나치게 집착하지 않게 하시되, 삶이 너무 고단해서 최소한의 감사의 생활마저 큰 부담이 되는, 그런 일은 없도록 도와주소서. 비록 오늘은 고달프더라도 내일을 향해 묵묵히 참고 견디며 제 갈길 가게 하시고, 또한 이 땅의 생활이 마음에 흡족하지 않더라도 주님께서 허락하신 영원한 삶의 기쁨을 고대하며 일생동안 주님을 향한 믿음의 대열에서 결코 이탈하지 않게 하여 주소서.

하나님! 감사드릴 때마다 우리의 믿음이 더욱 알차게 성장하게 하여 주소서. 예수님의 이름으로 기도드립니다. 아멘.

2000. 04. 30.

314. 봉헌기도(참회와 용서, 형제사랑, 성령임재, 온전한 믿음)

아버지 하나님! 오늘도 저희들을 세상 가운데서 구별해 주셔서 거룩한 성일로 지킬 수 있게 하여 주시니 감사합니다.

하나님! 저희들의 모든 죄, 특히 형제를 미워하고 형제들과 불화했던 잘못을 깊이 회개하면서 이 시간 회개와 감사의 예물 드립니다. 주께서는 예물을 제단에 드리다가 거기서 네 형제에게 원망들을 만한 일이 있는 줄 생각나거든, 예물을 제단 앞에 두고 먼저 가서 형제와 화목하고, 그 후에 와서 봉헌하라고 하셨습니다. 또 너를 송사하는 자와 함께 길에 있을 때 급히 사화하라고 하셨습니다.[310]

아버지! 너무 지키기 힘든 말씀입니다. 하지만 주의 말씀이오니 성령의 감동·감화를 받아 이 말씀대로 살아갈 수 있도록 도와주소서. 늘 몸과 마음을 가지런히 하고 온전한 심령으로 하나님을 섬길 수 있도록 하여 주소서.

하나님! 저희의 정성을 모아 바치는 이 헌금을 기쁘게 받아 주옵시고, 큰 은혜 내려 주소서. 예수님의 이름으로 기도드립니다. 아멘.

2000. 10. 15.

315. 봉헌기도(회개와 인도, 인생의 회고, 온전한 믿음, 믿음의 결실)

아버지 하나님! 가을을 제대로 느낄 겨를도 없이 어느새 만추가 됐습니다. 이제 가을걷이도 다 끝났습니다.

하나님! 추수를 마친 지금 저희들은 소망 중에 씨를 뿌리고 종일토록 피땀 흘려 가꾸던 지난봄과 여름을 되돌아봅니다. 더불어 흘러간 인생을 회고해봅니다. 돌이켜보면 자갈밭에 돌배나무를 심어 놓고 참배가 주렁주렁 열리기를 고대했던 저희들이었습니다. 하나님! 이미 선택받은 저희들이, 호세아 선지자의 말대로 이제는 헛된 꿈을 심어 광풍을 거두게 하지 마소서. 줄기가 없고 이삭은 열매를 맺지 못하며 설사 열매가 맺히더라도 이방사람이 삼키는 그런 일은 없게 하소서.[311]

아버지 하나님! 이후로는 참되게 심고 많은 것으로 거둬 온전히 감사하게 하소서. 그래서 천대(千代)까지 이어지는 하나님의 인애(仁愛)와, 하나님이 베푸시는 사랑과 자비를 모두 받게 하소서.[312]

하나님! 오늘도 저희들이 드리는 예물을 기쁘게 받아 주소서. 예수님의 이름으로 기도합니다. 아멘.

2002. 11. 10.

316. 봉헌기도(회개와 인도, 온유와 겸손, 선행과 인내, 교회의 회복)

아버지 하나님! 오늘도 아버지께서 크게 사랑하시는 ○○○ 목사님을 통해 귀한 말씀을 전해 듣게 하여 주셔서 감사합니다.

저희 모두 그리스도로 말미암아 다시 살았사오니, 하나님의 권능을 받아 매일 매시간 저희 육신을 쳐서 저희 자신은 죽게 하소서. 참 그리스도의 사람으로서 옛사람과 그 행위를 벗어버리고 새사람을 입게 하소서.[313]

아버지 하나님! 선을 행하되 선을 행하다가 낙심치 않게 하소서. 주저앉지 않게 하소서. 참고 견디면 모든 것을 다 이루어 주시는 하나님! 저희들의 속마음을 있는 그대로 다 들여다보시며 저희들이 생각하는 모든 것을 미리 다 아시는 아버지! 거짓을 발하는 입술을 부끄럽게 하시고, 온유한 마음과 겸손한 행동으로 분노와 혈기를 눌러 이기게 하셔서, 저희 자신과 저희들 믿음의 공동체가 굳건히 서게 하소서.

하나님! 이 시간 저희들이 감사의 마음을 가득 담아 바치는 물질을 기쁘게 받아 주시고, 저희들의 간절한 소망을 다 이루게 하여 주소서. 예수님의 이름으로 기도드리옵나이다. 아멘.

2005. 09. 11.

317. 봉헌기도(은혜와 평강, 사랑과 용기, 믿음의 성숙, 전도와 선교)

아버지 하나님! 오늘도 ○○○ 목사님을 통해 아름다운 하나님의 사람, 갈렙의 사랑과 용기를 배울 수 있게 도와주셔서 감사합니다. 저희들 그 동안 갈렙처럼 살지 못한 것을 깊이 통회하오며 상한 심령을 산제사로 드리오니 받아 주소서.[314]

은혜가 풍성하신 하나님 아버지! 지금도 절대적인 가난에 짓눌려 신음하는 형제들을 위로하시고 피할 길을 열어 주소서. 병마에 시달리며 지칠 대로 지쳐 있는 자매들을 어서 빨리 병석에서 일으켜 세워주소서. 견딜 수 없는 마음고생으로 밤낮없이 번민하는 영혼들을 구원하소서.

하나님! 바치는 물질 속에 함께 담겨있는 저희들의 믿음을 살펴 주옵시고 한층 더 성숙한 신앙생활 이어가게 하소서. 저희들이 기쁨으로 바치는 이 물질을 통해 하나님의 나라가 더욱더 넓혀지게 하옵시고, 바치는 손길마다 넘치도록 넉넉하게 채워주소서. 예수님의 이름으로 기도드리옵나이다. 아멘.

2006. 02. 05.

318. 봉헌기도(은혜와 평강, 온전한 믿음, 성령임재, 이웃사랑)

　아무 쓸모없는 저희들을 불러 하나님의 자녀로 삼아주시고 늘 사랑으로 감싸 안아 주시고 이끌어 주시는 아버지 하나님! 그 큰 은혜를 감사드립니다.

　하나님! 저희들은 이 나그네 된 세상에 살면서 항상 먹을 것을 염려합니다. 마실 것을 걱정합니다. 입을 것 때문에 조바심합니다. 어차피 빈손으로 가는 인생인 것을 늘 꽉 움켜지고 살아가고 있습니다.

　주는 것이 받는 것이요 비우는 것이 완전히 채우는 것이라는 것을 알게 하소서. 인간의 성정으로는 깨닫지 못하오니 성령께서 강권적으로 역사하셔서, 저희들의 사고체계 자체가 완전히 바뀌지게 하여 주소서. 더 어려운 이웃과 더불어 사는 것만이 영원히 사는 길이라는 것을 깨닫게 하여 주소서. 주님께서는 이 땅에 계실 때 철저히 그렇게 사시지 않으셨습니까?

　오늘 헌금을 드리는 이 시간이 이러한 사실을 깨닫는 귀한 시간이 되게 하여 주소서. 예수님의 이름으로 기도합니다. 아멘.

2000. 10. 29.

319. 봉헌기도(은혜와 평강, 굳건한 믿음, 실습전도사 축복)

　괴롭고 고통스러운 날에 저희들의 참된 위로가 되시고 든든한 피난처가 되시는 하나님! 아버지께서 저희들을 고생시키시거나 근심토록 하기 위해 창조하지 않으신 줄 잘 알고 있사오니, 아무리 힘들고 고달파도 조금도 아버지 하나님을 원망하지 않고 전력을 다해 하나님만을 의지하게 하소서. 아버지 하나님! 심중에 가득한 염려와 고통으로 몸과 마음을 제대로 가눌 수 없는 형제 자매들을 위로해 주소서. 괴로운 날들이 지나면 참 기쁨과 평화가 반드시 찾아오리라는 것을 굳게 믿고 오늘의 이 어려움을 꿋꿋이 이겨나가게 하소서. 소망 중에 즐거워하며, 결코 아버지에 대한 절대적인 믿음에서 떠나지 않게 하소서.

　하나님! 저희 교회에서는 지금 큰 행사를 앞두고 있습니다. 60년이 다 되도록 ◎◎교회를 변함없이 사랑하셔서 오늘에 이르게 하신 아버지 하나님! 언제까지고 저희들을 단단히 붙들어 주셔서 저희 교회가 이 땅에서 하나님이 주신 사명을 잘 감당하게 하소서.

　하나님 아버지! 세상의 부귀영화와 헛된 소욕을 좇지 않고 오직 주님만을 위해서 일생을 살아가려고 하는 주님의 젊은 종들, 실습전도사님들을 기억하여 주소서. 주 안에서 서원하는 모든 일이 다 이뤄지게 하여 주소서.

　오늘도 아버지께 즐거운 마음으로 감사의 예물을 드리오며, 사랑이 많으신 예수님의 이름으로 기도합니다. 아멘.

2003. 10. 26.

320. 봉헌기도(은혜와 평강, 교회의 부흥, 사랑의 실천, 성령임재)

나 홀로 겪는 고통을 통해 형제의 아픔을 알게 하시고, 남몰래 느끼는 슬픔을 통해 자매의 눈물을 이해하게 하시는 아버지 하나님! 아버지께서 세워주신 ◎◎교회를 통해 사랑을 배우게 해 주셔서 감사합니다. 위로를 받게 하여 주셔서 감사합니다. 꿈을 갖게 하여 주셔서 감사합니다.

오늘 주신 말씀 따라 이제 저희 교회가 부흥하기 위해 하나가 되게 하소서. 힘써 모이게 하소서. 성도끼리 서로 다정하고 친절하게 하소서. 그리스도를 본받아 사랑을 알고 그 사랑을 실천하게 하소서. 보혜사 성령의 도우심으로 영적인 교회가 되게 하소서.

이 시간 감사의 마음을 모아서 하나님께 귀한 것 드립니다. 저희들의 정성에 담긴 믿음을 둘러보시고, 각 사람에게 필요한 것을 허락하소서. 예수님의 이름으로 기도드리옵나이다. 아멘.

2006. 02. 19.

321. 봉헌기도(축복의 열매, 믿음과 사랑의 공동체, 회복과 활력)

　아버지 하나님! 오늘도 우리들을 사방 곳곳에서 불러 주셔서 하나님께 찬양을 드리게 하시고, 주신 말씀 통해 큰 은혜 받게 하시니 감사합니다. 귀하신 하나님! 이 시간 보배로운 예물을 드립니다. 기쁘게 받아 주옵시고, 우리들을 더욱 사랑하여 주소서.

　하나님! 돋는 해 아침빛같이, 구름 없는 아침같이, 비 온 후 햇빛으로 땅에서 움이 돋는 새 풀같이, 우리의 육신이, 우리의 가정이, 우리의 일터가 그리고 무엇보다도 우리 모두의 꿈과 사랑이 가득 담겨 있는 ◎◎교회가 날마다 새 힘을 얻게 하소서. 예수님의 이름으로 기도드립니다. 아멘.

2000. 10. 01.

322. 봉헌기도(축복의 열매, 헌신과 봉사, 기쁨과 안식, 온전한 믿음)

　예배를 통해 세상일에 지치고 시달린 저희 육신과 영혼에 참 기쁨과 안식을 허락하신 아버지 하나님! 이 시간 저희들이 세상 살면서 열심히 일해서 모은 물질을, 비록 적지만 하나님의 은혜에 감사드리며 이렇게 바칩니다.

　하나님! 주님께서는 추수할 것은 많으나 일꾼이 없다고 한탄하셨습니다. 저희들 물질뿐만 아니라 시간과 정열, 지식과 경험, 이 모든 것을 바쳐 하나님을 섬기고 주의 일에 힘쓰게 하여 주소서.

　하나님 아버지! 헌금을 집행하는 모든 이의 심령을 온전히 주관하여 주소서. 각각의 헌금에 스며있는 피와 땀과 눈물을 헤아려서 두려운 마음으로 바르게 사용하게 하여 주소서. 예수님의 이름으로 기도합니다. 아멘.

2000. 10. 08.

323. 봉헌기도(보호와 인도, 위로와 기쁨, 담대한 믿음, 인내와 소망)

   선하시고 인자하심이 영원하신 아버지 하나님! 이 시간 말씀을 통해 큰 위로 받게 하시고, 찬송을 부르며 참 기쁨 얻게 해 주셔서 감사합니다. 항상 저희들을 끝없는 사랑으로 지키시고 돌보시는 하나님! 아버지께서 저희들의 우편에서 그늘이 되어 주셔서 낮의 해가 저희들을 상하지 않게 하시고, 밤의 달도 저희들을 해치지 않게 하시는 줄 믿으며, 이 힘들고 험한 세상을 믿음 안에서 담대히 살아가게 하여 주셔서 감사합니다.

   풍족케 하시는 하나님! 저희들의 모든 행사를 하나님께 맡기고, 저희들은 다만 하나님께서 저희들의 경영하는 것을 다 이루어 주시는 것을[315] 믿음과 소망 가운데 지켜보게 하소서.

   오늘도 드리는 감사의 예물 기쁘게 받아 주시고 저희 모두에게 큰 은혜 내려 주소서. 예수님의 이름으로 기도합니다. 아멘.

2003. 10. 19.

324. 봉헌기도(성령임재, 임직축하, 충성과 헌신, 위로와 평강)

하나님 아버지! 저희들을 불러 자녀로 삼아주셔서 이 힘한 세상, 하나님의 크신 사랑과 귀한 말씀을 의지하며 힘껏 살아갈 수 있도록 도와주셔서 감사합니다. 말씀을 통해 사람의 눈이 아니라 하나님의 마음으로, 그리스도의 심장으로, 성령의 시선으로 세상을 보아야 한다는 진리를 깨닫게 하셔서 감사합니다.

하나님! 오늘 새로 두 분의 집사님을 주님의 몸 된 교회의 장로로 세우고, 스물일곱 분의 집사님을 권사로 임명할 수 있게 해 주셔서 감사합니다. 임직하시는 분들에게 하나님께서 주신 직분을 감사함으로 또 기쁜 마음으로 받아들이게 하셔서, 이 세상 끝 날까지 오직 아버지께만 충성을 다하게 하시고 영원한 천국을 사모하며 헌신·봉사하게 하여 주소서. 그리하여 하나님으로부터 넘치도록 큰 사랑과 복을 받게 하소서.

하지만 모두가 즐거워해야 할 이 잔칫날에 간절한 심정으로 아버지께 위로 받기를 원하는 심령들이 있습니다. 외롭고 힘들 때 저희 곁에 더욱더 가까이 계시는 아버지! 이들의 상처를 따뜻한 손으로 어루만져주시고 온전히 싸매주셔서, 진정한 위로를 받게 하여 주소서. 이후로 더 큰 소망과 참된 믿음을 갖게 하소서.

저희는 하나님께 영광 돌리기 위해서 이 세상을 살고 교회를 섬기며, 찬양과 감사를 드리는 것만이 주신 은혜에 보답하는 길이라는 점을 깊이 깨달아, 삶의 지표로 삼게 하소서. 이 같은 신앙을 고백하오며 아버지께 몸과 마음과 물질을 바치오니 흔쾌히 받아 주소서. 예수님의 이름으로 기도합니다. 아멘.

2003. 11. 02.

325. 봉헌기도(말씀중심교회, 예배의 기쁨과 감격, 각성과 결단, 가을)

아버지 하나님! 이 청명하고 선선한 가을날에 저희들의 발걸음을 헛된 세상으로 향하지 않게 하시고 하나님의 전으로 인도하여 주셔서, 찬양과 말씀을 통해 큰 은혜 받게 하여 주시니 감사합니다.

아버지! 예배시간마다 큰 기쁨과 벅찬 감격을 맛보게 하셔서, 새로운 힘을 얻어 이 험한 세상을 잘 견디며 살아갈 수 있도록 도와주소서. 늘 하나님의 말씀을 사모하게 하소서. 말씀이 살아 움직이는 교회되게 하소서. 무엇보다 말씀 전파에 힘쓰는 교회되게 하여 주소서.

아버지 하나님! 모든 것이 다 아버지께로부터 왔사오니 저희 모든 시간과 물질과 열정을 아버지께 바쳐야 마땅한 줄 알면서도 그렇게 하지 못하고, 그 가운데 극히 일부를 구별해서 아버지께 이렇게 드립니다. 하지만 정성을 다해 바치오니 기쁘게 받아 주소서. 충분히 누리고 살면서도 제대로 바치지 못하는 심령에게는 아낌없이 바칠 수 있는 믿음을 허락하여 주옵시고, 물질이 없어서 바치지 못하고 마음 아파하는 성도들에게는 흡족히 바치고도 오히려 차고 넘치도록 더 큰 복을 내려주소서. 예수님의 이름으로 기도합니다. 아멘.

2003. 10. 05.

326. 봉헌기도(세례와 성찬, 영적 각성, 축복의 열매, 성령감화)

　날마다 성령을 통해서 저희들에게 깨달음을 주시고 마땅히 가야 할 길을 밝히 보여 주시는 아버지 하나님! 오늘도 목사님이 전하신 귀한 말씀을 통해서 저희들의 흐트러진 마음을 바로잡게 하시고, 하나님의 백성으로서 이 땅에서 살아갈 때 넘어지지 않도록 일깨워주셔서 감사합니다.

　화목케 하시는 하나님! 저희들은 한 주일 전 바로 이 자리에서 베풀어진 성례를 통해 주님의 성스러운 살을 같이 떼고 주님의 정결한 피를 함께 나눠 마셨습니다. 저희들 한 하나님의 자녀로서 늘 이것을 잊지 않게 하시고, 믿음의 형제들을 내 몸같이 사랑하게 하소서. 바라옵기는 담임목사 청빙 문제도 주님의 뜻 가운데 바로 이러한 바탕 위에서 해결되게 하여 주소서.

　이 시간 저희들의 몸과 마음과 물질을 바칩니다. 저희들의 정성을 기쁘게 받아 주옵시고 허락하신 복을 풍성하게 내려 주소서. 예수님의 이름으로 기도드리옵나이다. 아멘.

2005. 04. 03.

327. 봉헌기도(구원의 확신, 담대한 믿음, 자비와 위로, 용기와 소망)

아버지 하나님! 저희들 지난 한 주간도 힘하고 거친 세상 속에서 몸부림치며 살았습니다. 잠 못 이룬 밤도 있었습니다. 한없이 눈물이 흘러내렸지만 힘이 없어서, 기진맥진해서 울부짖지조차 못할 때도 있었습니다.

그러나 "어떤 일을 만나도 두려워하지 말아라, 놀라지 말아라, 내가 언제나 너와 함께하겠다."[316]고 하신 하나님의 말씀을 듣고 이제 다시 힘을 얻었습니다.

"아버지! 저희들 다시 일어서겠습니다. 다시 뛰겠습니다. 용기를 되찾아 주 안에서 열심히, 열심히 살겠습니다. 그리고 더욱 감사하며 살겠습니다." 이렇게 신앙을 고백하면서, 이 시간 감사의 예물을 드립니다. 기쁘게 받으시고, 더 큰 믿음과 소망 주소서. 예수님의 이름으로 기도드리옵나이다. 아멘.

2006. 02. 12.

328. 봉헌기도(온전한 믿음, 은혜와 축복, 장애인주일, 삶의 지배)

크든 작든 모두가 심신의 장애를 안고 살아가는 저희들의 생의 한복판에 서 계신 아버지 하나님! 저희 삶 전체를 온전히 다스리소서. 저희들 철저히 주님께 붙잡혀 살게 하소서. 저희 시간도 물질도 열심도 다 지배하소서. 온전히 그 주인이 되소서. 하나님 홀로 영광 받으소서.

저희들이 드리는 감사의 예물을 기쁘게 받으소서. 그리고 저희들에게 허락하신 만복을 내려주소서. 예수님의 이름으로 기도합니다. 아멘.

2002. 04. 07.

329. 봉헌기도(온전한 믿음, 위로와 인도, 감사의 열매, 나눔, 가을)

하나님! 가을이 점점 더 깊어가고 있습니다. 계절이 됐든 인생이 됐든 저희들이 가을철에도 서글퍼지지 않도록, 황혼녘에도 회한의 눈물을 흘리지 않도록 손을 잡아 주소서.

그러기 위해서는 봄과 여름에, 연부역강(年富力強)한 소년과 청년과 장년의 시대에, 소돔과 고모라성 사람들처럼 어둠 속에서, 죄악 속에서 헤매지 않게 하시고, 더 많이 뿌리고 더욱 열심히 가꿔서 풍족하게 거두게 하소서. 혼자 쓰기에도 모자라 괴로워하게 하지 마시고, 넉넉히 수확해서 충분히 나누고도 저희들의 창고가 차고 넘치게 하소서.

철따라 햇볕과 우로를 내려 저희들이 뿌린 씨가 알맞게 자라서 열매 맺도록 도와주시는 아버지 하나님께 감사의 예물을 드리오며, 예수 그리스도의 이름 받들어 기도드리옵나이다. 아멘.

2002. 10. 20.

330. 봉헌기도(온전한 믿음, 교회의 회복, 신앙과 살림의 증진)

　아버지 하나님! 오늘도 아버지의 말씀을 통해 큰 은혜 받게 하여 주셔서 감사합니다.

　하나님! 저희 교회의 시계는 지금 자정인지, 새벽 한 시인지, 아니면 날이 샐 때가 다 됐는지 알 수 없습니다. 그러나 사방이 아무리 캄캄하더라도 반드시 아침은 오고야 만다는 진리를 잊지 않게 하소서. 아니 어둠이 짙어질수록 새벽이 저희 곁에 더욱 가까이 다가오고 있다는 사실을 깨닫게 하소서. 그리하여 낙심치 않게 하소서. 좌절치 않게 하소서.

　하나님! 저희들이 드리는 예물을 기쁘게 받아 주소서. 저희들의 신앙과 저희들의 살림살이가 갈수록 더 나아지게 하셔서, 충분히 감사의 생활을 하면서도 모자람이 없게 하소서. 예수님의 이름으로 기도드립니다. 아멘.

2005. 09. 25.

331. 봉헌기도(온전한 믿음, 추수의 계절, 감사의 기쁨, 헌신과 충성)

하나님! 결실의 가을입니다. 추수의 계절입니다. 농민들이 쌀을 제값 주고 내다 팔지 못해 걱정이기는 하지만, 올해도 농사는 대풍입니다. 저희들 신앙도 풍작이 되게 하소서. 많이 뿌려 많이 거두게 하소서. 늘 아버지로부터 잘했다고 칭찬받는 부지런하고 충성된 종이 되게 하소서.

아버지! 저희들이 드리는 감사의 예물을 받아 주소서. 받는 것보다 드리는 것이 훨씬 더 기쁘고 즐거운 저희들이 되게 하여 주소서. 예수님의 이름으로 기도합니다. 아멘.

2001. 10. 14.

332. 봉헌기도(온전한 믿음, 추수의 계절, 전도와 선교, 성미 축복)

하나님! 추수의 계절을 맞았습니다. 뿌린 것이 변변치 않아서 마땅히 거둘 것도 없는 인생이 되지는 않게 하소서. 그렇다고 억지로 전도의 씨앗을 뿌리게는 하지 마옵시고, 하나님의 말씀을 전하지 않고는 견딜 수 없는 심령이 되게 하소서. 하나님을 믿고 예수님을 따르는 것이 너무 좋아서, 나 혼자만 은혜의 천국잔치에 참여할 수 없어서, 가족과 친척과 친구와 사랑하는 이웃들을 주님 앞으로 이끌지 않고는 배길 수 없도록 먼저 저희들의 믿음이 온전한 믿음이 되게 하여 주소서. 살아 움직이는, 운동력이 있는 믿음이 되게 하여 주소서. 그래서 감사도, 진정한 감사가 되게 하여 주소서.

오늘도 저희들의 신앙대로 헌금과 성미를 바치면서, 예수님의 이름으로 기도합니다. 아멘.

2002. 10. 13.

333. 봉헌기도(온전한 믿음, 자손의 축복, 형제사랑, 감사의 열매)

야곱을 통해서 "네 자손이 동서남북 사방으로 퍼져나갈 것이며, 땅의 모든 족속이 너와 네 자손으로 말미암아 복을 받을 것"이라고 하신 아버지! 또한 "허락한 것을 다 이루기까지는 결코 네 곁을 떠나지 않을 것"이라고 하신 하나님![317] 저희 모두 이러한 복을 받기를 간절히 원합니다.

저희들, 먼저 복 받기에 합당한 의의 열매, 감사의 열매를 주렁주렁 맺게 하소서. 하나님께 드리는 감사의 마음으로 형제에게 서로 감사하게 하소서. 하나님을 간절히 사랑하는 마음으로 서로를 자기 몸처럼 사랑하게 하소서.

이러한 마음가짐이 오늘 우리의 진정한 삶의 고백이 되기를 바라오며 이 시간 정성껏 마련한 헌금을 바치오니, 아버지 하나님! 기쁘게 받아 주소서. 예수님의 이름으로 기도합니다. 아멘.

2004. 04. 18.

334. 봉헌기도(굳건한 믿음, 충성과 헌신, 성령임재, 각성과 결단)

아버지 하나님! 하나님께 저희들의 몸과 마음과 물질을 드리는 시간입니다. 하나님께서 모든 것을 주셨는데 그 가운데 가장 적은 것을 드리기에도 왜 이렇게 힘이 드는지요?

아버지 하나님! 저희들의 연약한 믿음을 굳세게 하여 주소서. 물과 성령으로 거듭나게 하소서. 그리하여 보다 크게, 폭넓게 바라보게 하소서.

저희 ◎◎교회가 이 땅에 세워진 지 60주년이 다 돼 가는데도, 저희들은 아무런 비전 없이 그저 한 주 두 주, 또 한 달 두 달 이렇게 그냥 지나쳐 보내고 있습니다. 교회가 해야 할 일이 산더미처럼 쌓여있는데도 괜한 일들로 마음 졸이고 언짢아하면서 세월을 허송하고 있습니다.

아버지 하나님! 헌금을 드리는 이 시간, 헌신을 다짐하는 바로 이 자리에서 우리는 지금 무엇을 하고 있으며, 또 마땅히 무엇을 해야 하는지를 겸허하게 되돌아보고 깊이 되새길 수 있도록 도와주소서. 우리 주 예수님의 이름으로 기도합니다. 아멘.

2003. 04. 27.

335. 봉헌기도(헌신과 봉사, 교회의 회복과 성장, 물질·능력 신장)

주님의 사업을 하도록 하기 위해 교회를 만드신 아버지 하나님! 교회가 그 본래의 사명을 다할 수 있도록 늘 저희들을 일깨워 주시고 또 감당할 수 있는 물질과 능력을 허락해 주소서. 감사의 마음이 차고 넘쳐서 교회살림을 넉넉하게 꾸려나가게 하소서. 주님의 말씀을 푯대 삼아 이웃과 더불어 성장할 수 있는 이 땅의 모범적인 교회가 되게 하여 주소서.

오늘도 마음과 정성을 다해 감사의 예물 바치옵니다. 드리는 예물과 함께, 여기에 깃들어 있는 저희들의 주님에 대한 충성과 헌신의 맹세도 기쁘게 받아 주소서. 예수님의 이름으로 기도합니다. 아멘.

2002. 04. 21.

336. 봉헌기도(헌신과 봉사, 소명과 순종, 교회의 회복과 영속)

하나님! 세상도 세상이거니와 교회가 어려울 때, 하나님께서 "내가 누구를 보낼까?" 하실 때 "제가 여기 있습니다. 다른 사람이 아니라 바로 저를 보내주십시오." 하는 저희들 되게 하여 주소서.[318]

그리하여 아버지께서 세워주신 저희 ◎◎교회가 영원하게 하소서. 어떠한 환난과 시련에도 결코 흔들리지 않게 하시고, 모든 사람이 칭송하는 아름다운 교회가 되게 하여 주소서. 주님 다시 오실 때까지 이 땅에서 구원의 방주의 역할을 하게 하시고, 저희 모두 하나님 앞에 설 때 큰 칭찬을 받는 교회가 되게 하여 주소서.

아버지 하나님! 저희 ◎◎교회가 그러한 교회가 되기를 간절히 바라면서, 또 그러한 교회를 만들어 나가겠다고 굳게 다짐하면서, 이 시간 감사의 예물을 바칩니다. 저희들의 정성을 받아 주옵시고, 허락하신 복을 넘치도록 내려주소서. 예수님의 이름으로 기도드리옵나이다. 아멘.

2004. 10. 31.

337. 봉헌기도(헌신과 봉사, 형제사랑, 감사의 기쁨, 물질 축복)

선하시며 인자하심이 영원하신 아버지 하나님! 오늘도 저희들을 곳곳에서 불러 모으셔서 큰 은혜 받게 하여 주시니 감사합니다.

일한 대로 갚아주시겠다고 하신 아버지 하나님! 살다 보면 결코 길지 않은 인생, 해가 중천에 떠있을 때 세월을 허송하지 말고, 주의 일에 힘쓰게 하소서.

아버지! 저희들에게 복 주셔서 날이 갈수록 소출이 더욱 늘어나게 하소서. 그리하여 주님께 보다 많은 것으로 드리고, 어려운 이웃들을 흡족하게 도울 수 있게 하소서.

헌금을 드릴 때마다 저희들에게 건강한 육신과 생업과 그리고 무엇보다도 감사드릴 줄 아는 믿음을 주신 아버지 하나님께 더욱 감사드리며, 예수님의 이름으로 기도합니다. 아멘.

2001. 04. 22.

338. 봉헌기도(헌신과 봉사, 형제사랑, 감사의 기쁨, 이해와 공감)

저희들에게 시시때때로 아픔을 주셔서 그때마다 형제들이 겪는 고통을 다시 한번 돌아보게 하시고, 잊을만하면 또다시 역경을 만나게 하셔서 자매들이 느끼는 괴로움을 깨닫게 하시는 하나님! 그래서 곤란에 처한 믿음의 식구들의 처지를 충분히 이해하고 공감하게 하시는 아버지! 저희들이 풍족하든지 궁핍하든지 살림살이의 규모에 연연해하지 않고 늘 하나님께 감사드리게 하시니 그 은혜 참으로 감사합니다.

저희들은 하나님께 찬양과 영광을 드리기 위해 지어진 피조물이라는 점을 한시도 잊지 않게 하시고, 그리하여 하나님께 몸과 마음과 물질을 바칠 때마다 조금도 아까운 마음이 들지 않게 하소서. 흔쾌히 바치게 하여 주소서. 예수님의 이름으로 기도드리옵나이다. 아멘.

2004. 10. 24.

339. 봉헌기도(전도와 선교, 위로와 회복, 제자의 삶, 물질 축복)

천지만물을 지으셨을 뿐만 아니라, 하나밖에 없는 아드님을 죄도 없이 십자가에 달리게 하셔서 천하 만민의 진정한 아버지가 되신 여호와 하나님! 하늘 보좌를 버리시고 하나밖에 없는 자신의 목숨을 기꺼이 던지셔서 온 인류의 영원한 구세주가 되신 우리 주님의 고결한 삶과 죽음 그리고 부활을 본받고자 저희들 이 시간 몸과 마음을 묶어 산제사로 드립니다.

특별히 이 시간 하나님께서 값없이 주신 은혜에 감사드리오며 따로 구별한 예물을 바치오니 기쁘게 받아 주소서. 드린 물질이 하나님 나라의 사업을 확장하고 그 지경을 더욱 넓히며 그 터를 더욱더 굳게 다지는 데 요긴하게 쓰이게 하소서. 더불어 많이 드리지 못해 한숨짓는 성도와 바칠 것이 없어서 괴로워하는 자녀들의 심령을 위로하여 주소서.

아버지께서 저희들의 심중을 속속들이 감찰하시고 필요에 따라 풍족하게 채워주실 줄 믿사옵고, 예수님의 이름으로 기도드립니다. 아멘.

2004. 10. 03.

340. 봉헌기도(전도와 선교, 믿음의 진보, 성령임재, 한결같은 신앙)

하나님! 예수님께서는 저희들에게 "오직 성령이 너희에게 임하시면 너희가 권능을 받고 예루살렘과 온 유대와 사마리아와 땅 끝까지 이르러 내 증인이 되리라"고 하셨건만, 저희들은 이런저런 사정에 얽매여 선교의 사명을 제대로 감당하지 못하고 있사오니, 저희들이 바친 이 헌금을 통해서 하나님의 크신 역사가 이루어져서 죽어가는 영혼이 구원 받고 새 삶을 살아갈 수 있도록 도와주소서.

우리가 구하기 전에 이미 우리의 약함을 아시고 우리의 간구 속에 숨어 있는 어리석음을 간파하시는 하나님! 육신과 영혼 사이에 다툼이 없게 하시고, 주일 오전만의 신앙, 주일날만의 신앙, 교회 오갈 때만의 신앙, 교회와서만의 신앙에서 벗어나게 하소서. 우리 주 예수님의 이름으로 기도드립니다.

2006. 03. 05.

341. 봉헌기도(총동원주일, 전도와 선교, 믿음의 성숙, 제자의 삶)

아버지 하나님! 찬양과 경배를 통해 하나님께 영광 돌리고, 말씀을 통해 많은 것을 깨우쳐 주셔서 감사합니다.

인류를 구원하시기 위해 가장 소중한 것을 허락하신 하나님! 저희들에게 하나님의 심장을 닮아가게 하소서. 양들을 구하기 위해 하나밖에 없는 생명을 던지신 선한 목자 예수님의 마음을 본받게 하소서. 가슴으로 애쓰지 않고도 모든 형제를 가리지 않고 사랑할 수 있는 심령으로 변화시켜 주소서. 저희들 마음의 문을 열어 주소서. 영안이 뜨이게 하소서. 주님께 진 사랑의 빚을 갚게 하소서. 오늘 총동원주일이 형제들에게 진 이 사랑과 복음전파의 부채를 청산하겠다고 다짐하는 전환점이 되게 하소서.

이 시간 정성껏 드리는 헌금을 기쁘게 받아 주옵시고 복 내려 주소서. 예수님의 이름으로 기도드립니다. 아멘.

2002. 04. 14.

342. 봉헌기도(직장선교, 사랑과 은총, 은혜와 축복, 기적의 역사)

아버지 하나님! 우리에게 좋은 일터를 주시고 또 직장 내 선교모임을 허락해 주셔서 감사합니다. 저희들은 하나님의 사랑과 은총을 생각하면 늘 감사드릴 것뿐입니다.

하나님! 이 시간 예배를 드리면서 정성껏 헌금을 드립니다. 주님 보시기에 비록 적지만 기쁘게 받아 주옵시고 바치는 손길과 그 가정 위에 넘치는 은혜와 복을 내려 주소서.

이 귀한 물질이 쓰이는 곳곳마다 주님의 영광이 나타날 수 있게 하여 주시고, 오병이어의 기적을 이루셨던 것처럼 주님의 놀라운 역사가 이루어질 수 있도록 도와주소서. 이 예배를 주님께서 온전히 맡아 주관하여 주실 줄 믿사옵고 예수님의 이름으로 기도드립니다. 아멘.

2010. 05. 28.

343. 봉헌기도(사순절, 회개와 인도, 천국의 소망, 형제사랑)

아버지 하나님! 죄 가운데서 태어나 죄악이 관영한 이 시대의 한 복판을 가로질러가며 바삐 살아가는 저희들, 그 죄의 무게에 짓눌려 슬퍼하고 괴로워하다가, 오늘 다시 아버지 앞에 나와 찬양과 말씀을 통해 큰 은혜 받게 하여 주시니 감사합니다.

아버지 하나님! 한 강도가 이제 삶을 마감해야 하는 생의 마지막 순간에, 십자가 위에서 죄와 허물을 철저히 회개하고 천국의 소망을 바라보며 자신의 모든 것을 주님께 맡기면서 고백했던 최후의 한 마디에 대해 들었습니다. 누구든지 간절히 자복하고 회개할 때, 주님께 용서받지 못할 죄는 아무것도 없다는 것을 다시 한번 깊이 깨달았습니다.

아버지! 비록 저희들의 지나온 생이 아버지께서 도저히 용납하실 수 없을 정도로 어그러지고 흐트러진 삶의 연속이었다고 하더라도 탓하지 마시고 용서하여 주소서. 아버지의 그 넓은 품안에 안아 주소서.

저희들은 이 넓은 세상에서 주님밖에 의지할 데가 없을 때가 너무나 많습니다. 저희들을 붙들어 주소서. 저희들의 갈 길을 밝히 보여 주소서. 저희들도 형제들을 용서함으로써 이 같은 은혜를 누리게 하소서.

오늘 저희들이 감사의 마음을 모아서 드리는 이 예물을 기쁘게 받아 주소서. 예수님의 이름으로 기도드립니다. 아멘.

2001. 04. 01.

344. 봉헌기도(고난주간, 숭고한 사랑, 굳건한 믿음, 헌신과 봉사)

아버지 하나님! 주님께서는 대학자가 될 수 있었습니다. 유능한 의사가 될 수 있었습니다. 큰 부자도 될 수 있었을 것입니다. 그러나 주님께서는 그러한 모든 것을 다 포기하셨습니다, 버림받은 사람들 때문에, 억눌린 사람들 때문에, 또 가난한 사람, 힘없는 사람들 때문에… 주님께서는 그 사람들의 진정한 친구가 되시기 위해서 세상 부귀영화를 멀리하셨습니다. 그리고 죄인들을 살리시기 위해서 33살에, 단 하나밖에 없는 생명까지도 아낌없이 버리셨습니다.

하나님! 30대 초반이라면 너무나 아까운 나이입니다. 그러기 때문에 저희들은 주님을 더욱더 존경합니다. 주님을 따릅니다. 오직 주님만 믿습니다.

아버지 하나님! 바로 저희들 때문에 주님께서 십자가에서 그 모진 고초를 다 당하셨고, 그렇기 때문에 저희들은 일생동안 주님을 변치 말고 따라야 한다는 것을 더욱 굳게 다짐하는 이번 고난주간이 되게 하소서. 그리고 그 구체적인 신앙고백이 주님을 향한 헌신과 봉사와 감사로 이어지게 하소서.

오늘 아버지께 바치는 이 감사의 예물을 기쁘게 받아 주소서. 예수님의 이름으로 기도합니다. 아멘.

2001. 04. 08.

345. 봉헌기도(부활절, 소망과 기쁨, 은혜와 평강, 성미 축복)

견딜 수 없는 모욕과 모진 고난을 다 담당하시고 끝내 사망의 자리에까지 내려가셨다가 다시 살아나신 부활의 주님을 통해 우리들이 영원히 살 수 있는 길을 열어 주신 아버지 하나님! 저희들에게 부활의 참 소망과 기쁨을 허락하신 아버지의 은혜를 진심으로 감사드립니다.

주님을 십자가에 달려 돌아가시게 한 죄인 중의 괴수의 죄인들인데도, 우리들을 영영 버리시기는커녕 언제나 사랑으로 감싸 안아 주시고 이끌어 주시는 하나님의 자비로운 은총을 생각하면, 늘 울어도 눈물로써 그 은혜를 다 갚을 길이 없는 우리들이 이렇게 모여 예배를 드리면서 감사의 예물 바칩니다.

하나님! 우리의 죄와 허물을 다 용서하시고 각자가 서원하는 모든 일들이 온전히 이루어져서 이 땅에 사는 동안 감사가 끊이지 않고 이어지게 하여 주소서. 성미를 정성껏 마련해 바치는 손길 위에도 복을 내려주셔서, 자손대대에 이르기까지 최소한 의식주 때문에 걱정하는 일이 없게 하여 주소서. 예수님의 이름으로 기도합니다. 아멘.

2000. 04. 23.

346. 봉헌기도(부활절, 소망과 기쁨, 각성과 결단, 전도와 선교)

아버지 하나님! 주님의 십자가의 모진 수난과 죽음을 통해서 영원토록 변함없는 참 사랑의 의미를 깨닫게 하시고, 주님의 부활로 말미암아 저희들도 부활의 산 소망을 가질 수 있게 도와주셔서 감사합니다.

하나님 아버지! 이제 저희들의 죄악된 언행심사는 모두 사망과 어둠의 골짜기에 그대로 장사지내게 하시고, 온갖 죄와 허물로 덩어리져있는 저희들의 죽은 영혼을 온전히 살려주소서.

이 부활의 아침에, 주님께서 잠시 누우셨던 묏자리의 돌문처럼 저희들의 영의 눈이 활짝 열려서 밝게 빛나는 천국문을 바라보게 하소서. 저희들 나약한 믿음, 세상과 더불어 살며 눈덩이처럼 불어난 불신앙의 분묘를 깨뜨리고 힘차게 일어나게 하소서. 하나님! 죄악의 무덤 속에 단단히 갇혀 있는 저희들의 심령을 바로 일으켜 세워주소서.

아버지 하나님! 우리 모두 주님과 함께 부활하게 하소서. 저희들의 믿음을 소생시켜 주소서. 새롭게 거듭나게 하소서. 그리하여 주님과 함께 영원히 살게 하소서. 그리고 이 부활의 기쁨을 세상 모든 형제들과 함께 누릴 수 있도록 주님의 복음을 온누리에 널리 전하게 하소서.

하나님! 부활의 소망에 담아 감사예물 드립니다. 기쁘게 받아 주시고 복 내려 주소서. 예수님의 이름으로 기도합니다. 아멘.

2003. 04. 20.

347. 봉헌기도(3·1절, 나라와 민족, 천국의 시민권, 전도와 선교)

하나님! 저희들은 3.1절을, 기미년 독립만세를 까맣게 잊고 살았습니다. 일제의 만행을 더 이상 기억하려고 하지 않았습니다. 나라 잃은 설움을, 성씨를 빼앗긴 아픔을 되새기려고 하지 않았습니다. 성노예의 처참함도, 징용의 쓰라림도 저희 자신과는 전혀 무관한 일로 여겼습니다. 하나님! 저희들은 오늘 말씀을 통해 조국과 민족의 소중함과 애국선열들의 공훈을 다시 한번 깨달았습니다.

아버지 하나님! 저희 대한민국이 영원하게 하소서. 앞으로는 절대로 외세의 침략과 압제가 발조차 붙이지 못하게 하소서. 조국과 주권을 결단코 잃어버리지 않게 하소서.

신앙적으로도 저희들의 영원한 본향인 하늘나라를 고수하게 하시고 천국의 시민권을 놓치지 않게 하소서. 그리고 종국에는 우리나라가 온전한 그리스도의 국가가 되기까지, 전 세계가 온통 하나님의 영토가 되기까지 복음전파를 게을리하지 않게 하소서.

아버지 하나님! 이 시간 저희들 돈이면 다 될 것 같은 그릇된 세상풍조를 따르지 않고 그저 아버지의 은혜가 감사해서 귀한 물질을 바칩니다. 감사를 드릴 때마다 더욱더 감사드릴 수 있는 일들이 끊임없이 뒤를 잇게 하소서. 예수님의 이름으로 기도드리옵나이다. 아멘.

2006. 02. 26.

348. 봉헌기도(사회구원, 세상의 빛, 선교와 구제, 참회와 용서)

　아버지 하나님! 은혜 가운데 지난 한 주일 살게 하시고, 또한 오늘 귀한 말씀을 통해 큰 깨달음 주셔서 감사합니다. 하나님 아버지! 세상사는 동안 베풀어 주시는 은혜에 감사드리며 물질을 성별하여 바칩니다.

　하나님! 주님께서는 우리들에게 세상의 빛이 되라고 가르쳐 주셨습니다. 그러나 우리들은 각자 자기 자신과 가족, 또 가까운 사람과 우리에게 이로운 사람만을 위해 살아오지 않았는지 되돌아보게 하소서. 또한 오로지 우리 교회만을 생각하면서 지역공동체와는 담을 높이 쌓은 채 이를 외면하면서 살아온 것을 깊이 반성하게 하소서. 더불어 어려운 교회들을 흡족히 돌아보지 않은 잘못을 용서하여 주소서.

　아버지 하나님! 우리들 지난날의 잘못을 회개하면서 온 힘을 기울여 선교바자회를 준비하고 있습니다. 이제 자급자족의 단계를 벗어나, 친교의 마당을 교회 밖 전체 지역사회로 넓히게 하소서. 이번 선교바자회가 몇몇 교회와 불우시설로 한정되어 있는 우리들의 지원선교의 터전을 우리나라 전역, 세계 모든 나라로 넓힐 수 있는 획기적인 계기가 될 수 있게 하여 주소서. 하나님! 인간적으로 볼 때는 어려움 많습니다. 하나님께서 함께하여 주소서. 예수님의 이름으로 기도합니다. 아멘.

2000. 10. 22.

349. 봉헌기도(추석, 위로와 회복, 전도와 선교, 담임목사 청빙)

하나님 아버지! 저희들을 곳곳에서 불러 모으시고, ○○○ 목사님을 통해 전해 주신 아버지의 말씀을 통해 큰 은혜 받게 하여 주셔서 감사합니다.

사랑의 하나님! 추석명절이 됐지만 이런저런 이유로 웃음을 잃어버린 사람들을 돌아보시옵기를 간구합니다. 모든 사람이 기뻐하며 즐길 수 있는 한가위가 되게 하소서. 아버지께서 위로하여 주시고 다시 일어설 수 있도록 북돋워 주소서.

이 시간 저희들이 드린 물질이 저희들 자신만을 위해서가 아니라, 저희 교회만을 위해서가 아니라, 힘겨운 이웃들을 위해서 사용될 수 있도록, 저희 교회가 담임목사 청빙문제를 어서 빨리 슬기롭게 마무리 짓고 정상 궤도에 접어들게 하소서. 저희 교회가 한 단계 더 도약할 수 있도록 도와주소서. 예수 그리스도 이름 받들어 기도드리옵나이다. 아멘.

2005. 09. 18.

11. 봉헌기도 주석

305 다니엘 6:17
306 고린도전서 14:20
307 요한계시록 2:10
308 갈라디아서 5:5
309 출애굽기 23:1
310 마태복음 5:23-25
311 호세아 8:7
312 신명기 7:11
313 골로새서 3:1-10
314 시편 51:17
315 잠언 16:3
316 이사야 42:10
317 창세기 28:14-15
318 이사야 6:8

[부록 I]

행사와 회의

- 축하음악예배(성탄전야) 622
- 찬양대회 623
- 여름성경학교(유치부·유년부·초등부) 624
- 공동의회 625
- 장로임직 626
- 신도총회 629
- 교사격려회 630

350. 축하음악예배(성탄전야), 전도와 선교, 이웃사랑, 온유와 겸손

찬양과 감사

캄캄한 밤 차가운 땅에 빛으로, 사랑으로 아기 예수님을 보내신 아버지 하나님! 기쁜 성탄, 주님의 탄생을 축하하기 위해 저희들을 불러주셔서 감사합니다.

성탄전야 축하예배

이 밤 저희들이 유치부에서 청장년, 노년에 이르기까지 똑같은 마음으로 정성을 모아 드리는 성탄전야 축하예배를 기쁘게 받아 주소서. 세상의 어떤 잔치보다도 즐겁고 흥겨운 축제의 한마당이 되게 하여 주소서.

전도와 선교

저희들이 두 손 모아 밝히는 사랑의 불빛과 한마음 되어 바치는 찬양의 메아리가 온누리에 널리 퍼져나가게 하소서. 저희 모두 예수님의 성품을 닮아 온유하고 겸손한 마음으로[319] 이웃을 아끼고 사랑하게 하여 주소서.

마무리기도

말씀을 전하시는 목사님, 순서를 담당하거나 지도하는 모든 성도에게 한없는 사랑을 베풀어 주셔서, 이 자리에 기쁨과 평화가 넘치게 하소서. 예수님의 이름으로 기도드립니다. 아멘.

2009. 12. 24.

351. 찬양대회(기관별), 교회창립기념, 보호와 인도, 한뜻 한마음

찬양과 감사

할렐루야! 우리 주 여호와 하나님을 찬양합니다. 아버지! 말로 다 할 수 없이 부끄러운 우리의 죄악을 벗어던지게 하시고, 그리하여 우리의 영혼이 기뻐 뛰며 주를 보게 하시니 감사합니다. 하늘에 계시는 주 예수를 영원히 섬기게 하시니 감사합니다. 오랜 세월 동안 때로 비바람 거세고 눈보라 몰아칠 때도 있었지만, 한결같은 사랑으로 아니 어려울 때 더욱더 큰 사랑으로 저희 ◎◎교회를 지켜주시고 이끌어 주신 아버지께 진심으로 감사드립니다.

교회창립기념 찬양대회

아버지 하나님! 오늘 교회 창립 62주년을 기념하고 자축하면서 찬양으로 주께 영광 돌리고자 합니다. 저희들은 제각기 비록 음색과 성량은 다르지만 한뜻 한마음으로 여호와를 찬양하오니[320] 은혜 가운데 이 예배가 마감될 수 있게 하여 주소서.

마무리기도

오늘 말씀을 증거하기 위해 단 위에 세우신 목사님을 굳게 붙들어 주소서. 저희 모두 전해지는 말씀을 통해 기쁘고 즐거울 때뿐만 아니라 괴롭고 슬프고 아플 때도 하나님을 찬양하고 주께 영광 돌릴 수 있는 믿음을 다질 수 있게 도와주소서. 모든 순서와 절차를 주께서 온전히 주관하여 주시옵기를 간절히 빌고 원하오며, 예수님의 이름으로 기도드리옵나이다. 아멘.

2009. 04. 12.

352. 여름성경학교(유치부·유년부·초등부) 폐회예배, 은총과 인도

찬양과 감사

하나님 아버지! 영광과 찬송을 받으세요. 어린이여름성경학교 마지막 시간입니다. 비록 짧은 기간이지만 저희들 성경학교에서 새로운 것을 많이 배우게 하시고 또 즐겁게 지내게 하여 주셔서 감사합니다.

축복과 다짐

정성껏 지도해 주신 선생님들께 복 많이 내려주시고, 저희들도 이번에 배운 것을 잊지 않고 꼭 실천하여서 하나님께서 기뻐하시는 주의 어린이가 되게 해 주세요.

은총과 인도

하나님! 세상에 많은 어린이가 있지만 저희들을 하나님의 자녀로 삼아주셔서 주님의 특별한 은총 가운데 자라게 하여 주셔서 감사합니다. 하나님! 저희 어린이들의 평생을 붙들어 주세요.[321] 하나님의 말씀을 삶의 푯대로 삼고 살아가게 하여 주세요. 건강과 지혜와 총명을 허락하여 주시고 착한 마음씨를 주세요. 무엇보다도 굳센 믿음을 주세요.

마무리기도

오늘 목사님이 전해 주시는 하나님의 말씀을 가슴에 잘 간직할 수 있게 하여 주세요. 예수님의 이름으로 기도합니다. 아멘.

2004. 07. 28.

353. 공동의회 개회, 성령임재, 보호와 인도, 지혜와 절제

◎◎교회를 다시 살려주신 하나님! 우리의 삶을 돌보시고 이끌어 가시는 아버지 하나님! 오늘 신년 공동의회를 열 수 있도록 도와주셔서 감사합니다.

간절히 비옵나니 성령의 인도하심으로 시종 은혜롭게 진행되게 하여 주소서. 사회를 맡은 목사님에게 지혜와 슬기를 덧입혀 주옵시고, 회중 각 사람에게는 자신의 심령과 입술을 잘 다스릴 수 있도록[322] 굳게 붙들어 주소서.

하나님께 감사드리며 예수님의 이름으로 기도드립니다. 아멘.

2010. 01. 10.

354. 장로임직, 주님의 은총, 십자가 사명, 선교와 구제, 겸손과 섬김[323]

찬양과 감사

아버지 하나님! 죄와 허물밖에 내세울 것이 없는 저희들에게 귀한 믿음을 주시고, 하나님을 마음껏 믿을 수 있는 나라와 시대에 살게 하셔서 아무런 거리낌 없이 아버지 하나님께 찬양과 경배를 드릴 수 있게 하여 주셔서 감사합니다.

더욱이 이곳에 이처럼 훌륭한 성전을 허락하여 주셔서 하나님께 영광을 돌리고 저희 모두 큰 은혜를 받게 하시니 감사합니다. 온 성도들이 뜻과 힘을 모아 교회를 일으켜 세우고, 하나님의 선교의 사명을 잘 감당하면서, 이 땅에서 빛과 소금의 역할[324]을 다할 수 있도록 도와 주셔서 감사합니다.

아버지 하나님! 오늘 저희들은 이 교회에서 주님의 말씀에 따라 양육되고 성도들로부터 많은 사랑을 받아온 △△△ 집사님의 장로임직을 축하하면서, 오늘 기름부음을 받는 이 젊은 종이 모든 것을 다 바쳐 주께 충성을 다하도록 권면하고 또 격려하기 위해서 이 자리에 모였습니다.

십자가 사명

아버지! 이 종을 굳건하게 붙들어 주소서. 언제나 주님 지신 십자가를 앞장서서 지게 하여 주시고, 육신과 영혼 사이에 다툼이 일어날 때마다 세상과 육에 속한 것을 버리고[325] 오직 하나님이 기뻐하시는 일만 하게 하소서. 어려운 일 당할 때 하나님의 뜻을 헤아릴 수 있는 지혜 주시고, 하나님께서 원하시는 것을 아낌없이 바칠 수 있는 진실한 믿음 주소서. 마음의 생각과 뜻을 감찰하시는 하나님의 말씀으로부터 일생 동안 떠나지 않게 하소서.[326]

참된 신앙

　아버지 하나님! 이 종 오직 주님만 바라보게 하소서. 주님을 닮게 하소서. 주님만 따르게 하소서. 주님만 의지하게 하소서. 주신 은혜에 감사드리며, 선교하고 구제하고 가르치는 일에 더욱 힘쓰는 참된 믿음의 일꾼이 되게 하여 주소서. 하나님! 맡은 직무가 누리라고 함이 아니라 무겁게 짊어져야 하는 일이라는 점을 한시도 잊지 않게 하소서. 늘 깨어서 기도하고 사랑을 실천할 수 있게 하여 주소서. 사랑의 빚진 자로 살아가지 않게 하소서. 단지 값없이 사랑을 베푸는 자 되게 하소서. 범사에 감사하게 하소서.[327] 받은 성령이 소멸되지 않게 하소서. 만나는 모든 사람에게 기쁨과 희망을 나눠줄 수 있게 하소서.

헌신과 섬김의 본

　하나님 아버지! ◇◇◇ 장로님이 모 교회의 한 모퉁이를 능히 담당하고 나가는 데 부족함이 없도록 굳건한 믿음과 건강과 물질의 복을 내려 주소서. 내가 잘해서 또 내가 영광 받기 위해서 주의 종이 된 것이 아니라, 주께서 필요하셔서 몸 된 제단의 노역자로 삼으셨다는 것을 깨닫고, 늘 자신을 둘러보며 언제 어디서나 가장 낮은 자리를 택하게 하소서. 겸손으로 허리띠를 동여매게 하시고, 주님께서 그렇게 사셨던 것처럼[328] 이 땅에서 늘 섬김의 본을 보이면서 살아가게 하여 주소서.

하나님의 은총

　하나님! 이 종에게 편안한 가정과 일터를 주시고 좋은 믿음의 여건을 허락하신 것도 이처럼 막중한 주님의 사역을 잘 감당하도록 하기 위해서 하나님께서 미리 예비하신 크신 은총 때문이었다는 것을 깨닫게 하소서.

마무리기도

이 시간에도 갈급한 저희들의 심령 위에 흡족한 은혜의 단비를 넘치도록 내려 주소서. 말씀을 증거하실 ○○○ 목사님, 영육 간에 고단하지 않도록 주님의 든든한 오른팔로 붙들어 주소서. 모든 순서와 절차를 주님께 맡기옵고 예수님의 이름으로 기도드립니다. 아멘.

2001. 04. 01.

355. 신도총회 폐회, 성도의 사명, 은혜와 평강, 지혜와 용기

찬양과 감사

사랑의 하나님! 감사합니다. 특별히 금년 한 해 저희 전체 남신도회를, 은혜와 평강 가운데 돌보아 주시고 인도하여 주셔서 감사합니다. 저희들이 이마만큼 작은 성취라도 이룰 수 있게 된 것은 다 하나님의 은혜와 사랑 덕분이오니, 우리가 아버지께 드리는 영광을 홀로 받아 주소서.

성도의 사명

바라옵기는 오늘 선출된 임원들을 중심으로 전체 남신도회가 교회의 머리가 되시는 우리 주님을 받들어 주께서 기뻐하시는 사명을 잘 감당할 수 있게 도와주소서. 서로 아끼고 보살피며 합력하여 선을 이루게 하소서.[329] 힘들고 괴로울 때 주께서 위로하여 주시고, 주님의 일을 하면서 어려움 겪지 않게 하소서. 때마다 지혜와 용기를 주셔서 혹시라도 난관에 부닥칠 때 낙심하지 않게 하시고, 오직 아버지께 영광 돌리는 데 전념하게 하소서.

은혜와 평강

전체 회원들과 가족들, 교회 모든 성도의 가정과 하는 일들에 복에 복을 더하여 주셔서, 신앙 안에서 참기쁨과 평안을 얻게 하소서.

마무리기도

이 모든 일을 하나님께 감사드리고 간구하오며, 우리 주 예수 그리스도의 이름으로 기도하옵나이다.

2017. 11. 26.

356. 교사격려회, 어린이와 청소년, 축복과 사랑, 성령충만

찬양과 감사

하나님! 저희들을 하나님의 자녀로 삼아주신 것만 해도 감사하온데, 예수님께서 이 땅에 계실 때 가장 아끼고 사랑하셨던 어린이들을 가르칠 수 있는 귀한 직분 주셔서 더욱 감사합니다.

축복과 사랑

저희들에게 맡겨주신 교회학교 어린이와 청소년들이 예수님처럼 그 지혜와 그 키가 자라나며 하나님과 사람들로부터 더욱 많은 사랑을 받을 수 있도록 하여 주소서.[330]

온전한 믿음

하나님! 저희들의 말과 행실이 어린이들에게 귀감이 될 수 있도록 하여 주시고, 어린이들이 변화하기를 바라기 전에 저희 교사들 자신이 먼저 성령으로 굳세게 무장할 수 있게 하여 주소서.

교사의 헌신

아버지 하나님! 교회학교 선생님들 일 년 내내 수고를 아끼지 않고 있습니다. 특히 지난여름 무더위 속에서 어린이들을 지도하고 돌보시느라고 많은 땀을 흘렸습니다. 선생님들의 노고를 기억하여 주시고 크신 은혜 내려 주소서.

마무리기도

또한 이처럼 교사격려회를 베풀어 주신 교회와 성도들께 복을 허락하소서. 예수님의 이름으로 기도합니다. 아멘.

2000. 09. 18.

[부록 Ⅰ] 행사와 회의 주석

319 마태복음 11:29
320 에베소서 5:19
321 시편 121:5-8
322 시편 51:10, 141:3
323 실제(實弟)의 장로임직 축하기도
324 마태복음 5:13-16
325 로마서 13:14
326 시편 119:105
327 데살로니가전서 5:18
328 요한복음 13:5
329 로마서 8:28; 에베소서 4:2-3
330 누가복음 2:52

[부록 II]

애경사 기도

감사와 축복

- 백일 634
- 돌 636
- 결혼 640
- 회갑 642

애도와 추모

- 장례 644

357. 백일축복기도, 믿음과 사랑의 동행, 은혜와 평강, 지혜와 명철

찬양과 감사

은혜의 하나님, 사랑의 하나님! 오늘 (손녀) 지온이의 백일을 맞아서 하나님께 영광을 돌리며 우리가 모여 축하예배를 드릴 수 있게 하여 주셔서 감사드립니다.

믿음과 사랑의 동행

하나님의 예정 가운데 우리에게 귀한 선물로 주신 지온이가 주님의 은총 안에서 믿음으로 잘 자라게 하시고, 하나님과 사람들에게 큰 사랑을 받으며 살아가게 하소서.[331] 무엇보다도 대를 이어서 내려온 믿음 위에 굳게 서서 세상 모든 일을 바라보고 행할 때 주님 기뻐하시는 대로 하게 하시고, 주님과 동행하고 동거하며 주님이 바라는 삶을 살게 하셔서, 주님을 더욱 영화롭게 하고, 사람들에게 은혜를 나눠주게 하소서. (아들) 대곤이와 (며느리) 지혜가 만들어 가꿔가는 이 아름다운 집안이 우리 지온이를 통하여 대대로 신앙의 명문가가 될 수 있도록 이끌어 주소서.

은혜와 평강

아버지 하나님! 지온이의 몸과 마음과 영혼이 건강하게 하소서. 사람들로부터 진정으로 크게 인정받고 존귀히 여김을 받으며, 사랑을 받는 사람으로 성장하게 하소서. 지온이의 전후와 좌우상하를 다 지켜 주옵시고, 부모의 기대와 바람을 훨씬 뛰어넘는 성취가 있게 하소서.

하나님! 우리 지온(슬기 智, 어질 愍)이 이름 그대로 슬기롭고 어진 사람이 되게 하소서. 헤아릴 수 없이 많은 것으로 주님을 영화롭게 하도록 하여 주소서. 신실하고 건강하고 명석하고 용모 수려한 사람으로 자라게 하소서. 무엇보다도 젊은 솔로몬에게 주셨던 지혜와 명철을 물 붓듯이 부어 주셔서,[332] 동서고금을 막론하고 세상이 주목하는 최상의 인재가 되게 하시고 모든 무리의 머리가 되게 하셔서, 만인이 우러러보며 우리 지온이 주변에 모여서 지온이의 말을 듣고 행동을 따르며 지온이와 벗하는 것을 크나큰 기쁨과 영예로 생각하게 하소서.

평생 어떤 어려움도 없게 하시되, 설령 예기치 않은 난관이 다가오더라도 주님께서 눈동자처럼 지켜주셔서 털끝 하나 상치 않고 완벽하게 피할 길을 열어 주심으로써, 능히 벗어나[333] 하나님께 큰 영광 돌리게 하소서.

부모에 대한 격려와 축복

양육하느라 몸과 마음이 지칠 대로 지쳐있는 지온이 부모에게 위로와 평안을 주시고, 지온이의 빛나는 내일을 기대하며 이 시기를 잘 이겨낼 수 있도록 격려하여 주시고 복을 내려주소서.

하객 축복

크고 작은 일이 있을 때마다 마음과 뜻과 정성을 합하여 축하하고 공동으로 헤쳐 나가는 육친이요 영적으로도 한 형제자매인 우리 모두에게 더욱더 굳센 믿음을 주셔서, 선한 싸움을 싸우며 열심히 달려갈 길을 달려서 의의 면류관을 얻게 하소서.[334]

마무리기도

주께서 우리 지온이를 평생 품안에 안아주셔서 모든 길을 평안케 하여 주시며, 우리 모두에게 동일한 은혜를 베풀어 주실 줄 믿사옵고, 우리 주 예수 그리스도의 이름으로 기도합니다. 아멘.

2016. 09. 14.

358. 돌축복기도, 은혜와 평강, 사랑과 은총, 믿음과 용기와 지혜

찬양과 감사

　아버지! 하나님께서 만세 전부터 예정하셨다가 태중에서부터 곱게 조성하셔서 이 땅에 태어나게 하신[335] (손자) 시온이가 첫 번째 생일을 맞았습니다. 시온이를 통해 하나님의 놀라운 창조의 신비와 무한한 섭리를 깨닫게 하시고, 삶의 소중함과 참 기쁨을 알게 하신 아버지께 영광과 찬송을 드립니다. 하나님! 시온이에게 천하보다 더 귀한 생명을 주시고, 엄마아빠에게는 물론 힘든 시간들이 있었지만 지난 1년 동안 병치레 한 번 하지 않고 이렇게 건강하고 슬기롭게 자랄 수 있도록 돌보아 주셔서 감사합니다.

은혜와 평강

　하나님의 넘치는 사랑과, 온 가족과 일가친척과 친지들의 한결같은 소망과 축복 속에 우리 시온이가 세상에 태어났사오니, 일생동안 주님의 사랑과 은총의 품안에서 살아가게 하여 주소서. 시온이를 붙들어 주시고 눈동자처럼 지키고 돌봐주셔서,[336] 시온이의 전 생애에 걸쳐 하나님의 말씀을 삶의 푯대로 삼고[337] 몸과 마음과 영혼이 잘 되고 건강하게 살아갈 수 있도록 도와주소서. 평생토록 시온이 앞에 시온의 대로가 활짝 펼쳐지게 하소서.[338] 시냇가에 심은 나무가 철 따라 열매를 맺고 그 잎사귀가 더욱 무성한 것 같이 모든 일이 다 형통하게 하여 주셔서, 그 삶이 풍성하고 윤택하게 하여 주소서.[339] 시온이의 앞날을 온전히 지켜 주옵시고, 부모의 기도와 기대를 훨씬 능가하는 성취가 있게 하소서. 우리 시온이 신실하고 건강하고 명석하고 용모 수려한 사람으로 자라게 하소서.

인류공영

형통케 하시는 하나님! 시온이의 일생에 포근한 햇살과 잔잔한 바람만 주시되, 설혹 일시적인 풍파가 일지라도 주께서 구원의 산성과 방패가 되셔서[340] 충분히 헤쳐 나가게 하소서. 오히려 이를 통해 주님께 더 큰 영광을 돌리고, 자신과 가문과 속해 있는 공동체를 더욱 유익하게 할 수 있도록 도와주소서.

하나님 아버지! 우리 시온이의 손길을 통해 이 세상을 더욱 풍요롭게 만드시고, 시온이의 발걸음을 통해 이 세계가 한 발짝 더 진보할 수 있도록 은혜 베풀어 주시기를 간절히 기도드립니다. 세계를 가슴에 품고 기도하고 깨달음대로 실천하며, 그리스도의 제자로서 국가의 번영과 인류의 공영에 이바지할 수 있게 하셔서, 역량과 대우 면에서 최고 반열의 국제적인 인물로 성장시켜 주소서.

영광과 은혜

아버지 하나님! 아기예수를 축하하기 위해 베들레헴에 온 동방박사처럼 동녘의 별로 시온이의 아빠가 된 동진(동녘 東, 별 辰)이와 주님의 첫 번째 가르침인 이웃사랑의 소명을 안고 태어나 시온이의 엄마가 된 애린(사랑 愛, 이웃 隣)이를 통해서 이 세상에 보내주신 우리 시온(베풀 施, 사람 이름 瑥)이가, 많은 사람의 언덕이 되고 울타리가 되어 아낌없이 베풀 수 있도록 일평생 하늘의 영권과 땅의 물권과 인권을 넉넉히 채워주소서.[341] 날이 갈수록 영성을 더욱 풍요롭게 하시고 물질을 풍족하게 하시며 인적 네트워크, 사회적 자본을 깊고 넓게 쌓아가게 하여 주소서. 그리하여 시온이의 이름 그대로 살면서, 하나님께 큰 영광을 돌리고 수많은 사람에게 주님의 은혜를 깨닫게 하소서.

믿음과 용기와 지혜

아버지 하나님! 우리 시온이에게 노아와 아브라함과 이삭의 믿음과 순종을 본받게 하여 주시고, 야곱과 모세와 여호수아와 다윗의 용기와 인내를 덧입혀 주시며, 요셉과 사무엘과 다니엘과 하나냐와 미사엘과 아사랴처럼 의와 진리의 길을 달리게 하시되, 솔로몬을 포함한 신앙의 현자들 특히 젊은 솔로몬의 지혜와 총명을 허락하여 주셔서 매사에 명철하게 판단하고 처신하게 하여 주소서.

하나님! 무엇보다도 시온이에게 평생을 흔들리지 않는 굳건한, 강하고 담대한 믿음을 주소서. 5대째 이어져 내려오는 신앙의 절개를 굳게 지켜 자손대대로 그 믿음을 잇게 하셔서, 아브라함의 가문에 허락하신 천대, 만대의 축복이 시온이가 자라서 만들어가는 가정에 그대로 임하게 하소서.[342] 신앙의 명문가로 확고하게 뿌리내리게 하여 주소서. 우선 당대에 하나님의 크신 위엄과 은총이 나타나게 하셔서, 모든 사람이 시온이와 함께하시는 하나님을 찬양하게 하시고, 수많은 불신앙의 형제자매들이 주께 나아오게 하소서.

부모의 신앙모범

아버지 하나님! 시온이를 낳아서 기르는 부모에게 크신 은혜를 베풀어 주시기를 원하옵나이다. 먼저 신앙의 모범을 보일 수 있도록 이들의 손을 잡아 주시고 이끌어 주시고 영혼과 심신을 북돋워 주소서. 시온이 부모에게 성경말씀과 묵상을 통해 아이를 바르게 키울 수 있는 지혜를 터득하게 하시고, 이 땅에서 모범이 되고 귀감이 되는 부모와 자녀의 관계를 이루어가게 하여 주소서.

기도의 결실

시온이를 위해 밤낮으로 기도하며 축복하는 양가 조부모를 비롯한 가족들에게 여생에 기도의 열매가 주렁주렁 열리는 모습을 끊임없이 보게 하시고,[343] 시온이의 돌을 축하하기 위해 이 자리에 함께한 모든 이에게도 같은 복을 내려주셔서 주님의 사랑 가운데 각각의 일생을 순탄하게 하여 주소서.

마무리기도

 우리를 구원하여 주시고 우리의 앞길을 끊임없이 인도하여 주시는 예수 그리스도의 이름으로 기도드립니다.

2022. 06. 01.

359. 결혼축복기도, 사랑의 고백, 믿음의 맹세, 임마누엘

찬양과 감사

하나님 감사합니다. ♥♥과 ♡♡이 하나님의 은혜 가운데 좋은 가정에서 태어나게 하시고, 말씀 안에서 이렇게 훌륭하게 성장해서 오늘 어엿한 부부로 맺어질 수 있도록 인도하여 주셔서 감사합니다.

이 두 사람이 이제 서로에게 신실한 배우자의 도리와 책임을 다하고 평생토록 부부의 대의를 지키기로 약속하였사오니,[344] 이들의 아름다운 사랑의 고백과 굳센 믿음의 맹세를 기쁘게 받아 주소서. 오늘 결혼식이 하나님께 무한한 영광을 돌려드리고, 모든 사람에게 커다란 은혜가 되는 축복의 잔치가 되게 하여 주소서.

마무리기도

하나님! 사랑합니다. 남은 순서도 온전히 아버지께 맡기오며, 언제나 우리를 사랑하시는 임마누엘 예수 그리스도의 이름으로 기도하옵나이다.

2014. 11. 29.

기독교식 결혼예식순서(예시)

◇ 예식선언 ··· 주 례 자
◇ 화촉점화 ··· 양가모친
◇ 신랑입장
◇ 신부입장
◇ 찬   송 ············· (605장 1, 2절) ············· 다 같 이
◇ 성경봉독 ············· (창세기 2:18~24) ············· 주 례 자
◇ 축복말씀 ············· (한 몸 · 한마음으로) ············· 주 례 자
◇ 결혼서약 ············· (성경에 손을 얹고) ············· 신랑·신부
◇ 예물교환 ··· 신랑·신부
◇ 성혼기도 ··· 주 례 자
◇ 성혼선포 ··· 주 례 자

신랑 ♥♥♥군과 신부 ♡♡♡양이 오늘 하나님과 여러 증인들 앞에서 진실한 마음으로 서약하였으므로, 이제 두 사람이 부부가 된 것을 성부와 성자와 성령의 이름으로 선포합니다. "이제 둘이 아니요 한 몸이니 하나님이 짝지어 주신 것을 사람이 나누지 못할지니라."

◇ 축가·축주 ··· 친구대표
◇ 찬   송 ············· (605장 3절) ············· 다 같 이
◇ 축복기도 ··· 지인대표
◇ 신랑 · 신부 맞절 ······································ 신랑·신부
◇ 감사인사 ··· 가족대표
◇ 신혼행진 ··· 신랑·신부

360. 회갑축복기도, 찬양과 감사, 보호와 인도, 은혜와 평강, 자손축복

찬양과 감사

아버지 하나님! 사랑하는 딸 ◇◇◇ 권사님을 이 땅에 태어나게 하시고, 60 평생을 지켜주시고 인도하여 주신 하나님께 영광과 감사와 찬양을 드립니다.

탄생과 성장

생각해보면 전쟁의 포연이 채 가시지 않았고, 1.4후퇴 혼란기의 모든 것이 뒤죽박죽이 되고, 먹을 것과 입을 것이 턱없이 모자라던 어려운 시기에 태어나서, 그 영민한 두뇌와 아름다운 자태, 고운 마음씨로 하나님께 영광 돌리며, 어린 시절부터 가족을 위해 헌신하던 아름다운 딸이요, 여동생이요, 누나요, 언니였습니다.

결혼 이후에도 누구 못지않은 시집살이를 견디어내야 했고, 특히 대수술로 두 번이나 생사를 넘나드는 기로에서 하나님의 절대적인 은혜를 사모하지 않으면 안 되었던 순간이 있었습니다. 자녀들이 자라서는 또 남모르는 숱한 고뇌가 있었고 그러한 것은 아직도 끝나지 않았습니다.

은혜와 평강

우리는 권사님을 보면서 바사제국의 유다 포로를 구하기 위해 목숨을 내걸었던 에스더왕비를 생각합니다. 신앙을 위해 죽으면 죽으리라[345]는 각오로 여기까지 온 권사님, 이스라엘의 위대한 영적 지도자였던 사무엘을 태중에 품게 했던 한나에게 허락했던 축복[346]을 허락하소서. 모세의 어머니 요게벳이 누렸던 복을 내려주소서. 예수의 어머니 마리아에게 주셨던 축복을 경험하게 하소서. 디모데의 할

머니였던 로이스와 어머니였던 유니게에게 내렸던 복을 받게 하소서. 평생토록 주께서 함께하셔서 몸과 마음과 영혼이 건강하고 행복하게 살아갈 수 있도록 하옵시고, 자손대대로 큰 복을 넘치도록 내려주소서.

마무리기도

 여호와 하나님! 주의 인자하심이 권사님을 남은 일생 동안 즐겁고 기쁘게 하소서. 권사님이 괴로움과 화를 당한 연수대로, 아니 그 이상으로 권사님을 기쁘게 하소서.[347] 우리 주 예수님 이름 받들어 기도드리옵나이다.

2011. 02. 27.

361. 장례기도, 안식과 영생, 위로와 평안, 굳건한 믿음, 온전한 인도

영원한 안식

아버지 하나님! 저희는 지금 모두 감당하기 힘든 슬픔과 흐르는 눈물을 주체하지 못하며 이 자리에 엎드렸습니다. 아버지께서 그토록 염려하며 돌봐주시던 ▽▽▽ 집사님이 주님의 부르심을 받아 세상을 떠났습니다. 아버지 하나님! 이 불쌍한 영혼을 받으시고, 영원한 천국백성으로 살아갈 수 있도록 은혜 내려 주소서.[348]

아버지 하나님! ▽▽▽ 집사님은 이제 그 동안 입고 있던 무거운 육신의 장막을 벗어버리고, 고통스럽고 두려웠던 항암치료와 어려운 살림살이에 대한 염려도, 가족들에 대한 걱정도 모두 다 뒤로한 채 하늘나라에 이르렀습니다. 이제 아버지께서 고인의 눈에서 모든 눈물을 씻겨 주시고 따뜻한 품안에 감싸 안아주셔서, 더 이상 아픔과 괴로움이 없고 슬픔과 눈물도 없는 낙원에서 하나님의 자녀로 안식과 영생을 누릴 수 있도록 허락하신 줄 믿습니다.

유족 위로

하나님 아버지! 하지만 남아있는 가족들의 슬픔이 너무나 커서 걷잡을 수 없기에 이 시간 주님의 크신 위로를 받고자 간구하오니 이 기도를 들어주소서. 사랑으로 한 몸을 이루어 20년이 넘는 세월을 함께 즐거워하고 함께 괴로워하며, 함께 웃고 함께 눈물을 흘리며 살아오다가 갑자기 아내와 사별하게 된 △△△ 집사님을 위로하소서.

힘겨운 간병 기간 동안에 짜증 한 번 내지 않고 참아온 귀한 믿음의 아들이, 하루빨리 마음을 추스르고 자녀들을 잘 보살필 수 있도록, 역경을 헤쳐 나갈 강한 믿음과 영육 간의 강건함을 허락하소서.

무엇보다도 경제적으로 어려움을 겪지 않도록 이끌어 주시고 보살펴 주소서. 남은 네 자녀들에게도 어머니의 사랑과 은혜를 되새기며 어머니가 남긴 뜻을 헤아려 주 안에서 승리하는 삶을 살게 하여 주소서. 이후로는 주님께서 이 아이들의 진정한 어머니가 되시고 가장 가까운 친구가 되셔서,[349] 환난과 고통을 딛고 일어설 수 있게 하여 주소서.

아버지 하나님! 어머니 살아생전에 결혼도 하지 못한 채 이렇게 외롭게 남아, 앞으로 즐거울 때나 괴로울 때나 먼저 떠나신 어머니를 생각하면서 눈물을 흘리게 될 가엾은 자녀들을 긍휼히 여겨 주소서. 특히 어머니의 죽음이 무엇인지도 모르고 천진난만하게 뛰어 다니는 저 두 살배기 어린 아들, 자신 때문에 어머니가 여기에까지 이르게 된 것도 알지 못하고 어머니의 얼굴조차 제대로 기억하지 못한 채 일생을 살아가야 할 불쌍한 젖먹이 ◁◁이를, 아버지 하나님! 어떻게 하시렵니까? 하나님께서 이 땅에 보내주셨사오니, 하나님이 이 어린 아이의 일생을 붙들어 주시고 책임져 주소서.

교우와 친지 위로

아버지! ▽▽▽ 집사님과 이렇게 아프게 헤어질 줄도 모르고 아직도 살아갈 날들이 많이 남아있을 것으로 생각하면서 따뜻한 말 한 마디 더 나누지 못하고 손 한 번 더 잡아 주지 못한 채 친애하는 성도를 잃고 상심하는 교우들과 친지들을 위로해 주소서.

순조로운 장례

하나님 아버지께서 주시는 위로의 말씀을 이 시간 목사님으로부터 전해들을 때, 우리 모두 부활의 주님께 영광을 돌리게 하소서. 아버지 하나님! 남은 장례 일정도 온전히 인도하여 주소서. 우리의 영원한 구주되시는 예수 그리스도의 이름으로 기도합니다. 아멘.

2003. 07. 31.

[부록 II] 애경사 기도 주석

331	누가복음 2:52	341	요한3서 1:2
332	열왕기상 4:29-30	342	창세기 26:4, 22:17, 13:14-17
333	시편 17:8-9	343	요한복음 15:16
334	디모데후서 4:7-8	344	전도서 4:9
335	예레미야 1:5	345	에스더 5:16
336	시편 17:8-9	346	사무엘상 2:1-10
337	빌립보서 3:14	347	시편 90:14-15
338	시편 84:5	348	시편 90:1-2
339	시편 1:3	349	요한복음 15:14
340	시편 18:2		

[부록 III]

권면과 격려

- 임직장로 권면 650
- 입시 격려 654
- 배필 기도 656
- 결혼축하 편지 658

362. 임직장로 권면, 영성 충만, 헌신과 모범, 교회의 부흥과 화합

먼저 특별한 소명을 갖고 태어난 우리 ◎◎◎◎교회가, 온 성도님들의 뜻과 힘을 모아 주님의 몸 된 성전을 일으켜 세우고 선교의 사명을 잘 감당하면서 이 땅에서 빛과 소금의 역할을 다할 수 있도록 이끌어 주시고 돌봐주신 하나님께 영광과 찬양을 돌립니다.

숨 막힐 듯한 유신시대를 거쳐 서슬이 퍼렇던 신군부 치하에서 한 치 앞도 내다볼 수 없었던 칠흑 같은 어둠을 밝히는 커다란 횃불로 환하게 타올랐던 ◎◎◎◎교회의 창립 30주년을 목전에 두고, 오늘 영예로운 임직을 하시는 두 분 장로님의 장립을 진심으로 축하드립니다.

저는 그 동안 한 번도 직접 뵌 적은 없었지만 익히 말씀을 전해 듣고 존경해오던 ○○○ 목사님으로부터 오늘 임직식의 권면 제의를 받고 두렵고 떨리는 마음을 가눌 수 없었습니다. 안수 받은 지 이제 겨우 십 년으로, 생각만 해도 부끄러운 신앙생활을 하고 있는 제가 어떠한 말을 전할 수 있겠으며, 더구나 나이도 어린 사람이 어르신들께 감히 무슨 말씀을 드릴 수 있을까 해서였습니다. 잠시 그러한 고민에 빠져있었는데 바로 영적인 깨달음이 왔습니다. '걱정마라. 네가 걸어온 길과 반대로 살아가면 된다고만 말하렴.' 그래서 순종하는 마음으로 외람되게도 이 시간 이 자리에 섰습니다.

그러므로 지금부터 드리는 권면이 오늘 제 앞에 모신 두 분께 드리는 말씀이 아니라, 바로 제 자신에 대한 참회와 자성의 고백으로 생각하시고, 두 분 장로님뿐만 아니라 이 자리에 계신 모든 분들께서 너그럽게 받아 주시면 고맙겠습니다.

두 분께서는 평생 말씀을 깊이 상고하며 묵상해오셨을 터이므로

363. 입시 격려, 지혜와 총명, 은혜와 평강, 전적인 의뢰, 보호와 인도

찬양과 경배

아버지 하나님! 유난히 견디기 힘든 올여름도, 아직 무더위가 남아 있기는 하지만 이제 막바지에 접어들었습니다. 찌는 듯한 더위와 거센 비바람 속에서 사랑하는 귀한 딸 ▽▽를 보호하여 주시고 이렇게 훌륭하게 키워주신 아버지께 감사를 드리며 영광을 돌립니다.

은혜 감사

아버지 하나님! 사춘기에 겪었던 미국생활, 말이 잘 전해지지 않고 마음은 더욱 통하지 않았던 그 시절에 함께하여 주셨던 우리 하나님! 고국이라고 돌아온 한국생활이 그러나 한편으로는 너무나 낯설었고, 또 부모형제를 떠나 타향에서 제대로 먹지도 못하고 잠도 못 자고 치러야 했던 전문대학원 시험 준비기간 동안 지치고 힘들어 하염없이 울고 싶고, 모든 것을 포기하고 싶었던 그 순간순간에, ▽▽의 손을 붙잡아 일으켜 세워주시고 등을 다독여 주셨던 하나님께 감사드립니다.

지혜와 총명

아버지! 귀한 딸 ▽▽, 이제 최종 관문 통과를 하루 남겨놓고 있습니다. 몸도 마음도 최고의 컨디션을 유지하게 하셔서 지금까지 공부한 것 중에서 나온 문제는 모두 다 생생하게 기억나게 하시고, 설령 한 번도 접해보지 못했던 문제라도 하나님께서 솔로몬과 요셉과 다니엘에게 주셨던 지혜와 총명을 허락해 주셔서 실마리를 잘 풀어나갈 수 있게 하소서.

앉아 있겠지만 성경말씀과 교리에 어긋나지 않는 한 서로 협력하고 섬겨야 하며, 특히 젊은 목사님일 경우 더 많이 이해하고 따뜻하게 보살펴 주셔야 합니다. 이와 함께 세상을 눈여겨 살펴보면서, 세상이 더 이상 잘못된 길로 가지 않도록 경계하고 올바른 방향으로 나아갈 수 있도록 힘을 보태시기 바랍니다.

5. 하나님께서 베풀어 주시는 기적을 의심하지 마십시오.

히말리야의 탐험가 머레이는 "모든 시작과 창조 활동에는 한 가지 진실이 있으니, 진정으로 자신의 모든 것을 바쳐서 완전히 헌신했을 때 하나님의 섭리가 함께 움직인다."라고 말했습니다. 우리가 선한 결과를 이루지 못하는 것은 온전히 헌신하지 못하기 때문입니다.

장로는 반드시 기적을 체험해야 하고, 영적으로 충만해야 하며, 그러한 기적과 영적인 체험을 널리 전파할 수 있어야 합니다. 기적과 영적인 체험이 없이 전하는 것은 공허한 일이며, 때문에 다른 사람의 공감을 살 수도 없다고 생각합니다.

맨 처음 말씀 드린 것처럼, 제 자신 그 동안 주님의 종으로서 올바른 삶을 살지 못했습니다. 부디 오늘 임직하시는 두 분 장로님께서는 저처럼 후회하는 삶을 살지 않으시길 소원하면서, 이만 제 말을 접겠습니다. 감사합니다.

2010. 03. 07.

3. 과거가 자신을 변호하지 않도록 늘 유의하십시오.

『내 뜻대로 성공하는 인생의 열 가지 방법』과 『행복한 이기주의자』의 저자로 유명한 세계적인 작가 웨인 다이어의 최신작 『오래된 나를 떠나라』가 아마존 베스트셀러 1위로 올라섰습니다. 이 책의 광고 카피는 '과거가 너를 변호하지 않게 하라!'입니다. 이 말에 저는 크게 감동을 받고 즉시 회개했습니다.

두 분 장로님께서는 그 동안 몸 된 교회에서 물심양면으로, 헌신적으로 충성·봉사해 오셨습니다. 그러나 그러한 과거의 일이 장로님들의 앞길에 변호와 변명거리가 되어서는 안 될 것입니다. 앞으로 어느 시점에서도, 바로 그때의 신앙이 하나님 보시기에 가장 기뻐하시는 모습이 되어야 합니다.

4. 교회의 최고 어른으로서 베푸는 삶을 사시길 감히 부탁드립니다.

스웨덴의 동화작가 울프 닐슨이 쓴 『나는 형이니까』란 책을 읽었습니다. 한 유치원 어린이가 부모가 정한 시간에 자기를 데리러 오지 않자, 자신과 동생을 버렸다고 생각하는 장면에서부터 이야기가 시작됩니다. 이 어린이는 견딜 수 없이 슬펐지만 눈물을 삼키며, 바로 옆 어린이집에 다니는 동생을 즐겁게 하기 위해 갖가지 놀이를 펼칩니다. 다섯 살 난 어린이는 세 살짜리 동생에게 이렇게 말했습니다. "내가 너를 지켜줄게, 나는 형이니까 …."

요즘 젊은 장로도 많이 배출되고는 있지만 원래 장로는 덕이 높고 나이가 많은 사람을 가리키는 존칭어입니다. 그러나 나이에 관계없이 장로란 교회의 지도자요, 어른이요, 형이라는 뜻입니다.

형은 지켜줘야 할 대상이 많습니다. 우선 성도를 지켜줘야 합니다. 가난과 질병과 각종 대인관계로 지쳐있는 형제자매를 보살펴줘야 합니다. 그리고 목회자에게 고언을 아끼지 않아야 할 때도 없지

사도 바울이 디도와 디모데에게 강조하고 당부했던 장로의 자격과 장로직을 세운 의미를 비롯한 일체의 성경구절을 따로 인용하지는 않겠습니다. 지금부터 권면의 말씀을 올리겠습니다.

1. 이번에 임직을 하시는 두 분 장로님을 통해 ◎◎◎◎교회뿐만 아니라 우리 한국 교회가 영적으로 한 차원 더 성숙해지고 풍성해지길 기도합니다.

명문 ◆◆사범대학교를 졸업하시고 2년째 ◆◆교육장으로 재직하고 계신 ◇◇◇ 장로님의 교육장 취임사를 인터넷에서 읽었습니다. 바로 "◆◆교육의 브랜드 가치를 높여 학생과 학부모, 지역사회 발전의 견인차 역할을 하겠다."고 하신 말씀이었습니다. 오늘 저는 이 말씀을 "앞으로 ◎◎◎◎교회의 브랜드 가치를 높여 목사님과 성도들 사이에서 선한 중재자 역할을 다하고, 교회가 지역사회의 발전을 앞장서서 끌어당기도록 온 힘을 쏟겠다.", "한국 교회를 크게 업그레이드시키겠다."는 뜻으로 재해석하고 싶습니다. 그래서 두 분 장로님 때문에 ◎◎◎◎교회뿐만 아니라 한국 전체 교회가 크게 부흥하고 성장·발전하였다는 소문이 널리널리 퍼지기를 바랍니다.

2. 두 분 장로님을 통해 교회가 더욱 훈훈해지고 아름다워지기를 소망합니다.

◇◇◇ 장로님은 ■■ ▣▣본부 관리국장을 거쳐 퇴직동우회장을 역임하신 것으로 알고 있습니다. 제가 전·현직 직원들로부터 ◇◇◇ 장로님은 인품이 훌륭하시고 선후배 사이에 신망이 아주 두텁다고 들었습니다. 섬기는 달란트를 갖고 계신 두 분 장로님께서 앞으로 교회의 화합과 발전에 큰 몫을 담당하시길 기원합니다.

인도와 평강

사랑하는 딸 ▽▽, 내일 시험은 물론이고 앞으로 인생의 전 과정을 지금까지처럼 전적으로 붙들어 주시고 인도하여 주소서. 전폭적으로 책임져 주소서. 당장 내일도 아무 염려하지 말고 당당히 시험에 임하게 하소서.

"내 영혼아 네가 어찌하여 낙망하며, 어찌하여 내 속에서 불안하여 하는고? 너는 하나님을 바라라. 그 얼굴의 도우심을 인하여 오히려 찬송하라."고 하신 말씀에 의지하여 담대하게 나아가게 하소서. "할 수 있거든이 무슨 말이냐 능력 주시는 자 안에서 능치 못할 일이 없다."[350]고 하신 주님의 말씀만 기억하면서, 모든 짐을 주님 앞에 다 내려놓고 오직 주님께 드릴 영광만을 생각하며 시험을 치르게 하소서.

마무리기도

저희의 아픔과 눈물과 걱정·근심을 다 헤아리셔서, 저희보다 더 아파하시고 슬퍼하시고 더 염려하시며 마침내 해결해 주시는 우리 주님께 모든 짐을 다 내려놓고 맡기오며, 예수 그리스도의 이름으로 기도드리옵나이다. 아멘.

2010. 08. 28.

364. 딸의 배필을 위한 기도

* 모든 영광을 하나님께 돌리며,[351] 하나님 제일주의로 살아가는 가정 되게 하소서.

1. 몸과 마음과 영혼이 건강하고 순결하고 아름다운 믿음의 청년을 만나게 하소서.

2. 부모 모두 3대 이상 신앙생활을 해온 가정에서 태어나, 주님의 은혜 안에서 모태신앙으로 잘 양육되어, 아버지께서 가르쳐 주신 계명을 온전히 지켜 행하고, 영원히 변함없이 주님만을 섬기는[352] 믿음의 청년을 만나게 하소서.

3. 신앙적으로, 사회적으로, 경제적으로, 가정적으로 능력 있는 믿음의 청년을 만나게 하소서.

4. 서로가 존경하고 흠모할 만한 인품과 덕성을 갖춘 믿음의 청년을 만나게 하소서.

5. 같은 이상을 공유하며 현실에서 기쁨을 함께 나눌 수 있는, 그래서 일생동안 서로 사랑하고 존중하고 감싸주고 의지하며 행복한 가정을 함께 꾸려나갈 수 있는, 설령 다투다가도 금세 화해하고 마주보며 웃을 수 있는 믿음의 청년을 만나게 하소서.

6. 부모님께 효도하고, 형제간에 우애하며, 이웃을 폭넓게 사랑하는 믿음의 청년을 만나게 하소서.

7. 신실하고 건강하고 명석하고 용모 수려한 2남2녀 이상의 태의 열매를 허락하셔서서 모두 자연분만, 순산으로 태어나게 하소서.

* 임동진과 신애린이, 아버지 하나님께서 크게 기뻐하시는 축복의 가정을 이룰 수 있도록 도와 주소서.³⁵³

365. 아들내외 결혼에 붙이는 편지

　오늘 아침 우리 두 사람이 교회에 가려고 문밖에 나섰더니, 온누리가 간밤에 내린 함박눈으로 덮여 온통 은세계로 변해있지 않겠니!
　새벽에 일어나 서설(瑞雪)을 바라보며 주님 앞에 무릎을 꿇자마자 '와! 드디어 이번 주말이면 사랑하는 딸 지혜와 우리가 한 식구가 되는구나. 우리 대곤이가 결혼을 하는구나.' 하는 생각이 들면서 "하나님 정말 감사합니다. 이렇게 귀한 아이들을 저희에게 주시다니요!" 하는 기도가 저절로 나오더구나.

　지혜야! 이제 우리 며늘아기, 아니 딸이 될 너를 맨 처음 만났던 날을 지금도 생생하게 기억하고 있단다.
　치아교정을 한 바로 그날이어서 몸과 마음이 편하지는 않았을 텐데, 아무런 꾸밈없이 꼭 뵈어야 한다고 하면서 나온 너의 첫인상이 얼마나 좋았던지! 그 후로 두세 차례 상면하면서 '참 똑똑하고 참하고 착한 아가씨로구나.' 하는 느낌이 더욱 강하게 와 닿았던 너를 새 아기로 맞게 되었으니 우리의 기쁨을 무엇에다 비길 수 있겠니? 촉박하게 잡은 혼사일정 때문에 고되고 바쁜 직장생활 틈틈이 이런저런 장만을 하느라 네가 고생을 많이 한 줄 잘 알고 있다. 말할 수 없이 미안하다. 눈에 넣어도 아프지 않을 막내딸을 갑자기 시집보내시게 된 너의 부모님께도 무어라 위안의 말씀을 드려야 할지 죄송한 마음뿐이란다.

　지혜야! 대곤이가 성실하고 다정다감하기는 하지만 좀 더 갖춰야 할 점도 많은데 신랑감으로 선택해 준 데 대해, 그리고 너는 사회인이 되었고 그것도 모두가 선망하는 훌륭한 직장에 취업을 했는데도, 군대 전역 후 아직 학생신분인 대곤이를 2년 이상 기다리며 용기와 희망을 북돋워준 점에 관해 지금 다시 한번 고마움을 전하고 싶구나.

우리 부부는 사실상 내세울 것이 거의 없단다. 시골에서 나고 자라서 견문이 그리 넓지 않고 가진 것도 별로 없어서, 지혜에게는 물론 부모님께 대단히 송구스럽구나. 하지만 하나님을 굳게 믿고, 이웃에게 작은 유익이라도 더해지길 소망하며, 주어진 일을 열심히 하면서, 부끄럽지 않게 살려고 힘쓰기는 했단다. 그러니 앞으로도 네 마음에 들지 않는 점이 적지 않을 테지만 너그럽게 이해하고 사랑으로 감싸주지 않겠니?

대곤아! 너를 생각만 해도 든든하고 마음이 푸근하단다.
대곤이에게도 이 난을 빌려 두어 마디 쓰마. 너는 어렸을 때부터 지나치다싶을 정도로 착했지. 요즘 시대에는 드물게 증조할머니를 비롯해서 10명이 한 집에 모여 사는 대가족제 하에서, 한 번도 어른이나 친구들에게 찡그리는 얼굴을 보이지 않았으니까…. 고등학교를 졸업한 이후에는 상경하여 일 년에 한두 차례 볼까말까 하다가, 취직하고 나서 오붓한 시간을 함께 보내지도 못한 채 이렇게 결혼을 하게 되어서 조금 섭섭하기는 하다만, 어느 한 군데 나무랄 데 없는 훌륭한 일등신부를 만났으니 아빠엄마가 참도록 하마 ㅎㅎ.

요즘 나이가 차고 넘쳐도 취직을 못해 결혼이 한없이 늦어지는데 이렇게 졸업과 동시에 취업하면서 바로 배필까지 맞게 되니 이런 이중 삼중의 겹경사가 또 어디에 있겠니? 다만 하나님께 감사드리며 만나는 사람 모두에게 큰 소리로 자랑하고 싶은 마음이다. 기쁜 마음 어디에 비교할 길이 없구나. 그동안 객지에서 밥과 잠자리가 변변치 않았는데 제대로 보살펴 주지 못해서 미안하고, 이번 결혼식 때도 넉넉하게 뒷받침하지 못해서 얼굴을 들 수 없구나.

지혜야, 대곤아! 모처럼 펜을 들었으니 너희들에게 몇 가지만 당부하마. 매사에 하나님께 영광 돌리며 하나님 제일주의로 살아라, 꼭 주일성수하고…

주님 주시는 은혜와 평강이 늘 너희 부부에게 함께하기를, 우리는 지금처럼 아침저녁으로 빼놓지 않고, 또 낮에도 틈을 내어 기도할 것이다. "전심으로 여호와께 감사드리고, 주를 기뻐하고 즐거워하며, 지극히 높으신 주의 이름을 찬송함"[354]으로써 만사가 형통하기를 바란다. "여호와를 항상 너희 앞에 모시도록 하여라. 하나님이 너희 오른쪽에 계시므로 너희가 흔들리지 않을 것이다. 이러므로 너희의 마음이 기쁘고 너희의 영도 즐거워하며 내 육체도 안전히 살 것"[355]이다. "주께서 생명의 길을 너희에게 보내시리니 주의 앞에는 충만한 기쁨이 있고 주의 오른 쪽에는 영원한 즐거움이 있을 것"[356]이다.

하나님께서 우리 지혜를 며느리로 허락하시기 위해 오래 전부터 이런 성구를 응접실벽에 걸어놓고 날마다 외우게 하셨나 보다. "지혜 있는 자는 궁창의 빛과 같이 빛날 것이요 많은 사람을 옳은 데로 돌아오게 한 자는 별과 같이 영원토록 빛나리라."[357] 앞으로 너희의 뒤를 이을 후손들이 대대에 이르기까지 주를 향한 믿음을 굳게 간직하고, 주의 영광을 위해 그리고 주님의 지상명령을 완수하기 위해 주 안에서 큰 인물이 줄줄이 태어나서 "여호와의 인자하심을 영원히 노래하며 주의 성실하심을 대대에 알게 하기를"[358] 원한다. 신실하고 건강하고 명석하고 용모 수려한 아이 2남 2녀를 자연분만, 순산으로 낳게 해달라고 기도하고 있다. 욕심이 지나치다고 할지 모르지만 하나님께서 다 예비해 놓으신 줄 알고 감사드린다.

애들아, "하나님의 법을 잊어버리지 말고 너희 마음을 다해 하나님의 명령을 지켜라."[359] 우리의 경험에 비추어 볼 때, 하나님께서는 선한 기도라면 반드시 이루어 주셨다. 우리의 하나님은 또한 너희의 하나님이니, 우리는 흠과 티가 많지만 하나님을 향한 신앙만큼은 일생 동안, 아무리 해로울지라도 지키며 너희 자손만대에 이어지기를 축원한다.

"경건하여 온 집안이 하나님을 경외하며 장차 많은 사람을 후원하고 하나님께 항상 기도함"[360]으로써 하나님이 주시는 만복을 받도록 하여라. 곤란을 겪을 때 낙심하거나 좌절하지 말고, 그럴수록 더욱 더 하나님께 간절히 기도함으로써, 역경과 시련 끝에 반드시 예비하고 계시는 큰 은혜와 복을 충만하게 누리기를 원한다. 더 이상 앞으로 나아갈 수도 뒤로 물러설 방도도 없는 진퇴양난의 고비에 섰을 때, 사람의 힘으로써는 도저히 어떻게 할 수 없는 한계에 봉착할 때마다, 그때부터 주께서 본격적으로 일하신다는 것을 깨달아, 온 마음과 정성을 다해서 주님을 믿도록 하여라. 'We Pray, God works.'

무엇보다도 주일을 꼭 지켜라. "주께서 택하시고 가까이 오게 하사 주의 뜰에 살게 하신 사람은 복이 있도다. 우리가 주의 집 곧 주의 성전의 아름다움으로 만족할 것이다."[361] "감사함으로 성전 문에 들어가서 하나님께 감사하며 그의 이름을 송축할지어다. 여호와는 선하시니 그의 인자하심이 영원하고 그의 성실하심이 대대에 이르리로다."[362]

너희 두 사람이 주님의 은총 안에서 일생 동안 한 몸, 한마음으로 화목하게 살아가기를 바란다.

성경에 "사람이 그 부모를 떠나서 아내에게 합하여 그 둘이 한 몸이 될 것이다. 그러므로 이제 둘이 아니요 한 몸이요, 하나님이 짝지어 주신 것이라."[363]고 하지 않았니? 인도의 시성 타고르는 "사랑이란 영혼의 궁극적인 진리"라고 말했고, 조선의 개국공신 정도전은 "남녀란 인류의 근본이며 만세의 시작"이라고 하였으며, 중국 속담에 "부부간의 협조는 가야금과 피리의 합주와 같다."고 하였다. 미국 건국 초기의 위대한 지도자였던 벤자민 프랭클린도 "반쪽 가위로는 아무것도 할 수 없다. 두 날이 합쳐야만 비로소 일다운 일을 할 수 있다."고 하였단다.

다 맞는 말이다. 남편과 아내는 결코 분리된 두 존재가 아니다. 남편의 행복은 곧바로 아내의 행복과 연결돼 있으며, 아내가 행복하지 않을 때 남편의 행복 역시 불완전하지 않겠니? 부부로서, 나는 행복한데 네가 행복하지 않다면 나의 행복이 무슨 의미가 있으며, 너는 행복한데 내가 불행하다고 생각한다면 그것을 어찌 너의 행복이라고 할 수 있겠니?

이처럼 부부는 하나이면서 둘이고, 또한 둘이면서 하나란다. 너희는 "사랑이 욕구와 감정의 조화라고 한다면, 결혼의 행복은 결과적으로 부부간의 마음의 화합으로부터 생겨난다."는 말을 부디 명심하고, 이제부터는 말 그대로 일심동체가 되어서 이 세상의 험한 파고를 두 손 꼭 마주잡고 함께 헤쳐 나가기 바란다.

끊임없이 사랑하되, 아무런 이유 없이 사랑하기 바란다.

"사랑하는 데는 아무런 이유가 없단다. 어떠한 이유를 붙여도 사랑하는 사람을 사랑하는 진정한 의미를 다 표현해 낼 수 없기 때문"이지. 시인 김은미가 '내가 당신을 사랑하는 이유'라는 시에서 맺음말로 선보인 구절이다.

이처럼 곡절 없이 사랑해야 한다면 배우자가 나를 사랑하기만을 기다리지 말고 스스로 먼저 배우자에게 다가가렴. "하나가 되는 사랑은, 그가 내 안에 들어오는 것이 아니라, 내가 나를 버리고 그 사람 안에 들어가는 것"이기 때문이란다.

변함없이 사랑하기 위해서는 사랑 안에서 늘 참고 살도록 해야 한단다.

고린도전서 13장에 "사랑은 모든 것을 참게 하며, 모든 것을 믿게 하며, 모든 것을 바라게 하며, 모든 것을 견디게 한다."[364]고 씌어있지 않니! 또 베드로전서 4장에는 "사랑은 허다한 허물을 덮는다."[365]고 하였고. 너희 두 사람은 특히 이 말씀을 항상 가슴에 간직하고 살아가기를 간곡히 부탁한다.

더불어서 늘 안쓰러운 마음으로 서로를 지켜봐 주기 바란다. 너희 둘 다 앞으로도 상당한 세월을 고된 직장 일과 가사를 병행하느라, 지칠 대로 지친 상태로 잠자리에 드는 날이 적지 않을 것이다. 그때 고통스러운 모습으로 잠들어있는 아내 지혜를, 몸을 웅크린 채 잠자는 남편 대곤이를 먼저 가슴으로 받아들이고 세상 끝 날까지 사랑으로 감싸 안아야겠다고 늘 새롭게 다짐하기를 바란다.

그렇게 하려면 두 사람은 항상 함께, 한 곳을 바라보아야 한단다.

알바니아에는 "부모하고는 바닷가까지만 가지만, 부부는 바다를 넘어서 간다."라는 속담이 있다고 한다. 이는 어떠한 경우에라도 부부는 한 길을 가야 한다는 뜻이 아니겠니? 가다가 한 사람이 지쳐 쓰러지면 일으켜 세워주고 함께 부둥켜안고 의지하면서, 인생의 끝까지 함께 항해하라는 뜻이란다. "사랑은 장애에 부닥치게 되면 더욱 잘 자란다."고 하는 독일의 격언도 있거니와, 힘들고 어려울 때일수록 배우자를 더욱더 뜨겁게 사랑하기 바란다.

혼례를 치룬 이후에도 지금까지처럼 항상 서로를 그리워하면서 살아가기를 바란다.

언제 어디서나 한 몸, 한마음으로 살아간다는 것은 사랑이 전제되어야 가능하겠지! 그러니 두 사람은 "보고 싶다는 말은 사랑하고 있다는 증거이며, 보고 싶다는 말은 사랑의 고백이기 때문에, 보고 싶다는 것은 바로 사랑한다는 것"이라고 말한 시인 옹혜원의 말을 두고두고 음미해보기 바란다.

이렇게 하기 위해서는 결혼 이후에도 이처럼 보고 싶어 하는 마음을 끊임없이 표현해야만 한다. 그동안 너희들은 한시도 떨어져 있고 싶지 않은 마음을 전화와 문자메시지를 통해서 셀 수 없이 고백하고 확인하고 그랬었지 않니! 앞으로는 날마다 함께 잠들고 낮에도 같이 보낼 시간이 전보다는 많아질 것이기 때문에 그렇게 할 시간이 줄어들 수도 있겠지만 계속해서 사랑을 말로, 글로 구체적으로 표시하도록 하여라. 『신 인간혁명- 소생』이란 글을 쓴 일본의 문인 이케타 다이사쿠는 "사람과 사람 사이에는 표현하지 않고서는 마음도, 정열도 전해지지 않는다. 행동으로, 대화로, 글자로 생각을 모두 표현해야 비로소 사랑과 유대도 생긴다."고 하였단다.

너희들도 엔돌핀의 4천배에 이르는 진통효과를 지닌 '다이놀핀'이라는 호르몬에 대해서 들었겠지? 의학자들은 다이놀핀은 우리 몸에서 놀라운 변화를 일으킨다고 말한다. 그렇다면 이 다이놀핀은 언제 우리 몸에서 생성될까? 굉장한 감동을 받거나 좋은 노래를 들었을 때, 아름다운 풍경에 압도됐을 때 그리고 지금껏 전혀 알지 못했던 새로운 진리를 깨닫게 되었을 때이다. 무엇보다도 엄청난 사랑에 빠지게 되면 다이놀핀이 샘솟듯한다고 하는구나. 너희 두 사람 이러한 다이놀핀이 일생 다함없이 생성될 수 있도록 반려자를 무궁히 사랑하기 바란다.

평생토록 사랑의 꿈에서 깨어나지 말아라.

영국의 대표적인 고전주의 시인인 알렉산더 포프는 "꿈속에 있는 것이 연인들이고, 꿈에서 깨어나는 것이 부부다."라고 말했지. 너희들은 앞으로 부부로서의 현실을 직시해야 하겠지만 지금까지 그래왔던 것처럼 장래에도 늘 연인으로서 꿈꾸며 살아가기를 바란다. "결혼은 사랑의 시(詩)를 산문으로 번역한 것이다."라는 말도 있다만, 너희들은 영원한 신랑과 신부로서 두 사람 사이에 늘 시심(詩心)이 차고 넘쳐나길 바란다.

미래에 대한 큰 희망을 품고 이를 소중히 가꿔나가기 바란다.

너희들도 잘 아는 윤동주의 시, '별 헤는 밤'에도 등장하는 오스트리아의 시인 라이너 마리아 릴케는 "희망은 일상의 시간이 영원과 속삭이는 대화"라고 하였다. 또한 독일의 종교개혁가 마르틴 루터는 "희망은 강한 용기이며 새로운 의지"라고 역설하였지. 너희들은 이제부터 한 손에는 사랑을 다른 한 손에는 희망이라고 하는 두 가지 보물을 서로 꼭 부여잡고 살아가기 바란다.

인생의 새로운 무대에 올라서서 제2막을 시작하는 혼례식날 너희 신랑·신부는 꼭 큰 꿈을 꾸도록 하여라. 스테반 폴란은, 마크 레빈의 '제2막의 커튼을 들어올릴 때'에서 "우리가 제2막의 커튼을 들어올리기 위해 맨 먼저 해야 할 일은 오직 자신에게 꿈꿀 권리를 주는 것, 그것뿐이다."라고 하였다. 그의 말에 계속 귀를 기울여 봐라. "꿈은 이루어진다. 그렇지 않다면 하나님이 우리에게 꿈을 꾸게 만들었을 리가 없다."

너희 둘 다 선남선녀이기 때문에 따로 말할 필요조차 없겠지만, 자신을 낳아주신 부모님은 말할 것도 없고 배우자의 부모님을 성심껏 존경하고 사랑하기를 간절히 바란다.

아빠는, 너희에게 누나이자 이제 곧 올케가 될 애린이가 어렸을 때 너무 사랑스러워서 앞으로 어떻게 시집을 보낼 수 있을 것인가 고민했었단다. 그러다가 어느 날 불현듯 '아! 내 아내가 장인장모에게는, 내게 있어서 애린이처럼 정말 견딜 수 없이 사랑스러운 딸이겠구나.' 하는 생각이 들면서, 그때부터 너희 외할아버지와 외할머니가 더 이상 남이 아니라는 마음이 들었단다.

우리가 그렇게 많이 산 것도 아니고 우리도 부모님께 제대로 효도하지 못하고 살았으며 너희들에게 공경을 받고 싶어서 그런 것은 아니다만, 아직까지 주변에서 부모에게 효도하는 사람치고 잘못된 사람을 거의 찾지 못했으니 두 사람 부디 양가 부모님께 효도하기 바란다.

너희들은 또한 자신들의 오늘이 있기까지 사랑으로 감싸 안아주고 끌어올려준 친척과 이웃과 사회를 위해 어떻게 봉사할 것인가를 생각하며 살아가기 바란다.

우리 부부는 너희처럼 아름다운 한 쌍의 청춘남녀가 결합하여 가정과 친척과 이 사회를 위해서 헌신하며 살아가는 모습을 가까이에서 지켜볼 수 있다는 기대감으로 벌써부터 가슴이 설렌다.

너희에게 참으로 미안한 것은 장손과 장손며느리라는 무거운 짐을 지웠다는 것이다. 우리는 따로 기제사를 지내지는 않는다만, 앞으로 집안의 우애와 화목을 너희가 선도해 주면 좋겠구나. 너희도 보고 들었다시피, 아빠·엄마의 가정에서는 대대로 부모와 자녀 그리고 형제자매들이 모두가 부러워할 정도로 서로를 극진히 위하며 항상 다정하게 지내오지 않았니!

우리도 엄마·아빠뿐만 아니라 모든 일가·친지가 함께 너희들을 마음껏 후원할 것이다.

"사랑은 자라지 않으면 사랑이 아니며, 또한 키우지 않으면 사랑이 아니다."라는 말이 있단다. 우리 부부는 너희들의 사랑이 날이 갈수록 더욱 튼튼하게 자라고 보다 아름답게 커나갈 수 있도록 한결같은 사랑으로 지키고 이끌어 주도록 할 것이다.

우리는 앞으로 당연히 너희가 웃을 때 같이 기뻐하고, 괴로워하고 아파할 때 그 고통을 함께 나누며, 너희 젊은 부부를 포근히 감싸 이 험한 사회에서 잘 지켜주는 든든한 울타리가 되기를 소망한다. 이제 갓 결혼하는 너희들이 험한 세상, 거친 파도를 헤치고 희망의 언덕에 다다를 때까지, 따뜻하게 이끌어 주고 힘껏 밀어줄 사명을 감당해야 할 보증인이자 후견인 역할을 재정적으로, 체력적으로 기꺼이 그리고 온전히 감당할 수 있게 되기를 늘 하나님께 기도할 것이다.

다시 한번 너희의 결혼을 진심으로 축하하며, 하나님의 사랑과 은혜가 너희 두 사람과 너희가 새롭게 일구어 갈 신혼가정에 가득 차고 넘치기를 기원한다.

지혜야, 대곤아! 결혼식 날은 너희 두 사람의 인생에 있어서 가장 기쁘고 멋진 하루라고 할 수 있다. 하지만 너희의 일생에 있어서 그보다 훨씬 더 기쁘고 멋진 날들이 끊이지 않고 계속 이어지기를 바라고 기도할 것이다. 부디 행복이 넘치는 일상의 잔잔한 에피소드를 하나하나 소중히 모아서 평생에 걸쳐 위대한 역사를 써 나가길 바란다. 대곤아, 지혜야! 오는 15일 혼인예식장에서 기쁘고 상쾌한 모습으로 만나도록 하자.

2012. 12. 09.

사랑하는 딸 최지혜와 아들 신대곤에게

성탄을 앞두고 너희의 혼례를 맞이하는 기쁨을 가득 안고서

엄마 김 숙 자 & 아빠 신 효 균 씀

[부록 III] 권면과 격려 주석

350 마가복음 9:23
351 시편 104:1, 108:5; 이사야 62:3
352 여호수아 22:5
353 히브리서 4:16
354 시편 9:1-2
355 시편 16:9
356 시편 16:11
357 다니엘 12:2
358 시편 89:1
359 잠언 3:1
360 사도행전 10:2
361 시편 65:4
362 시편 100:4-5
363 마태복음 19:5-6
364 고린도전서 13:7
365 베드로전서 4:8

마무리 인사

무속신앙이 휘감아 돌던 섬마을에서 태어나 오래도록 이어진 고학기간 내내 하나님께서는 저의 간절한 기도에 사랑으로 응답해 주셨습니다. 쓰러지고 넘어질 때마다 다시 일으켜 세워주셨습니다. 온밤을 지새우며 눈물 흘려 간구할 때 주님께서는 친히 위로하고 북돋워 주셨으며 치유하고 해결해 주셨습니다. 그 환희와 감격을 어디에 비길 수 있을까요! 기도문 곳곳에 그 흔적이 묻어나거니와 특히 50여 년을 섬겨온 모교회가 4년간이나 이어진 담임목사의 부재와 청빙과정에서, 예배장소까지 분리되어 완전히 두 쪽이 나려던 것을 주께서 마침내 하나되게 하신 놀라운 합심기도의 능력을 결코 잊을 수 없습니다.

공예배 대표기도를 맡게 되어 촉박한 시간에 기도문을 작성하다 보면 스트레스를 겪을 수 있습니다. 평소 틈틈이 준비해 두면 스스로 은혜를 받으면서 부담도 덜 수 있다고 봅니다. 성경을 읽거나 기도하며 묵상할 때, 찬송하거나 말씀을 들을 때, 일터에서나 운전할 때 감동이 오면 그 느낌을 즉시 적어 놓았습니다. 샤워를 하거나 잠결에도 갑자기 영감이 떠오르면 바로 메모를 해두었다가 기도문을 완성할 때 참고했습니다. 출장 중에 높은 상공을 나는 항공기나 망망대해를 항해하는 선박 안에서, 또 깊은 산속이나 적막한 해변이나 광활한 들판에서 기사를 취재할 때 계시처럼 언뜻 스쳤던 내용을 글머리 삼아 나중에 한 편의 기도문을 쓸 때, 하나님께서 더욱 가까이 임재하시는 것을 뜨겁게 실감하며 영적으로 성장하는 체험을 하기도 했습니다.

청소년기에서부터 공예배에서 드렸던 기도문을 모아보니 5백여 편에 1천 쪽이 넘었습니다. 처음에는 이 내용을 출력한 다음 4,5권으로 나눠 제본해서 가족이나 가까운 지인들과만 공유할까 생각했었습니다.

출간을 결심하고 나서 365편을 고르고, 선정된 기도문 중에서도 많은 내용을 덩어리째로 들어내고 압축하는 과정이 불가피했습니다. 한두 구절로 한 줄이 늘어나면 페이지가 추가되기 때문이었습니다.

같은 이유로, 다양한 속성을 지니신 '하나님' 앞에 그때그때 적절한 수식어를 붙이면 더욱 은혜롭고 운율도 맞지만 덜어내야 할 때가 적지 않았습니다. 실제 예배를 드릴 때에는 많은 부분을 할애했던 마무리 기도, 즉 예배의 남은 절차를 주께 의탁하거나 말씀에 대한 은혜를 사모하는 내용, 설교자와 예배 봉사자 그리고 질병이나 경제난, 자녀문제 등으로 고초를 겪고 있는 성도들에 대한 축복기도 내용도 대폭 축약하였습니다. 예배현장에서는 대개 '하시옵소서'체로 기도를 하지만 '하소서'로 줄였습니다. 실제로 공예배의 대표기도를 드릴 때에는 이러한 점을 감안해서 보충해 주시면 훨씬 은혜가 풍성한 기도문이 될 것이라고 생각합니다.

당초에는 제목은 제1주제어로만 하고 핵심어구를 색인으로 제시하기 위해 석 달 이상 따로 정리 작업을 하였지만 그 분량이 수십 쪽에 이르러 함께 싣지 못해 못내 아쉽습니다. 그런데도 분야별·주제별로 꼭 담아야 할 부분이 있다 보니 이렇게 책이 두꺼워졌습니다.

부록의 기도와 편지는 많은 망설임 끝에 자녀를 위해 참고하실 수 있도록 용기를 내서 함께 실었습니다. 크리스천을 비롯한 모든 독자들께서, 볼품없지만 제 신앙역정이 녹아 있는 이 기도집의 일부에서나마 영감을 받으셔서 큰 위로와 힘을 얻으실 수 있기를 소망하면서, '샬롬'으로 인사말을 마무리하고 싶습니다.

신효균 올림